中国式现代化的法治理论前沿

主　编　冯玉军

中国人民大学出版社

· 北京 ·

特别致谢

本成果受到中国人民大学中央高校建设世界一流大学（学科）和特色发展引导专项资金支持。

本书系下列项目的阶段性成果

2023 年度北京市习近平新时代中国特色社会主义思想研究中心重大项目"在法治轨道上全面建设社会主义现代化国家研究"，2022 年度国家社科基金重大项目"习近平法治思想的原创性贡献及其理论阐释研究"（22&ZD198），2022 年度研究阐释党的十九届六中全会精神国家社科基金重点项目"完善以宪法为核心的中国特色社会主义法律体系研究"（22AZD059）。

前　言

深化法治理论研究，推进中国式现代化

冯玉军

一

法治是人类文明演进的制度成果，是迄今人类为驯服政治国家权力所找到的最有力的武器之一。正是借助于民主和法治，人类政治文明才迈上一个新的台阶。法治也是中国共产党治国理政的基本方式。党领导人民不断探索实践，实现了从人治向法治的转变，从依法治国向全面依法治国的转变。

伟大时代诞生伟大理论，伟大理论引领伟大征程。党的十八大以来，以习近平同志为核心的党中央在领导全面依法治国、建设法治中国的伟大实践中，将历史和现实相贯通、国际和国内相关联、理论和实际相结合，深刻回答了新时代为什么实行全面依法治国、怎样实行全面依法治国等一系列重大问题，提出了一系列全面依法治国新理念新思想新战略，创新发展了中国特

色社会主义法治理论，提出了习近平法治思想。习近平法治思想创造性地回答了新时代为什么实行全面依法治国、怎样实行全面依法治国等一系列重大问题，实现了马克思主义法治理论中国化新的历史性飞跃，极大推进了中国特色社会主义法治理论体系的形成、丰富和发展，是新时代全面依法治国的根本遵循和行动指南。

2022年4月25日，习近平总书记在中国人民大学考察时强调，加快构建中国特色哲学社会科学，归根结底是建构中国自主的知识体系。这是习近平总书记结合当前国内国际形势，站在统筹中华民族伟大复兴战略全局和世界百年未有之大变局的高度，对我国哲学社会科学建设作出的科学判断，具有重大理论意义和实践意义。同时，也为法学界、法律界关于习近平法治思想的深化研究指明了前进方向。要深刻领悟习近平法治思想的科学性、真理性、开创性，深刻领悟其中蕴含的历史逻辑、理论逻辑、实践逻辑，进一步坚定我们走中国特色社会主义法治道路的信心和决心，必须深入学习研究习近平法治思想的原创性贡献，聚焦核心要义，完整准确地阐释其深刻内涵和知识体系，加快构建中国特色法学学科体系、学术体系、话语体系。面向世界、面向未来，提升中国法治的话语权和法治理论影响力。

2022年10月，党的二十大报告总结了过去五年的工作和新时代十年伟大变革的法治建设成就，对新时代社会主义法治建设作了高屋建瓴、浓墨重彩、准确精辟的专题论述，以系统思维方法谋划布局法治工作，提出"更好发挥法治固根本、稳预期、利长远的保障作用，在法治轨道上全面建设社会主义现代化国家"。这一崭新论断讲清了全面依法治国与全面建设社会主义现代化国家的关系，阐述了新时代坚持全面依法治国、推进法治中国建设的目标愿景。党的二十大报告强调指出："从现在起，中国共产党的中心任务就是团结带领全国各族人民全面建成社会主义现代化强国、实现第二个百年奋斗目标，以中国式现代化全面推进中华民族伟大复兴。"中国式现代化的本质要求是："坚持中国共产党领导，坚持中国特色社会主义，实现高质量发展，发展全过程人民民主，丰富人民精神世界，实现全体人民共同富裕，促进人与自然和谐共生，推动构建人类命运共同体，创造人类文明新形态。"面对如此崇高而艰巨的使命任务，必须把全面依法治国摆在更加突出的位置，深刻认识到在法治轨道上全面建设社会主义现代化国家的重大意义。

2024 年 7 月，党的二十届三中全会审议通过《中共中央关于进一步全面深化改革 推进中国式现代化的决定》，紧紧围绕推进中国式现代化，锚定完善和发展中国特色社会主义制度、推进国家治理体系和治理能力现代化总目标，擘画了进一步全面深化改革的战略举措，构筑了进一步全面深化改革的全景图。《决定》在坚持习近平法治思想和党的二十大总体部署的基础上，又提出了一系列与时俱进的关于法治的论述：在法治建设的战略定位方面，提出"法治是中国式现代化的重要保障"；在进一步全面深化改革的总体目标方面，提出"中国特色社会主义法治体系更加完善，社会主义法治国家建设达到更高水平"；在法治建设的根本保证方面，要求"坚持党的全面领导，坚定维护党中央权威和集中统一领导，发挥党总揽全局、协调各方的领导核心作用，把党的领导贯穿改革各方面全过程，确保改革始终沿着正确政治方向前进"；在法治建设的力量源泉方面，要求"坚持以人民为中心，尊重人民主体地位和首创精神，人民有所呼、改革有所应，做到改革为了人民、改革依靠人民、改革成果由人民共享"；在法治建设的首要任务方面，要求"必须全面贯彻实施宪法，维护宪法权威"；在理解和处理全面深化改革和法治的关系方面，强调"做到改革和法治相统一，重大改革于法有据、及时把改革成果上升为法律制度"；在法治建设的战略部署方面，提出"协同推进立法、执法、司法、守法各环节改革，健全法律面前人人平等保障机制，弘扬社会主义法治精神，维护社会公平正义，全面推进国家各方面工作法治化"。《决定》还围绕法治建设的全方位各环节提出了一系列重要举措要求。包括深化立法领域改革，深入推进依法行政，健全公正执法司法体制机制，完善推进法治社会建设机制，加强涉外法治建设。由此，中国特色社会主义法治体系和法治国家建设就将在更为恢宏广阔的时空条件下不断推进，中国自主法学知识体系的建构获得了丰富鲜活的学术素材和创新源泉。

二

2020 年 11 月 16—17 日，中央全面依法治国工作会议围绕推进全面依法治国要重点抓好的工作，提出了 11 个方面的要求，首次提出习近平法治思想。会议指出，习近平法治思想是顺应实现中华民族伟大复兴时代要求应运而生的重大理论创新成果，是马克思主义法治理论中国化最新成果，是习近平新时代中国特色社会主义思想的重要组成部分，是全面依法治国的根本遵循和行动指南。习近平法治思想为中国特色社会主义法治理论和人类法治思想作出了全面系统的原创性贡献，开辟了 21 世纪马克思主义法治理论的新境界。

2020 年 11 月 29 日，经中国共产党中国人民大学委员会批准，由中国人民大学习近平新时代中国特色社会主义思想研究院与法学院共同组建的习近平法治思想研究中心揭牌成立。这是综合性全国重点大学成立的第一家习近平法治思想研究中心，也是国内经党中央批准首批 10 家"习近平新时代中国特色社会主义思想研究机构"中第一个成立的习近平法治思想研究中心。

学校对习近平法治思想研究中心的建设发展提出明确要求：一是要在习近平新时代中国特色社会主义思想研究院和法学院的通力支持下，完善内部体制机制建设，使习近平法治思想研究中心成为习近平法治思想研究的理论创新中心、决策咨询中心、人才培养中心和学术交流中心。二是要汇集国内外学术资源，加强协同研究，建设高端学术平台，打造国内一流、国际知名的教育智库，在全国法学界发挥示范引领作用。三是要认真系统研究习近平法治思想，贯彻落实好"十一个坚持"，以习近平法治思想为指导，强化理论思维，不断从理论和实践的结合上取得新成果，总结好、运用好党关于新时代加强法治建设的思想理论成果，使中国人民大学的法学学科建设和习近平新时代中国特色社会主义思想研究走在时代前列，全面服务于新时代中国特色社会主义法治实践。

今年是党中央正式提出习近平法治思想五周年。五年来，我们始终坚持党的全面领导，坚持以人民为中心，坚持守正创新，坚持以制度建设为主线，坚持全面依法治国，坚持系统观念，围绕着全面依法治国的根本保证、政治基础、战略定位、总体目标、首要任务、战略部署、发展道路、核心价值、途径方法、文化优势、依托力量、国情条件等提出一系列新时代法治创新理论，凝聚起 14 亿多中国人民对法治的坚定信仰，汇聚成建设社会主义法治国家的磅礴伟力，有力推进中国特色社会主义法治体系建设，谱写新时代全面依法治国的壮丽诗篇。

今年也是中国人民大学习近平法治思想研究中心成立五周年。习近平法治思想研究中心是教育部社会科学委员会法学学部指导下的高校习近平法治思想研究中心（院）协同研究机制的发起单位和秘书处所在单位，也是北京高校哲学社会科学创新中心建设单位。自成立以来，中心紧密团结学校法治理论研究队伍，开展集体科研攻关，全面、系统、深入开展习近平法治思想的研究，出版多部中外文著作，在法学权威期刊和"中央七报一刊"发表数十篇高质量学术论文，承接多项国家哲学社会科学基金重大项目和教育部人文社会科学重大项目，完成马克思主义理论研究和建设工程重点教材《习近平法治思想概论》的编写修订工作，引领带动习近平法治思想"三进"（进教材、进课堂、进头脑）工作，连续举办"习近平法治思想大讲堂""习近平法治思想主题学术研讨会"，并以电视宣讲、网络直播、学术报告等多种形式宣传、阐释习近平法治思想，取得了显著成绩。从某种意义上说，本书是习近平法治思想研究中心和法学理论界对中央正式提出习近平法治思想五周年献上的一瓣心香和理论贺礼。

这本题为《中国式现代化的法治理论前沿》的著作，收录了党的二十大以来法学界的权威专家围绕"中国式现代化和全面依法治国"发表的重要理论文章。他们学养深厚、高屋建瓴、理实兼备、阐释精到，对习近平法治思想的实践渊源、理论体系、内在逻辑、基本特征、重大意义及原创性贡献作了深入全面的研究，从学理、哲理、道理上进行了深度理论阐释，并以之为指导着手建构中国自主法学知识体系，展现出习近平法治思想的真理穿透力、精神感召力、理论解释力、学术创新力，值得反复阅读、深入思考。事实上，近年来在我国法学核心期刊或重要报纸理论版所发表的有关作品还很多，但篇幅所限，未能扩展收录，深感遗珠之憾。

目　录

论在法治轨道上
全面建设社会主义现代化国家

张文显*

党的二十大报告提出的"在法治轨道上全面建设社会主义现代化国家"的重大战略思想和科学命题，蕴含着习近平新时代中国特色社会主义思想的"法治轨道理论"，揭示了法治与现代化、法治轨道与全面建设社会主义现代化国家的内在逻辑，体现了我们党对社会主义现代化国家建设规律、中国式现代化发展规律、中华民族伟大复兴历史规律的科学把握和正确认识，展现了马克思主义现代化理论中国化时代化新境界。在新时代新征程上，我们要从全面建设社会主义现代化国家这一战略全局和历史高度定位法治、布局法治、厉行法治、完善法治，坚持法治优先、推动法治先行，为全面建设社会主义现代化国家奠法治之基、修法治之路、铺法治之轨、畅法治之道，更好发挥法治轨道对社会主义现代化国家建设的规范、引领、保障作用。

一、"法治轨道"的语义和意义

习近平新时代中国特色社会主义思想的"法治轨道理论"是马克思主义基本原理同中国具体实际相结合、同中华优秀传统文化相结合的又一典范，汲中华优秀传统文化之精华，寓中国经典哲学之精义，承马克思主义之真理，道中国治理之智慧。"法治轨道"非空中飞来之物，而是有源远流长的

* 本文原载于《中国法律评论》2023 年第 1 期，本文系教育部哲学社会科学研究重大专项项目"习近平法治思想的基础理论和核心要义研究"（项目批准号：2022JZD001）的阶段性成果。作者系吉林大学哲学社会科学资深教授、教育部社会科学委员会法学学部召集人。

文明根源和深厚稳固的实践根基的，其语义深邃、意义深远。

（一）"轨道"的词义

准确来说，"轨道"概念由"轨"和"道"两个字词构成。在中华传统文化和中国经典哲学中，"轨"和"道"可分可合，时分时合，亦分亦合。下文分述之。

"轨，车徹也。"[①]"轨"的本义为车两轮间的距离[②]，"徹"通"辙"，引申为车轮碾过留下的辙迹、路线、道路。例如："轨，迹也"[③]，轨，道也[④]，"车同轨，书同文"[⑤]，"车不得方轨"[⑥]。此外，有鉴于轨对车的约束力，"轨"还可被引申为规范人们行动的规则、法则、法度。例如，"田有轨，人有轨，用有轨，乡有轨，人事有轨，币有轨，县有轨，国有轨"[⑦]，"讲事以度轨量谓之轨"[⑧]，"东平失轨"[⑨]，"缘法循理谓之轨"[⑩]，"轨事之大者也"[⑪]，等等。带"轨"字的常用古汉语有：轨度、轨范、轨等、轨仪、轨法、轨事、轨模、轨道等。

"道，所行道也。从辵，从首。"[⑫] 道的本义是从首开始行走或供行走的道路，引申为万事万物的运行轨道或轨迹，还可引申出更为抽象的意义，如规律、方法、技艺、学说、道义等。"周道如砥，其直如矢。"[⑬]"道不同，不相为谋。"[⑭]"道"，是中华思想体系的核心概念，可指万物的本原和规律。老子在《道德经》中说："人法地，地法天，天法道，道法自然"[⑮]，意思是说，

① 许慎：《说文解字》，陶生魁点校，中华书局 2020 年版，第 475 页。
② 参见段玉裁：《说文解字注》第十四篇上，中华书局 2013 年版，第 735 页。
③ 钱大昭：《广雅疏义》卷第六，黄建中、李发舜点校，中华书局 2016 年版，第 282 页。
④ 参见钱大昭：《广雅疏义》卷第六，黄建中、李发舜点校，中华书局 2016 年版。
⑤ 《礼记译解》，王文锦译解，中华书局 2016 年版，第 820 页。
⑥ 《战国策注释》卷八，何建章注释，中华书局 1990 年版，第 327 页。
⑦ 黎翔凤：《管子校注》卷第二十二，梁运华整理，中华书局 2004 年版，第 1282 页。
⑧ 洪亮吉：《春秋左传诂》卷五，李解民点校，中华书局 1987 年版，第 196 页。
⑨ 《汉书》卷一百下，中华书局编辑部点校，中华书局 1962 年版，第 4263 页。
⑩ 《贾谊集校注》，吴云、李春台校注，天津古籍出版社 2010 年版，第 242 页。
⑪ 《汉书》卷五十一，中华书局编辑部点校，中华书局 1962 年版，第 2336 页。
⑫ 许慎：《说文解字》，陶生魁点校，中华书局 2020 年版，第 60 页。段玉裁注："道者人所行，故亦谓之行。道之引伸为道理，亦为引道。"
⑬ 程俊英、蒋见元：《诗经注析》，中华书局 1991 年版，第 630 页。
⑭ 程树德：《论语集释》卷三十二，程俊英、蒋见元点校，中华书局 1990 年版，第 1126 页。
⑮ 《道德经》上篇，张景、张松辉译注，中华书局 2021 年版，第 99 页。

"道"是万事万物的运行轨道或事物变化运动的规律。在老子的影响下，韩非子也认为："道者，万物之始，是非之纪也。是以明君守始以知万物之源。"① 他把道视为物质世界的普遍规律，天地万物存在与发展的终极原因。先秦思想家也曾用"理"解释"道"，如《管子》有云："别交正分之谓理，顺理而不失之谓道，道德定而民有轨矣。"②《庄子》亦云"道，理也。……道无不理"③。《韩非子》亦云："道者，万物之所然也，万理之所稽也。理者，成物之文也；道者，万物之所以成也。故曰：'道，理之者也'。"④ 宋代哲学家程颐、朱熹同样"以道为理"。也有以"法"解释"道"者，《管子》便把"法"与"道"相提并论，如"故法者，天下之至道也"⑤。也有思想家用"道"证成社会生活中的"德"，如"德者，道之功"⑥，意味着"德"即社会生活中的"道"，由此，出现了"道德"的概念。

"轨"与"道"合而为"轨道"，既凝聚了"轨"和"道"各自的词义，又生成了一些新的语义，其要义是缘法循理、遵循法度等。例如，"汉兴至今二十余年，宜定制度，兴礼乐，然后诸侯轨道，百姓素朴，狱讼衰息"⑦，"乐与今同，而加之诸侯轨道，兵革不动，民保首领，匈奴宾服，四荒乡风，百姓素朴，狱讼衰息，大数既得，则天下顺治，海内之气清和咸理，生为明帝，没为明神，名誉之美，垂于无穷"⑧。于此，颜师古特地对"轨道"一词进行释义："轨道，言遵道，犹车行之依轨辙也。"⑨"轨道，言遵法制也。"⑩

从上述考察可知，"轨""道""轨道"概念的形成发展，体现了中国古人对天、地、人之规律的认识。中国古人经长期天文观测，算出日月星辰之"轨"、四季轮回之"道"，并据此制定历法、安排农作。古人追求"天人合一"，顺应自然秩序、构建社会秩序，希冀人与自然和顺、和谐、和美。在

---

① 王先慎：《韩非子集解》卷一，钟哲点校，中华书局1998年版，第26页。
② 《管子》卷第十，李山、轩新丽译注，中华书局2019年版，第510页。
③ 郭庆藩：《庄子集释》卷六上，王孝鱼点校，中华书局2012年版，第548页。
④ 王先慎：《韩非子集解》卷六，钟哲点校，中华书局1998年版，第146-147页。
⑤ 《管子》卷第十五，李山、轩新丽译注，中华书局2019年版，第698页。
⑥ 王先慎：《韩非子集解》卷六，钟哲点校，中华书局1998年版，第133页。
⑦ 《汉书》卷二十二，中华书局编辑部点校，中华书局1962年版，第1030页。
⑧ 《汉书》卷四十八，中华书局编辑部点校，中华书局1962年版，第2231页。
⑨ 《汉书》卷二十二，中华书局编辑部点校，中华书局1962年版，第1031页。
⑩ 《汉书》卷四十八，中华书局编辑部点校，中华书局1962年版，第2232页。

国家和社会生活中，这种宇宙观衍生为对"秩序"向往的独特"天下观"以及与之相应的"礼仪法度"，在历史中表现为度量衡统一、法令统一、缘法循理的王朝帝国制度。秦王朝一统天下，最重要的抓手就是李斯向秦始皇提出的"书同文""车同轨""度同制"的治国强国理念。在等级有序的社会关系中，轨道意味着每个人都要尊重、遵循不可偏离的道德、法度、礼法、习惯、秩序等。随着生产力进步和社会长期发展，"轨道"逐渐分化出法律、道德、公序良俗、规章制度等不同语词形态，表意规范和约束人们的普遍规则，蕴含经国序民、治国理政的基本法则，同时"轨道"一词仍然保存着"规律""规矩""法度""义理"等原始的本真意义。

（二）"法治轨道"概念的多种表述表达方式

对于"法治轨道"以及"在法治轨道上""纳入法治轨道"等概念和用语，我们不可能通过定义的方式确定其意义，因为"在科学上，一切定义都只有微小的价值"①。我们将用语义分析方法，在党领导人民进行法治建设的历史和现实语境下，梳理"法治轨道"的具体语境和语用，以展开"法治轨道"的丰富内涵。

在党的主要领导人中，最早把法制视为"轨道"的是毛泽东。他在领导制定《中华人民共和国宪法》时指出："一个团体要有一个章程，一个国家也要有一个章程，宪法就是一个总章程，是根本大法。用宪法这样一个根本大法的形式，把人民民主和社会主义原则固定下来，使全国人民有一条清楚的轨道，使全国人民感到有一条清楚的明确的和正确的道路可走，就可以提高全国人民的积极性。"② 从这个语句中可知，毛泽东把宪法作为法制轨道，而这个轨道就是"一条清楚的明确的和正确的道路"。

在党的主要领导人中，明确提出"法治轨道"且反复强调"在法治轨道上……""纳入法治轨道""沿着法治轨道"的是习近平总书记。早在地方工作期间，习近平总书记就提出"法制轨道""法治轨道""法治化轨道"等概念，指导和要求把减轻农民负担工作逐步纳入法制轨道，把污染治理和环境保护纳入法治轨道，把经济、政治、文化和社会生活纳入法治轨道，在法治

---

① 马克思，恩格斯：《马克思恩格斯选集》（第 3 卷），人民出版社 1995 年版，第 423 页。

② 毛泽东：《关于中华人民共和国宪法草案》，载中共中央文献研究室编：《毛泽东文集》（第 6 卷），人民出版社 1999 年版，第 328 页。

轨道上运行，推动生态省建设走上法治化轨道等。党的十八大以来，习近平总书记以厉行法治的坚定信念、奉法强国的雄才大略、依规治党的远见卓识，创造性地提出"全面依法治国""建设法治中国"，要求把党和国家各方面工作纳入法治轨道、在法治轨道上推进。在习近平法治思想的话语体系中，"法治轨道"有以下多种表述表达方式。

其一，在"法治轨道"上"运行""推进""推动""统筹""深化""开展""行使"等，这是出现频率最高的用语。例如，"各级领导干部要提高运用法治思维和法治方式深化改革、推动发展、化解矛盾、维护稳定能力……在法治轨道上推动各项工作"①，"纵观人类政治文明史，权力是一把双刃剑，在法治轨道上行使可以造福人民，在法律之外行使则必然祸害国家和人民"②，"坚持在法治轨道上推进国家治理体系和治理能力现代化"③，"各级政府必须坚持在党的领导下、在法治轨道上开展工作"④，"要坚持在法治轨道上统筹社会力量、平衡社会利益、调节社会关系、规范社会行为、化解社会矛盾，以良法促发展、保善治"⑤，"要全面贯彻落实民族区域自治法……确保民族事务治理在法治轨道上运行"⑥，"在整个改革过程中，都要高度重视运用法治思维和法治方式，发挥法治的引领和推动作用，加强对相关立法工作的协调，确保在法治轨道上推进改革"⑦，"实践告诉我们，疫情防控越是到最吃劲的时候，越要坚持依法防控，在法治轨道上统筹推进各项防控工作"⑧，"法治建设需要全社会共同参与，只有全体人民信仰法治、厉行法

---

① 习近平：《论坚持全面依法治国》，中央文献出版社 2020 年版，第 15 页。
② 中共中央文献研究室编：《习近平关于全面依法治国论述摘编》，中央文献出版社 2015 年版，第 37－38 页。
③ 习近平：《坚定不移走中国特色社会主义法治道路 为全面建设社会主义现代化国家提供有力法治保障》，载《求是》2021 年第 5 期。
④ 习近平：《论坚持全面依法治国》，中央文献出版社 2020 年版，第 97 页。
⑤ 《习近平李克强栗战书汪洋王沪宁赵乐际韩正分别参加全国人大会议一些代表团审议》，载《人民日报》2018 年 3 月 8 日，第 1 版。
⑥ 习近平：《在全国民族团结进步表彰大会上的讲话》，载《人民日报》2019 年 9 月 28 日，第 2 版。
⑦ 习近平：《把抓落实作为推进改革工作的重点 真抓实干蹄疾步稳求实效》，载《人民日报》2014 年 3 月 1 日，第 1 版。
⑧ 习近平：《论坚持全面依法治国》，中央文献出版社 2020 年版，第 269 页。

治，国家和社会生活才能真正实现在法治轨道上运行"①，"坚持在法治轨道上积极稳妥推进国防和军队改革"②，"要坚持依法治网、依法办网、依法上网，让互联网在法治轨道上健康运行"③，"要使全媒体传播在法治轨道上运行，对传统媒体和新兴媒体实行一个标准、一体管理"④。

其二，"纳入法治轨道""全面纳入法治轨道"。例如，"把国家各项事业和各项工作全面纳入法治轨道，把依法治国、依宪治国工作提高到一个新水平"⑤，"加强法治政府建设，依法设定权力、行使权力、制约权力、监督权力，依法调控和治理经济，推行综合执法，实现政府活动全面纳入法治轨道"⑥，"加快建设法治经济和法治社会，把经济社会发展纳入法治轨道"⑦，"把涉法涉诉信访纳入法治轨道解决，建立涉法涉诉信访依法终结制度"⑧。

其三，"纳入……依法治国……轨道"。例如，"要以这次修改宪法为契机，采取更加有力的措施，加强宪法实施和监督，把国家各项事业和各项工作全面纳入依法治国、依宪治国的轨道，把实施宪法提高到新的水平"⑨。

其四，"沿着法治轨道"。例如，"要努力打造勤政、廉洁、高效、公正的法治政府，做到依法决策、依法施政，使特别行政区发展始终沿着法治轨道展开"⑩。

其五，"法治化轨道"。例如，"要通过法律援助将涉及困难群体的矛盾纠纷纳入法治化轨道解决"⑪，"法治是乡村治理的前提和保障，要把政府各

---

① 习近平：《论坚持全面依法治国》，中央文献出版社 2020 年版，第 275 页。

② 《中共中央关于全面推进依法治国若干重大问题的决定》，载《求是》2014 年第 21 期。

③ 习近平：《在第二届世界互联网大会开幕式上的讲话》，载《人民日报》2015 年 12 月 17 日，第 2 版。

④ 习近平：《加快推动媒体融合发展 构建全媒体传播格局》，载《求是》2019 年第 6 期。

⑤ 习近平：《论坚持全面依法治国》，中央文献出版社 2020 年版，第 201 页。

⑥ 《中共中央关于制定国民经济和社会发展第十三个五年规划的建议》，人民出版社 2015 年版，第 41－42 页。

⑦ 《中共中央关于制定国民经济和社会发展第十三个五年规划的建议》，人民出版社 2015 年版，第 6 页。

⑧ 《中共中央关于全面深化改革若干重大问题的决定》，载《求是》2013 年第 22 期。

⑨ 习近平：《论坚持全面依法治国》，中央文献出版社 2020 年版，第 217 页。

⑩ 习近平：《在庆祝澳门回归祖国 15 周年大会暨澳门特别行政区第四届政府就职典礼上的讲话》，载《人民日报》2014 年 12 月 21 日，第 2 版。

⑪ 习近平：《把握改革大局自觉服从服务改革大局 共同把全面深化改革这篇大文章做好》，载《人民日报》2015 年 5 月 6 日，第 1 版。

项涉农工作纳入法治化轨道"①，"我们必须把依法治国摆在更加突出的位置，把党和国家工作纳入法治化轨道"②，"把信访纳入法治化轨道，保障合理合法诉求依照法律规定和程序就能得到合理合法的结果"③。语义相近的表述还有："推进党的领导制度化、法治化"④，"推进基层治理法治化"⑤，"提高国防和军队建设法治化水平"⑥，"不断提高国家政治和社会生活法治化水平"⑦，"推进反腐败工作法治化"⑧，"推进公权力运行法治化"⑨，"逐步实现国家治理制度化、程序化、规范化、法治化"⑩，"提高疫情防控法治化水平"⑪。

其六，"不偏离法治轨道"。习近平总书记指出："腐败的本质是权力出轨、越轨，许多腐败问题都与权力配置不科学、使用不规范、监督不到位有关。"⑫ 他告诫领导干部："法律是行使权力的依据，只有把这个依据掌握住了，才能正确开展工作。如果一味跟着感觉走，难免偏离法治轨道。"⑬

综上所述，"法治轨道"概念让"轨道"的中华文化精华在现代治理领域焕发出新的光彩，是中国古代法理思想与现代法治精神的完美融合。"轨道"的诸多本原语义深深印刻在"法治轨道"的言辞之中，如规律、法则，方向、道路，依托、支撑，规则、规矩，规制、制度，程式、程序，有序、秩序等。"法治轨道""纳入法治轨道""全面纳入法治轨道""纳入……依法治国……轨道""沿着法治轨道""法治化轨道""不偏离法治轨道"，这些表述的实质意义在于：第一，把法治基因、法治精神、法治原理、法治要素、法治要求等嵌入治国理政、经济建设、社会发展等事项之中，推动其规范

---

① 习近平：《论坚持全面依法治国》，中央文献出版社 2020 年版，第 191 页。
② 习近平：《论坚持全面依法治国》，中央文献出版社 2020 年版，第 104 页。
③ 《中共中央关于全面推进依法治国若干重大问题的决定》，载《求是》2014 年第 21 期。
④ 习近平：《论坚持全面依法治国》，中央文献出版社 2020 年版，第 2 页。
⑤ 习近平：《论坚持全面依法治国》，中央文献出版社 2020 年版，第 91 页。
⑥ 习近平：《论坚持全面依法治国》，中央文献出版社 2020 年版，第 131 页。
⑦ 习近平：《论坚持全面依法治国》，中央文献出版社 2020 年版，第 201 页。
⑧ 习近平：《论坚持全面依法治国》，中央文献出版社 2020 年版，第 240 页。
⑨ 习近平：《论坚持全面依法治国》，中央文献出版社 2020 年版，第 240－241 页。
⑩ 习近平：《论坚持全面依法治国》，中央文献出版社 2020 年版，第 274 页。
⑪ 习近平：《论坚持全面依法治国》，中央文献出版社 2020 年版，第 271 页。
⑫ 习近平：《论坚持全面依法治国》，中央文献出版社 2020 年版，第 151 页。
⑬ 习近平：《论坚持全面依法治国》，中央文献出版社 2020 年版，第 139 页。

化、制度化、法治化，增强其合法性、合理性、合规律性。第二，充分发挥法治的规范、引导、保障作用，把治国理政、经济建设、社会发展等事项纳入法治轨道，在法治轨道上有力推进、有序展开。第三，坚定不移走宪法、党章、法律、法规确定的中国特色社会主义正确道路，坚持道不变、志不改，绝不走改旗易帜的邪路、封闭僵化的老路、南辕北辙的回头路。

透过法治轨道的话语体系，我们也注意到，就语境和语义而言，这些概念、用语之间有一些细微差别。例如，"法治轨道"多是从外部视角看问题，把法治作为外在的保障力量，重在把治国理政事务、事项纳入法治轨道，在法治轨道上推进，发挥法治的引导和保障作用；而"法治化轨道"则更多是从内部视角看问题，把法治作为经济社会内在的精神和制度构成，着力把法治要素嵌入治国理政实践活动之中，使之具有法治化的品质和能量。

（三）法治轨道的重要地位和重大意义

党的二十大报告提出"在法治轨道上全面建设社会主义现代化国家"，这一战略思想和科学命题创造性地丰富和发展了习近平新时代中国特色社会主义思想的"法治轨道理论"，深刻说明了法治轨道在中国式现代化进程中的重要地位和重大意义。

第一，这是现代化的客观规律和历史经验，是全面建设社会主义现代化国家的必然要求。世界现代化的历史进程表明，现代化与法治存在着密切关系。习近平总书记深刻指出："法治和人治问题是人类政治文明史上的一个基本问题，也是各国在实现现代化过程中必须面对和解决的一个重大问题。综观世界近现代史，凡是顺利实现现代化的国家，没有一个不是较好解决了法治和人治问题的。相反，一些国家虽然也一度实现快速发展，但并没有顺利迈进现代化的门槛，而是陷入这样或那样的'陷阱'，出现经济社会发展停滞甚至倒退的局面。后一种情况很大程度上与法治不彰有关。"① 法治与现代化的历史逻辑决定了我们全面建设社会主义现代化国家须臾离不开法治，必然需要构建高质量法治轨道为现代化建设定向领路、保驾护航。

---

① 中共中央文献研究室编：《习近平关于全面依法治国论述摘编》，中央文献出版社 2015 年版，第 12 页。

　　第二，法治轨道有固根本、稳预期、利长远的强大功能。法治既是全面建设社会主义现代化国家的本质要求，也是全面建设社会主义现代化国家的重要保障。我国是一个有 14 亿多人口的大国，地域辽阔，民族众多，国情复杂，经济社会发展不充分不平衡，外部环境复杂多变。要在这样一个发展中大国全面建设社会主义现代化国家并向全面建成社会主义现代化强国迈进，必须保持明确的前进方向、坚定的前进定力、强大的前进动力，必须释放宪法法律的鲜活制度生命力和显著治理优势，而法治轨道内在的固根本、稳预期、利长远的强大功能正好发挥着这样的作用。正如习近平总书记所深刻指出的："在统筹推进伟大斗争、伟大工程、伟大事业、伟大梦想的实践中，在全面建设社会主义现代化国家新征程上，我们要更加重视法治、厉行法治，更好发挥法治固根本、稳预期、利长远的保障作用，坚持依法应对重大挑战、抵御重大风险、克服重大阻力、解决重大矛盾。"① 从法理上，"固根本"，核心是固中国共产党全面领导、长期执政之根本，固人民民主专政的国体和人民代表大会制度的政体之根本，固马克思主义对意识形态指导地位之根本，固社会主义基本经济制度、基本政治制度、各领域重要制度之根本，以确保党执政兴国、国家长治久安、人民安居乐业，这是全面建设社会主义现代化国家的根基所在。"稳预期"，核心是把经济、政治、文化、社会、生态建设以及其他方面的建设事业系统化纳入法治轨道，形成和谐稳定、公平正义、民主自由、权威有效的法治秩序，借以稳经济发展、政治清明、文化昌盛、社会和谐、生态良好、网络清朗、国泰民安之预期，稳实现全体人民共同富裕、人民美好生活、社会公平正义之预期，稳全面建成社会主义现代化强国、实现中华民族伟大复兴中国梦之预期。"利长远"，核心是将坚持和发展中国特色社会主义、全面建设社会主义现代化国家的长远之策、根本之策长期坚持下去，不断拓展中国式现代化新道路、开创现代化国家建设新局面。习近平总书记指出："我们提出全面推进依法治国，坚定不移厉行法治，一个重要意图就是为子孙万代计、为长远发展谋。"② 概括而

---

　　①　习近平：《坚定不移走中国特色社会主义法治道路 为全面建设社会主义现代化国家提供有力法治保障》，载《求是》2021 年第 5 期。

　　②　中共中央文献研究室编：《习近平关于全面依法治国论述摘编》，中央文献出版社 2015 年版，第 12－13 页。

言，利长远，就是利党和国家各项事业之长远，利中国特色社会主义之长远，利中华民族千秋万代之长远，且推至利人类命运与共、和平发展、合作共赢之长远。

第三，法治轨道以其科学高效的治理机制为全面建设社会主义现代化国家铸就良法善治之依托。中国式现代化是包括国家治理体系和治理能力现代化在内的全面现代化，推进国家治理现代化是全面建设社会主义现代化国家的题中之义。对于现代化国家来说，现代化建设和现代化治理是"一体两翼"，互为条件、相互促进。我国社会主义法治凝聚着我们党治国理政的理论成果和实践经验，是国家建设和国家治理最基本、最稳定、最可靠的制度依托，是全面建设社会主义现代化国家的善治载体。尤其是，我国发展已进入战略机遇和风险挑战并存、不确定难预料因素增多的时期，各种"黑天鹅""灰犀牛"事件随时可能发生，许多躲不开、绕不过的深层次矛盾凸显，遭受外部打压和遏制的风险考验不断升级。在这种情势下，我们更要依靠良法善治，彻底解决治理动力不足、治理能力不够、治理效果不佳的问题，加快推进国家治理体系和治理能力现代化，为全面建设社会主义现代化国家提供最佳制度供给、创造最优治理环境。

第四，法治轨道确保了现代化国家建设始终沿着中国特色社会主义正确方向前进。世界上不存在普遍通行的法治轨道，更不存在定于一尊的法治轨道模式，只有选择适合本国国情和实际的正确轨道，现代化国家建设才能行稳致远。在习近平新时代中国特色社会主义思想体系和当代中国话语体系中，"法治轨道"具有明确的社会主义性质和中国特色，"在法治轨道上"毫无疑问指的是"在中国特色社会主义法治轨道上"，"纳入法治轨道"毫无疑问指的是"纳入中国特色社会主义法治轨道"，"在法治轨道上全面建设社会主义现代化国家"就是要"在中国特色社会主义法治轨道上全面建设社会主义现代化国家"。

全面建设社会主义现代化国家是新时代新征程坚持和发展中国特色社会主义的重要抓手，是以中国式现代化全面推进中华民族伟大复兴的必由之路。方向决定道路，道路决定全面建成社会主义现代化强国、全面推进中华民族伟大复兴的前途命运。只有在中国特色社会主义法治轨道上才能确保"全面建设"顺利推进、行稳致远。中国特色社会主义法治轨道实质上就是中国特色社会主义法治道路。这条"轨道"（道路）的质的规定性就是习近平总书记提出的"三个核心要义"和"五个坚持"。"三个核心要义"，即坚持中国共产党领导、坚持中国特色社会主义制度、贯彻中国特色社会主义法治理论；"五个坚持"，即坚持中国共产党领导、坚持人民主体地位、坚持法律面前人人平等、坚持依法治国和以德治国相结合、坚持从中国实际出发。"三个核心要义"和"五个坚持"既是建设中国特色社会主义法治体系、建设社会主义法治国家的根本遵循，也是构筑中国特色社会主义法治轨道的根本遵循，当然也是全面建设社会主义现代化国家不可偏离的轨道、不能逾越的红线。

二、坚持法治优先、推动法治先行，为全面建设社会主义现代化国家奠基修路铺轨

"在法治轨道上全面建设社会主义现代化国家"这一战略思想必然要求法治先行，为全面建设社会主义现代化国家奠法治之基、修法治之路、铺法治之轨、畅法治之道。那么，如何构筑法治轨道，以及构筑什么样的法治轨道呢？

（一）以习近平新时代中国特色社会主义思想为指导

构筑中国特色社会主义法治轨道，离不开正确的思想引领。习近平新时代中国特色社会主义思想是中国化时代化的马克思主义，是新时代新征程上全面建设社会主义现代化国家的根本指导思想。习近平法治思想是习近平新时代中国特色社会主义思想的重要组成部分，其运用马克思主义世界观和方法论，科学阐明了构筑中国特色社会主义法治轨道的基本原则。

第一，坚持党的全面领导。构筑中国特色社会主义法治轨道是一个系统工程，涉及科学立法、严格执法、公正司法、全民守法，依法治国、依法执政、依法行政、依法治军，法治国家、法治政府、法治军队、法治社会以及法治经济、法治文化建设，国家治理、政党治理、社会治理、行业治理、网络治理，国内法治（国家治理）、国际法治（全球治理）统筹推进、协调发展，如果没有中国共产党的坚强领导，终将一事无成。所以，必须坚定不移地坚持党的领导，特别是党中央集中统一领导。习近平总书记指出，"中国特色社会主义最本质的特征是中国共产党领导，中国特色社会主义制度的最

大优势是中国共产党领导，党是最高政治领导力量"①。"全党同志必须牢记，党的领导是我国社会主义法治之魂，是我国法治同西方资本主义国家法治最大的区别。离开了党的领导，全面依法治国就难以有效推进，社会主义法治国家就建不起来。"② 在构筑法治轨道的系统工程中，坚持党的全面领导是确保法治轨道正确方向的根本政治保证，只有在党的领导下，法治轨道建设才能始终保持社会主义性质和人民本色；坚持党的全面领导是确保法治轨道战略定力的根本思想保证，只有在党的法治思想即马克思主义法治思想、中国特色社会主义法治理论、习近平法治思想的指导下，法治轨道建设才能获得不竭的思想动力和可靠的科学支撑；坚持党的全面领导是确保法治轨道工程实施的根本行动指南，只有坚持党的中国式现代化总布局和全面依法治国的总目标、总抓手，遵循党中央的顶层设计和具体部署，法治轨道建设才能够科学有序推进。坚持党的全面领导之根本性意义和决定性作用，已经被改革开放以来特别是新时代以来中国特色社会主义法治轨道建设的历史性成就以及在法治轨道上取得的经济快速发展和社会长期稳定两大奇迹所证明，为中国共产党带领全体人民创造的中国式现代化新道路和人类文明新形态所验证，成为我们继续推进中国特色社会主义法治轨道建设的信心所在。

第二，坚持把握好习近平新时代中国特色社会主义思想的世界观和方法论，坚持好、运用好贯穿其中的立场观点方法。习近平新时代中国特色社会主义思想的世界观和方法论是马克思主义历史唯物主义和辩证唯物主义在当代中国的生动实践和丰富发展；贯穿在习近平新时代中国特色社会主义思想中的立场观点方法，是马克思主义立场观点方法同中国具体实际相结合、同中华优秀传统文化相结合的思想结晶。党的二十大报告从六个方面深刻揭示和论述了习近平新时代中国特色社会主义思想的世界观和方法论以及贯穿其中的立场观点方法，即"必须坚持人民至上""必须坚持自信自立""必须坚持守正创新""必须坚持问题导向""必须坚持系统观念""必须坚持胸怀天下"。这"六个必须坚持"，既充分体现了习近平新时代中国特色社会主义思

---

① 习近平：《决胜全面建成小康社会 夺取新时代中国特色社会主义伟大胜利——在中国共产党第十九次全国代表大会上的报告》，人民出版社 2017 年版，第 20 页。

② 习近平：《坚定不移走中国特色社会主义法治道路 为全面建设社会主义现代化国家提供有力法治保障》，载《求是》2021 年第 5 期。

想的政治底色、理论品格和鲜明特质，也是构筑中国特色社会主义法治轨道的根本立场、指导思想和科学方法。

　　第三，坚持以中国式现代化为统领。中国式现代化述说着中华民族从"站起来"到"富起来"再到"强起来"的奋斗之路，寄寓着中华儿女救亡图存、立国谋兴、强国富民的复兴之梦，是人类文明发展史上的一座丰碑。新时代以来，以习近平同志为核心的党中央高举中国特色社会主义伟大旗帜，全面贯彻习近平新时代中国特色社会主义思想，在新中国成立特别是改革开放以来长期探索和实践基础上，坚持走中国特色社会主义发展道路，从中国国情和实际出发，确立科学的发展理念、政策、策略，依靠全党和全国各族人民的共同努力，成功走出来一条中国式现代化新道路，创造了在世界上人口规模最大的国家推进现代化的空前奇迹。党的二十大报告深刻阐明了"中国式现代化"的科学内涵、中国特色和本质要求，指出：中国式现代化是中国共产党领导的社会主义现代化，既有各国现代化的共同特征，更有基于自己国情的中国特色；中国式现代化是人口规模巨大的现代化，是全体人民共同富裕的现代化，是物质文明和精神文明相协调的现代化，是人与自然和谐共生的现代化，是走和平发展道路的现代化；中国式现代化的本质要求是坚持中国共产党领导，坚持中国特色社会主义，实现高质量发展，发展全过程人民民主，丰富人民精神世界，实现全体人民共同富裕，促进人与自然和谐共生，推动构建人类命运共同体，创造人类文明新形态。中国式现代化科学回答了中国现代化的历史之问、时代之问、人民之问、世界之问，集成了我们党在理论和实践上的创新突破，为我们提供了理解中国文明、坚持中国道路、推进中国现代化的理论范式和总体框架。中国式现代化同样统领着中国法治的现代化，为我们构筑法治轨道提供了正确道路、正当标准、坚实支撑。

　　第四，坚持以社会主义法治核心价值体系为根基。社会主义法治核心价值体系是社会主义核心价值体系在法治领域的具体体现，是社会主义核心价值观融入法治建设的重要成果，包含"人民至上""公平正义""全人类共同价值"等。新时代以来，推进社会主义核心价值观融入法治体系是实现良法善治的重要路径。中共中央办公厅印发的《关于培育和践行社会主义核心价值观的意见》提出，"要把社会主义核心价值观贯彻到依法治国、依法执政、依法行政实践中，落实到立法、执法、司法、普法和依法治理各个方面，用法律的权威来增强人们培育和践行社会主义核心价值观的自觉性"[①]。习近平总书记指出,"要推动把社会主义核心价值观贯穿立法、执法、司法、守法各环节,使社会主义法治成为良法善治"[②];"要按照社会主义核心价值观的基本要求,健全各行各业规章制度,完善市民公约、乡规民约、学生守则等行为准则"[③]。党的二十大报告进一步提出:"坚持依法治国和以德治国相结合,把社会主义核心价值观融入法治建设、融入社会发展、融入日常生活。"[④] 在这些重要论述和要求的指引下,社会主义核心价值观深层次融入法治建设各环节各领域,并生成了社会主义法治核心价值体系,成为良法善治的法理表征。在构筑法治轨道过程中,把社会主义法治核心价值体系作为其价值根基,有利于增强法治轨道的人文精神,发挥其凝心铸魂、强基固本的能动作用,为全面建设社会主义现代化国家释放出精神和制度双重能量。

第五,坚持中国特色社会主义制度。构筑法治轨道需要坚实而牢固的制度地基,中国共产党领导中国人民在百年奋斗中形成和发展起来的中国特色社会主义制度,正是最先进最可靠的制度。中国共产党自成立之日起就致力于建立人民当家作主的新政权新制度,以马克思主义国家和法的学说为指导提出了关于未来国家制度的主张,并领导中国人民踏上了推翻旧制度、建立新制度的光辉历程。1949 年 9 月制定的具有临时宪法作用的《中国人民政治协商会议共同纲领》,特别是 1954 年制定的《中华人民共和国宪法》,确定工人阶级(经过共产党)领导的、以工农联盟为基础的人民民主专政的国体,以民主集中制为根本原则的人民代表大会制度的政体,以中国共产党领导的广泛的人民民主统一战线,铸就了新中国社会主义制度的"四梁八柱",实现了从几千年封建专制政治向人民民主的伟大飞跃。其后,在完成社会主义革命和对生产资料私有制的社会主义改造后,我们确立了以公有制为基础的社会主义基本经济制度。社会主义政治制度、经济制度和其他重要制度的确立为新中国的一切发展和进步奠定了基础、创造了条件。进入改革开放和

---

① 《中共中央办公厅印发〈关于培育和践行社会主义核心价值观的意见〉》,载《人民日报》2013 年 12 月 24 日,第 1 版。

② 习近平:《论坚持全面依法治国》,中央文献出版社 2020 年版,第 236 页。

③ 习近平:《习近平谈治国理政》(第 1 卷),外文出版社 2018 年版,第 165 页。

④ 习近平:《高举中国特色社会主义伟大旗帜 为全面建设社会主义现代化国家而团结奋斗——在中国共产党第二十次全国代表大会上的报告》,人民出版社 2022 年版,第 44 页。

社会主义现代化建设新时期以来，我们党奋力推进经济体制改革、政治体制改革、思想文化领域变革，与时俱进发展了中国特色社会主义制度。党的十八大以来，以习近平同志为核心的党中央以伟大的历史主动精神、巨大的政治勇气、强烈的责任担当，提出全面深化改革总目标是继续完善和发展中国特色社会主义制度、推进国家治理体系和治理能力现代化，全面深化党的领导制度和建设制度创新，推进经济、政治、文化、社会、生态文明体制的改革，中国特色社会主义制度更加成熟更加定型，国家治理体系和治理能力现代化水平不断提高，党和国家事业焕发出新的生机活力，为经济发展、政治稳定、文化繁荣、民族团结、社会和谐、生态良好、国家善治营造了良好的制度环境，生动证成了"制度稳则国家稳，制度强则国家强"① 的政理。中国特色社会主义制度的确立、发展、变革、完善，始终沿着社会主义法治轨道展开，诠释着"制度"和"法治"、"制度建设"和"法治轨道"相依为命、相辅相成的内在联系。在为全面建设社会主义现代化国家构筑法治轨道的工程中，我们要科学把握支撑法治轨道的制度体系，坚持和发展中国特色社会主义根本制度、基本制度、重要制度，加快健全全面建设社会主义现代化国家必备的、急需的制度，并努力使各项制度转化为法治轨道的优势和效能。

（二）以中国特色社会主义法治体系为依托

构筑中国特色社会主义法治轨道，离不开坚实的依托。中国特色社会主义法治体系设定法治轨道的形式和内容、规格和参数、机制和机能，其质量高低和完善程度直接决定着法治轨道好不好、行不行、管用不管用，因而构成了中国特色社会主义法治轨道的重要依托。所以，我们必须坚持中国特色社会主义法治道路，走中国特色社会主义法治现代化新道路、面向人类法治文明新形态，加快完善中国特色社会主义法治体系，以高质量法治体系为依托构筑高质量法治轨道。

"建设中国特色社会主义法治体系"是党的十八届四中全会提出的具有原创性和时代性的概念和理论，是习近平法治思想的核心要义。建设中国特色社会主义法治体系，既是全面依法治国的总目标，又是全面依法治国的总

---

① 习近平：《在中央人大工作会议上的讲话》，载《求是》2022 年第 5 期。

抓手，还是建设社会主义法治国家的必由之路。习近平总书记精辟论述了建设中国特色社会主义法治体系的科学内涵、重大意义和重点任务，指出："建设中国特色社会主义法治体系、建设社会主义法治国家是实现国家治理体系和治理能力现代化的必然要求，也是全面深化改革的必然要求，有利于在法治轨道上推进国家治理体系和治理能力现代化，有利于在全面深化改革总体框架内全面推进依法治国各项工作，有利于在法治轨道上不断深化改革。"① 建设中国特色社会主义法治体系，就是"在中国共产党领导下，坚持中国特色社会主义制度，贯彻中国特色社会主义法治理论，形成完备的法律规范体系、高效的法治实施体系、严密的法治监督体系、有力的法治保障体系，形成完善的党内法规体系"②。党的二十大报告把"中国特色社会主义法治体系更加完善"作为未来五年法治建设的主要目标任务，作为到2035年基本建成法治国家、法治政府、法治社会的基础工程。

在全面建设社会主义现代化国家新征程上，完善法治体系，要坚持解放思想、实事求是、守正创新，在更高起点、更高水平上统筹推进法律规范体系、法治实施体系、法治监督体系、法治保障体系和党内法规体系建设。同时，要更加重视社会规范在依法治国和社会治理中不可或缺的重要作用，将社会规范纳入法治体系范畴，大力推进社会规范体系建设。中国特色社会主义新时代，全面依法治国的鲜明特征是统筹推进依法治国和依规治党、依法治国和以德治国、国家治理和社会治理、国内法治和涉外法治，一体推进法治国家、法治政府、法治军队、法治社会、法治经济、法治文化、生态法治、数字法治等的建设。因而，全面依法治国所需要的治理规范已不限于国家法律规范，而是把国家法律、党内法规、社会规范一起纳入法治规范体系，形成以宪法为核心的国家法律规范体系、以党章为核心的党内法规体系、以公序良俗为核心的社会规范体系。习近平总书记反复强调，要"完善包括市民公约、乡规民约、行业规章、团体章程在内的社会规范体系，为全面推进依法治国提供基本遵循"③。《中共中央关于全面推进依法治国若干重大问题的决定》也提出："深入开展多层次多形式法治创建活动，深化基层

---

① 习近平：《论坚持全面依法治国》，中央文献出版社 2020 年版，第 93 - 94 页。
② 习近平：《论坚持全面依法治国》，中央文献出版社 2020 年版，第 93 页。
③ 习近平：《论坚持全面依法治国》，中央文献出版社 2020 年版，第 112 页。

组织和部门、行业依法治理，支持各类社会主体自我约束、自我管理。发挥市民公约、乡规民约、行业规章、团体章程等社会规范在社会治理中的积极作用。"①中共中央印发的《法治社会建设实施纲要（2020—2025年）》进一步提出："促进社会规范建设。充分发挥社会规范在协调社会关系、约束社会行为、维护社会秩序等方面的积极作用。加强居民公约、村规民约、行业规章、社会组织章程等社会规范建设，推动社会成员自我约束、自我管理、自我规范。深化行风建设，规范行业行为。加强对社会规范制订和实施情况的监督，制订自律性社会规范的示范文本，使社会规范制订和实施符合法治原则和精神。"②

新时代以来，全面依法治国、在法治轨道上推进国家治理体系和治理能力现代化的实践表明，依法治理、法治化治理是最稳定、最可靠的社会治理方式，而社会规范体系是推进社会治理法治化不可或缺的重要遵循。所以，在加强国家立法、法律体系已经形成的前提下，我们要着力加强社会规范体系建设。构筑新时代中国特色社会主义法治轨道，应当立足全面建设社会主义现代化国家的时代背景、面向全面依法治国和社会治理现代化的现实需要，统筹国家法律、党内法规、社会规范建设。在不断健全法治规范体系的同时，也要加快推进法治实施体系、法治监督体系、法治保障体系建设，为构筑法治轨道提供更加包容、更加坚实、更高质量的法治体系依托。

（三）以营造良好法治秩序为指向

构筑中国特色社会主义法治轨道，必然要求形成良好的法治秩序。如果说建设法治体系是构筑法治轨道的"硬件"，那么，形成法治秩序则是构筑法治轨道的"软件"，二者都属于构筑法治轨道的"新基建"。构筑法治轨道对全面建设社会主义现代化国家而言，不只是提供现代化所必要的外在设施和手段，而且要让法治营造社会主义现代化所必需的内在气场和环境。

"法治秩序"是习近平法治思想中的一个重要概念。习近平总书记早在浙江工作时就提出了这一概念，强调坚持德治与法治并举，建立一种符合农村经济社会发展要求的"法治秩序"。其后多次使用这一概念。法治秩序是法律秩序的升级版。"法律秩序"是通过有法可依、有法必依、执法必严、

① 《中共中央关于全面推进依法治国若干重大问题的决定》，载《求是》2014年第21期。
② 《法治社会建设实施纲要（2020—2025年）》，人民出版社2020年版，第7页。

违法必究，而形成的"法制化"秩序状态；"法治秩序"是通过科学立法、严格执法、公正司法、全民守法，而形成的"法治化"秩序状态。"法制化"秩序严格而论是一种形式法治的秩序形态，以"形式正义"（"形式合法"）为表征；"法治化"秩序属于形式法治与实质法治有机结合的秩序形态，以"良法善治"为表征。

在习近平法治思想体系中，就其实质意义而言，法治秩序与法治环境是等值概念，法治秩序就是由法治所营造出来的一种良好社会环境。在新时代坚持和发展中国特色社会主义、推动中国式现代化的实践中，习近平总书记一以贯之地推动法治秩序、法治环境建设。他强调指出，"努力推动形成办事依法、遇事找法、解决问题用法、化解矛盾靠法的良好法治环境"①，"我们必须加强宪法和法律实施，维护社会主义法制的统一、尊严、权威，形成人们不愿违法、不能违法、不敢违法的法治环境"②，"要实施好民法典和相关法律法规，依法平等保护国有、民营、外资等各种所有制企业产权和自主经营权，完善各类市场主体公平竞争的法治环境"③，"共同营造规范有序的法治环境"④，政法机关要"努力创造安全的政治环境、稳定的社会环境、公正的法治环境、优质的服务环境，增强人民群众获得感、幸福感、安全感"⑤，"要加快实现社会治理法治化，依法防范风险、化解矛盾、维护权益，营造公平、透明、可预期的法治环境"⑥，"改革开放四十年的经验告诉我们，改革开放越深入越要强调法治，发展环境越复杂越要强调法治。我们要继续为做好党和国家各项工作营造良好法治环境"⑦，"中国愿同各国一道，营造良好法治环境，构建公正、合理、透明的国际经贸规则体系，推动共建'一带一路'高质量发展，更好造福各国人民"⑧。

以习近平总书记关于法治秩序和法治环境的重要论述为指导，中国特色

---

① 习近平：《论坚持全面依法治国》，中央文献出版社 2020 年版，第 15 页。
② 习近平：《论坚持全面依法治国》，中央文献出版社 2020 年版，第 21 页。
③ 习近平：《论坚持全面依法治国》，中央文献出版社 2020 年版，第 29 页。
④ 习近平：《论坚持全面依法治国》，中央文献出版社 2020 年版，第 163 页。
⑤ 习近平：《论坚持全面依法治国》，中央文献出版社 2020 年版，第 193 页。
⑥ 习近平：《论坚持全面依法治国》，中央文献出版社 2020 年版，第 234 页。
⑦ 习近平：《论坚持全面依法治国》，中央文献出版社 2020 年版，第 253 页。
⑧ 习近平：《论坚持全面依法治国》，中央文献出版社 2020 年版，第 268 页。

社会主义法治轨道所要塑造的法治秩序（法治环境）必然是法理型秩序、包容型秩序、能动型秩序。

第一，法理型法治秩序。"法理"是中华传统法文化中的核心概念，在当今社会演变为一个普遍流行的学术概念和公共话语，其基本语义包括法的原理、法的精神、法律原则、法律通说、法学理论、法律生活和法治实践中的美德和公理，体现了以人为本、公平正义、定分止争、惩恶扬善、治国理政的价值和智慧，体现了人们对法律之所以获得尊重、值得遵守、应当服从的那些内在依据的评价和认同，因而成为法律规范和法治实践的正当性理据。用"法理型"来标识新时代法治秩序和法治环境，目的在于强调我们所塑造的法治秩序（法治环境）是以"良法善治"为特质的。

良好法治秩序以"良法"为前提。正如古希腊哲学家亚里士多德说，法律就是秩序，有好的法律才有好的秩序；宋代政治家思想家王安石云："立善法于天下，则天下治；立善法于一国，则一国治。"① 习近平总书记深刻指出："良法是善治之前提。"② "不是什么法都能治国，不是什么法都能治好国；越是强调法治，越是要提高立法质量。"③ "推进科学立法、民主立法、依法立法，以良法促进发展、保障善治。"④ "良法"是美好价值在法律规范层面的体现，是良好法治秩序的基础。所谓"良法"，在中国古代社会，是指体现讲仁爱、重民本、守诚信、崇正义、尚和合、求大同、融情理等传统美德的法律；在当代中国社会，是指体现和谐有序、民主自由、公平正义、人格尊严、财产安全等社会主义核心价值、中华传统义理美德和全人类共同价值的法律。概括而言，"良法"就是反映人民意志、尊重保障人权、有效约束公权、维护公平正义、促进和谐稳定、保障改革发展、引领社会风尚、得到人民拥护的法律，就是尊重和体现人性、人文、自然、经济、政治、文化、社会、生态文明的客观规律的法律，就是体现民意民智民利、符合宪法精神和法治原则、维护国家法治统一的法律。除其实质内容外，良法还是制定得良好、简明易行的法律，即立法职权法定，法律不强人所难（法律规定

---

① 王安石：《王文公文集》卷第六十四，《周公》，上海人民出版社 1974 年版，第 302 页。
② 习近平：《论坚持全面依法治国》，中央文献出版社 2020 年版，第 233 页。
③ 习近平：《论坚持全面依法治国》，中央文献出版社 2020 年版，第 20 页。
④ 习近平：《论坚持全面依法治国》，中央文献出版社 2020 年版，第 186 页。

的行为规范可遵守、可执行、可适用），权利、义务、责任对等，公开透明、标准统一，普遍适用，连续稳定，非溯及既往，规则与规则、法律与法律、法律部门与法律部门、实体法与程序法之间协调一致，不矛盾、不冲突、不打架，有利于全体人民遵守和国家机关执行与适用。

法理型法治秩序以"善治"为目的。"善治"包含两个维度：第一，价值意义上的"良善治理"，目的在于"形成有效的社会治理、良好的社会秩序，促进社会公平正义，让人民群众安居乐业，获得感、幸福感、安全感更加充实、更有保障、更可持续"①。第二，方法意义上的"善于治理"，以公共领域的"共治"为鲜明特征，如"多元共治""协商共治""法德共治""法科共治"等。多元共治，即多主体共治、公共治理，强调的是治理主体之"善"。一是最大程度地吸收公众参与，扩大公民和社会组织的发言权、参与权、决策权，更加充分地将民主理念和民主机理融入国家治理；二是最大限度地凝聚共识，通过对话、沟通、论辩，促进不同党派、不同阶层、不同群体、不同社会界别彼此尊重和认同；三是最大可能地促进构建"党委领导、政府负责、民主协商、社会协同、公众参与、法治保障、科技支撑的社会治理体系"和形成"人人有责、人人尽责、人人享有的社会治理共同体"；四是最大范围地开拓自治空间，让每一个主体都能保持个性、自主、独立，以自治激发社会活力。协商共治，即协商民主、民主治理，强调的是治理方式之"善"。习近平总书记高度重视协商民主，指出"在中国社会主义制度下，有事好商量、众人的事情由众人商量，找到全社会意愿和要求的最大公约数，是人民民主的真谛"②。"人民通过选举、投票行使权利和人民内部各方面在重大决策之前进行充分协商，尽可能就共同性问题取得一致意见，是中国社会主义民主的两种重要形式，共同构成了中国社会主义民主政治的制度特点和优势。"③ 协商民主是我国民主治理的优势所在，有利于密切联系群众、广泛倾听民意、尊重少数权利，让治理更有人性、更加科学、更显本

---

① 《习近平李克强栗战书汪洋王沪宁赵乐际韩正分别参加全国人大会议一些代表团审议》，载《人民日报》2018 年 3 月 8 日，第 1 版。

② 习近平：《在中央政协工作会议暨庆祝中国人民政治协商会议成立 70 周年大会上的讲话》，载《求是》2022 年第 6 期。

③ 习近平：《在中央人大工作会议上的讲话》，载《求是》2022 年第 5 期。

色。党的十九大以来，我们党更加重视协商民主制度建设，充分发挥人民政协作为社会主义协商民主的制度安排、重要渠道、专门机构的重要作用，协商民主建设呈现渠道多样化、内容丰富化、层次多级化等新特点，与选举民主优势互补、相辅相成、相得益彰，共同构成了中国特色民主治理的标识。法德共治，即法律和道德共治，强调的是治理机制之"善"。法律是成文的道德，道德是不成文的法律，二者均是国家和社会治理不可缺少的规范。既重视发挥法律的规范作用，又重视发挥道德的教化作用，让两种规范和两种治理机制相辅相成、相得益彰，是中华优秀传统文化的精髓所在，也是中国式现代化治理的优势所在。法德共治的实践理性打破了法律帝国的"道德黑匣子"，对形成良好法治秩序、彰显新的法治文明有着特殊意义。法科共治，即法律和科技共治，强调的是治理手段之"善"。在当代中国，数字科技的广泛运用使社会治理越来越智能化，法治秩序的形成越来越依赖于数字科技的支撑与赋能，法科共治已经成为国家和社会治理的客观规律。让法治插上数字的翅膀，让数字运行在法治的轨道上，已成为现代治理的广泛共识和普遍做法。以诚信治理为例，在传统社会，诚信治理依靠的是法律和道德，而在算法主导、网络泛在的数字社会，大数据的存储、处理和应用能力的快速发展，云计算和区块链技术的不断成熟，为维护社会诚信、建设信用社会提供了超强的技术支持。通过电子途径完成的个人言论和行为轨迹，都会留痕并被完整记录、长久保存下来，这就倒逼人们必须诚实守信、谨言慎行、遵纪守法。

以良法善治为表征的法理型法治秩序实现了法律的道德性与权威性相结合，法律的内在良善性与外在约束力相统一，法治的制度优势与科技的智能优势相联合，党政治理与公共治理相辅相成，自治、法治、德治相融合，创造出"风景这边独好"的东方善治局面。

第二，包容型法治秩序。"包容"是中华民族的美德和中华优秀传统文化的基因。中华文化以兼收并蓄、求同存异的包容性为其鲜明特征，其之所以能够源远流长也得益于它的包容性。正如习近平总书记所指出的："中华民族是一个兼容并蓄、海纳百川的民族，在漫长历史进程中，不断学习他人的好东西，把他人的好东西化成自己的东西，这才形成我们的民族特色。"①

---

① 中共中央宣传部编：《习近平总书记系列重要讲话读本（2016年版）》，人民出版社2016年版，第203－204页。

新时代以来，"包容性"愈加广泛地体现在我国经济、政治、文化、国际关系的各个领域。包容性发展是新发展理念的体现，具有权利公平、规则公正，成果共享、共同富裕，利益共容、价值共建等显著特征。党的十八大以来，以习近平同志为核心的党中央反复强调新时代的经济发展必须是遵循经济规律的科学发展，必须是遵循自然规律的可持续发展，必须是遵循社会规律的包容性发展。习近平总书记指出："提高发展的平衡性、协调性、包容性。要加快完善社会主义市场经济体制，推动发展更平衡、更协调、更包容。"①"坚持以人民为中心的发展理念。我们要注重在经济发展中保障民生，照顾弱势群体诉求，解决收入差距问题，培育包容性发展环境。"② 包容性政治体现为社会主义协商民主，即"做到相互尊重、平等协商而不强加于人，遵循规则、有序协商而不各说各话，体谅包容、真诚协商而不偏激偏执，形成既畅所欲言、各抒己见，又理性有度、合法依章的良好协商氛围"③。包容性文化体现为"百花齐放、百家争鸣"，即习近平总书记所强调的"坚持和发扬学术民主，尊重差异，包容多样，提倡不同学术观点、不同风格学派相互切磋、平等讨论"④，特别是"正确处理一致性和多样性的关系。一致性是共同思想政治基础的一致，多样性是利益多元、思想多样的反映，要在尊重多样性中寻求一致性，不要搞成'清一色'"⑤。包容性国际关系体现为"各国人民同心协力，构建人类命运共同体，建设持久和平、普遍安全、共同繁荣、开放包容、清洁美丽的世界"⑥。可见，包容型法治秩序正是在习近平新时代中国特色社会主义思想的包容性理念指导下形成的法治秩序。

在人类社会各种秩序形态中，不是任何一种秩序都能够称得上是"包容

---

① 习近平：《扎实推动共同富裕》，载《求是》2021年第20期。

② 习近平：《坚守初心 共促发展 开启亚太合作新篇章——在亚太经合组织工商领导人峰会上的书面演讲》，载《人民日报》2022年11月18日，第2版。

③ 习近平：《在中央政协工作会议暨庆祝中国人民政治协商会议成立70周年大会上的讲话》，载《求是》2022年第6期。

④ 习近平：《在哲学社会科学工作座谈会上的讲话》，人民出版社2016年版，第28页。

⑤ 习近平：《在中央政协工作会议暨庆祝中国人民政治协商会议成立70周年大会上的讲话》，载《求是》2022年第6期。

⑥ 习近平：《决胜全面建成小康社会 夺取新时代中国特色社会主义伟大胜利——在中国共产党第十九次全国代表大会上的报告》，人民出版社2017年版，第58-59页。

型秩序"。历史上，封建统治阶级及其代言人把封建等级制看作不可侵犯的秩序。韩非宣称："臣事君，子事父，妻事夫，三者顺则天下治，三者逆则天下乱，此天下之常道也。"[1] 董仲舒更是把以君为臣纲、父为子纲、夫为妻纲为核心的"三纲五纪"[2] 宣布为社会秩序的铁律。这样的秩序是蔑视人性、维护特权、禁止社会流动的秩序，与现代法治和国家治理所追求的秩序完全不同。就当代中国而言，在社会主义核心价值观引领下的包容型法治秩序是尊重差异、包容多样、和而不同的秩序，是一种使自由而平等的竞争和人文主义的生活成为可能的秩序，是摆脱了单纯偶然性、任意性、不可预测性的秩序，是各种社会分歧、矛盾和冲突能够在政治包容和法治理性的基础上得以和平解决的秩序，是社会组织健全、社会治理完善、社会安定团结、人民安居乐业的秩序。

包容型法治秩序为全面建设社会主义现代化国家创造了充满活力的良好环境。充满活力，就是能够使一切有利于社会进步的创造权利得到尊重，创造活动得到支持，创造才能得到发挥，创造价值得到肯定，全社会的创造能量充分释放，创新成果不断涌现，创业活动蓬勃开展。充满活力意味着人们享有广泛的自由，诸如：人身自由，不因性别、出身、血缘、籍贯、财产、受教育程度等因素而受到排挤和歧视；思想自由，让每个人的思想不受禁锢、才华得以挥洒、精神生产得到尊重；言论自由，让每个人都有权利以文字、图画、视频等不同表达符号在报纸、电视、网络等不同媒体平台负责任地发表和传播自己的意见，并且拥有听取他人意见的平等权和对政府等公共信息的知情权；创造自由，让每个人的聪明才智都有机会在理论创新、技术创新、生产创新、文化创新、制度创新等方面尽显其能；契约自由，让每个人都成为独立的个人和平等的权利主体，都可以依据自己的切身利益和合理预判与他人自由地交往和交易。总之，"一个现代化的社会，应该既充满活力又拥有良好秩序，呈现出活力和秩序有机统一"[3]。要达到这样的状态，法治思维和法治方式不可缺少，我们要在法治轨道上统筹社会力量、平衡社会利益、调节社会关系、规范社会行为，依靠法治解决各种社会矛盾和问

---

① 王先慎：《韩非子集解》卷二十，钟哲点校，中华书局1998年版，第466页。
② 董仲舒：《春秋繁露义证》卷第十，苏舆撰，钟哲点校，中华书局1992年版，第303页。
③ 习近平：《在经济社会领域专家座谈会上的讲话》，载《人民日报》2020年8月25日，第2版。

题，确保我国社会在深刻变革中既生机勃勃又井然有序。这正是"包容型法治秩序"的价值导向和理想图景所在。

第三，能动型法治秩序。新时代的法治秩序不是"消极的秩序"，而是"积极的秩序"，它具有"围绕中心、服务大局、造福人民"的独特功能和运行机制，这是与中国共产党作为"使命型政党"、各级国家机关作为"有为政府"的角色相一致的。习近平总书记强调指出："要把全面依法治国放到党和国家工作大局中去思考，研究提出战略性、前瞻性的方案"①，"各部门各方面一定要增强大局意识，自觉在大局下思考、在大局下行动……"②，"政法机关在保障人民安居乐业、服务经济社会发展、维护国家安全和社会稳定中具有十分重要的作用"③，"努力创造安全的政治环境、稳定的社会环境、公正的法治环境、优质的服务环境，增强人民群众获得感、幸福感、安全感"④。

能动型法治秩序主要体现为两个方面：一是主动服务大局。"大局"集中表现为党和国家的使命任务和中心工作，"服务大局"就要准确把握党和国家在特定时期、特定阶段的使命任务和中心工作，使法治立场与之相适应、法治功能与之相匹配，找准法治工作与党和国家中心工作相对接的结合点和着力点。在新时代新征程上，中国共产党的使命任务（中心任务）就是团结带领全国各族人民全面建成社会主义现代化强国、实现第二个百年奋斗目标，以中国式现代化全面推进中华民族伟大复兴。我们要紧紧围绕全面建设社会主义现代化国家、全面推进中华民族伟大复兴开展立法、执法、司法、普法等法治工作；要坚持立法决策和改革决策、建设任务相统一，主动适应改革和建设的要求，制定新的法律法规，修改和废止不适应改革和建设要求的法律法规；要加强重点领域立法立规工作，加快健全国家法律、党内法规、社会规范，为全面建设社会主义现代化国家营造良好的法治秩序；要从法治各环节主动出击、同向发力、能动作为，通过法治营造最好的建设环境、发展环境、改革环境，高质量推动经济建设、社会发展、深化改革、国

---

① 习近平：《论坚持全面依法治国》，中央文献出版社 2020 年版，第 235 页。
② 习近平：《论坚持全面依法治国》，中央文献出版社 2020 年版，第 117 页。
③ 习近平：《论坚持全面依法治国》，中央文献出版社 2020 年版，第 17 页。
④ 习近平：《论坚持全面依法治国》，中央文献出版社 2020 年版，第 193 页。

家治理。

二是有效应对挑战、化解矛盾、抵御风险、保障安全。在实现中华民族伟大复兴的前进道路上，我们必然会遭遇各种各样的风险挑战。从内部来看，人民日益增长的美好生活需要和不平衡不充分的发展之间的社会主要矛盾将长期存在，在某些地区某一时段可能十分凸显，由此引发的人民群众内部的利益冲突、矛盾纠纷将大量存在，一系列长期积累且尚未破解的深层次矛盾、结构性矛盾与建设和发展中新出现的矛盾互相叠加，新兴科技风险日益加剧，意识形态领域的斗争仍然尖锐，党风廉政建设和反腐败斗争仍面临不少顽瘴痼疾，这些都是我们必须积极应对、有效化解的风险。从外部来看，世界进入动荡变革期，各种可以预见和难以预见的风险因素明显增多，以美国为首的西方国家对我国打压遏制有增无减，国际社会面临更大战争风险。"我国发展进入战略机遇和风险挑战并存、不确定难预料因素增多的时期，各种'黑天鹅'、'灰犀牛'事件随时可能发生。"[1] 我们必须增强忧患意识，坚持辩证思维、底线思维、法治思维，统筹安全和发展、秩序与活力，有效化解矛盾、维护稳定、应对风险、保障安全，建设更高水平的平安中国和法治中国。

三、把社会主义现代化国家建设全面纳入法治轨道

中国式现代化新道路既超越了"西方式现代化"，又突破了"苏联式现代化"，创造了以人民为中心，以民富国强、政治民主、精神文明、社会和谐、生态美丽、世界和平为内容，既有各国现代化共同特征、更有鲜明中国特色的"全面现代化"。所以，党的二十大报告以"全面建设""全面推进"来概括新时代新征程的奋斗目标，即："为全面建设社会主义现代化国家、全面推进中华民族伟大复兴而团结奋斗！"[2]

在法治轨道上全面建设社会主义现代化国家，就是要把社会主义现代化国家建设的各项事业、各项工作纳入法治轨道，在法治轨道上推进和展开，

---

① 习近平：《高举中国特色社会主义伟大旗帜 为全面建设社会主义现代化国家而团结奋斗——在中国共产党第二十次全国代表大会上的报告》，人民出版社 2022 年版，第 26 页。

② 习近平：《高举中国特色社会主义伟大旗帜 为全面建设社会主义现代化国家而团结奋斗——在中国共产党第二十次全国代表大会上的报告》，人民出版社 2022 年版，第 71 页。

这是全面建设社会主义现代化国家的必然要求和根本保证。基于本文对全面依法治国新时代的"法治规范渊源""法治规范体系"的分析，法治轨道之"法"是一个多元复合、内涵丰富的概念。举凡与国家建设和治理相关联、作为国家建设和治理之规范依据的国家法律、党内法规、政策制度、社会规范、原则性法理、制度性伦理、国际惯例等，皆可归于"法"的范畴。① 本文正是以这种"法"的新概念来归纳和论述党的二十大报告以及其他重要的党政文件是如何将"全面建设"纳入法治轨道的。我们注意到，党的二十大报告不仅在宏观上强调在法治轨道上全面建设社会主义现代化国家，而且在中观和微观上对社会主义现代化国家建设各方面的重要事项和工作都提出了法治化、制度化、机制化要求，使之在法治轨道上有序有效推进。

（一）把经济建设纳入法治轨道

"社会主义市场经济是信用经济、法治经济"②，"法治是最好的营商环境"③，"加快打造市场化、法治化、国际化营商环境"④，"加快建设法治经济和法治社会，把经济社会发展纳入法治轨道"⑤，这些理论命题为把经济建设和发展纳入法治轨道作出了深刻论述、提供了科学指引。

把经济建设和发展纳入法治轨道，就是要以法治引领和保障新发展理念的全面贯彻落实，形成有利于创新发展、协调发展、绿色发展、开放发展、共享发展的法治环境，保障我国经济持续高质量发展。一要在完善制度上发力，依法维护和完善社会主义基本经济制度，加快构建高水平社会主义市场经济体制，形成高效规范、公平竞争的国内统一市场。二要在保护权利上用劲，切实加强对产权（含知识产权）的平等保护、全面保护、依法保护。三要在公平正义上聚焦，完善维护公平竞争的法律法规制度，健全维护公平竞争的执法司法体制机制，建立维护公平竞争的法治秩序。

党的二十大围绕提高经济建设和发展的法治化水平，以"构建高水平社

---

① 参见郭晔：《全面依法治国新时代的法治规范渊源》，载《法制与社会发展》2022 年第 2 期。

② 习近平：《论坚持全面依法治国》，中央文献出版社 2020 年版，第 26 页。

③ 习近平：《论坚持全面依法治国》，中央文献出版社 2020 年版，第 254 页。

④ 习近平：《坚定不移走中国特色社会主义法治道路 为全面建设社会主义现代化国家提供有力法治保障》，载《求是》2021 年第 5 期。

⑤ 《中共中央关于制定国民经济和社会发展第十三个五年规划的建议》，人民出版社 2015 年版，第 6 页。

会主义市场经济体制"为统领，进一步提出或强调了一系列创新理论和创新制度，例如，"坚持和完善社会主义基本经济制度，毫不动摇巩固和发展公有制经济，毫不动摇鼓励、支持、引导非公有制经济发展，充分发挥市场在资源配置中的决定性作用，更好发挥政府作用"，"完善产权保护、市场准入、公平竞争、社会信用等市场经济基础制度，优化营商环境"，"完善中国特色现代企业制度，弘扬企业家精神，加快建设世界一流企业"，"健全宏观经济治理体系""加强财政政策和货币政策协调配合""健全现代预算制度""建设现代中央银行制度"，"加强反垄断和反不正当竞争，破除地方保护和行政性垄断，依法规范和引导资本健康发展"，"巩固和完善农村基本经营制度""深化农村土地制度改革，赋予农民更加充分的财产权益""保障进城落户农民合法土地权益，鼓励依法自愿有偿转让"，"健全主体功能区制度，优化国土空间发展格局"①，等等。党的二十大之后召开的第一个中央经济工作会议也明确提出："坚持推动经济发展在法治轨道上运行，依法保护产权和知识产权，恪守契约精神，营造市场化、法治化、国际化一流营商环境。""要从制度和法律上把对国企民企平等对待的要求落下来，从政策和舆论上鼓励支持民营经济和民营企业发展壮大。依法保护民营企业产权和企业家权益。"② 这些重大的创新理论和制度，意在把法治要素全面、系统、有序地融入经济建设和经济治理，为推动经济法治轨道建设指明了方向和要点。

（二）把政治建设纳入法治轨道

把政治建设纳入法治轨道，就是要依靠宪法法律及其有效实施来确认和保卫社会主义政治制度，保障公民政治权利和自由，发展全过程人民民主，建立和维护人民民主的政治秩序。一是加强人民当家作主制度保障。"坚持和完善我国根本政治制度、基本政治制度、重要政治制度，拓展民主渠道，丰富民主形式，确保人民依法通过各种途径和形式管理国家事务，管理经济和文化事业，管理社会事务。"③ 二是全面发展协商民主。"完善协商民主体

---

① 参见习近平：《高举中国特色社会主义伟大旗帜　为全面建设社会主义现代化国家而团结奋斗——在中国共产党第二十次全国代表大会上的报告》，人民出版社 2022 年版，第 29 - 32 页。

② 《中央经济工作会议在北京举行》，载《人民日报》2022 年 12 月 17 日，第 1 版。

③ 习近平：《高举中国特色社会主义伟大旗帜　为全面建设社会主义现代化国家而团结奋斗——在中国共产党第二十次全国代表大会上的报告》，人民出版社 2022 年版，第 37 - 38 页。

系……健全各种制度化协商平台,推进协商民主广泛多层制度化发展。""坚持和完善中国共产党领导的多党合作和政治协商制度,坚持党的领导、统一战线、协商民主有机结合,坚持发扬民主和增进团结相互贯通、建言资政和凝聚共识双向发力,发挥人民政协作为专门协商机构作用,加强制度化、规范化、程序化等功能建设,提高深度协商互动、意见充分表达、广泛凝聚共识水平,完善人民政协民主监督和委员联系界别群众制度机制。"① 三是积极发展基层民主。"健全基层党组织领导的基层群众自治机制,加强基层组织建设,完善基层直接民主制度体系和工作体系,增强城乡社区群众自我管理、自我服务、自我教育、自我监督的实效。"②

党的二十大以我国宪法确定的社会主义民主政治发展道路和政治制度为前提,以党的十九届四中全会提出的"坚持和完善人民当家作主制度体系,发展社会主义民主政治"为基础,进一步强调"发展全过程人民民主,保障人民当家作主","坚持党的领导、人民当家作主、依法治国有机统一","坚持人民主体地位,充分体现人民意志、保障人民权益、激发人民创造活力","健全人民当家作主制度体系,扩大人民有序政治参与,保证人民依法实行民主选举、民主协商、民主决策、民主管理、民主监督,发挥人民群众积极性、主动性、创造性,巩固和发展生动活泼、安定团结的政治局面","发挥我国社会主义新型政党制度优势","坚持和完善民族区域自治制度",等等。这些重要论述和工作部署,必将开辟中国特色社会主义民主政治新局面。

(三) 把文化建设纳入法治轨道

文化建设内容非常宽泛,包括精神文明、科技创新、教育事业、人才队伍建设等多个方面。把文化建设纳入法治轨道,首先,要坚持和完善繁荣发展社会主义先进文化的制度,巩固全体人民团结奋斗的共同思想基础。党的十九届四中全会通过的《中共中央关于坚持和完善中国特色社会主义制度 推进国家治理体系和治理能力现代化若干重大问题的决定》首次提出要"坚持马克思主义在意识形态领域指导地位的根本制度""坚持以社会主义核心价

---

① 习近平:《高举中国特色社会主义伟大旗帜 为全面建设社会主义现代化国家而团结奋斗——在中国共产党第二十次全国代表大会上的报告》,人民出版社 2022 年版,第 38 - 39 页。

② 习近平:《高举中国特色社会主义伟大旗帜 为全面建设社会主义现代化国家而团结奋斗——在中国共产党第二十次全国代表大会上的报告》,人民出版社 2022 年版,第 39 页。

值观引领文化建设制度"。党的二十大进一步提出"坚持依法治国和以德治国相结合，把社会主义核心价值观融入法治建设、融入社会发展、融入日常生活"，"推动理想信念教育常态化制度化"，"健全网络综合治理体系，推动形成良好网络生态"，"健全诚信建设长效机制"，"深化文化体制改革，完善文化经济政策"。

其次，要在政策体系基本形成的基础上，加快形成系统完备的教育、科技、人才等方面法律法规体系。当今世界，国家与国家之间的竞争越来越突出地体现为教育、科技、人才的竞争。党的二十大报告对教育、科技、人才单列一部分进行重点论述和部署，也体现了教育、科技、人才在全面建设社会主义现代化国家中的关键地位。在新时代新征程上，我们要全面贯彻党的教育方针，继续完善中国特色社会主义教育制度、健全教育法律法规和党内法规，适时启动教育法典编纂工作，把教育事业和教育工作全方位纳入法治轨道。要完善由法律和政策支撑的科技创新体系。为此，党的二十大提出要"完善党中央对科技工作统一领导的体制"，"健全新型举国体制"，"加强知识产权法治保障"，"形成支持全面创新的基础制度"，"实施更加积极、更加开放、更加有效的人才政策"，"深化人才发展体制机制改革"，"把各方面优秀人才集聚到党和人民事业中来"。

相对于其他领域，我国文化、教育、科技领域的法律化、制度化、法治化程度偏低，许多方面仍处于"规则真空"状态；有许多规则位阶不高，局限于政策、规章、文件层面；在实施中缺乏权威性和可执行力，尤其无法获得执法司法的有效保障。对此，党的二十大提出加强重点领域立法，文化、教育、科技正是急需加强立法的重点领域。我们要认真贯彻落实党的二十大部署，加快推进这几个领域的立法、立规，补齐短板、提高位阶、增强实效。

（四）把社会建设和国家安全纳入法治轨道

社会建设包括民生保障和社会治理两个主要方面。把社会建设纳入法治轨道，首先要建立和完善民生保障制度、社会治理制度，构建相应的法治体系。国泰才能民安，完善国家安全制度和法治体系与民生保障和社会治理法治化是有机衔接、相辅相成的。

关于民生保障制度建设。党的二十大报告在"分配制度是促进共同富裕的基础性制度"的政策定位下，提出"完善分配制度""坚持按劳分配为主体、多种分配方式并存，构建初次分配、再分配、第三次分配协调配套的制度体系""完善按要素分配政策制度""完善个人所得税制度，规范收入分配秩序，规范财富积累机制，保护合法收入，调节过高收入，取缔非法收入"；在"就业是最基本的民生"的科学定位下，提出"强化就业优先政策，健全就业促进机制""统筹城乡就业政策体系……健全劳动法律法规，完善劳动关系协商协调机制，完善劳动者权益保障制度，加强灵活就业和新就业形态劳动者权益保障"；在"社会保障体系是人民生活的安全网和社会运行的稳定器"的战略定位下，提出"健全覆盖全民、统筹城乡、公平统一、安全规范、可持续的多层次社会保障体系""完善基本养老保险全国统筹制度，发展多层次、多支柱养老保险体系""完善大病保险和医疗救助制度""建立长期护理保险制度""坚持男女平等基本国策，保障妇女儿童合法权益""完善残疾人社会保障制度和关爱服务体系，促进残疾人事业全面发展""加快建立多主体供给、多渠道保障、租购并举的住房制度""完善人民健康促进政策""建立生育支持政策体系""深化医药卫生体制改革，促进医保、医疗、医药协同发展和治理""强化食品药品安全监管，健全生物安全监管预警防控体系"。面向全面建设社会主义现代化国家，我们要在完善政策体系的同时，加快补齐就业、教育、医疗、托育、养老、住房等方面的法律法规缺项和政策缺口，构建系统完备的政策化、法律化、党规化的制度体系，为中国特色民生保障事业构筑更为坚实的法治轨道。

关于社会治理制度建设。党的二十大报告在自治、法治、德治相结合，打造共建共治共享的社会治理格局，完善党委领导、政府负责、民主协商、社会协同、公众参与、法治保障、科技支撑的社会治理体系等理论和制度共识的基础上，进一步提出"完善社会治理体系。健全共建共治共享的社会治理制度，提升社会治理效能""在社会基层坚持和发展新时代'枫桥经验'，完善正确处理新形势下人民内部矛盾机制……健全城乡社区治理体系……建设人人有责、人人尽责、人人享有的社会治理共同体"。把社会治理纳入法治轨道，最重要的是在完善社会治理政策法律制度体系的同时，推进多层次多领域依法治理，提升社会治理法治化水平和效能。

关于国家安全法治体系建设。党的十八大以来，在习近平总书记关于总体国家安全观的重要论述指引下，我国制定（或修改）了一系列国家安全法律法规，形成了中国特色国家安全法律体系框架，保卫国家安全的"法律工具箱"越来越充实。在此基础上，党的二十大进一步明确"国家安全是民族复兴的根基，社会稳定是国家强盛的前提"，并提出"坚持党中央对国家安全工作的集中统一领导，完善高效权威的国家安全领导体制"，"强化国家安全工作协调机制"，"完善国家安全法治体系、战略体系、政策体系、风险监测预警体系、国家应急管理体系"，"以新安全格局保障新发展格局"，"推进国家安全体系和能力现代化，坚决维护国家安全和社会稳定"，等等。

（五）把生态文明建设纳入法治轨道

党的十九大以来，在习近平生态文明思想和习近平法治思想的指引下，我国生态文明建设已经迈上了制度化、法治化的轨道，形成了以《宪法》为统领，以《环境保护法》为基础的生态环境法律体系。在此高起点上，党的二十大进一步提出"健全现代环境治理体系""建立生态产品价值实现机制，完善生态保护补偿制度"。同时，党的二十大作出"实现碳达峰碳中和是一场广泛而深刻的经济社会系统性变革"的科学判断，提出"逐步转向碳排放总量和强度'双控'制度"，"完善碳排放统计核算制度，健全碳排放权市场交易制度"。更值得关注的是，全国人大常委会已经启动了研究编纂生态环境法典的工作，更高质量的环境法治轨道即将铺就，生态文明必将提升到一个新的水平。

（六）把改革开放纳入法治轨道

"改革开放是党和人民大踏步赶上时代的重要法宝，是坚持和发展中国特色社会主义的必由之路，是决定当代中国命运的关键一招，也是决定实现'两个一百年'奋斗目标、实现中华民族伟大复兴的关键一招。"[①] 改革和法治如鸟之两翼、车之两轮，有着内在的必然联系。"我国历史上的历次变法，都是改革和法治紧密结合，变旧法、立新法，从战国时期商鞅变法、宋代王安石变法到明代张居正变法，莫不如此。"[②] 基于这一历史逻辑，习近平总书记深刻指出，"在法治下推进改革，在改革中完善法治"[③]，为我们在法治轨道上推进改革开放提供了正确认识论和方法论。在法治下推进改革，就是

---

① 习近平：《在庆祝改革开放 40 周年大会上的讲话》，载《人民日报》2018 年 12 月 19 日，第 2 版。
② 习近平：《论坚持全面依法治国》，中央文献出版社 2020 年版，第 38 页。
③ 习近平：《论坚持全面依法治国》，中央文献出版社 2020 年版，第 38 页。

把改革纳入法治轨道，以法治凝聚改革共识、引领改革方向、规范改革进程、化解改革风险、巩固改革成果，全面发挥法治对改革的引领、推动和保障作用，确保重大改革"于法有据"，增强改革的正当性、程序性、穿透力。

在依法推进改革的同时，也要在法治轨道上推进高水平对外开放。新时代以来，党和政府围绕"完善法治化、国际化、便利化的营商环境"，提出了一系列改革举措。《中华人民共和国国民经济和社会发展第十三个五年规划纲要》《中华人民共和国国民经济和社会发展第十四个五年规划和2035年远景目标纲要》先后做出充分合理的制度安排。在这期间，我国制定或修改了《对外贸易法》《外商投资法》《反外国制裁法》《海南自由贸易港法》等，为顺利推进对外开放提供了坚实有力的法治保障。党的二十大进一步提出"更高水平开放型经济新体制基本形成"的目标任务，强调"稳步扩大规则、规制、管理、标准等制度型开放""创新服务贸易发展机制""合理缩减外资准入负面清单，依法保护外商投资权益，营造市场化、法治化、国际化一流营商环境"等，明确了推进更高水平对外开放的法治建设任务。

（七）把国防建设和军事治理纳入法治轨道

强国必须强军，军强才能国安。如期实现建军一百年奋斗目标，加快把人民军队建成世界一流军队，是全面建设社会主义现代化国家的战略安排。而建军治军法治化是实现强军目标的必由之路。党的十八大以来，习近平总书记指出要坚定不移坚持政治建军、改革强军、科技兴军、人才强军、依法治军，把依法治军、从严治军作为强军之基、建军治军的基本方略，强调"依法治军是我们党建军治军的基本方式，是实现党在新时代的强军目标的必然要求"[1]。在习近平强军思想和习近平法治思想指引下，国防和军队建设的政策体系和法律法规体系基本建成，体现在：党对人民军队的绝对领导制度更加完善，坚持人民军队最高领导权和指挥权属于党中央和中央军委；中央军委实行主席负责制，全国武装力量由军委主席统一领导和指挥；人民军队党的建设制度体系进一步健全，把党对人民军队的绝对领导贯彻到军队建设各领域全过程。同时，依法治军基本方略扎实推进，形成了较为完善的军事法治体系，军队法治文化建设得到加强，法治精神深入军心，以法治促进军队治理

---

[1]　习近平：《习近平谈治国理政》（第4卷），外文出版社2022年版，第385页。

方式发生根本性转变，在全军形成了党委依法决策、机关依法指导、部队依法行动、官兵依法履职的良好局面，国防和军队建设法治化水平持续提升。

党的二十大着眼于"提高捍卫国家主权、安全、发展利益战略能力，有效履行新时代人民军队使命任务"，对在法治轨道上加强国防军队建设、全面加强军事治理提出了新的更全面的要求，包括："坚持党对人民军队的绝对领导""坚持政治建军、改革强军、科技强军、人才强军、依法治军""健全贯彻军委主席负责制体制机制""全面加强军事治理，巩固拓展国防和军队改革成果，完善军事力量结构编成，体系优化军事政策制度""加强依法治军机制建设和战略规划，完善中国特色军事法治体系""改进战略管理，提高军事系统运行效能和国防资源使用效益"。

（八）把外交工作纳入法治轨道

当今世界正经历百年未有之大变局，"世界之变、时代之变、历史之变正以前所未有的方式展开"。习近平总书记以深邃的历史眼光、宽广的国际视野把握国内国际两个大局，高瞻远瞩、审时度势地提出协调推进国内治理和国际治理，统筹推进国内法治和涉外法治，运用法治思维和法治方式开展外交工作、推动全球治理体系变革，更好维护国家主权、安全、发展利益和民族尊严。

党的二十大坚持"促进世界和平与发展，推动构建人类命运共同体"的战略思维，提出"中国始终坚持维护世界和平、促进共同发展的外交政策宗旨"，强调"中国积极参与全球治理体系改革和建设，践行共商共建共享的全球治理观，坚持真正的多边主义，推进国际关系民主化，推动全球治理朝着更加公正合理的方向发展"，"坚定维护以联合国为核心的国际体系、以国际法为基础的国际秩序、以联合国宪章宗旨和原则为基础的国际关系基本准则"，"积极参与全球安全规则制定""积极参与应对气候变化全球治理"，"积极参与全球人权治理""完善参与全球安全治理机制"，"维护我国公民、法人在海外合法权益，维护海洋权益，坚定捍卫国家主权、安全、发展利益"，"深化反腐败国际合作，一体构建追逃防逃追赃机制"，等等。

（九）把党的建设纳入法治轨道

中国式现代化是中国共产党领导的社会主义现代化，因而党的领导制度和自身建设现代化必然是重中之重。党的十八大以来，以习近平同志为核心的党中央在全面依法治国、全面从严治党的伟大实践中，在党内法规制度建设实践的基础上创造性地提出"坚持依规治党"，走出了一条通过依规治党推进全面从严治党管党新路。党的十八届四中全会划时代地把党内法规列入中国特色社会主义法治体系之中并作为其重要组成部分，为在法治轨道上全面推进党和国家各项工作奠定了理论基础和制度根基。党的十九届四中全会进一步提出"坚持和完善党的领导制度体系""完善党和国家监督体系"等，包括：建立不忘初心、牢记使命的制度；完善坚定维护党中央权威和集中统一领导的各项制度；健全党的全面领导制度，把党的领导制度化、法治化，确保党在各种组织中发挥领导作用；完善党领导各项事业的具体制度；健全为人民执政、靠人民执政各项制度；健全提高党的执政能力和领导水平制度；完善全面从严治党制度。

党的二十大对党的制度体系建设和依法执政提出了新的要求。包括："坚持依法治国首先要坚持依宪治国，坚持依法执政首先要坚持依宪执政，坚持宪法确定的中国共产党领导地位不动摇，坚持宪法确定的人民民主专政的国体和人民代表大会制度的政体不动摇"，"健全总揽全局、协调各方的党的领导制度体系，完善党中央重大决策部署落实机制，确保全党在政治立场、政治方向、政治原则、政治道路上同党中央保持高度一致，确保党的团结统一……加强党的政治建设，严明政治纪律和政治规矩"，"完善党的自我革命制度规范体系。坚持制度治党、依规治党，以党章为根本，以民主集中制为核心，完善党内法规制度体系，增强党内法规权威性和执行力"，"健全党统一领导、全面覆盖、权威高效的监督体系，完善权力监督制约机制，以党内监督为主导，促进各类监督贯通协调，让权力在阳光下运行"，"健全培养选拔优秀年轻干部常态化工作机制"，"推进以党建引领基层治理"，"落实党内民主制度""坚持以严的基调强化正风肃纪……锲而不舍落实中央八项规定精神"，"推进反腐败国家立法"，"不断取得更多制度性成果和更大治理效能"，等等。

中国共产党是全面建设社会主义现代化国家的领导核心。推进党的领导规范化、制度化、法治化，既是加强党的领导、提高党的执政能力的应有之义，也是全面建设社会主义现代化国家的重要任务和重要保证。在全面建设社会主义现代化国家新征程上，我们要继续推进党的领导入法入规，不断完善党的领导制度、体制和工作机制，通过法治保障党的路线方针政策有效实施，把党的领导特别是党中央集中统一领导贯彻到全面建设社会主义现代化国家全过程和各方面。

四、余论

"法治轨道"是习近平新时代中国特色社会主义思想的重要概念，习近平总书记关于法治轨道的重要论述也构成了习近平法治思想的理论支柱之一。本文对中国传统文化的"轨道"概念的考察分析，对"法治轨道""在法治轨道上""纳入法治轨道""沿着法治轨道"等概念和用语的语义分析和意义阐释，挖掘了"法治轨道"理论源远流长的思想文化基础，展示了这一理论的科学魅力和人文精神，论证了构筑法治轨道之于社会主义现代化国家建设的关键意义。当我们运用习近平新时代中国特色社会主义思想的世界观和方法论，全面回顾改革开放以来特别是新时代以来法治轨道建设的成功实践时，便会发现，"法治轨道"在中国式现代化道路上发挥着固根本、稳预期、利长远的强大功能。而当我们深入学习党的二十大报告后，又会明白，在全党全国各族人民迈向全面建设社会主义现代化国家新征程、向第二个百年奋斗目标进军的关键时刻，把全面建设社会主义现代化国家的各项事业和重要工作全方位深层次纳入中国特色社会主义法治轨道，既是一项伟大的系统工程，又是一项光荣的历史使命。然而，"在法治轨道上全面建设社会主义现代化国家"这一战略思想和科学命题的内涵不限于此。我们还需要认识到另一层深意，即建设法治中国是全面建设社会主义现代化国家的题中之义和重要方面。正如习近平总书记所指出的，"一个现代化国家必然是法治国家"①。法治轨道建设本身就贯穿于中国式现代化的始终。我们必须全面理解、全面把握、全面落实党的二十大关于"坚持全面依法治国，推进法治中国建设"的新思想新战略，把全面依法治国纳入"四个全面"战略布局，把法治现代化纳入中国式现代化的总体布局，把"法治建设"融入"全面建设"之中，在全面建设社会主义现代化国家新征程上实现到2035年基本建成法治国家、法治政府、法治社会的目标任务，在实现中华民族伟大复兴历史进程中全面建成良法善治的法治中国，实现法治强国的伟大梦想。

---

① 中共中央文献研究室编：《习近平关于协调推进"四个全面"战略布局论述摘编》，中央文献出版社2015年版，第109页。

坚持在法治轨道上
全面建设社会主义现代化国家

李　林[*]

党的二十大报告明确提出，我们党在新时代新征程的中心任务，"就是团结带领全国各族人民全面建成社会主义现代化强国、实现第二个百年奋斗目标，以中国式现代化全面推进中华民族伟大复兴"[①]。习近平总书记在党的二十大报告的法治建设专章中开宗明义地指出，"全面依法治国是国家治理的一场深刻革命，关系党执政兴国，关系人民幸福安康，关系党和国家长治久安"，强调"必须更好发挥法治固根本、稳预期、利长远的保障作用，在法治轨道上全面建设社会主义现代化国家"[②]。

一、在法治轨道上全面建设社会主义现代化国家意义重大

全面建设社会主义现代化国家，是一项伟大而艰巨的事业，必须坚持全面依法治国，沿着中国特色社会主义法治道路，在宪法框架下和法治轨道上进行。党的二十大报告提出"在法治轨道上全面建设社会主义现代化国

　＊　本文原载于《政法论坛》2023 年第 41 卷第 2 期，本文系中国社会科学院马克思主义理论学科建设与理论研究工程重大项目"习近平法治思想的理论体系研究"（2022MGCZD002）的阶段性成果。作者系中国社会科学院法学研究所研究员，中国社会科学院大学法学院教授。

　①　习近平：《高举中国特色社会主义伟大旗帜 为全面建设社会主义现代化国家而团结奋斗——在中国共产党第二十次全国代表大会上的报告》，人民出版社 2022 年版，第 21 页。

　②　习近平：《高举中国特色社会主义伟大旗帜 为全面建设社会主义现代化国家而团结奋斗——在中国共产党第二十次全国代表大会上的报告》，人民出版社 2022 年版，第 40 页。

家"[①] 这一新论断新要求，不仅指明了深入推进全面依法治国、加快建设中国特色社会主义法治体系的时代使命和中心任务，而且明确了全面建设社会主义现代化国家的根本遵循和法治保障。

（一）"法治轨道"是全面建设社会主义现代化国家的重要保障

何谓"轨道"？《现代汉语词典》的解释是，作为一个比喻词，是指"应遵循的规则、程序"[②]。何谓"法治轨道"？从构成来看，法治轨道是由法治思想、法治价值、法治原则、法律规则、法律制度、法治体系、法治机制、法治方法等要素打造而成的制度化、程序化、法治化轨道/路径/路线，是一个由诸多法治要素、法治子系统等构成的宏大法治系统，也就是国家法治机器；构建"法治轨道"或者"法治系统"的基本原理原则，包括遵循规律、符合国情、公平正义、良法善治、高效权威、规范有序等。从功能来看，"法治轨道"具有导向、引领、框定、规范、运行、推动、促进、保障等主要功能，既是推进依法治国、依法执政、依法行政的制度化平台，也是运行法治国家、法治政府、法治社会的体制化机制，还是实现党和国家中心任务和奋斗目标的法治化行动路线、基本遵循和重要保障。

从现代法治的道德性、政治性、规范性、强制性、稳定性等基本特征来看，在治国理政和国家现代化建设中，"法治轨道"的"综合性价比"显然要优于"德治轨道""政治轨道""智治轨道"。一方面，"德治"和"政治"可以有德，但难以成轨；"智治"可以成轨，但缺少德性和人情味；另一方面，因为"法治轨道"已经深度融入了"德治"的精义，充分注入了"政治"的灵魂，积极吸纳了"智治"的科技，所以坚持在法治轨道上实施治国理政、推进国家现代化建设，实质上就是以法治为载体充分发挥德治、政治、智治功能的综合施治，具有显著的比较优势。就实质内容而言，法治是调整国家的政治关系、经济关系、文化关系、民族关系、人与人的关系、人与自然的关系、中央和地方关系等各种社会关系的调整器，是统筹社会力量、平衡社会利益、调整社会关系、规范社会行为、化解社会矛盾、保障民

---

① 习近平：《高举中国特色社会主义伟大旗帜　为全面建设社会主义现代化国家而团结奋斗——在中国共产党第二十次全国代表大会上的报告》，人民出版社 2022 年版，第 40 页。

② 中国社会科学院语言研究所词典编辑室编：《现代汉语词典》，商务印书馆 2016 年版，第 492 页。

主自由人权、维护社会公平正义、维护国家主权和安全利益的国之重器。因此"法治轨道"不仅是依法治国理政、实现良法善治的康庄大道，也是实现经济发展、政治昌明、文化繁荣、社会和谐、生态良好、国家富强、人民幸福、民族复兴的必由之路。

从路径依赖和方式方法上看，坚持在法治轨道上全面建设社会主义现代化国家，意味着中国式现代化绝不是"大民主""运动式"的一哄而上，绝不是"个人独断""长官意志"的随心所欲，绝不是违背规律、缺乏规范的恣意妄为，绝不是各自为政、各取所需的盲目乱建，而是在党中央的集中统一领导下，坚持发扬全过程人民民主，按照顶层设计擘画的宏伟蓝图和指引的前进方向，依照宪法和法治体系有序建设、全面推进。

"法治轨道"是习近平法治思想的一个重大法理概念、理论命题和实践范畴。习近平总书记高度重视全面依法治国，在不同场合、从多个角度强调要运用法治思维和法治方式，把党和国家事业纳入法治范畴，在法治轨道上开展工作、推动实践，实现依法治国理政。例如，从法理角度，提出"纵观人类政治文明史，权力是一把双刃剑，在法治轨道上行使可以造福人民，在法律之外行使则必然祸害国家和人民"①；从党和国家工作角度，强调"必须把依法治国摆在更加突出的位置，把党和国家工作纳入法治化轨道"②；从依宪治国角度，强调要把国家各项事业和各项工作纳入法治轨道，实行有法可依、有法必依、执法必严、违法必究，维护社会公平正义，实现国家和社会生活制度化、法治化，"在法治轨道上推动各项工作"③；从依法执政角度，强调"要把党的执政活动纳入法治轨道，依法掌权、依法用权并依法接受监督，在法治轨道上推动各项工作的开展，在治国理政的实践中贯彻党的执政宗旨"④；从国家治理现代化角度，强调要"坚持在法治轨道上推进国

---

① 中共中央文献研究室编：《习近平关于全面依法治国论述摘编》，中央文献出版社 2015 年版，第 37－38 页。

② 中共中央文献研究室编：《习近平关于全面依法治国论述摘编》，中央文献出版社 2015 年版，第 11 页。

③ 习近平：《在首都各界纪念现行宪法公布施行三十周年大会上的讲话》，载习近平：《论坚持全面依法治国》，中央文献出版社 2020 年版，第 15 页。

④ 习近平：《在省委十一届十次全会上的报告》，载习近平：《干在实处 走在前列——推进浙江新发展的思考与实践》，中共中央党校出版社 2006 年版，第 355 页。

家治理体系和治理能力现代化"①；从建设法治社会角度，强调要"坚持在法治轨道上统筹社会力量、平衡社会利益、调节社会关系、规范社会行为，才能使我国社会在深刻变革中既生机勃勃又井然有序，实现经济发展、政治清明、文化昌盛、社会公正、生态良好，实现我国社会主义现代化建设的战略目标"②；从全面深化改革角度，强调"在整个改革过程中，都要高度重视运用法治思维和法治方式，发挥法治的引领和推动作用，加强对相关立法工作的协调，确保在法治轨道上推进改革"③；从加强民族事务治理角度，强调"要坚持一视同仁、一断于法，依法妥善处理涉民族因素的案事件，保证各族公民平等享有权利、平等履行义务，确保民族事务治理在法治轨道上运行"④；从依法治网办网角度，强调"让互联网在法治轨道上健康运行"⑤；等等。

　　"在法治轨道上全面建设社会主义现代化国家"的新提法新论断，是习近平法治思想引领法治中国建设做出的又一重大原创性理论贡献，进一步丰富和发展了新时代中国特色社会主义法治的理论内涵、制度要件和实践范式，具有十分重大的意义。党的十八大以来，中国特色社会主义法治体系不断健全，法治中国建设迈出坚实步伐，党运用法治思维和法治方式，确立了中国特色社会主义道路、理论、制度和文化的发展成果，指明了把我国建设成为富强民主文明和谐美丽的社会主义现代化强国、实现中华民族伟大复兴的奋斗目标和实现路径，提出了坚持全面依法治国、建设社会主义法治国家的根本要求和具体任务，在实践中推动全面依法治国取得历史性成就、发生历史性变革，为党和国家各项事业发展铺就了一条具有中国特色的法治现代化轨道。实践证明，坚持法治建设围绕党和国家中心工作、服务中国特色社会主义建设大局，把现代化建设事业纳入法治轨道予以有力保障、全面推

　　① 习近平：《以科学理论指导全面依法治国各项工作》，载习近平：《论坚持全面依法治国》，中央文献出版社 2020 年版，第 3 页。

　　② 中共中央党校（国家行政学院）：《习近平新时代中国特色社会主义思想基本问题》，人民出版社 2020 年版，第 243－244 页。

　　③ 习近平：《把抓落实作为推进改革工作的重点 真抓实干蹄疾步稳求实效》，载《人民日报》2014 年 3 月 1 日，第 1 版。

　　④ 习近平：《在全国民族团结进步表彰大会上的讲话》，人民出版社 2019 年版，第 11 页。

　　⑤ 习近平：《确保互联网在法治轨道上健康运行》，载习近平：《论坚持全面依法治国》，中央文献出版社 2020 年版，第 64 页。

进，是全面建设社会主义现代化国家的必然要求，是新时代法治建设的一条重要经验。

（二）全面建设社会主义现代化国家必须厉行法治

一个现代化的国家必然是一个法治国家，建设现代化国家必须坚持和实行法治。习近平总书记指出："法治和人治问题是人类政治文明史上的一个基本问题，也是各国在实现现代化过程中必须面对和解决的一个重大问题。综观世界近现代史，凡是顺利实现现代化的国家，没有一个不是较好解决了法治和人治问题的。相反，一些国家虽然也一度实现快速发展，但并没有顺利迈进现代化的门槛，而是陷入这样或那样的'陷阱'，出现经济社会发展停滞甚至倒退的局面。后一种情况很大程度上与法治不彰有关。"[1] "什么时候重视法治、法治昌明，什么时候就国泰民安；什么时候忽视法治、法治松弛，什么时候就国乱民怨。"[2] 习近平总书记强调："对全面推进依法治国作出部署，既是立足于解决我国改革发展稳定中的矛盾和问题的现实考量，也是着眼于长远的战略谋划。"[3] 全面建设社会主义现代化国家，必须旗帜鲜明地"坚持法治、反对人治"[4]，坚定不移走中国特色社会主义法治道路，毫不动摇地坚持全面依法治国，推进法治中国建设。

进入新时代新征程，中国式现代化对法治的要求越来越高，全面依法治国在党和国家工作全局中的地位更加突出、作用更加重大。这就要求我们站在坚持和发展中国特色社会主义全局的战略高度，着眼全面建设社会主义现代化国家、实现中华民族伟大复兴的第二个百年奋斗目标，用更高质量的法治引领和促进中国式现代化建设，更好发挥法治对于推动经济高质量发展、实施科教兴国战略、发展全过程人民民主、铸就社会主义文化新辉煌、增进民生福祉、维护国家安全和社会稳定、开创国防和军队现代化新局面、坚持

---

[1]　中共中央文献研究室编：《习近平关于全面依法治国论述摘编》，中央文献出版社 2015 年版，第 12 页。

[2]　中共中央文献研究室编：《习近平关于全面依法治国论述摘编》，中央文献出版社 2015 年版，第 8 页。

[3]　中共中央文献研究室编：《习近平关于全面依法治国论述摘编》，中央文献出版社 2015 年版，第 11 页。

[4]　习近平：《习近平李克强栗战书赵乐际分别参加全国人大会议一些代表团审议》，载《人民日报》2018 年 3 月 11 日，第 1 版。

和完善"一国两制"、推动构建人类命运共同体、深入推进全面从严治党的保驾护航作用，在法治轨道上推进国家治理体系和治理能力现代化，为党和国家事业发展提供根本性、全局性、长期性的制度保障，确保我国社会在深刻变革中既生机勃勃又井然有序。

（三）全面建设社会主义现代化国家必须坚持全面依法治国

党的二十大报告以"坚持全面依法治国，推进法治中国建设"作为标题，对新时代新征程中国法治现代化建设做出专章部署。这个标题包含两个关键性的动词，即"坚持"和"推进"。"坚持"是对全面依法治国取得成就和经验的充分肯定，是加快建设更高水平更高质量法治中国的基础前提和有利条件；"推进"是对实现法治中国建设未来目标任务的明确要求，是对坚持全面依法治国的与时俱进、不断发展。"坚持全面依法治国"和"推进法治中国建设"是一个有机整体，两者相伴相随、密不可分，集中体现了守正创新的基本原则。

坚持全面依法治国，是全面建设社会主义现代化国家的必然要求。在从党的十八大到2035年这个时间段，党的二十大开启迈上中国式现代化建设的新征程，处于承上启下、继往开来、创新发展的中间时段，在全面依法治国伟大事业的进程中，这是一个攻坚克难爬坡过坎、夺取建设社会主义法治国家新胜利的关键期。全面依法治国是国家治理的一场深刻革命，不仅需要长期坚持、一以贯之，而且需要与时俱进、接续奋斗，持之以恒地把全面依法治国事业推向前进，不断开创法治中国建设新局面，才能为全面建设社会主义现代化国家提供固根本、稳预期、利长远的有力法治保障。

坚持全面依法治国，必须坚持习近平法治思想。习近平法治思想是全面依法治国的指导思想和根本遵循，是习近平新时代中国特色社会主义思想的重要组成部分，其基本内容集中体现为"十一个坚持"，即坚持党对全面依法治国的领导，坚持以人民为中心，坚持中国特色社会主义法治道路，坚持依宪治国、依宪执政，坚持在法治轨道上推进国家治理体系和治理能力现代化，坚持建设中国特色社会主义法治体系，坚持依法治国、依法执政、依法行政共同推进，法治国家、法治政府、法治社会一体建设，坚持全面推进科学立法、严格执法、公正司法、全民守法，坚持统筹推进国内法治和涉外法治，坚持建设德才兼备的高素质法治工作队伍，坚持抓住领导干部这个"关键少数"。新征程上坚持全面依法治国，最根本的就是要坚持习近平法治思想的指导地位不动摇，坚持党对全面依法治国的领导、坚持人民至上、走中国特色社会主义法治道路不动摇，坚持事关全面依法治国政治方向、重要地位、工作布局、重点任务、重大关系、重要保障等根本性、原则性问题不动摇。

坚持全面依法治国，必须坚持新时代法治建设取得的宝贵经验。"坚持党的领导，在政治立场、政治方向、政治原则、政治道路上同党中央保持高度一致；坚持人民至上，把体现人民利益、反映人民愿望、维护人民权益、增进人民福祉落实到全面依法治国各领域全过程；坚持理论创新，不断运用马克思主义法治理论中国化最新成果引领、指导法治建设实践；坚持中国道路，始终立足中国国情、扎根中国文化、解决中国问题，坚定不移走中国特色社会主义法治道路；坚持服务大局，充分发挥法治固根本、稳预期、利长远的重要保障作用。"① 对这些宝贵历史经验，要深入总结、倍加珍惜、长期坚持，在推进法治中国建设伟大实践中不断丰富和发展。

（四）法治保障社会主义现代化国家建设方向正确

方向决定前途，道路决定命运。从本质上讲，我国法治是坚持和发展中国特色社会主义的新型法治，中国共产党领导是我国社会主义法治之魂，人民当家作主是我国法治之本，中国特色社会主义制度是我国法治之基。党的指导思想、基本原则、中心任务、奋斗目标、基本路线方针和重大决策等，通过法定程序与人民意志相融合，转化为国家意志和宪法法律法规，构建为中国特色社会主义法治体系。我国法治坚持以习近平法治思想为引领，坚持中国特色社会主义法治道路，坚持中国特色社会主义制度，建设中国特色社会主义法治体系，确保全面依法治国的本质定性和正确方向。"习近平法治思想在系统考察和深度反思古今中外各种法治模式的基础上确立了'良法善治'理念，开创了'良法善治'的法治现代化新道路。"② 坚持全面依法治国，坚持我国宪法确立的党的全面领导原则，维护宪法权威和宪法确立的党的领导权威，用法治思维和法治方式深入贯彻党的大政方针，在科学立法、

---

① 郭声琨：《从党的百年法治奋斗史中汲取智慧和力量 奋力推动新时代全面依法治国高质量发展》，载《求是》2022 年第 12 期。

② 张文显：《习近平法治思想的政理、法理和哲理》，载《政法论坛》2022 年第 3 期。

严格执法、公正司法、全民守法中有效落实党的重大决策部署，在全面依法治国实践中推进中国式现代化建设，就能够在党领导人民铺就的具有中国特色的法治现代化轨道上，确保全面建设社会主义现代化国家沿着正确方向勇毅前行，顺利达成既定目标。

（五）法治保障社会主义现代化国家建设顺利进行

法治是治国理政不可或缺的重要手段，是现代化国家治理的基石。全面推进依法治国，是全面建设社会主义现代化国家，解决党和国家事业发展面临的一系列重大问题的根本要求。习近平总书记深刻指出："当前，我国正处在实现中华民族伟大复兴的关键时期，世界百年未有之大变局加速演进，改革发展稳定任务艰巨繁重，对外开放深入推进，需要更好发挥法治固根本、稳预期、利长远的作用。"① 党的二十大报告明确提出："未来五年是全面建设社会主义现代化国家开局起步的关键时期，主要目标任务是：经济高质量发展取得新突破，科技自立自强能力显著提升，构建新发展格局和建设现代化经济体系取得重大进展；改革开放迈出新步伐，国家治理体系和治理能力现代化深入推进，社会主义市场经济体制更加完善，更高水平开放型经济新体制基本形成；全过程人民民主制度化、规范化、程序化水平进一步提高，中国特色社会主义法治体系更加完善；人民精神文化生活更加丰富，中华民族凝聚力和中华文化影响力不断增强；居民收入增长和经济增长基本同步，劳动报酬提高与劳动生产率提高基本同步，基本公共服务均等化水平明显提升，多层次社会保障体系更加健全；城乡人居环境明显改善，美丽中国建设成效显著；国家安全更为巩固，建军一百年奋斗目标如期实现，平安中国建设扎实推进；中国国际地位和影响进一步提高，在全球治理中发挥更大作用。"② 我们已经踏上了全面建设社会主义现代化国家、向第二个百年奋斗目标进军的新征程，立足新发展阶段，贯彻新发展理念，构建新发展格局，推动高质量发展，满足人民对民主、法治、公平、正义、安全、环境等方面日益增长的要求，提高人民生活品质，促进共同富裕，都对法治建设提

---

① 习近平：《坚持走中国特色社会主义法治道路 更好推进中国特色社会主义法治体系建设》，载《求是》2022 年第 4 期。

② 习近平：《高举中国特色社会主义伟大旗帜 为全面建设社会主义现代化国家而团结奋斗——在中国共产党第二十次全国代表大会上的报告》，人民出版社 2022 年版，第 25 页。

出了新的更高要求。立足新征程、着眼新目标，面对中国式现代化和法治中国建设的新形势新要求，"我们必须提高全面依法治国能力和水平，为全面建设社会主义现代化国家、实现第二个百年奋斗目标提供有力法治保障"①。

二、以中国法治现代化助推社会主义现代化国家建设

党的二十大报告明确提出，"以中国式现代化推进中华民族伟大复兴"，"到本世纪中叶把我国建成富强民主文明和谐美丽的社会主义现代化强国"②。建设一个现代化国家，不仅需要有一般意义上的法治，而且需要有与这个国家基本国情相适应、与其现代化建设相匹配的现代化法治。没有现代化法治，就不可能建成现代化国家。全面建设社会主义现代化国家，全面推进中华民族伟大复兴，必须加强中国法治现代化建设，努力打造中国式现代化"法治轨道"。中国式现代化"法治轨道"，不是铺在地上僵硬冰冷的"铁轨"，也不是脱离中国国情和实际的"法轨"，而是深深扎根于中国现代化建设实际，具有崇高思想灵魂、人文精神和强大生命力、创造力和推动力的法治化轨道，是建设中国式现代化国家的保护神和助推器。

习近平总书记强调，"我们要建设的中国特色社会主义法治体系，必须是扎根中国文化、立足中国国情、解决中国问题的法治体系"③。我们要走的是具有中国特色的法治现代化发展道路，建设的是具有中国特色的法治现代化强国，"决不能照搬别国模式和做法，决不能走西方'宪政'、'三权鼎立'、'司法独立'的路子"④。党的二十大报告明确界定了"中国式现代化"的本质要求，即它是"坚持中国共产党领导，坚持中国特色社会主义，实现高质量发展，发展全过程人民民主，丰富人民精神世界，实现全体人民共同富裕，促进人与自然和谐共生，推动构建人类命运共同体，创造人类文明新

---

① 习近平：《坚持走中国特色社会主义法治道路 更好推进中国特色社会主义法治体系建设》，载《求是》2022年第4期。

② 习近平：《高举中国特色社会主义伟大旗帜 为全面建设社会主义现代化国家而团结奋斗——在中国共产党第二十次全国代表大会上的报告》，人民出版社2022年版，第7、24页。

③ 习近平：《坚持走中国特色社会主义法治道路 更好推进中国特色社会主义法治体系建设》，载《求是》2022年第4期。

④ 习近平：《在中央全面依法治国委员会第一次会议上的讲话》，载习近平：《论坚持全面依法治国》，中央文献出版社2020年版，第229页。

形态"① 的现代化。中国式现代化的这一本质要求，从根本上决定了中国法治现代化的基本内涵和本质特征。

我们党长期重视民主法治建设，团结带领人民为发展全过程人民民主，坚持和实行依法治国，建设社会主义法治国家，进行了不懈努力。党的十八大以来，我们党立足当代中国国情和实际，着眼中华民族伟大复兴奋斗目标，把马克思主义法治原理同中国具体实际相结合、同中华优秀传统法律文化相结合，坚持走中国特色社会主义法治道路，汲取中华优秀传统法律文化的精华，借鉴世界法治文明的有益成果，在推进全面依法治国实践进程中，努力建设中国法治现代化。

（一）把握中国法治现代化新特征

中国法治现代化是一个比较而言的概念，其时代特征主要体现在两个方面：一是与中华传统法律文化和中华法系相比较，中国法治现代化，凸显21世纪中华法治文明的时代性、创新性和现代化、国际化等特征，推动中华优秀传统法律文化的创造性转化、创新性发展，推进中华法系的批判性继承、现代性复兴，赋予传统中华法治文明新的时代内涵，努力使古老的中华法系焕发出新的生命力。二是与当代西方大陆法系、英美法系等域外法治文明相比较，中国法治现代化，凸显新时代中国法治文明的包容性、混合性、民族性以及中国化、中国特色、中华文化等特征，立足中国国情和实际，借鉴人类一切法治文明的有益成果，汲取西方两大法系的法治文明养分，推动中华法治文明向现代化大踏步迈进。

（二）走中国法治现代化新道路

中国法治现代化新道路，就是中国特色社会主义法治道路，是建设具有中国特色的法治现代化国家唯一正确的道路。"全面推进依法治国，必须走对路。"② 我们既不走封闭僵化的老路，也不走改旗易帜的邪路，而是坚定不移走中国特色社会主义法治道路。中国法治现代化道路是一种立足于中国文化传统国情和发展中的社会主义大国这一法治现实而衍生出的新道路，可

---

① 习近平：《高举中国特色社会主义伟大旗帜 为全面建设社会主义现代化国家而团结奋斗——在中国共产党第二十次全国代表大会上的报告》，人民出版社2022年版，第23-24页。
② 习近平：《加快建设社会主义法治国家》，载《求是》2015年第1期。

以被称为是一种基于"发展"的法治文明新形态。① 只有传承中华优秀传统法律文化，从中国革命、建设、改革的实践中探索适合自己的法治道路，同时借鉴国外法治有益成果，才能为全面建设社会主义现代化国家、实现中华民族伟大复兴夯实法治基础。"法治是人类文明的重要成果之一，法治的精髓和要旨对于各国国家治理和社会治理具有普遍意义，我们要学习借鉴世界上优秀的法治文明成果。但是，学习借鉴不等于是简单的拿来主义，必须坚持以我为主、为我所用，认真鉴别、合理吸收，不能搞'全盘西化'，不能搞'全面移植'，不能照搬照抄。"② 坚持中国共产党领导，坚持中国特色社会主义制度，发展全过程人民民主，贯彻中国特色社会主义法治理论，以法治思维和法治方式促进全体人民共同富裕、促进人与自然和谐共生，在法治轨道上全面建设社会主义现代化国家，推动构建人类命运共同体，创造人类法治文明新形态，深刻体现了中国法治现代化道路的本质要求。坚持依法治国和以德治国相结合，统筹发挥法治的规范作用和德治的教化作用，是具有中国特色的法治现代化新道路的一个鲜明特点，也是现代化中华法治文明的一个显著特征。

（三）建设中国法治现代化新体系

中国法治现代化新体系，就是中国特色社会主义法治体系，是中国法治现代化的新创造。全面推进中国特色社会主义法治体系建设，努力形成完备的法律规范体系、高效的法治实施体系、严密的法治监督体系、有力的法治保障体系和完善的党内法规体系，是习近平法治思想提出的具有原创性、时代性的重大法理命题，为人类法治文明贡献了中国智慧。坚持把依法治国和依规治党、制度治党紧密结合起来，不断完善我国法治体系，增强国家法律和党内法规权威性和执行力，用法律法规和制度制约监督权力，防止权力的滥用和腐败，把权力关进法律法规和制度编织的笼子里，是中国法治现代化体系的一个重大创造。在实践中，中国特色社会主义法治体系是全面推进依法治国的总抓手。中国共产党长期领导和执政，各民主党派参政议政，没有反对党，不是三权鼎立、多党轮流坐庄，中国法治现代化体系要跟这个制度相配套。

---

① 参见汪习根：《论中国式法治现代化的理论体系》，载《政法论坛》2022年第6期。
② 习近平：《加快建设社会主义法治国家》，载《求是》2015年第1期。

（四）形成中国法治现代化大格局

思想有多远，我们就能走多远；格局有多大，我们就能做多大。全面依法治国是新时代党领导人民治国理政的大手笔、大战略，着力构建中国法治现代化的大格局。从党和国家事业全局来看，我们立足中国国情加强现代化法治文明建设，在致力于推动社会主义物质文明、政治文明、精神文明、社会文明、生态文明协调发展的总体布局中，全面加强中国法治现代化建设，使法治不仅与国家文明建设深度融合、统筹推进，而且为国家文明建设提供强有力制度基础和法治保障。"没有全面依法治国，我们就治不好国、理不好政，我们的战略布局就会落空。"[①] 我们党把全面依法治国纳入"四个全面"战略布局，推动"四个全面"战略布局实践的规范化法治化，使全面依法治国既是"四个全面"战略布局的重要内容，又是统筹推进全面建设社会主义现代化国家、全面深化改革、全面从严治党的重要法治保障。我们党坚持"四个自信"，领导人民建设现代化法治强国，构建起中国特色社会主义法治道路、法治理论、法治体系、法治文化"四位一体"的现代化法治发展格局，为全社会坚定"四个自信"提供强大法理支撑，为坚持全面依法治国打下坚实基础。按照党的二十大报告的决策部署，深入推进全面依法治国，加快建设具有中国特色的法治现代化体系，形成全面依法治国新格局，提升法治中国建设新水平，构建现代化中华法治文明新形态，切实在中国法治现代化轨道上全面建设社会主义现代化国家。

（五）实现中国法治现代化超越式发展

建设中国法治现代化前无古人、时不我待，要力争"变道超车"或"弯道超车"，采行"超越式"法治建设战略和发展方式，努力实现中国法治现代化建设的"五个超越"。一是在政治上要超越以"宪政民主"、"三权鼎立"、多党制等为特征的西方民主政治模式，坚持党的全面领导、发展全过程人民民主、全面推进依法治国，坚持民主与专政、民主与法治、民主与效率内在统一，坚定不移走中国特色社会主义民主政治和现代化法治发展道路。二是在法治观念上要超越"言必称西方"的西方法治中心主义，坚持习近平法治思想，贯彻中国化时代化的马克思主义法治理论，牢固树立中国

---

① 习近平：《把全面依法治国放在"四个全面"战略布局中来把握》，载习近平：《论坚持全面依法治国》，中央文献出版社 2020 年版，第 145 页。

特色社会主义法治的道路自信、理论自信、制度自信和文化自信。三是在法治理论上要超越曾经主导中国法学话语体系的"西方法学"理论,汲取中华优秀法律文化精华,借鉴世界法治文明有益成果,走中国特色法学发展之路,加快构建中国自主法学知识体系,形成中国特色法学学术体系、话语体系和理论体系。四是在法治建构上要超越法治形式主义和法治工具主义,坚持政治和法治相一致,形式法治与实质法治相统一,法治价值与法治实践相结合,数字法治与实体法治相融合,全面推进中国法治现代化建设。五是在法治功能上既要超越法治万能主义,坚持依法治国与以德治国相结合,坚持依规治党与依法治国相结合;也要超越法治虚无主义,坚持以全面依法治国基本方略和法治基本方式治国理政,坚持宪法法律至上,实现良法善治。

(六) 推动中国法治现代化文明走向世界

习近平总书记指出,"党领导人民成功走出中国式现代化道路,创造了人类文明新形态"①。中国法治现代化,不仅是中华民族的新创造,也是世界法治的新发展,是人类法治文明的新形态。习近平总书记关于法治价值的重要论述向世界展示了多样文明,增强了国际法治话语体系中的中国分量,提升了我国在全球治理方面的话语权和影响力。② 党的二十大报告提出,"尊重世界文明多样性,以文明交流超越文明隔阂、文明互鉴超越文明冲突、文明共存超越文明优越"③。在构建人类命运共同体的进程中,我们秉持和平、发展、公平、正义、民主、自由的全人类共同价值,高擎人类文明进步的理想旗帜,追随先辈法治文明的前进脚步,义无反顾地推动现代化中华法治文明更好走向世界、更深融入世界,推动不同法治文明交流互鉴,促进人类法治文明包容发展,为维护世界和平和国际公平正义贡献中国力量。

三、推动中国式现代化"法治轨道"建设迈上新征程

党的二十大报告充分彰显了把我国建成具有中国特色的法治现代化强国

---

① 《中共中央关于党的百年奋斗重大成就和历史经验的决议》,人民出版社 2021 年版,第 64 页。

② 参见江必新:《习近平法治思想对法治基本价值理念的传承与发展》,载《政法论坛》2022 年第 1 期。

③ 习近平:《高举中国特色社会主义伟大旗帜 为全面建设社会主义现代化国家而团结奋斗——在中国共产党第二十次全国代表大会上的报告》,人民出版社 2022 年版,第 63 页。

的强大决心，擘画了深入推进全面依法治国的宏伟蓝图，吹响了建设更高水平法治中国的进军号。迈上新征程，更好发挥法治对全面建设社会主义现代化国家的引领、促进、规范和保障作用，必须在党的全面领导下，坚持以人民为中心，坚持问题导向和目标导向，持续深化法治领域改革，不断加强中国式现代化"法治轨道"建设，推动法治中国建设迈上新征程、谱写新篇章。

（一）坚持党的全面领导

全面建设社会主义现代化国家、全面推进中华民族伟大复兴，关键在党。中国式现代化，是中国共产党领导的社会主义现代化。党的领导是中国特色社会主义最本质的特征，是中国式现代化最显著的标志，是社会主义法治最根本的保证。党的二十大明确提出，必须坚持和加强党的全面领导，"坚决维护党中央权威和集中统一领导，把党的领导落实到党和国家事业各领域各方面各环节，使党始终成为风雨来袭时全体人民最可靠的主心骨，确保我国社会主义现代化建设正确方向"①。坚持和加强党对法治中国建设的全面领导，要深刻领悟"两个确立"的决定性意义，增强"四个意识"、坚定"四个自信"、做到"两个维护"，不断提高政治判断力、政治领悟力、政治执行力，全面贯彻习近平新时代中国特色社会主义思想和习近平法治思想，奋力推进新时代全面依法治国事业高质量发展。全面依法治国涉及法治中国建设的各个环节、各个方面和诸多领域，无论哪个环节、哪个方面、哪个领域缺失了弱化了，都会削弱党的领导，都会损害全面依法治国事业。因此，党对全面依法治国的领导，必须是全过程各方面、多环节各领域的系统领导、全面领导、整体领导和集中统一领导。必须确保党中央权威和集中统一领导，确保党始终发挥总揽全局、协调各方的领导核心作用，充分发挥中央全面依法治国委员会在加强党对全面依法治国的集中统一领导、统筹推进全面依法治国工作中的重要作用，深入推进党的领导制度化、法治化，健全党领导全面依法治国的制度和工作机制，推动党的领导入法入规，完善党内法规制度体系，通过法治保障党的路线方针政策有效实施，切实把党的领导贯彻到全面依法治国的全过程，落实到中国法治现代化建设的各方面。

---

① 习近平：《高举中国特色社会主义伟大旗帜 为全面建设社会主义现代化国家而团结奋斗——在中国共产党第二十次全国代表大会上的报告》，人民出版社 2022 年版，第 26 页。

（二）坚持以人民为中心

全面依法治国最广泛、最深厚的基础是人民，必须坚持以人民为中心。党的二十大报告提出，全面建设社会主义现代化国家，必须坚持以人民为中心的发展思想，必须"维护人民根本利益，增进民生福祉，不断实现发展为了人民、发展依靠人民、发展成果由人民共享，让现代化建设成果更多更公平惠及全体人民"①。坚持人民至上，坚持以人民为中心，就是"要站稳人民立场、把握人民愿望、尊重人民创造、集中人民智慧"②，把满足人民法治需求作为建设现代化法治国家的出发点和落脚点，把亿万人民群众作为推进全面依法治国的强大主体和法治中国建设的积极参与者、评判者，把全心全意为人民服务作为法治工作的天职；就是要坚持中国法治现代化建设为了人民、依靠人民、造福人民、保护人民，为人民美好生活提供强有力法治保障。我国是人民当家作主的社会主义国家，法治是"人民的法治"，人民性是中国法治现代化的本质属性。中国法治现代化要求法治必须在党的领导下充分反映人民意志和根本利益，切实保障人民权益。③ 这就从根本上决定了，人民始终是全面依法治国的主体和根本力量，而不是客体和被法律惩治的对象；中国法治现代化始终是人民意志的表达者、人民利益的捍卫者、人民福祉的守护者，全面依法治国就是要维护人民基本权利、促进人民共同富裕、实现人的全面发展。中国法治现代化的根基在人民、血脉在人民、力量在人民。必须把体现人民利益、反映人民愿望、维护人民权益、增进人民福祉贯彻到推进全面依法治国的全过程，落实到现代化法治建设的各环节，使法律及其实施充分体现人民意志，使法治为民真正成为人民群众看得见、摸得着、感受得到的现实生活。④

（三）坚持问题导向

党的二十大报告强调，全面建设社会主义现代化国家，"必须坚持问题

---

① 习近平：《高举中国特色社会主义伟大旗帜 为全面建设社会主义现代化国家而团结奋斗——在中国共产党第二十次全国代表大会上的报告》，人民出版社 2022 年版，第 27 页。

② 习近平：《高举中国特色社会主义伟大旗帜 为全面建设社会主义现代化国家而团结奋斗——在中国共产党第二十次全国代表大会上的报告》，人民出版社 2022 年版，第 19 页。

③ 参见周佑勇：《推进国家治理现代化的法治逻辑》，载《法商研究》2020 年第 4 期。

④ 参见习近平：《坚持走中国特色社会主义法治道路 更好推进中国特色社会主义法治体系建设》，载《求是》2022 年第 4 期。

导向"①。问题是时代的声音，回答并指导解决问题是理论的根本任务。党的十八大以来，我国法治建设取得可圈可点的历史性成就，但毋庸讳言，当前"我国法治体系还存在一些短板和不足，主要是：法律规范体系不够完备，重点领域、新兴领域相关法律制度存在薄弱点和空白区；法治实施体系不够高效，执法司法职权运行机制不够科学；法治监督体系不够严密，各方面监督没有真正形成合力；法治保障体系不够有力，法治专门队伍建设有待加强；涉外法治短板比较明显，等等"②。具体来看，在立法方面，有的地方存在越权立法、重复立法、盲目立法等问题，存在部门利益和地方保护主义影响。在执法方面，一些地方运动式、"一刀切"执法问题仍时有发生，执法不作为、乱作为问题突出。在司法方面，司法腐败案件集中暴露出权力制约监督不到位问题，要加快构建规范高效的制约监督体系，坚决破除"关系网"、斩断"利益链"，让"猫腻""暗门"无处遁形。在政法队伍方面，一些执法司法人员手握重器而不自重，贪赃枉法、徇私枉法，办"金钱案""权力案""人情案"，严重损害法治权威，等等。加强中国式现代化"法治轨道"建设，要进一步增强问题意识，聚焦法治建设实践遇到的新问题，人民群众急难愁盼等法治问题，不断提出解决问题的新理念新思路新办法。

（四）深化法治领域改革

党的二十大报告提出，全面建设社会主义现代化国家，必须坚持深化改革开放，"深入推进改革创新……着力破解深层次体制机制障碍，不断彰显中国特色社会主义制度优势，不断增强社会主义现代化建设的动力和活力，把我国制度优势更好转化为国家治理效能"③。加强中国式"法治轨道"建设，不断完善中国特色社会主义法治体系，必须推动法治发展的"自我革命"，深化法治领域改革，用"自我革命"精神和深化改革方式破除制约中国法治现代化发展的体制机制藩篱。习近平总书记深刻指出："法治领域存

---

① 习近平：《高举中国特色社会主义伟大旗帜 为全面建设社会主义现代化国家而团结奋斗——在中国共产党第二十次全国代表大会上的报告》，人民出版社 2022 年版，第 20 页。

② 习近平：《坚持走中国特色社会主义法治道路 更好推进中国特色社会主义法治体系建设》，载《求是》2022 年第 4 期。

③ 习近平：《高举中国特色社会主义伟大旗帜 为全面建设社会主义现代化国家而团结奋斗——在中国共产党第二十次全国代表大会上的报告》，人民出版社 2022 年版，第 27 页。

在的一些突出矛盾和问题，原因在于改革还没有完全到位。"① 改革是推动中国法治现代化发展的不竭动力和制胜法宝，必须"在法治下推进改革，在改革中完善法治"②。贯彻落实党的二十大精神，要研究现代化法治建设的新形势新情况，针对法治领域出现的新矛盾新问题，提出解决矛盾问题的举措办法，不断把法治领域的"自我革命"和全面改革推向深入。法治领域改革政治性、政策性强，必须把握原则、坚守底线，决不能把改革变成"对标"西方法治体系、"追捧"西方法治实践。

（五）统筹推进现代化和法治化

在法治轨道上全面建设社会主义现代化国家，必须处理好现代化和法治化的关系，统筹推进中国式现代化和法治化。现代化和法治化都是现代人类文明发展的重要内涵和显著标志，在国家建设和社会治理意义上，两者相辅相成、相得益彰。法治兴则民族兴，法治强则国家强。国家要走向现代化，必须走向法治化；国家要实现现代化，必须实现法治化。在全面建设社会主义现代化国家进程中统筹推进现代化和法治化：一要坚持"两个基本"（依法治国基本方略、法治基本方式）治国理政，不断发展全过程人民民主，切实保障人民依法行使管理国家和社会事务、管理经济和文化事业的各项权利，实现党领导人民治国理政的现代化和法治化。二要坚持以宪法为核心的中国特色社会主义法律体系，坚持法治体系是国家治理体系的骨干工程，坚持在法治轨道上推进国家治理体系和治理能力现代化，实现国家和社会治理的现代化和法治化。三要坚持全面依法治国，把经济、政治、文化、社会、生态文明建设，治党治国治军，内政外交国防等各个方面和各项事业纳入法治轨道，推进中国式现代化建设的制度化、规范化和法治化。

（六）加快建设更高水平的法治中国

一要深入推进中国法治现代化建设。围绕建设中国特色社会主义法治体系、建设社会主义法治国家的总目标，坚持党的领导、人民当家作主、依法治国有机统一，坚定不移走具有中国特色的法治现代化道路，以建设更高水

---

① 习近平：《坚持走中国特色社会主义法治道路 更好推进中国特色社会主义法治体系建设》，载《求是》2022 年第 4 期。

② 习近平：《在法治下推进改革，在改革中完善法治》，载习近平：《论坚持全面依法治国》，中央文献出版社 2020 年版，第 38 页。

平的法治中国为要务，以保障和促进社会公平正义为要旨，以解决法治领域突出问题为着力点，通过法治国家、法治政府、法治社会一体建设，共同推进依法治国、依法执政、依法行政等途径，采取全面推进科学立法、严格执法、公正司法、全民守法等方式，把中国法治现代化体系的显著制度优势更好转化为良法善治的治理效能，把中国法治现代化的核心竞争力更快转变为全面建设社会主义现代化国家的强大推动力，让现代化法治强国的崇高追求早日实现。

二要不断完善以宪法为核心的中国特色社会主义法律体系。切实维护宪法的尊严和权威，全面加强宪法实施和监督，健全保证宪法全面实施的制度体系，更好发挥宪法在现代化建设和治国理政中的重要作用。按照党的二十大报告的决策部署，进一步加强国家安全、科技创新、公共卫生、生物安全、生态文明、防范风险等重点领域立法，加快数字经济、互联网金融、人工智能、大数据、云计算等新兴领域立法步伐；按照急用先行原则，加强涉外领域立法，进一步完善反制裁、反干涉、反制"长臂管辖"法律法规，推动我国法域外适用的法律体系建设；以立法努力健全国家治理急需、满足人民日益增长的美好生活需要必备的法律制度，切实以良法促进发展、保障善治、维护安全。深入推进科学立法、民主立法、依法立法，注重把社会主义核心价值观融入立法，统筹立改废释纂，增强立法系统性、整体性、协同性、时效性，促进中国特色社会主义法律体系更加科学完备、统一权威。习近平总书记明确指出："维护国家法治统一是严肃的政治问题，各级立法机构和工作部门要遵循立法程序、严守立法权限，切实避免越权立法、重复立法、盲目立法，有效防止部门利益和地方保护主义影响。"[①] 要通过修改《立法法》等改革举措，进一步完善授权决定制度，完善全国人大及其常委会立法程序和工作机制，建立区域协同立法工作机制，完善备案审查制度，构建更高质量的立法体制机制，切实使每一项立法都符合宪法精神、反映人民意愿、得到人民拥护。

三要扎实推进法治政府建设。进一步转变政府职能，优化政府职责体系和组织结构，推进机构、职能、权限、程序、责任法定化，规范行政决策程

① 习近平：《坚持走中国特色社会主义法治道路 更好推进中国特色社会主义法治体系建设》，载《求是》2022 年第 4 期。

序，健全政府守信践诺机制，不断提高行政效率、公信力和依法行政水平，在法治政府建设上率先突破。要进一步深化行政执法体制改革，全面推进严格规范公正文明执法，加大关系群众切身利益的重点领域执法力度，完善行政执法程序，健全行政裁量基准，完善基层综合执法体制机制，严格落实行政执法责任制和责任追究制度，努力让人民群众从执法为民的具体实践中分享到更多法治红利。推进全面依法治国，法治政府建设是重点任务和主体工程，对法治国家、法治社会建设具有示范带动作用，要率先突破。深入贯彻落实《法治政府建设实施纲要（2021—2025年）》，确保到2025年政府行为全面纳入法治轨道，职责明确、依法行政的政府治理体系日益健全，行政执法体制机制基本完善，行政执法质量和效能大幅提升，突发事件应对能力显著增强，各地区各层级法治政府建设协调并进，更多地区实现率先突破，为到2035年基本建成法治国家、法治政府、法治社会奠定坚实基础。

四要深入推进严格公正司法。持续深化司法体制综合配套改革，全面准确落实司法责任制，加快建设公正高效权威的社会主义司法制度。规范司法权力运行，健全公安机关、检察机关、审判机关、司法行政机关各司其职、相互配合、相互制约的体制机制，以强有力监督促进和保障司法公正。强化对司法活动的制约监督，确保执法司法各环节、全过程在有效制约监督下进行，实现司法过程公正和司法结果公正的统一。健全社会公平正义法治保障制度，完善公益诉讼制度，有效维护社会公共利益，切实让人民群众从公正司法的每一个具体案件中感受到更多司法温暖和公平正义。

五要加快建设法治社会。弘扬社会主义法治精神，传承中华优秀传统法律文化，增强全社会厉行法治的积极性和主动性，引导全体人民做社会主义法治的忠实崇尚者、自觉遵守者、坚定捍卫者。完善现代公共法律服务体系，深入开展法治宣传教育，充分发挥领导干部的示范带动作用，使尊法学法守法用法成为全体人民的共同追求和自觉行动。深入贯彻落实《法治社会建设实施纲要（2020—2025年）》，确保"八五"普法规划实施完成，法治观念深入人心，社会领域制度规范更加健全，社会主义核心价值观要求融入法治建设和社会治理成效显著，公民、法人和其他组织合法权益得到切实保障，社会治理法治化水平显著提高，形成符合国情、体现时代特征、人民群众满意的法治社会建设生动局面，为2035年基本建成法治社会奠定坚实基础。

推进中国法治现代化
构建人类法治文明新形态
——对党的二十大报告的法治要义阐释

黄文艺[*]

　　自 18 世纪工业革命以来，现代化已成为全球范围内高歌猛进的时代潮流，实现现代化已成为世界各国人民的共同愿望。在世界第一波现代化中，中华民族正处于腐朽没落的封建专制统治时期，最终与这次历史性机遇擦肩而过。在世界第二波现代化中，中华民族不少仁人志士睁眼看世界，先后试图通过引进西方的技术、实业、制度等来实现中国现代化，但都以失败而告终。在世界第三波现代化中，中国共产党登上历史舞台，坚持以马克思主义为指导，带领中国人民成功走出了中国式现代化新道路，实现了从站起来、富起来到强起来的历史性转变，产生了改写世界现代化版图的东方巨变。

　　中国法治现代化既是中国式现代化的法治篇章，也是中国式现代化的有力保障。新中国成立以来，特别是经过新时代法治理论和实践的创新突破，中国共产党领导人民成功开辟和拓展了中国法治现代化新道路，引领中国法治建设取得举世瞩目的伟大成就。中国法治现代化对人类法治现代化作出的一个重大贡献，就是打破了"西方中心主义"的法治现代化神话，创造了一种全新版本的法治现代化样态，给世界法治现代化理论和实践带来了革命性影响。择其要者，这些影响至少有如下几个方面：（1）在法治现代化指导思想上，既始终坚持以马克思主义法治思想为指引，保持了指导思想的科学

　　* 本文原载于《中国法学》2022 年第 6 期，作者系中国人民大学法学院前院长、教授。

性、稳定性、连续性，又与时俱进推进马克思主义法治思想中国化时代化，永葆指导思想的创新活力、蓬勃生气，引领中国法治建设沿着正确方向一棒接着一棒接力式地顺利推进。这克服了一些西方国家和发展中国家因法治建设指导思想的多元性、多变性而产生的实践进程摇摆不定、前后冲突的现象，避免了一些发展中国家因法治建设指导思想的僵化性、守旧性而导致的法治建设停滞不前甚至走回头路的现象。（2）在法治现代化推进模式上，坚持在中国共产党的领导下，走中国特色社会主义法治道路，坚持以人民为中心，开创了集中统一领导和分工负责、自上而下和自下而上、依法治国和依规治党、依法治国和以德治国、制度优势和科技优势等相结合的新模式。这一推进模式，超越了西方法治现代化推进模式上的自发式、演进式路径，解决了西方法治现代化过程中各种势力各行其是、互相掣肘甚至相互对抗、内耗严重的问题，避免了西方法治现代化结果上的精英化、权贵化倾向。（3）在法治现代化目标定位上，坚持对法治建设的系统集成和整体规划，提出了建设中国特色社会主义法治体系、建设社会主义法治国家的总目标，将建设中国特色社会主义法治体系作为总揽全局、牵引各方的总抓手，作出了长远性、系统性、战略性的法治建设规划，超越了西方法治现代化的分散化、碎片化格局。（4）在法治现代化整体布局上，坚持法治现代化和经济现代化、政治现代化、文化现代化、社会现代化等各领域现代化一盘棋谋划，把法治贯穿于国家治理和国家建设全过程，在法治轨道上全面建设社会主义现代化国家，以法治现代化引领和保障社会主义现代化，充分彰显了法治的强大效能。这解决了西方法治理论和实践因过分强调法治的形式性、独立性、自治性而导致法治现代化和其他方面现代化互相脱节、割裂、抵牾的问题。

党的二十大报告的一个重大理论贡献，就是深刻总结中国现代化建设的成功经验，集中外现代化理论之大成，精辟论述中国式现代化的中国特色、本质要求、战略安排、重大原则，提出了科学化系统化的中国式现代化理论。党的二十大报告虽未明确使用"中国法治现代化"范畴，但对新时代新征程全面依法治国所作的战略部署，全面贯彻了中国式现代化理论，系统提出了新时代新征程中国法治现代化的任务书、施工图，清晰描绘了未来中华法治文明发展的新愿景、新蓝图，是构建人类法治文明新形态的行动纲领。本文以党的二十大报告所提出的中国式现代化理论为指导，试图通过对中国法治现代化的崭新阶段、鲜明特色、主体工程、伟大使命四个重大问题的论述，总结提炼出其中所蕴含的法治理论精华、实践精髓、制度精义。

一、中国法治现代化的崭新阶段

随着中国特色社会主义事业进入新时代新征程，中国法治现代化迈入了崭新阶段。党的二十大报告从全球大视野和中国大历史出发，透彻分析了当前国际国内形势的深刻变化，作出了"世界之变、时代之变、历史之变正以前所未有的方式展开""我国发展进入战略机遇和风险挑战并存、不确定难预料因素增多的时期"等一系列重要判断，明确了中国法治现代化所处的新方位新阶段。具体来说，可概括为六个"历史性"。

（一）"两个一百年"奋斗目标的历史性交替

当前，中国已完成全面建成小康社会的第一个百年奋斗目标，正迈向全面建设社会主义现代化国家的第二个百年奋斗目标，顺利实现了两个百年奋斗目标的历史性交替。党的二十大报告宣布："从现在起，中国共产党的中心任务就是团结带领全国各族人民全面建成社会主义现代化强国、实现第二个百年奋斗目标，以中国式现代化全面推进中华民族伟大复兴。"① 党的二十大报告深刻论述了全面建设社会主义现代化国家的战略安排和重大原则，系统提出了改革发展稳定、内政外交国防、治党治国治军等方面的新使命新任务。

面对中国现代化建设阶段之变，中国法治现代化应及时回应新时代新征程各种新兴法治问题，深入推进法治理论创新、实践创新、制度创新，为全面建设社会主义现代化国家提供有力法治保障。例如，实现全体人民共同富裕，要求创新完善民商法、经济法、社会法等法律制度，为三次分配正义提供充足的法律工具箱，推动构建初次分配、再分配、第三次分配协调配套的制度体系。发展全过程人民民主，要求完善民主选举、民主协商、民主决策、民主管理、民主监督等各环节的法律制度，推进民主政治运行制度化、规范化、程序化，构建起全链条、全方位、全覆盖的民主制度体系。② 推进

---

① 习近平：《高举中国特色社会主义伟大旗帜 为全面建设社会主义现代化国家而团结奋斗——在中国共产党第二十次全国代表大会上的报告》，人民出版社2022年版，第21页。

② 参见莫纪宏：《在法治轨道上有序推进"全过程人民民主"》，载《中国法学》2021年第6期，第5-24页。

党的自我革命，要求完善党的自我革命制度规范体系，在制度轨道上深入推进新时代党的建设伟大工程，提高党自我净化、自我完善、自我革新、自我提高的能力。

（二）社会主要矛盾的历史性变化

在党的十九大上，党中央从以人民为中心的发展思想出发作出了中国社会主要矛盾已发生转化的重大判断，即已从人民日益增长的物质文化需要同落后的社会生产之间的矛盾转化为人民日益增长的美好生活需要和不平衡不充分的发展之间的矛盾。党的二十大报告立足于这一关系全局的历史性变化，从推动解决落后的社会生产问题到解决不平衡不充分的发展问题，从脱贫攻坚到共同富裕，从物质富足到精神富有，从物的全面丰富到人的全面发展，引领中国经济社会发展朝着更高目标迈进。

面对社会主要矛盾之变，中国法治现代化应聚焦人民群众的美好生活需要，推出更多解民忧、谋民利、护民权、惠民生、保民安的制度举措，以良法善治增强人民群众获得感、幸福感、安全感。在公平正义保障上，不断满足人民对更高水平的公平正义的需要，坚持把公平、公正、公开贯穿于立法、执法、司法全过程，努力让人民群众在每一项法律制度、每一个执法决定、每一宗司法案件中都感受到公平正义。在人权保障上，"不断满足人民日益增长的多方面的权利需求，统筹推进经济发展、民主法治、思想文化、公平正义、社会治理、环境保护等建设，全面做好就业、收入分配、教育、社保、医疗、住房、养老、扶幼等各方面工作，在物质文明、政治文明、精神文明、社会文明、生态文明协调发展中全方位提升各项人权保障水平"[①]。在安全保障上，不断满足人民对身边安全的更高期待，加快健全国家安全法治体系，切实解决舌尖上的安全、头顶上的安全、脚底下的安全、车轮上的安全、劳动场所的安全、个人信息的安全等突出问题，建设更高水平的平安中国。在环境保护上，不断顺应人民对更美丽、更洁净的生态环境的需要，加强生态文明法治建设，用最严格制度最严密法治保护生态环境，让天更蓝、地更绿、水更清、空气更清新。

---

① 习近平：《坚定不移走中国人权发展道路 更好推动我国人权事业发展》，载《求是》2022年第12期。

（三）中国发展模式的历史性转型

中国共产党把发展作为执政兴国的第一要务，在不同历史时期提出不同版本的发展理论。进入新时代，以习近平同志为核心的党中央把握我国发展的新形势新任务，系统提出了新发展阶段、新发展理念、新发展格局、高质量发展等一系列新范畴新理论，开创了 21 世纪世界发展理论的新境界，推动中国发展模式发生历史性转变。党的二十大报告把高质量发展确立为全面建设社会主义现代化国家的首要任务，对贯彻新发展理念、构建新发展格局、推动高质量发展作出战略部署，引领中国新发展之路越走越宽广。

面对中国发展模式之变，中国法治现代化应加快推动法治供给侧结构性改革，全方位提高立法、执法、司法质量，以高质量法治促进高质量发展。高质量发展是创新型发展，要求加快健全产权法治保护体系，完善企业家合法权益保护机制，加大知识产权执法司法保护力度，创造公正、透明、可预期的法治化营商环境，以法治激发全社会创业创新创造活力。高质量发展是协调型发展，要求加强区域协调发展法治建设，健全乡村振兴战略的相关法律法规，完善新型城镇化的配套法律制度，以法治保障区域和城乡协调发展。高质量发展是绿色型发展，要求加快健全生态环境保护法律体系，完善环境公益诉讼制度，构建生态环境保护修复责任制度，用法治呵护绿水青山蓝天。高质量发展是开放型发展，要求加快涉外法律法规体系建设，深入推进制度型对外开放，营造市场化、法治化、国际化一流营商环境，以法治促进全方位对外开放格局。高质量发展是共享型发展，要求加强民生保障和社会建设领域立法，完善社会公平正义法治保障制度，加大民生领域权利保护和犯罪惩治力度，以法治增进民生福祉。

（四）现代科学技术的历史性变革

新一轮科技革命正在以远远超出前几次科技革命的颠覆性力量，深刻改变着人类的生产方式、生活方式、交往方式，重构着全球创新版图、重塑着全球经济结构、重造着全球产业体系。党的二十大把创新摆到我国现代化建设全局中的核心地位，明确提出建设现代化产业体系，构建新一代信息技术、人工智能、生物技术、新能源、新材料、高端装备、绿色环保等一批新的增长引擎，加快建设制造强国、质量强国、航天强国、交通强国、网络强国、数字中国。

面对新一轮科技革命和产业变革，中国法治现代化应把握历史性机遇，及时加强法律制度的供给，加快法治领域的科技应用，把科技伟力转化为法治伟力，构建网络化、数字化、智能化的法治文明新形态。在法律供给上，适应生命科学、基因编辑、脑科学、自动驾驶、无人机、服务机器人等科技的快速发展，及时填补法律空白、补齐制度短板，以法律的理性和德性守住科技的伦理底线。在科技应用上，随着移动互联网、物联网、大数据、人工智能、区块链等技术的不断成熟，抓紧运用现代科技利器破解法治发展的各种难题困境，化不知为可知、化不能为可能、化不行为可行，营造出一幅更为美好的未来法治图景。在理论创新上，随着虚拟现实、数字孪生、元宇宙等技术发展，虚拟世界正加速嵌入现实世界并改变现实世界的权力格局、游戏规则、运行法则，推动法律时间、空间、关系、结构、正义、权利、权力等基础性概念和制度重构，这就要求加快推进法治范畴体系、话语体系和理论体系创新，增强法治理论的解释力、预见力、变革力。

（五）世界百年未有的历史性变局

当前，世界百年未有之大变局加速演进，逆全球化思潮抬头，单边主义、保护主义明显上升，世界经济复苏乏力，局部冲突和动荡频发，全球性问题加剧，世界进入新的动荡变革期，又一次站在历史的十字路口。世界百年未有之大变局向法治领域拓展，给各国和世界带来许多新的法律问题。第一，以美国为代表的西方大国恃强凌弱、巧取豪夺、零和博弈等霸权霸道霸凌行径，越来越多地打着法治幌子、披着法律外衣进行。这些国家频频运用议会法案等立法手段插手他国事务，运用"长臂管辖"等执法司法手段打压他国企业。这就倒逼不少国家在推进国际法律合作的同时，运用立法、执法、司法等手段开展涉外法律斗争，以有效维护国家主权、尊严和核心利益。第二，世界和平赤字、发展赤字、安全赤字、治理赤字加重，全球气候变化、资源能源安全、武装冲突、打击恐怖主义、太空开发利用、防范重大传染性疾病等全球性公共问题日益突出，人类社会面临前所未有的挑战。第三，当今世界法治发展正处于多元竞争、迭代更新的大变革时期，国际法治领导权竞争更为激烈，各国纷纷争夺国际规则制定权、国际组织主导权、国际法律服务市场占有权。第四，世界上一些国家曾一度实现快速发展，近年来却陷入各种发展"陷阱"，出现经济社会发展停滞甚至倒退的局面。这就需要各国分享法治发展经验，解决好法治和人治问题，跳出治乱循环周期率。

面对世界百年未有之大变局，党的二十大报告提出："我们要拓展世界眼光，深刻洞察人类发展进步潮流，积极回应各国人民普遍关切，为解决人类面临的共同问题作出贡献，以海纳百川的宽阔胸襟借鉴吸收人类一切优秀文明成果，推动建设更加美好的世界。"① 因此，中国法治现代化应站在世界历史和全球思维的高度，及时回应世界之变带来的全球法治问题，为发展中国家法治现代化提供中国经验，为世界法治文明格局发展提出中国主张，为人类政治文明进步奉献中国智慧，为全球治理体系变革贡献中国力量。

（六）社会主义法治的历史性跨越

新中国成立以来，党领导人民坚持不懈推进中国法治现代化，谱写了波澜壮阔的法治建设壮丽史诗，取得了举世瞩目的伟大成就，有力增强了建设社会主义法治国家的志气、底气、豪气。这包括：持续推进马克思主义法治理论中国化时代化，实现了三次历史性飞跃，产生了毛泽东思想的法治理论、中国特色社会主义法治理论、习近平法治思想②；开辟和拓展了中国特色社会主义法治道路，引领"中国号"法治巨轮向着社会主义法治国家的彼岸破浪前行；形成和完善了以宪法为核心的中国特色社会主义法律体系，引领国家治理现代化在法治轨道上有序推进；形成了比较完善的党内法规制度体系，有力推进了党的领导和建设的制度化、法治化、规范化；充分发挥法治固根本、稳预期、利长远的作用，有力保障和促进了经济快速发展、社会长期稳定。

在新时代新征程上，中国特色社会主义法治已进入系统推进、攻坚克难、提质增效的新阶段。立法上的要求，已不只是有没有、多不多的问题，而是好不好、管不管用、有不有效的问题，提高立法质量和效率成为当务之急；执法上的要求，已不只是严格执法、公正执法，还追求执法文明化、柔

---

① 习近平：《高举中国特色社会主义伟大旗帜 为全面建设社会主义现代化国家而团结奋斗——在中国共产党第二十次全国代表大会上的报告》，人民出版社 2022 年版，第 21 页。

② 参见王晨：《习近平法治思想是马克思主义法治理论中国化的新发展新飞跃》，载《中国法学》2021 年第 2 期，第 8 - 11 页。

性化、人性化；司法上的要求，已不只是程序公正、实体公正，还追求更可接近、更加透明、更能感知、更有温度的司法公正；守法上的要求，已不只是行为合乎法律规定，而是做到尊法、信法、守法、用法、护法；对公共法律服务的要求，已不只是有人提供法律服务，而是提供更高质量、更加便捷、更为精准的法律服务。推进中国法治现代化，应以大格局、大手笔深入谋划大蓝图、大思路、大战略，加快推进中国特色社会主义法治体系建设，建设更高水平的法治中国，增强国家核心竞争力。

二、中国法治现代化的鲜明特色

中国法治现代化作为东方大国的法治现代化模式，既遵循世界法治现代化的普遍规律、共同特征，更具有基于本国国情和文明传统的中国特色、中国气派。如何认识和提炼中国法治现代化的鲜明特色，一直是法学界研讨的重要问题。张文显教授曾从法治现代化新道路的角度指出，中国法治现代化新道路，是法治现代化的社会主义道路、法治现代化的中国道路、人类法治文明的新道路，具有深厚的科学底蕴、鲜明的时代特征、宽广的全球视野。[①] 公丕祥教授曾从法治现代化新样式的角度指出，中国法治现代化体现了鲜明的社会主义性质、彰显了人民至上的根本立场、蕴含着深厚的历史底蕴、构成了全面建设社会主义现代化国家的重要内容。[②] 党的二十大报告提出的中国式现代化理论，为深入认识和阐释中国法治现代化的鲜明特色提供了科学的世界观和方法论。

中国法治现代化是中国共产党领导的法治现代化。对于发展中国家的现代化来说，强大的政党领导是现代化取得最终成功的关键。[③] 中国共产党的领导是中国式现代化的根本特征和显著优势。党的二十大报告强调，中国式现代化是中国共产党领导的社会主义现代化[④]，并把坚持和加强党的全面领导确立为全面建设社会主义现代化国家的首要原则。党的领导是中国法治现

---

① 参见张文显：《论中国式法治现代化新道路》，载《中国法学》2022 年第 1 期，第 9 - 10 页。

② 参见公丕祥：《推进和拓展中国式法治现代化》，载《法制与社会发展》2022 年第 5 期，第 2 页。

③ 参见林尚立：《政党与现代化：中国共产党的历史实践与现实发展》，载《政治学研究》2001 年第 3 期，第 3 页。

④ 参见习近平：《高举中国特色社会主义伟大旗帜 为全面建设社会主义现代化国家而团结奋斗——在中国共产党第二十次全国代表大会上的报告》，人民出版社 2022 年版，第 22 页。

代化的定海神针，是"中国号"法治巨轮破浪前行的根本保证。习近平总书记强调，党的领导是我国社会主义法治之魂，是社会主义法治最根本的保证，是我国法治同西方资本主义国家法治最大的区别。党的领导在中国法治现代化中的决定性作用体现在以下方面：一是定向领航作用，即带领人民坚定不移走中国特色社会主义法治道路，确保法治现代化不犯方向性、颠覆性错误。二是顶层规划作用，即研究制定法治现代化的大政方针、政策举措，确立法治现代化的总蓝图、路线图、施工图。三是统筹协调作用，即统筹各种法治力量资源，破解法治现代化难点堵点痛点问题，推动法治现代化在爬坡过坎中胜利前进。四是检视整改作用，即加强对法治建设的督导督察，及时发现短板、查找弱项，进行补偏救弊、追责问责。

　　中国法治现代化是独立自主探索的法治现代化。中国式现代化是在独特而复杂的国情和条件下推进的，不可能有提供现成答案的教科书，更没有能指点迷津的"教师爷"，只能由中国人自主探索。(1) 人口规模巨大。"我国十四亿多人口整体迈进现代化社会，规模超过现有发达国家人口的总和，艰巨性和复杂性前所未有，发展途径和推进方式也必然具有自己的特点。"①(2) 文明历史悠久。一个绵延 5 000 多年未曾中断的古老文明走向现代化，既有大量优秀传统文化可资利用，又有不少封建糟粕需要摒弃。"中华优秀传统文化源远流长、博大精深，是中华文明的智慧结晶，其中蕴含的天下为公、民为邦本、为政以德、革故鼎新、任人唯贤、天人合一、自强不息、厚德载物、讲信修睦、亲仁善邻等，是中国人民在长期生产生活中积累的宇宙观、天下观、社会观、道德观的重要体现，同科学社会主义价值观主张具有高度契合性。"②(3) 发展速度迅猛。改革开放 40 多年中国的经济增长速度是世界平均增速的 3 倍多，这种快速发展将西方国家数百年现代化进程中历时性、串联式地完成的诸多任务进行时空压缩，要求我们在数十年的时间里共时性、并联式地完成。(4) 社会主义大国。中国作为当今世界上最大的社会主义国家，面临着两种社会制度、两种意识形态的激烈较量，面临着外部

　　① 习近平：《高举中国特色社会主义伟大旗帜 为全面建设社会主义现代化国家而团结奋斗——在中国共产党第二十次全国代表大会上的报告》，人民出版社 2022 年版，第 22 页。
　　② 习近平：《高举中国特色社会主义伟大旗帜 为全面建设社会主义现代化国家而团结奋斗——在中国共产党第二十次全国代表大会上的报告》，人民出版社 2022 年版，第 18 页。

敌对势力的围堵遏制、极限施压。党的二十大报告强调，"党的百年奋斗成功道路是党领导人民独立自主探索开辟出来的"①，"坚持道不变、志不改，既不走封闭僵化的老路，也不走改旗易帜的邪路"②。中国法治现代化新道路，即中国特色社会主义法治道路，是由党领导人民独立自主开辟和拓展的。习近平总书记强调，"我们推进全面依法治国，决不照搬别国模式和做法，决不走西方所谓'宪政'、'三权鼎立'、'司法独立'的路子"③，"决不能把改革变成'对标'西方法治体系、'追捧'西方法治实践"④。

中国法治现代化是以人民为中心的法治现代化。与以资本为中心的西方式现代化不同，中国式现代化坚持以人民为中心。党的二十大报告论述了以人民为中心的现代化的核心要义："维护人民根本利益，增进民生福祉，不断实现发展为了人民、发展依靠人民、发展成果由人民共享，让现代化建设成果更多更公平惠及全体人民。"⑤ 以人民为中心，是中国法治现代化的根本价值判准，也是社会主义法治的核心逻辑。习近平总书记强调，"全面依法治国最广泛、最深厚的基础是人民"⑥，"要始终坚持以人民为中心，坚持法治为了人民、依靠人民、造福人民、保护人民，把体现人民利益、反映人民愿望、维护人民权益、增进人民福祉落实到法治体系建设全过程"⑦。这种以人民为中心的法治现代化的基本特征，可以从民主、民意、民权、民生、民心五个维度加以简略描绘。从民主维度看，坚持人民是法治的主体和力量源泉，把人民主体贯彻到立法、执法、司法、守法全过程，探索一种全

①　习近平：《高举中国特色社会主义伟大旗帜　为全面建设社会主义现代化国家而团结奋斗——在中国共产党第二十次全国代表大会上的报告》，人民出版社 2022 年版，第 19 页。

②　习近平：《高举中国特色社会主义伟大旗帜　为全面建设社会主义现代化国家而团结奋斗——在中国共产党第二十次全国代表大会上的报告》，人民出版社 2022 年版，第 27 页。

③　习近平：《坚定不移走中国特色社会主义法治道路　为全面建设社会主义现代化国家提供有力法治保障》，载《求是》2021 年第 5 期。

④　习近平：《坚持走中国特色社会主义法治道路　更好推进中国特色社会主义法治体系建设》，载《求是》2022 年第 4 期。

⑤　习近平：《高举中国特色社会主义伟大旗帜　为全面建设社会主义现代化国家而团结奋斗——在中国共产党第二十次全国代表大会上的报告》，人民出版社 2022 年版，第 27 页。

⑥　习近平：《以科学理论指导全面依法治国各项工作》，载习近平：《论坚持全面依法治国》，中央文献出版社 2020 年版，第 2 页。

⑦　习近平：《坚持走中国特色社会主义法治道路　更好推进中国特色社会主义法治体系建设》，载《求是》2022 年第 4 期。

过程人民民主的法治运行模式，让人民群众成为法治的最重要主体；从民意维度看，坚持人民意志至上，保证立法、执法、司法、法治监督工作充分体现民意、集中民智，让人民成为法治的最终决定者；从民权维度看，坚持以保障人民权利为法治的根本目的，从更广范围、更高标准、更强力度、更实效果依法保障人民权利，让人民成为人权法治保障的最广受益者；从民生维度看，坚持以增进人民福祉为出发点，着力解决法治领域人民群众反映强烈的突出问题，增强人民群众获得感、幸福感、安全感，让人民成为法治的最大受益者；从民心维度看，坚持把深入民心、赢得民心确立为努力方向，把人民满意不满意作为衡量法治成效的根本评价标准，让人民成为法治的最高评判者。

　　中国法治现代化是有组织有规划的法治现代化。由于有具备强大政治号召力、社会动员力、决策执行力的政党的正确领导，有中国化时代化的马克思主义思想的科学指引，所以中国式现代化不是自发演进型现代化，而是规划引领型现代化。从党的十三大提出"三步走"战略，到党的十八大提出"两个一百年"奋斗目标，再到党的十九大提出社会主义现代化国家建设新"两步走"战略，中国共产党高度重视对现代化建设的战略规划。党的二十大坚持和完善了党的十九大确立的新"两步走"战略，对未来30年中国式现代化作出了系统部署。中国法治现代化的组织性和规划性主要体现为：（1）坚持把法治现代化作为系统工程加以整体谋划。习近平总书记指出："全面依法治国是一个系统工程，必须统筹兼顾、把握重点、整体谋划，更加注重系统性、整体性、协同性。"[①] 习近平总书记提出了一系列系统推进法治现代化的新理念新战略，包括坚持依法治国与依规治党统筹推进、一体建设，坚持依法治国和以德治国相结合，坚持依法治国、依法执政、依法行政共同推进，坚持法治国家、法治政府、法治社会一体建设，统筹推进法律规范体系、法治实施体系、法治监督体系、法治保障体系和党内法规体系建设，全面推进科学立法、严格执法、公正司法、全民守法，统筹推进国内法治和涉外法治。（2）确立法治现代化分步走战略安排。党的二十大报告实际上作出了中国法治现代化"两步走"战略安排，即到2035年基本建成法治

---

　　① 习近平：《在中央全面依法治国委员会第一次会议上的讲话》，载习近平：《论坚持全面依法治国》，中央文献出版社2020年版，第229页。

国家、法治政府、法治社会，到 21 世纪中叶把我国建设成为综合国力和国际影响力领先的社会主义现代化强国。（3）制定实施一系列法治建设规划。近几年，中央先后印发了《法治社会建设实施纲要（2020—2025 年）》《法治中国建设规划（2020—2025 年）》《法治政府建设实施纲要（2021—2025 年）》等一系列文件，标志着法治中国建设进入"规划时代"。①

中国法治现代化是价值目标高远的法治现代化。中国共产党作为马克思主义政党，自成立时起就胸怀崇高目标和远大理想，致力于为人民谋幸福、为民族谋复兴，为人类谋进步、为世界谋大同。党的二十大报告为新时代中国式现代化提出了更广范围、更高层次的价值目标，如实现高质量发展、发展全过程人民民主、丰富人民精神世界、实现全体人民共同富裕、促进人与自然和谐共生、构建人类命运共同体。这些价值目标既涵盖了从物质到精神、从经济到政治、从国家到天下、从人际关系到天人关系等各领域价值，也提出了超越西方式现代化目标的崇高价值理想。受此价值观的影响，中国法治现代化不仅容纳更为多元的法律价值目标，也追求更高层次的法律价值理想。从价值广度上看，中国法治现代化超越了西方法律价值体系，提出了人的精神富有、人的全面发展、全体人民共同富裕、人类命运共同体等新价值目标。从价值内涵上看，中国法治现代化推动了法律价值标准不断由低阶向高阶跃升，包括从保护私有财产权到促进全体人民共同富裕，从保障选举民主到保障全过程人民民主，从保障人的物质性权益到保障人的精神性权益，从维护民族独立和国家主权到构建人类命运共同体。

中国法治现代化是现代科技驱动的法治现代化。在 18、19 世纪，中华民族错过了第一次、第二次科技革命的历史性机遇。新中国成立以后，中国共产党把科学技术现代化纳入"四个现代化"，先后提出并实施科教兴国战略、人才强国战略、创新驱动发展战略，持续追赶世界科技前进的步伐。面对新一轮科技革命，党的二十大报告将教育、科技、人才问题独立成章，对加快建设教育强国、科技强国、人才强国作出了系统部署。"科技和法治是社会现代化的阿基米德支点。法治和科技的深度融合，是中国未来法治的生命逻辑，是中国法治现代化的必由之路。"② 党的十八大以来，中国法治建

---

① 参见马怀德：《迈向"规划"时代的法治中国建设》，载《中国法学》2021 年第 3 期。
② 张文显：《论中国式法治现代化新道路》，载《中国法学》2022 年第 1 期，第 9—10 页。

设坚持把制度优势和科技优势结合起来，加快法治领域现代科技应用，开辟法治建设新领域新赛道，塑造法治发展新动能新优势，在互联网司法、智慧警务、数字检察等领域已居世界前列。中国法治现代化正在开启网络化数字化智能化的未来法治新图景。（1）法治运行的网络化。随着立法、执法、司法、纠纷解决、法律服务、普法教育等活动，从线下的物理空间转移到线上的网络空间开展，法律行为者之间沟通交流实现零距离、泛在化、即时化。（2）法律信息的数字化。运用数字技术将现实世界的各种法律信息转化为计算机能识别、加工、存储、传送、还原的法律数据，从而把现实法律世界建模为万物皆可复制、万物皆可计算、万物皆可共享的数字法律世界。（3）法治业务的智能化。随着面向法治业务多场景、多应用的高性能智能机器系统的研发和应用，越来越多的法治业务可实现智能感知、智能采集、智能识别、智能分析、智能决策，把有限的司法人力资源从智能机器系统可替代的机械性、程式化的工作中解放出来。

中国法治现代化是促进世界和平发展的法治现代化。中华文明自古就秉持"天下太平""世界大同""协和万邦"等理念，憧憬"大道之行，天下为公"的美好世界。党的二十大报告指出："中国式现代化是走和平发展道路的现代化。我国不走一些国家通过战争、殖民、掠夺等方式实现现代化的老路，那种损人利己、充满血腥罪恶的老路给广大发展中国家人民带来深重苦难。"[①] 中国法治现代化致力于从多方面促进世界和平发展。首先，中国法治现代化走的是与其他国家平等相待、文明互鉴、携手共进的共同现代化之路。在西方法治现代化进程中，一些西方国家曾热衷于搞法律殖民主义、霸权主义，将其法治价值观念、法律制度作为"普适价值""普适制度"强加于其他国家，强迫其他国家给予各种形式的"治外法权"。中国法治现代化坚决反对法律殖民主义、霸权主义，既不照搬照抄其他国家法律制度，也不强行输出本国法律制度。其次，中国法治现代化坚持以推进国际关系民主化、法治化、合理化为世界观照，坚决维护国际公平正义。推进国际关系民主化，就是坚持国家不论大小、贫富、强弱，都是国际社会的平等一员。"世界命运应该由各国共同掌握，国际规则应该由各国共同书写，全球事务

---

① 习近平：《高举中国特色社会主义伟大旗帜 为全面建设社会主义现代化国家而团结奋斗——在中国共产党第二十次全国代表大会上的报告》，人民出版社 2022 年版，第 23 页。

应该由各国共同治理，发展成果应该由各国共同分享。"① 推进国际关系法治化，就是坚持在国际关系中用普遍适用的规则明辨是非、定分止争，摒弃"强者为所欲为，弱者忍气吞声"的丛林法则，反对"合则用，不合则弃"的法律实用主义。推进国际关系合理化，就是加快变革全球治理体系中不公正不合理的安排，努力推动全球治理体制更好地反映国际格局的深刻变化，更加平衡地反映整个国际社会的意愿。

三、中国法治现代化的主体工程

建设中国特色社会主义法治体系，是中国法治现代化的总抓手，也是中国法治现代化的主体工程。党的二十大报告多次提到"中国特色社会主义法治体系"范畴，在总结过去 10 年历史性成就时提到"中国特色社会主义法治体系加快建设"，在擘画未来 5 年发展蓝图时提出"中国特色社会主义法治体系更加完善"，在部署全面依法治国时强调"建设中国特色社会主义法治体系"，显示出法治体系建设在中国法治现代化中的统领性地位。中国特色社会主义法治体系由法律规范体系、法治实施体系、法治监督体系、法治保障体系、党内法规体系五个子体系构成，是一个覆盖从国家法律到党内法规、从法的制定到法的实施、从法的监督到法的保障的有机整体。党的二十大报告虽然只提到完善中国特色社会主义法律体系、完善党内法规制度体系，但实际上直接地或间接地对这五大体系建设均作出了战略部署，提出了建设人类法治文明新形态的路线图、施工图。

（一）完善法律规范体系

立法是法治之先导，良法是善治之前提。中国特色社会主义法律体系虽然已经形成，但仍需适应时代发展而持续不断完善。党的二十大报告坚持立法先行，明确提出了完善中国特色社会主义法律体系的思路举措，推动法律体系更加科学完备、统一权威，以良法促进发展、保障善治。

第一，推进科学立法、民主立法、依法立法，提高立法质量和效率。坚持科学立法，就是要尊重和体现客观规律，从国情和实际出发，确保所立之法合情理、尽事理、循法理。坚持民主立法，就是坚持立法为了人民、依靠

---

① 习近平：《共同构建人类命运共同体——在联合国日内瓦总部的演讲》，载《人民日报》2017 年 1 月 20 日，第 2 版。

人民，把广察民情、广纳民意、广聚民智贯穿立法全过程，使立法反映人民意志、赢得人民拥护、得到人民遵守，坚决克服立法部门化、地方化、私利化倾向。坚持依法立法，就是依照法定权限和程序立法，注重法律法规之间的协调性和系统性，切实维护社会主义法治的统一。

第二，加强重点领域、新兴领域、涉外领域立法，补强法律体系的空白点、薄弱点。加强重点领域立法，就是加快推进国家治理急需、人民美好生活必需的重要立法，以法治保障国家治理现代化、增进人民获得感幸福感安全感。加强新兴领域立法，就是适应新一轮科技革命和产业变革，加快新技术、新产业、新业态、新模式领域立法，以法律的理性和德性引领这些新兴领域健康发展。加强涉外领域立法，就是适应对外法治合作与斗争新形势新任务，补齐补强涉外立法短板，完善反制裁、反干涉、反制"长臂管辖"法律法规，健全涉外法律法规体系，充实涉外法治工具箱。

第三，统筹立改废释纂，增强立法系统性、整体性、协同性、时效性。"立"是指立新法，即聚焦法律体系的短板、缺项，积极谋划和推动出台国家治理急需必备的重要法律法规。"改"是指修改法，即对已不符合实际、不适应需要的法律条文及时进行变更，既可以是单项法个别修改，也可以是多部法打包修改。"废"是指废止旧法，即及时终止那些陈旧过时甚至成为社会发展"绊马索"的法的效力，实现法律体系内部的新陈代谢。"释"是指立法解释，即对法律条文的含义作出具体解释，使法律在保持稳定性的前提下及时适应经济社会发展变化。"纂"是指编纂法典，即总结民法典编纂的成功经验，适时推动条件成熟的法律领域的法典编纂工作，打造更多集中外法律智慧之大成、引领世界法治文明进步潮流的大国法律重器。

第四，完善和加强备案审查制度，维护国家法治统一。备案审查是防范和消减法律体系内部矛盾冲突的重要机制。加强党委、人大、政府备案审查工作机构之间的衔接联动，提升备案审查工作整体成效。完善主动审查的机制和方式，健全专项审查制度。

（二）完善法治实施体系

法律实施是法治建设的重点难点，完善法治实施体系也是中国特色社会主义法治体系建设的重点难点。党的二十大报告第七部分从加强宪法实施和监督、扎实推进依法行政、严格公正司法、推进全民守法等四个方面，对如何完善法治实施体系作出系统部署。

第一，加强宪法实施和监督。全面贯彻实施宪法是全面依法治国、建设社会主义法治国家的首要任务。党的二十大报告强调："坚持依法治国首先要坚持依宪治国，坚持依法执政首先要坚持依宪执政，坚持宪法确定的中国共产党领导地位不动摇，坚持宪法确定的人民民主专政的国体和人民代表大会制度的政体不动摇。"[①] 党的二十大报告提出了三项重点任务：（1）健全保证宪法全面实施的制度体系。完善依据宪法决策、宪法解释、合宪性审查等制度，用科学有效、系统完备的制度体系保证宪法实施，把宪法实施提高到新水平。（2）更好发挥宪法在治国理政中的重要作用。坚持把宪法作为治国理政的根本活动准则，严格贯彻落实好宪法所规定的各项制度和规则，把宪法制度转化为治国安邦的强大效能。（3）维护宪法权威。严格执行好宪法宣誓、国家宪法日、宪法宣传教育等制度，弘扬宪法精神，树立宪法权威。

第二，扎实推进依法行政。行政执法是把本本上的法转变为生活中的法的关键环节。党的二十大报告提出了多项重点任务：（1）全面推进严格规范公正文明执法。坚持以法为据、以理服人、以情感人，把严格规范执法和公正文明执法统一起来，让执法既有力度又有温度。（2）加大关系群众切身利益的重点领域执法力度。加强食品药品、公共卫生、自然资源、生态环境、安全生产、劳动保障、城市管理、交通运输、金融服务、教育培训等重点领域执法，用法治守护人民群众生命财产安全。（3）完善行政执法程序。健全落实行政执法公示、执法全过程记录、执法文书送达、执法权监督制约、相对人权利救济等程序，用健全的程序约束行政权力。（4）严格落实行政执法责任制和责任追究制度。对执法不作为、乱作为、暴力执法等现象，应依法严肃追究直接责任人和负责人的责任。

第三，严格公正司法。公正司法是维护社会公平正义的最后一道防线。党的二十大报告提出了四项重点任务：（1）深化司法体制综合配套改革。司法体制综合配套改革，是以习近平同志为核心的党中央提出的原创性概念，是中国司法改革的新进路、新范式。党的二十大报告提出："深化司法体制综合配套改革，全面准确落实司法责任制，加快建设公正高效权威的社会主义司

---

① 习近平：《高举中国特色社会主义伟大旗帜 为全面建设社会主义现代化国家而团结奋斗——在中国共产党第二十次全国代表大会上的报告》，人民出版社 2022 年版，第 41 页。

法制度，努力让人民群众在每一个司法案件中感受到公平正义。"① （2）优化司法职权配置。健全公安机关、检察机关、审判机关、司法行政机关各司其职、相互配合、相互制约的体制机制，提高司法质量、效率和公信力，有效防控刑事错案风险。（3）强化对司法活动的制约监督。加快健全司法权制约监督机制，把司法权关进制度的笼子里，坚决防止司法不严、司法不公、司法腐败。（4）加强检察机关法律监督工作。落实宪法关于检察机关的法律监督机关定位，强化检察机关对执法、司法、守法的监督职能，构建起以刑事、民事、行政、公益诉讼"四大检察"为框架的法律监督格局。

第四，推进全民守法。全民守法是法律实现的基本形式。党的二十大报告提出了多项重点工作：（1）深入开展法治宣传教育。加强宪法宣传教育，创新法治宣传教育方式方法，发挥领导干部示范带头作用，努力使尊法学法守法用法在全社会蔚然成风。（2）建设覆盖城乡的现代公共法律服务体系。加快整合律师、公证、司法鉴定、仲裁、司法所、人民调解等法律服务资源，建成覆盖全业务、全时空的法律服务网络，让人民群众感到法律顾问就在身边。（3）建设社会主义法治文化。"弘扬社会主义法治精神，传承中华优秀传统法律文化，引导全体人民做社会主义法治的忠实崇尚者、自觉遵守者、坚定捍卫者。"②

（三）完善法治监督体系

法治监督体系由党内监督、人大监督、民主监督、监察监督、行政监督、司法监督、审计监督等监督机制构成，在法治运行上承担着防错纠错功能，在权力运行上履行着制约监督功能。党的二十大报告虽未明确使用法治监督体系的概念，但在第六、七、十五部分都对法治监督体系建设作出了重要部署，明确了完善法治监督体系的目标任务。

第一，健全党统一领导、全面覆盖、权威高效的法治监督体系。党的二十大报告强调："健全党统一领导、全面覆盖、权威高效的监督体系，完善权力监督制约机制，以党内监督为主导，促进各类监督贯通协调，让权力在

---

① 习近平：《高举中国特色社会主义伟大旗帜 为全面建设社会主义现代化国家而团结奋斗——在中国共产党第二十次全国代表大会上的报告》，人民出版社 2022 年版，第 42 页。

② 习近平：《高举中国特色社会主义伟大旗帜 为全面建设社会主义现代化国家而团结奋斗——在中国共产党第二十次全国代表大会上的报告》，人民出版社 2022 年版，第 42 页。

阳光下运行。"① （1）加强党内监督。党内监督是党和国家监督体系中第一位的监督形式。"推进政治监督具体化、精准化、常态化，增强对'一把手'和领导班子监督实效。发挥政治巡视利剑作用，加强巡视整改和成果运用。落实全面从严治党政治责任，用好问责利器。"② （2）健全人大监督制度。人大监督在国家机关的监督中居于主导地位。"健全人大对行政机关、监察机关、审判机关、检察机关监督制度，维护国家法治统一、尊严、权威。"③ （3）完善人民政协民主监督制度机制。健全人民政协民主监督的渠道、形式和程序，更好发挥人民政协在法治运行过程中的监督作用。（4）加强检察监督。加强检察机关法律监督工作，更好发挥检察机关在保障国家法律统一正确实施上的重要作用。（5）促进各类监督贯通协调。坚持以党内监督为主导，推动人大监督、民主监督、行政监督、司法监督、审计监督、财会监督、统计监督、群众监督、舆论监督等监督机制有机贯通、相互协调，形成强大合力。

第二，加强对执法司法活动的制约监督。执法司法是法律实施的主渠道，是权力滥用和腐败的高发领域，因而对执法司法活动的制约监督是法治监督的重点任务。党的二十大报告提出两项重点任务：（1）强化行政执法监督机制和能力建设。健全行政权力制约和监督体系，促进行政权力规范透明运行，坚决防止执法不作为、乱作为。（2）强化对司法活动的制约监督。健全对司法权的制约监督制度，最大限度减少权力出轨、个人寻租的机会。

第三，深入推进反腐败斗争。反腐败是党的最彻底的自我革命，是法治监督体系建设的主体工程。党的二十大报告对坚决打赢反腐败斗争攻坚战持久战作出了重要部署：（1）加强重点领域反腐败工作。坚决查处政治问题和经济问题交织的腐败，坚决防止领导干部成为利益集团和权势团体的代言人、代理人，坚决治理政商勾连破坏政治生态和经济发展环境问题，深化整治权力集中、资金密集、资源富集领域的腐败，坚决惩治群众身边的"蝇

---

① 习近平：《高举中国特色社会主义伟大旗帜 为全面建设社会主义现代化国家而团结奋斗——在中国共产党第二十次全国代表大会上的报告》，人民出版社 2022 年版，第 66 页。

② 习近平：《高举中国特色社会主义伟大旗帜 为全面建设社会主义现代化国家而团结奋斗——在中国共产党第二十次全国代表大会上的报告》，人民出版社 2022 年版，第 66 页。

③ 习近平：《高举中国特色社会主义伟大旗帜 为全面建设社会主义现代化国家而团结奋斗——在中国共产党第二十次全国代表大会上的报告》，人民出版社 2022 年版，第 38 页。

贪"，严肃查处领导干部配偶、子女及其配偶等亲属和身边工作人员利用影响力谋私贪腐问题。①（2）一体构建追逃防逃追赃机制。健全集中统一、高效顺畅的追逃防逃追赃体制机制，建立双边和多边反腐败执法合作机制，推动建立赃款冻结、没收、返还合作机制。（3）推进反腐败国家立法。进一步完善刑法、刑事诉讼法等法律的反腐败制度，探索制定一部综合性的反腐败法律，推进反腐败法律规范体系化。

（四）完善法治保障体系

法治保障体系由政治、组织、队伍、人才、科技、设施等保障条件所构成，是全面依法治国的基础性、战略性支撑。党的二十大报告虽然没有直接对党对全面依法治国的领导、法治机构建设、法治队伍建设、法治人才培养、法治科技创新、法治基础设施建设等问题进行论述，但对坚持和加强党的全面领导、科教兴国战略、人才强国战略、创新驱动发展战略、国家基础设施建设等上位问题作出了系统部署。这些重大部署同样适用于法治保障体系建设，为推进中国法治现代化提供了强大支撑力量。

第一，加强政治和组织保障。这就是，全面贯彻党的二十大关于坚持和加强党的全面领导的部署要求，坚决维护党中央权威和集中统一领导，健全党领导全面依法治国的制度机制，把党的领导落实到全面依法治国各领域，确保法治现代化正确方向。

第二，加强队伍和人才保障。这就是，全面贯彻党的二十大关于深入实施科教兴国战略、人才强国战略的部署要求，坚持为党育人、为国育才，加快构建中国特色、世界一流的法治人才培养体系，造就一大批德才兼备、德法兼修的高素质法治人才，建设一支忠于党、忠于国家、忠于人民、忠于法律的社会主义法治工作队伍。

第三，加强科技和信息保障。这就是，全面贯彻党的二十大关于深入实施创新驱动发展战略的部署要求，坚持面向世界科技前沿、面向法治建设主战场、面向人民权益法治保障，集聚法律界和科技界力量进行原创性引领性科技攻关，突破法治领域科技发展的各种卡脖子难题，确立起中国在世界法治科技发展上的领跑地位。

---

① 参见习近平：《高举中国特色社会主义伟大旗帜 为全面建设社会主义现代化国家而团结奋斗——在中国共产党第二十次全国代表大会上的报告》，人民出版社 2022 年版，第 69 页。

（五）完善党内法规体系

把党内法规体系纳入国家法治体系，坚持依法治国与依规治党一体建设，是中国特色社会主义法治的鲜明特征。经过百年持续建设，中国共产党已形成了一个包括党的组织法规、领导法规、自身建设法规、监督保障法规在内的比较完善的党内法规体系，彰显出世界上最大政党所具有的大党气派、大党智慧、大党治理之道。① 党的二十大高度重视党内法规制度建设，对《中国共产党章程》作了重要修改，对完善党内法规制度体系作出了重要部署。

在党章修改上，党的二十大审议通过《中国共产党章程（修正案）》，把党的十九大以来习近平新时代中国特色社会主义思想新发展、党中央提出的治国理政新理念新思想新战略、党中央推动全面从严治党向纵深发展的重大创新成果和新鲜经验以及党的二十大提出的一系列重要思想、重要观点、重大论断、重大措施写入党章，更好发挥党章在管党治党上的根本大法作用。② 值得指出的是，这次党章修改把"中国特色社会主义法治道路"写入党章，有利于坚定全党全社会的中国特色社会主义法治道路自信，推动中国法治现代化沿着康庄大道阔步前行。

在党的组织法规制度建设上，党的二十大报告提出，完善党中央决策议事协调机构，加强党中央对重大工作的集中统一领导；推进以党建引领基层治理，持续整顿软弱涣散基层党组织，把基层党组织建设成为有效实现党的领导的坚强战斗堡垒；推进事业单位党建工作，加强混合所有制企业、非公有制企业党建工作，理顺行业协会、学会、商会党建工作管理体制，加强新经济组织、新社会组织、新就业群体党的建设。完善党的组织法规制度，就是要加快健全党的各级各类组织的产生、职权、职责等法规制度，推动健全党的严密的组织体系。

在党的领导法规制度建设上，党的二十大报告提出，健全总揽全局、协调各方的党的领导制度体系，完善党中央重大决策部署落实机制；坚持科学执政、民主执政、依法执政，贯彻民主集中制，创新和改进领导方式。完善

---

① 参见宋功德：《党内法规的百年演进与治理之道》，载《中国法学》2021年第5期。

② 参见《中国共产党第二十次全国代表大会秘书处负责人就党的二十大通过的中国共产党章程（修正案）答记者问》，载《求是》2022年第21期。

党的领导法规制度，就是加快健全加强和改进党对各方面工作的领导特别是坚持和加强党中央集中统一领导的法规制度，为党发挥总揽全局、协调各方领导核心作用提供制度保证。

在党的自身建设法规制度建设上，党的二十大报告提出，加强党的政治建设，严明政治纪律和政治规矩，落实各级党委（党组）主体责任；全面加强党的思想建设，坚持用新时代中国特色社会主义思想统一思想、统一意志、统一行动，建设马克思主义学习型政党；锲而不舍落实中央八项规定精神，持续深化纠治"四风"，推进作风建设常态化长效化；全面加强党的纪律建设，督促领导干部特别是高级干部严于律己、严负其责、严管所辖。完善党的自身建设法规制度，就是要加快健全党的政治建设、思想建设、组织建设、作风建设、纪律建设等领域的法规制度，增强党的创造力、凝聚力、战斗力。

在党的监督保障法规制度建设上，党的二十大报告提出，推进政治监督具体化、精准化、常态化，增强对"一把手"和领导班子监督实效；完善干部考核评价体系，健全培养选拔优秀年轻干部常态化工作机制；落实党内民主制度，保障党员权利，激励党员发挥先锋模范作用；严肃稳妥处置不合格党员，保持党员队伍先进性和纯洁性；坚持不敢腐、不能腐、不想腐一体推进，同时发力、同向发力、综合发力。完善党的监督保障法规制度，就是要细化实化对党组织工作、活动和党员行为的监督、考核、奖惩、保障等法规制度，确保行使好党和人民赋予的权力。

四、中国法治现代化的伟大使命

以社会主义法治引领、规范、保障社会主义现代化建设，是中国法治现代化的崇高使命，也是中国法治现代化的显著优势。中国法治现代化不同于以往法治现代化模式的重要之处，就在于将法治深植于国家治理全过程、国家建设各领域，把法治的潜在功能充分挖掘出来，把社会主义法治的优势全面释放出来，以"中国之制"保障"中国之治"，开创了法治与发展实践的成功样板。习近平总书记指出："新中国成立 70 多年来，我国之所以创造出经济快速发展、社会长期稳定'两大奇迹'，同我们不断推进社会主义法治建设有着十分紧密的关系。"① "中国发展呈现出'风景这边独好'的局面，这其中很重要的原因就是我国国家制度和法律制度具有显著优越性和强大生命力。"② 党的二十大报告从治国安邦的大视野大境界出发提出："全面依法治国是国家治理的一场深刻革命，关系党执政兴国，关系人民幸福安康，关系党和国家长治久安。必须更好发挥法治固根本、稳预期、利长远的保障作用，在法治轨道上全面建设社会主义现代化国家。"③ 这就要求，把法治贯穿于国家治理和国家建设各领域各方面各环节，构建全方位、全覆盖、全链条的新型法治文明形态，以高质量法治保障社会主义现代化强国建设。

（一）在法治轨道上推进治党治国治军

中国共产党作为领导党，既要管党治党，又要治国理政、建军治军。中国治理体制和治理话语的一个鲜明特色，就是将治党、治国、治军三者相提并论。中国共产党将法治贯穿于治党、治国、治军各领域，先后提出了依法治国、依法治军、依规治党范畴和理论，将政党治理、国家治理、军队治理纳入法治轨道。党的二十大报告对依规治党、依法治国、依法治军均作出了战略部署。

依规治党是中国共产党管党治党的基本方式。习近平总书记原创性地提出了"依规治党"范畴，并系统论述了依规治党理论。党的二十大报告提出："坚持制度治党、依规治党，以党章为根本，以民主集中制为核心，完善党内法规制度体系，增强党内法规权威性和执行力，形成坚持真理、修正错误，发现问题、纠正偏差的机制。"④ 这就提出了完善党内法规体系等一系列重要任务。（1）坚持以党章为根本。始终坚持把党章作为全党建章立制、管党治党的根本依据，把党章要求贯彻到全面从严治党全过程各方面，推动尊崇党章、贯彻党章成为广大党员干部的行动自觉。（2）提高党内法规

---

① 习近平：《坚定不移走中国特色社会主义法治道路 为全面建设社会主义现代化国家提供有力法治保障》，载《求是》2021年第5期。

② 习近平：《坚持、完善和发展中国特色社会主义国家制度与法律制度》，载习近平：《论坚持全面依法治国》，中央文献出版社2020年版，第265页。

③ 习近平：《高举中国特色社会主义伟大旗帜 为全面建设社会主义现代化国家而团结奋斗——在中国共产党第二十次全国代表大会上的报告》，人民出版社2022年版，第40页。

④ 习近平：《高举中国特色社会主义伟大旗帜 为全面建设社会主义现代化国家而团结奋斗——在中国共产党第二十次全国代表大会上的报告》，人民出版社2022年版，第65-66页。

制定质量。完善党内法规制定工作机制，坚持科学立规、民主立规，确保每项法规制度都立得住、行得通、管得了。① （3）增强党内法规权威性和执行力。完善党内法规执行工作机制，健全落实党内法规执行责任制，确保有规必依、执规必严、违规必究。

依法治国是中国共产党领导人民治理国家的基本方略。依法治国的内涵十分丰富，包括党依法执政、政府依法行政、依法保障"一国两制"与推进祖国统一等要求。党的二十大报告对依法保障"一国两制"与推进祖国统一作出了一系列部署。这包括：坚持依法治港治澳，维护宪法和基本法确定的特别行政区宪制秩序；坚持和完善"一国两制"制度体系，完善特别行政区司法制度和法律体系；支持行政长官和特别行政区政府依法施政，落实特别行政区维护国家安全的法律制度和执行机制；坚决打击反中乱港乱澳势力，坚决防范和遏制外部势力干预港澳事务；深化两岸各领域融合发展，完善增进台湾同胞福祉的制度和政策。

依法治军是中国共产党建军治军的基本方式。"一支现代化军队必然是法治军队。"② 进入新时代，党把依法治军纳入全面依法治国的总盘子，系统提出了依法治军理论。党的二十大报告深入贯彻依法治军战略，对中国特色军事法治体系建设作了重要部署。（1）加强依法治军机制建设和战略规划。这就是，着眼于全面加强军队革命化现代化正规化建设，提高国防和军队建设法治化水平，深入推进依法治军机制建设，加强法治队伍建设战略规划。（2）完善中国特色军事法治体系。这就是，深化军事立法工作，做好法规制度实施工作，强化法规制度执行监督工作，加强涉外军事法治工作。③

（二）在法治轨道上推进国家治理、政府治理、社会治理

中国共产党作为执政党，领导人民进行国家治理、政府治理、社会治理。习近平总书记站在治国理政的战略高度，明确提出法治国家、法治政府、法治社会一体建设的重要思想，将法治贯穿于国家治理、政府治理、社

---

① 参见中共中央办公厅法规局：《坚持依规治党、加强党内法规制度建设的行动指南》，载《民主与法制》2022 年第 2 期。

② 习近平：《提高国防和军队建设法治化水平》，载习近平：《论坚持全面依法治国》，中央文献出版社 2020 年版，第 130 页。

③ 参见《习近平在出席解放军和武警部队代表团全体会议时强调 贯彻依法治军战略 提高国防和军队建设法治化水平》，载《人民日报》2022 年 3 月 8 日，第 1 版。

会治理各领域。"法治国家、法治政府、法治社会相辅相成，法治国家是法治建设的目标，法治政府是建设法治国家的重点，法治社会是构筑法治国家的基础。"① 党的二十大报告对法治国家、法治政府、法治社会建设作出了重要部署，将有力推进国家治理现代化、政府治理现代化、社会治理现代化。

建设法治国家是国家治理现代化的必然要求，一个现代化国家必然是法治国家。党的二十大报告提出，全面推进国家各方面工作法治化。这要求，健全国家治理各领域法律制度，全面推进经济、政治、文化、教育、卫生、生态环境、司法、国防、外交等各方面工作法治化，建设良法善治的法治国家。

建设法治政府是政府治理现代化的应有之义。党的二十大报告强调："法治政府建设是全面依法治国的重点任务和主体工程。"② （1）推进政府职能转变。"转变政府职能，优化政府职责体系和组织结构，推进机构、职能、权限、程序、责任法定化，提高行政效率和公信力。"③ （2）深化行政执法体制改革。继续深化综合行政执法体制改革，完善权责清晰、运转顺畅、保障有力、廉洁高效的行政执法体制机制，提高执法执行力和权威性。（3）强化行政执法监督机制和能力建设。坚持有权必有责、有责要担当、失责必追究，完善行政执法全过程、无缝隙的监督机制，确保行政权力在阳光下运行。

建设法治社会是社会治理现代化的重要任务。党的二十大报告在第七、十一部分对法治社会建设作出了重要部署，系统提出了法治社会建设的行动指南。（1）健全共建共治共享的社会治理制度。"发展壮大群防群治力量，营造见义勇为社会氛围，建设人人有责、人人尽责、人人享有的社会治理共同体。"④ （2）推进多层次多领域依法治理。健全社会治理规范体系，完善多层次多领域依法治理机制，提升社会治理法治化水平。加快推进市域社会治理现代化，提高市域社会治理能力。（3）完善社会矛盾纠纷预防化解机制。"在社

① 习近平：《坚定不移走中国特色社会主义法治道路 为全面建设社会主义现代化国家提供有力法治保障》，载《求是》2021 年第 5 期。

② 习近平：《高举中国特色社会主义伟大旗帜 为全面建设社会主义现代化国家而团结奋斗——在中国共产党第二十次全国代表大会上的报告》，人民出版社 2022 年版，第 41 页。

③ 习近平：《高举中国特色社会主义伟大旗帜 为全面建设社会主义现代化国家而团结奋斗——在中国共产党第二十次全国代表大会上的报告》，人民出版社 2022 年版，第 41 页。

④ 习近平：《高举中国特色社会主义伟大旗帜 为全面建设社会主义现代化国家而团结奋斗——在中国共产党第二十次全国代表大会上的报告》，人民出版社 2022 年版，第 54 页。

会基层坚持和发展新时代'枫桥经验'，完善正确处理新形势下人民内部矛盾机制，加强和改进人民信访工作，畅通和规范群众诉求表达、利益协调、权益保障通道，完善网格化管理、精细化服务、信息化支撑的基层治理平台，健全城乡社区治理体系，及时把矛盾纠纷化解在基层、化解在萌芽状态。"①（4）健全社会治安防控体系。强化社会治安整体防控，推进扫黑除恶常态化，依法严惩群众反映强烈的各类违法犯罪活动，让城乡更安宁、百姓更安乐。

（三）在法治轨道上推进经济建设、政治建设、文化建设、社会建设、生态文明建设

"五位一体"总体布局是社会主义现代化建设的战略格局。在法治轨道上全面建设社会主义现代化国家，要求以法治思维和法治方式贯彻落实"五位一体"总体布局，在法治轨道上推进经济建设、政治建设、文化建设、社会建设、生态文明建设，保障高质量发展、全过程人民民主、文化强国建设、和谐社会建设、美丽中国建设。

第一，以法治保障高质量发展。"社会主义市场经济是信用经济、法治经济。"② 党的二十大报告从法治对经济发展的支撑性、保障性作用出发，对以高质量法治保障高质量发展作出了系统部署。（1）完善市场经济基础制度。"完善中国特色现代企业制度"，"完善产权保护、市场准入、公平竞争、社会信用等市场经济基础制度，优化营商环境"③。这就要求，健全民商法、经济法、社会法等法律制度，完善市场经济法律体系。（2）推进政府职能转变。这就是，进一步深化"放管服"改革，即"深化简政放权、放管结合、优化服务改革"。（3）依法保护民营企业产权和企业家权益。"优化民营企业发展环境，依法保护民营企业产权和企业家权益，促进民营经济发展壮大。"④（4）加强知识产权法治保障。"加强知识产权法治保障，形成支持全面创新的基础制度。"（5）加强反垄断和反不正当竞争执法。"加强反垄断和

① 习近平：《高举中国特色社会主义伟大旗帜 为全面建设社会主义现代化国家而团结奋斗——在中国共产党第二十次全国代表大会上的报告》，人民出版社 2022 年版，第 54 页。

② 习近平：《在企业家座谈会上的讲话》，载《人民日报》2020 年 7 月 22 日，第 2 版。

③ 习近平：《高举中国特色社会主义伟大旗帜 为全面建设社会主义现代化国家而团结奋斗——在中国共产党第二十次全国代表大会上的报告》，人民出版社 2022 年版，第 29 页。

④ 习近平：《高举中国特色社会主义伟大旗帜 为全面建设社会主义现代化国家而团结奋斗——在中国共产党第二十次全国代表大会上的报告》，人民出版社 2022 年版，第 29 页。

反不正当竞争，破除地方保护和行政性垄断，依法规范和引导资本健康发展。"①（6）依法防控金融风险。"深化金融体制改革，建设现代中央银行制度，加强和完善现代金融监管，强化金融稳定保障体系，依法将各类金融活动全部纳入监管，守住不发生系统性风险底线。"②（7）依法保障农民合法权益。"健全种粮农民收益保障机制和主产区利益补偿机制"，"深化农村土地制度改革，赋予农民更加充分的财产权益。保障进城落户农民合法土地权益，鼓励依法自愿有偿转让"③。（8）营造市场化、法治化、国际化一流营商环境。"合理缩减外资准入负面清单，依法保护外商投资权益，营造市场化、法治化、国际化一流营商环境。"④

第二，以法治保障全过程人民民主。全过程人民民主是超越西方碎片化、民粹化、形式化民主的新型民主制度，要求把人民民主各领域和各环节制度化、法律化、程序化。"发展人民民主必须坚持依法治国、维护宪法法律权威，使民主制度化、法律化，使这种制度和法律不因领导人的改变而改变，不因领导人的看法和注意力的改变而改变。"⑤ 党的二十大报告着眼于民主与法治、全过程人民民主与全面依法治国的密切关系，提出了一系列推进民主制度化、法律化、程序化的重大举措，推动构建全过程人民民主制度体系。（1）保障人民依法行使当家作主的权利。"我们要健全人民当家作主制度体系，扩大人民有序政治参与，保证人民依法实行民主选举、民主协商、民主决策、民主管理、民主监督"，"坚持和完善我国根本政治制度、基本政治制度、重要政治制度，拓展民主渠道，丰富民主形式，确保人民依法通过各种途径和形式管理国家事务，管理经济和文化事业，管理社会事务"⑥。（2）保障人大及其常委会依法行使职权。人民代表大会制度是实现

---

① 习近平：《高举中国特色社会主义伟大旗帜 为全面建设社会主义现代化国家而团结奋斗——在中国共产党第二十次全国代表大会上的报告》，人民出版社 2022 年版，第 30 页。

② 习近平：《高举中国特色社会主义伟大旗帜 为全面建设社会主义现代化国家而团结奋斗——在中国共产党第二十次全国代表大会上的报告》，人民出版社 2022 年版，第 29 - 30 页。

③ 习近平：《高举中国特色社会主义伟大旗帜 为全面建设社会主义现代化国家而团结奋斗——在中国共产党第二十次全国代表大会上的报告》，人民出版社 2022 年版，第 31 页。

④ 习近平：《高举中国特色社会主义伟大旗帜 为全面建设社会主义现代化国家而团结奋斗——在中国共产党第二十次全国代表大会上的报告》，人民出版社 2022 年版，第 33 页。

⑤ 习近平：《在庆祝全国人民代表大会成立六十周年大会上的讲话》，载习近平：《论坚持全面依法治国》，中央文献出版社 2020 年版，第 72 页。

⑥ 习近平：《高举中国特色社会主义伟大旗帜 为全面建设社会主义现代化国家而团结奋斗——在中国共产党第二十次全国代表大会上的报告》，人民出版社 2022 年版，第 37 - 38 页。

我国全过程人民民主的重要制度载体。"支持和保证人大及其常委会依法行使立法权、监督权、决定权、任免权，健全人大对行政机关、监察机关、审判机关、检察机关监督制度，维护国家法治统一、尊严、权威。"①（3）推进协商民主制度化发展。协商民主是实践全过程人民民主的重要形式。"坚持和完善中国共产党领导的多党合作和政治协商制度"，"发挥人民政协作为专门协商机构作用，加强制度化、规范化、程序化等功能建设"，"完善人民政协民主监督和委员联系界别群众制度机制"②。（4）保障人民依法管理基层公共事务和公益事业。基层民主是全过程人民民主的重要体现。健全基层党组织领导的基层群众自治机制，完善基层直接民主制度体系和工作体系，完善基层办事公开制度，健全以职工代表大会为基本形式的企事业单位民主管理制度。

　　第三，以法治保障文化强国建设。中国法治现代化是促进物质文明和精神文明协调发展的现代化。党的二十大报告重视法治在文化建设上的重要作用，对以法治保障文化强国建设作了重要部署。（1）坚持马克思主义在意识形态领域指导地位的根本制度。全面落实意识形态工作责任制，健全用党的创新理论武装全党、教育人民、指导实践工作体系，健全网络综合治理体系。（2）推进社会主义核心价值观融入法治建设。"坚持依法治国和以德治国相结合，把社会主义核心价值观融入法治建设、融入社会发展、融入日常生活。"③（3）提高全社会文明程度。"完善志愿服务制度和工作体系。弘扬诚信文化，健全诚信建设长效机制。"④

　　第四，以法治保障和谐社会建设。"和谐社会应该是法治社会。"⑤ 和谐社会是建立在法治基础上的公平正义、保障权利、诚信友爱、充满活力、安定有序的社会。党的二十大报告坚持运用法治思维和法治方式解决好人民群

---

　　① 习近平：《高举中国特色社会主义伟大旗帜 为全面建设社会主义现代化国家而团结奋斗——在中国共产党第二十次全国代表大会上的报告》，人民出版社 2022 年版，第 38 页。
　　② 习近平：《高举中国特色社会主义伟大旗帜 为全面建设社会主义现代化国家而团结奋斗——在中国共产党第二十次全国代表大会上的报告》，人民出版社 2022 年版，第 38 - 39 页。
　　③ 习近平：《高举中国特色社会主义伟大旗帜 为全面建设社会主义现代化国家而团结奋斗——在中国共产党第二十次全国代表大会上的报告》，人民出版社 2022 年版，第 44 页。
　　④ 习近平：《高举中国特色社会主义伟大旗帜 为全面建设社会主义现代化国家而团结奋斗——在中国共产党第二十次全国代表大会上的报告》，人民出版社 2022 年版，第 45 页。
　　⑤ 习近平：《密织法律之网，强化法治之力》，载习近平：《论坚持全面依法治国》，中央文献出版社 2020 年版，第 103 页。

众急难愁盼的民生问题，以法治增进民生福祉、促进社会和谐。（1）依法规范收入分配秩序。"完善个人所得税制度，规范收入分配秩序，规范财富积累机制，保护合法收入，调节过高收入，取缔非法收入。"[①]（2）依法保障公平就业权利。"破除妨碍劳动力、人才流动的体制和政策弊端，消除影响平等就业的不合理限制和就业歧视，使人人都有通过勤奋劳动实现自身发展的机会。"[②]（3）完善劳动者权益保障制度。"健全劳动法律法规，完善劳动关系协商协调机制，完善劳动者权益保障制度，加强灵活就业和新就业形态劳动者权益保障。"[③]（4）完善社会保障制度。完善基本养老保险全国统筹制度，实施渐进式延迟法定退休年龄，健全基本养老、基本医疗保险筹资和待遇调整机制，完善大病保险和医疗救助制度，落实异地就医结算，建立长期护理保险制度，积极发展商业医疗保险。（5）加强弱势群体权利保障。健全分层分类的社会救助体系，保障妇女儿童合法权益，完善残疾人社会保障制度和关爱服务体系。（6）完善健康中国建设制度体系。创新医防协同、医防融合机制，健全公共卫生体系，加强重大疫情防控救治体系和应急能力建设。（7）完善平安中国建设制度体系。坚持党中央对国家安全工作的集中统一领导，完善高效权威的国家安全领导体制，完善国家安全法治体系、战略体系、政策体系、风险监测预警体系、国家应急管理体系。

第五，以法治保障美丽中国建设。中国法治现代化的一个显著特色，就是把生态文明法治建设摆到更加重要的位置，致力于促进人与自然和谐共生。党的二十大报告坚持以最严格最严密的法治保障美丽中国建设，对生态文明法治建设作出了重要部署。（1）依法推进环境污染治理。坚持依法治污，全面实行排污许可制，深入推进中央生态环境保护督察，健全现代环境治理体系。（2）依法保护生态多样性。深化集体林权制度改革，健全耕地休耕轮作制度，建立生态产品价值实现机制，完善生态保护补偿制度。（3）依法积极稳妥推进碳达峰碳中和。逐步转向碳排放总量和强度"双控"制度，完善碳排放统计核算制度，健全碳排放权市场交易制度。

---

① 习近平：《高举中国特色社会主义伟大旗帜　为全面建设社会主义现代化国家而团结奋斗——在中国共产党第二十次全国代表大会上的报告》，人民出版社 2022 年版，第 47 页。

② 习近平：《高举中国特色社会主义伟大旗帜　为全面建设社会主义现代化国家而团结奋斗——在中国共产党第二十次全国代表大会上的报告》，人民出版社 2022 年版，第 47 页。

③ 习近平：《高举中国特色社会主义伟大旗帜　为全面建设社会主义现代化国家而团结奋斗——在中国共产党第二十次全国代表大会上的报告》，人民出版社 2022 年版，第 48 页。

（四）在法治轨道上推进国内治理、国际治理

在全球化时代，国内治理和国际治理紧密关联、互相影响、互相制约。中国共产党坚持把统筹国内国际两个大局作为治国理政的基本原则，注重统筹考虑和综合运用国内国际两个市场、两种资源、两类规则。习近平总书记从胸怀天下的大格局出发，明确提出了统筹推进国内法治和涉外法治、建设国际法治等重要思想，推动法治覆盖到国内治理和国际治理各场域。党的二十大报告坚持统筹推进国内法治和涉外法治，在第四、十一、十四等部分对推进涉外法治、国际法治建设作出了重要部署。

加强涉外法治建设是依法维护国家主权、安全和发展利益的必然要求。党的二十大报告明确提出了涉外法治建设的重点任务：（1）健全反制裁、反干涉、反"长臂管辖"机制。"反对保护主义，反对'筑墙设垒'、'脱钩断链'，反对单边制裁、极限施压"①，明确提出"健全反制裁、反干涉、反'长臂管辖'机制"②。这就要求，"加强涉外领域立法，进一步完善反制裁、反干涉、反制'长臂管辖'法律法规，推动我国法域外适用的法律体系建设"③。（2）加强海外安全保障能力建设。"加强海外安全保障能力建设，维护我国公民、法人在海外合法权益，维护海洋权益，坚定捍卫国家主权、安全、发展利益。"④（3）推进制度型开放。稳步扩大规则、规制、管理、标准等制度型开放。

推进国际法治建设是推动全球治理体系变革、构建人类命运共同体的重要保障。党的二十大报告系统提出了推进国际法治建设的中国理念、中国方案。（1）构建人类命运共同体。构建人类命运共同体是世界各国人民前途所在，推动建设持久和平、普遍安全、共同繁荣、开放包容、清洁美丽的世界。（2）弘扬全人类共同价值。"世界各国弘扬和平、发展、公平、正义、民主、自由的全人类共同价值，促进各国人民相知相亲，尊重世界文明多样

---

① 习近平：《高举中国特色社会主义伟大旗帜 为全面建设社会主义现代化国家而团结奋斗——在中国共产党第二十次全国代表大会上的报告》，人民出版社 2022 年版，第 61 - 62 页。

② 习近平：《高举中国特色社会主义伟大旗帜 为全面建设社会主义现代化国家而团结奋斗——在中国共产党第二十次全国代表大会上的报告》，人民出版社 2022 年版，第 53 页。

③ 习近平：《坚持走中国特色社会主义法治道路 更好推进中国特色社会主义法治建设》，载《求是》2022 年第 4 期。

④ 习近平：《高举中国特色社会主义伟大旗帜 为全面建设社会主义现代化国家而团结奋斗——在中国共产党第二十次全国代表大会上的报告》，人民出版社 2022 年版，第 53 页。

性，以文明交流超越文明隔阂、文明互鉴超越文明冲突、文明共存超越文明优越，共同应对各种全球性挑战。"① （3）践行共商共建共享的全球治理观。"中国积极参与全球治理体系改革和建设，践行共商共建共享的全球治理观，坚持真正的多边主义，推进国际关系民主化，推动全球治理朝着更加公正合理的方向发展。"② （4）坚定维护以联合国为核心的国际体系、以国际法为基础的国际秩序。"坚定维护以联合国为核心的国际体系、以国际法为基础的国际秩序、以联合国宪章宗旨和原则为基础的国际关系基本准则"③。（5）推动构建新型国际关系。"中国坚持在和平共处五项原则基础上同各国发展友好合作，推动构建新型国际关系，深化拓展平等、开放、合作的全球伙伴关系，致力于扩大同各国利益的汇合点。"④

---

① 习近平：《高举中国特色社会主义伟大旗帜 为全面建设社会主义现代化国家而团结奋斗——在中国共产党第二十次全国代表大会上的报告》，人民出版社 2022 年版，第 63 页。

② 习近平：《高举中国特色社会主义伟大旗帜 为全面建设社会主义现代化国家而团结奋斗——在中国共产党第二十次全国代表大会上的报告》，人民出版社 2022 年版，第 62 页。

③ 习近平：《高举中国特色社会主义伟大旗帜 为全面建设社会主义现代化国家而团结奋斗——在中国共产党第二十次全国代表大会上的报告》，人民出版社 2022 年版，第 62 页。

④ 习近平：《高举中国特色社会主义伟大旗帜 为全面建设社会主义现代化国家而团结奋斗——在中国共产党第二十次全国代表大会上的报告》，人民出版社 2022 年版，第 61 页。

中国法治现代化的理论与实践创新

——兼论党的二十大报告关于法治建设的重大创新论述

冯玉军[*]

自 18 世纪工业革命以来，现代化已成为全球范围内高歌猛进的时代潮流，实现现代化已成为世界各国人民的共同愿望。在世界第一波现代化中，中华民族正处于腐朽没落的封建专制统治时期，最终与这次历史性机遇擦肩而过。在世界第二波现代化中，中华民族不少仁人志士睁眼看世界，先后试图通过引进西方的技术、实业、制度等来实现中国现代化，但都以失败告终。在世界第三波现代化中，中国共产党登上历史舞台，坚持以马克思主义为指导，带领中国人民成功走出了中国式现代化新道路，实现了从站起来、富起来到强起来的历史性转变，产生了改写世界现代化版图的东方巨变。[①]中国法治现代化，是中国共产党领导的社会主义现代化和法治化融贯统一，沿着中国特色社会主义法治道路，以建设社会主义法治体系和法治国家为目标模式，在实现从法治大国到法治强国的根本转型过程中所形成的中华现代法治文明。既遵循世界法治现代化的普遍规律、共同特征，更具有基于本国国情和文明传统的中国特色、中国气派。

---

[*] 本文的缩略版原载于《中外法学》2023 年第 3 期，作者系中国人民大学法学院教授、习近平法治思想研究中心主任、中国人民大学当代政党研究平台研究员。

① 参见黄文艺：《推进中国式法治现代化 构建人类法治文明新形态——对党的二十大报告的法治要义阐释》，载《中国法学》2022 年第 6 期。

一、现代化与中国式现代化

（一）现代化的概念分析

现代化是生产力发展到一定阶段的产物，是全人类文明发展进步的显著标志，更是世界各国孜孜以求的共同目标和伟大事业。一个国家走向现代化，既要遵循现代化的一般规律，更要符合本国实际，具有本国特色。习近平总书记指出："中国式现代化，是中国共产党领导的社会主义现代化，既有各国现代化的共同特征，更有基于自己国情的中国特色。"①

从学术视角看，现代化是一个既有共时性又有历时性，既有多元性又有统一性，既有深刻理论性又是推动实践发展的"伟大的名词"，表征着复杂多样的人类社会转型与变化。它深刻地触动和改变着世界各国经济、政治、文化格局，并从实践领域向精神思想领域扩展，成为人们理解问题、观察社会的基本认识框架。现代化具体包括以下三重语境和内涵：

一是作为客观现实的"现代化"，即"现代性"（modernity），意指使现代社会成为现实，引起传统制度和生活方式发生变化的观念、特征与内在规定性。一般而言，现代性表现为16世纪以来伴随着人类科技进步、知识增长和生产力提高而引发的物质与精神领域不断适应变革并产生众多社会规定性的整体过程。这些现代性因素在极大程度上赋予现代社会确定性、统一性、稳定性、安全性，进而产生区别于传统社会和未来社会的社会体系及价值观。从社会形态和物质生活条件角度考察，这种现代性通常也被描述为从传统农耕社会向现代工商社会的转变。中国也不例外，在人口规模巨大、经济社会发展不充分不平衡的基础上实现高质量发展和全体人民共同富裕，是中国式现代化的客观表征。

二是作为思想意识形态的"现代化"，即"现代主义"（modernism），意指人文社会科学领域相较于传统思想意识形态而形成的各种思潮和理论流派。西方现代主义的哲学根基是建构于启蒙思潮中的理性主义，强调知识研究与思维上的科学性、客观性、基础性、本质性、建构性，声称基于人类已知的力量和创造力，将拥有"通过按照理性重新组织人类事务来改善人类条

---

① 习近平：《高举中国特色社会主义伟大旗帜 为全面建设社会主义现代化国家而团结奋斗——在中国共产党第二十次全国代表大会上的报告》，人民出版社2022年版，第22页。

件的史无前例的能力"①。其核心立场是一切事物都有一个唯一的真理可循，人类的灵性最终能够认识这个绝对的真理，人类的历史发展是一个不断的上升的过程，历史会最终到达人类全体的解放。② 从维柯到施本格勒，从雅斯贝斯到亨廷顿，一代又一代的西方学者大都在"西方文明优胜论"的核心理念之上建构他们心目中的历史，进而塑造和描绘出一幅现代人类文明进步的"世界图景"。"西方文明优胜论"不是一个政治-历史意义的概念，而是价值-文化指向的认识论体系，最终积淀而成西方某种固化的、不可置疑的历史观念与思维定式，并先验地贯穿在西方法治理论的基本概念、基本原理和制度体系当中，造成极坏影响。③ 当代美国学者弗朗西斯·福山是这种错误史观的标志性人物，他认为 20 世纪 80 年代后期以来世界上发生的一系列重大事件，不仅是冷战的结束，而且是历史本身的终结，西方式"自由民主"将成为"人类政府的最终形式"，除此之外，后发现代化国家"不可能再有更好的选择"。然而，西式现代化，并非解决世界上所有国家和地区生存与发展问题的灵丹妙药，以中国为代表的发展中国家取得令人瞩目的发展成就，展现了不同于西方现代化模式的新图景，给"历史终结论"打了一记响亮的耳光。

三是作为主客观相互作用之实践过程的"现代化"（modernization，狭义的现代化），意指传统社会向现代社会的整体性结构变迁，在"传统-现代"的分析框架下，也可被理解为传统的价值观念和制度形态在功能上对基于科技进步、知识增长、生产力提高而引发的现代性要求的不断适应的过程。党的二十大报告将中国式现代化总结为物质文明和精神文明相协调的现代化、人与自然和谐共生的现代化、走和平发展道路的现代化。这些特色是将马克思主义基本原理同中国具体实际相结合、同中华优秀传统文化相结合的结果，包含着独特的中国经验与中国智慧。

（二）中国式现代化的基本内涵

党的二十大报告从全球大视野和中国大历史出发，透彻分析了当前国际

---

① 菲尔德曼：《从前现代主义到后现代主义的美国法律思想：一次思想航行》，中国政法大学出版社 2005 年版，第 29 页。

② 参见利科：《哲学主要趋向》，商务印书馆 1988 年版。

③ 参见冯玉军：《"法治"的历史阐释及其对现实的启示》，载《法学家》2003 年第 4 期。

国内形势的深刻变化，作出了"世界之变、时代之变、历史之变正以前所未有的方式展开""我国发展进入战略机遇和风险挑战并存、不确定难预料因素增多的时期"等一系列重要判断，在借鉴各国现代化共同特征的基础上，并基于自己的国情，明确以中国式现代化全面推进中华民族伟大复兴。

这样的现代化，是人口规模巨大的现代化、全体人民共同富裕的现代化、物质文明和精神文明相协调的现代化、人与自然和谐共生的现代化、走和平发展道路的现代化。从而明确了中国式现代化所处的新方位新阶段。具体可概括为六个"历史性"：一是"两个一百年"奋斗目标的历史性交替，即中国共产党完成了第一个百年奋斗目标，继而要"团结带领全国各族人民全面建成社会主义现代化强国、实现第二个百年奋斗目标，以中国式现代化全面推进中华民族伟大复兴"。由此对全面建设社会主义现代化国家进行全方位的战略安排。二是社会主要矛盾的历史性变化。党的十九大提出中国社会主要矛盾已从人民日益增长的物质文化需要同落后的社会生产之间的矛盾转化为人民日益增长的美好生活需要和不平衡不充分的发展之间的矛盾。基于此种历史性变化，党的二十大从推动解决落后的社会生产问题到解决不平衡不充分的发展问题，从脱贫攻坚到共同富裕，从物质富足到精神富有，从物的全面丰富到人的全面发展，引领中国经济社会发展朝着更高目标迈进。三是中国发展模式的历史性转型。党的二十大报告把高质量发展确立为全面建设社会主义现代化国家的首要任务，对贯彻新发展理念、构建新发展格局、推动高质量发展作出战略部署，引领中国新发展之路越走越宽广。四是现代科学技术的历史性变革。党的二十大报告把创新摆到我国现代化建设全局中的核心地位，明确提出建设现代化产业体系，构建新一代信息技术、人工智能、生物技术、新能源、新材料、高端装备、绿色环保等一批新的增长引擎，加快建设制造强国、质量强国、航天强国、交通强国、网络强国、数字中国。五是世界百年未有的历史性变局。当前，世界百年未有之大变局加速演进，世纪疫情影响深远，逆全球化思潮抬头，单边主义、保护主义明显上升，世界经济复苏乏力，局部冲突和动荡频发，全球性问题加剧，世界进入新的动荡变革期，又一次站在历史的十字路口。六是社会主义法治的历史性跨越。持续推进马克思主义法治理论中国化时代化，实现了三次历史性飞跃，习近平法治思想开辟和拓展了中国特色社会主义法治道路，确立建设中国特色社会主义法治体系、社会主义法治国家的目标，引领国家治理现代化在法治轨道上有序推进。①

二、法治现代化理论的主题演变和理想图景

法治现代化研究是一个极具理论意义的大课题，也是极具实践意义和世界意义的大课题。但如前所述，在西方主导的法律学术视域中，近代以来始终存在"古今中外"的时空纠缠和由"西方中心论"塑造的"法治（法制）现代化"②话语体系对非西方国家或发展中国家的文化侵略、思想殖民。

（一）"西方中心论"及其"法治现代化"理论

"法治现代化"概念来自"现代法律体系"的普适性理念及其拓殖实践。这种理念的核心是认为当今世界上存在着一个跨国度、跨民族、跨地域的法律体系，在该法律体系中，有得到广泛认同的、历时性的法律文化中心区，该中心区的法律文化具有本源性和衍生性，它的价值准则与制度规范是其他国度法律的"蓝本"或依归。沿着这一思路，"法治现代化"（legal moderni-zation）被看作是一个囊括了所有国家与民族的全球性法律变革过程。在此全球性的历史视野中，16 世纪的西欧处于中心地位，是全球法制现代化进程开端阶段的中心地带；该时期西欧的法律发展样式像白人对外传播的基督宗教一样，具有普世意义，是非西方国家法律发展的样板或原型。在这种历史神话里，西欧成为现代化的先行者，广大非西方国家则是现代化征途上疾步前行的后来人。由此，西欧及扩而大之的西方与非西方的关系，形成所谓"中心与边缘""内发与外生""原创与传导""冲击与反应""主动与被动""自主与依附""法治与专制""先进与落后"的二分架构的历史关系。

值得强调的是，近世多数西方学者（如哲学方面的维柯、黑格尔、尼采，法学方面的孟德斯鸠、奥斯汀，思想史方面的施本格勒、雅斯贝斯等），

---

① 参见黄文艺：《推进中国式法治现代化 构建人类法治文明新形态——对党的二十大报告的法治要义阐释》，载《中国法学》2022 年第 6 期。

② 法治现代化与法制现代化没有本质的区别，其所指和能指都是法治现代转型的目标与过程。由于历史的原因，改革开放初期各种报章杂志通用"法制"和"法制现代化"，但自 1997 年党的十五大确立"依法治国""建设社会主义法治国家"治国方略之后，官方及学术界逐渐改用"法治"和"法治现代化"概念，下同。

直接或间接、有意或无意地参加建构了"西方中心论"（"西方文明优胜论"）的历史理论，进而塑造和描绘出一幅现代人类文明进步的"世界图景"。而这种"世界图景"经过几百年的塑造、层累和神话化，成为后世人们固有的法治"幻象"与思维定式，进而决定并推动了世界各国对西方法治的积极响应甚至于顶礼膜拜。①

进一步分析，现代主义正是伴随着资本主义生产关系在全球范围的扩张而扩展起来的，由于它适应自由资本主义的经济政治需要，所以成为资产阶级进行革命和统治时期所反复宣扬的价值观和主流意识形态。其基本意旨是人道主义和理性主义，即提倡人道，反对神道，用人取代神；提倡理性，强调理性是人的本质，主张用理性战胜无理性、非理性和反理性，认为理性是人与世界相沟通的基础，是衡量一切的唯一标准和人类谋求幸福的工具；再以某种科学体系的"元概念"为基础，力图按照既有的逻辑抽象规则构建具有高度同一性、确定性的理论大厦，从而可以系统地、总体地把握宇宙人生。正是在这种不容置疑的"理性精神"的光辉照耀下，始自黑格尔和奥斯汀的现代法学理论本能地偏好对法律逻辑的"宏大叙事"，即以法律概念、术语、命题为经，以确定性、客观中立性、一元性和普适原则为纬，贯穿理性、个人权利、社会契约、正当程序等理念，涵盖法的本体论、价值论、方法论几大块的法律话语系统。但由于这套话语系统是国家主义和意识形态指向的，它以"合法"的名义，排斥、改造甚至摧毁不同"意义世界"中的社会规则系统，故此往往成为社会政治领域的"霸权话语"和想当然的真理。在学术史上，它还进一步成为形而上学和教条主义的滥觞。②

与沃勒斯坦反复强调世界经济体系内部存在多方面差别、不断变动且经

---

① 这种理论塑造的法律史变迁大致可叙述如下：以欧美国家为发源地的现代法律传统作为一种伟大的人文主义创造，它萌生于欧洲近代著名的"三 R 现象"［文艺复兴（the Renaissance）、宗教改革（the Reformation）和罗马法复兴（the Reception of Roman Law）］，形成于启蒙运动，并在尼采向世人宣告"上帝死了，要重估一切价值"的口号声中成为资本主义主流意识形态。自 15、16 世纪以降，（西方中心的）法学世界观伴随着武力征服和宗教传播，在全球范围内一步步取代各国原有的神学世界观以及种种"地方性"法律形态，拥有了某种支配性话语权力，民主、人权、法治、现代化、全球化等概念因之成为时代强音，世界各地的法学家们自觉而娴熟地使用公开性、自治性、普遍性、层次性、确定性、可诉性、合理性、权威性等法律标准或法治要素，衡量本国或别国是否达到乃至实现了法制"现代化"，而全然不顾这些国家的人民究竟需要什么、西方式现代化对于本国传统及未来发展究竟意味着什么！

② 参见冯玉军：《"法治"的历史阐释及其对现实的启示》，载《法学家》2003 年第 4 期。

历多次霸权周期的"边缘依附中心"史观不同，美国历史学家斯塔夫里阿诺斯试图打破欧洲中心论框架，以新的全球视角重写世界历史。他指出，1500年是人类历史上的一个重要转折点，此前的历史是各个种族集团与社会彼此隔离的生存与发展的历史，欧亚大陆的若干文明体系平行而独立地发展着——尽管它们彼此间的联系和影响依然存在。但在大航海时代，从哥伦布、达·伽马和麦哲伦的远航探险开始，人类的各个种族集团与社会才第一次发生了直接的交往，欧亚大陆诸文明之间的平行独立的发展状态逐渐为新兴的西方促成的"全球性一体化"状态所取代，这种"全球性一体化"状态在19世纪发展到了顶点，转而导致前所未有的世界性霸权，20世纪的历史实质上是一个反对世界霸权进而寻求新的世界平衡的历史。他又以第三世界的历史进程为研究对象，考察了1400年以来"全球性一体化"进程中西方世界与非西方世界的相互关系，揭示了这一进程中的中心地区与边缘地区的历史性互动。然而遗憾的是，在他那里，"全球性一体化"进程的原初中心地区依然是1500年前后的西欧，并仍然把自那以来的全球历史归之于对西方世界中心霸权不断发起挑战的历史。[①]

　　不过，并非所有的经济学家都赞同西欧处于近代早期全球社会经济发展进程中心地位的看法。弗兰克在详尽地分析了1400—1800年间世界经济的结构与发展之后，指出，"我们可以看到，作为中央之国的中国，不仅是东亚纳贡贸易体系的中心，而且在整个世界经济中即使不是中心，也占据支配地位"，"表明中国在世界经济中的这种位置和角色的现象之一是，它吸引和吞噬了大约世界生产的白银货币的一半"[②]。弗兰克强调说，他论证中国具有历史上的世界经济"中心"地位，并非简单地想以中国中心论取代欧洲中心论。而是试图指出1400—1800年世界经济并没有什么中心，欧洲和西方绝不是世界经济的中心，如果非要说的话，中国很明显更有资格以"中心"自居。[③] 弗兰克的命题打破了在发展与现代化理论中蔓延的欧洲中心主义或

[①] 参见斯塔夫里阿诺斯：《全球通史——1500年以前的世界》，上海社会科学院出版社1988年版，第54-60页；斯塔夫里阿诺斯：《全球通史——1500年以后的世界》，上海社会科学院出版社1992年版，第2-8页；斯塔夫里亚诺斯：《全球分裂——第三世界的历史进程》（全二册），商务印书馆1993年版。

[②] 弗兰克：《白银资本——重视经济全球化中的东方》，中央编译出版社2000年版，第19-20页。

[③] 参见弗兰克：《白银资本——重视经济全球化中的东方》，中央编译出版社2000年版，第26页。

"西方中心论"，启示我们要用历史的、辩证的眼光来看待全球化进程中所谓的中心与边缘之间复杂的历史关系。这一分析视野对于我们深刻把握中国法治现代化运动的模式特征，大有裨益。

（二）法治现代化研究的现实问题

不同领域的西方学者以 17、18 世纪至今的法治现代化过程进行研究，形成内容各异的经典论述，如：英国法史学家梅因提出的"从身份到契约"，德国思想家韦伯提出法的发展是从不合理走向合理、从实质合理性走向形式合理性的发展过程，美国法学家诺内特和塞尔兹尼克认为法的发展是"从压制性法到自主性法"，等等。20 世纪中叶以来，一些批判法学者开始对西方的法治现代化的道路进行反思，又提出所谓"后现代法治"问题，即西方法制存在逆向发展的情形，即从"从契约到身份""从形式合理性到实质合理性"的变化趋势，在法律体系和部门法理论中也有类似趋势，如民事法律中的"私法公法化"和"公法私法化"相向而行现象。

从比较法学的角度看，法治现代化的分类五花八门，诸如：基于现代性和传统性的互动关系把不同社会的法治现代化分为内生型、应激型和混合型法治现代化，依据现代化起步时间的先后可以分为早生和后发的法治现代化，依据现代化主要推动力量的不同可以分为社会推动型和政府推动型法治现代化，依据地域或国别可以分为英国式、美国式、欧洲大陆式、日本式和新加坡式法治现代化，等等。①

一些亚非拉发展中国家，受到西方现代化立场、观点、方法的影响，从 20 世纪五六十年代开始发起法律现代化运动，意图以"法治西方化"促进自身社会经济发展。西方国家也派出志愿人员组成和平队"援助发展中国家"，同时也把西方法治现代化带到那里去，史称"第一次法律与发展运动"。20 世纪 90 年代以降，随着经济全球化进程的加快，在世界银行、国际货币基金组织、世界贸易组织等国际组织和欧美国家主导下，针对第三世界国家和市场转型国家的"法律和司法改革"运动被发起，史称"第二次法律与发展运动"。从实践结果看，除个别国家借由经济和制度创新取得较好成就外，绝大多数发展中国家都未能靠全盘移植西式民主法治而收到强国富

---

① 参见孙国华、朱景文主编：《法理学》，中国人民大学出版社 2021 年版，第 216 - 217 页。

民的发展实效，"第二次法律与发展运动"以失败告终。

21 世纪初，西方国家面向世界推广自由主义法治观与法治现代化的行动发生了法治评估转向，其主要代表是世界正义工程（World Justice Project，WJP）。它是由美国律师协会联合国际律师协会、泛美律师协会、泛太平洋律师协会等律师组织于 2007 年发起的法治评价体系。该体系将抽象的法治分解为可量化的评估指标，即由 8 个指数和 44 个次级指数支撑和构建的一整套法治指数评估系统，坚持法律的有责性（accountability）、公正的法律（just law）、开放政府（open government）、可接近与公正的正义（accessible and impartial justice）等 4 个普适性原则。受访国家和地区的普通公民和相关领域专家，根据事先制定的计算规则，对调查回收数据进行处理与计算，得出最终分数，以此评估不同国家的法治得分与国际排名。① 需要明确指出的是，虽然中国法治建设无论在立法、执法、司法、守法、法律监督、法学教育和法学研究等方面均取得了举世公认的巨大成就，但在这套"西方式"法治评价体系当中仍位居后列，不仅远远落后于欧美国家，与肯尼亚、埃塞俄比亚等国家相比也不占优势，这套法治评估的片面性和缺乏公信力可见一斑。

与之类似，全球知名的民意测验和商业调查咨询公司——美国盖洛普咨询公司每年会提交全球法律与秩序报告。主要使用主观评价方法衡量各国公民的人身安全感，以及他们在犯罪与执法方面的个人经历。其 2022 年评价结果是中国和阿联酋、丹麦并列全球第三，这个结果倒是比较真实地反映了中国是世界上最安全的国家之一的客观事实。② 但需要指出的是，传统观念中安全只是法治的一个因素，尽管他们普遍承认中国安全，但仍较少对我国的法治现代化状况予以公正评价。

① 参见世界正义工程网站，https：//worldjusticeproject.org/rule-of-law-index/factors/2022/。2022 年的评估框架是由 8 个指数及由此分解出的 44 个次级指数组成。这 8 个指数包括：（1）有限的政府权力（constraints on government powers），（2）消除腐败（absence of corruption），（3）开放的政府/透明政府（open government），（4）基本权利（fundamental rights），（5）秩序与安全（order and security），（6）规范执法（regulatory enforcement），（7）民事司法（civil justice），（8）刑事司法（criminal justice）。该框架设有非正式司法（informal justice）指数作为额外考评内容，被排除在计分与排名之外。

② 参见盖洛普法律与秩序研究中心网站，https：//www.gallup.com/analytics/356996/gallup-law-and-order-research-center.aspx。

进入 21 世纪之后，经济全球化和政治多极化、文化多元化趋势日益明显，各种全球化和全球性问题对不同国家的法治带来一系列挑战。中国加入世界贸易组织以后也遇到许多政治、法律领域的问题，彼时各种国际标准对中国法律改革产生了深远的影响，全球化条件下的各种政府间国际组织和非政府组织在法治现代化进程中的地位日益重要，形形色色的跨国家、超国家和亚国家的法律制度和社会规范在实践中的制定和实施运作过程愈益值得关注。时至今日，西方枉顾多数国家反对，用所谓"基于规则的秩序"维护其霸权行径，肆意使用"长臂管辖"和制裁大棒，推行对人严对己宽的"双重标准"，暴露了其藏在"平等、博爱、自由"假面之下自私自利的本质，成为国际关系民主化、法治化的真正破坏者。

（三）中国的法治现代化理论演进

中国的法治现代化理论，主要包括法治现代化的比较研究、法治现代化的战略研究和全球化对法治现代化的挑战研究，即把中国法治现代化放在世界与当代的大背景下，研究中国法治现代化的历史进程、发展阶段、建设目标，并从中总结法治与社会发展的趋势，概括中国法治现代化的基本特征和鲜明特色。

学界共识是党和国家发挥领导性、主导性作用，以建构式的积极姿态推进法治现代化，一体建设法治国家、法治政府、法治社会。伴随新中国法治建设历史进程而成长的老一辈法学家以马克思主义法学理论为基础，对改革开放以来中国法制的特色、中国法制与经济社会发展的关系、中国法制不同于西方国家的特点、法制的一般理论以及法制与法治的关系等问题，从理论层面做了深入分析，总体结论是认为推进法制现代化合乎中国社会发展需要，应该在扬弃西方法治经验的基础上建设中国自己的法制。20 世纪 90 年代以来，我国法理学者继续对中国和西方法制发展道路进行比较研究，偏重西方法制现代化模式的特点及其当代危机、中国法制道路与传统、中国法制现代化的实证研究与评价等。公丕祥教授长期研究法制现代化理论，指出："从历史角度来看，法制现代化是人类法律文明的成长与跃进过程。"他还分别从法制现代化的基本性质、内涵特征两个视角进行了论证。从前者看，它是一个从传统人治社会向现代法治社会的变革过程，进而是从"人治"的价值-规范体系向"法治"的价值-规范体系的转换过程；从后者看，它是一个包括人类法律思想、行为及其实践的综合进程，其核心是人的现代化。^① 吕世伦教授、姚建宗教授认为："法制现代化乃指一个国家或地区从法的精神到法的制度的整个法制体系逐渐反映、适应和推动现代文明发展趋向的历史过程。"从整体来看，它包含着法律精神的现代化、法律制度的现代化、法律技术手段的现代化、物质设施的现代化，这其中的关键是法律精神的现代化。^② 刘作翔教授认为，法制现代化是一个国家和社会随着社会的变革，从传统法律到现代法律转变的历史进程。在此进程中，法律制度和法制运行机制都会发生质变，其结果就是法制更符合发展着的和改变了的各种社会实践的需要，且能充分反映社会价值要求。^③ 朱景文教授等赞同后一种观点，并引申说"这种（从传统法制向现代法治）转变意味着全方位多层次的法制变革和发展，涉及法律的组织构造、制度规范、运作程序以及深层次的法律观念等各个方面"^④。

邓正来教授提出了"中国法律理想图景"的概念。他并不持有反现代化或者逆现代化立场，但对其认为受到西方现代化范式支配的法学理论进行反思与批判。他指出，关于时间具有从落后走向进步之唯一性观点，关于现代化实现的方式先有法制现代化后有市场经济现代化最后才有人的现代化之唯一性观点，是一种典型的法律线性进化理论模式。突出问题是长期坚守一幅以西方现代性和现代化理论为依凭的"西方法律理想图景"，却提供不出一幅"中国法律理想图景"，致使人们过度关注"大写的"真理或口号，或者专注于既有法条或概念的注释，而不能或认为没必要对中国的现实法律世界作"切实"的关注，其直接的后果就是无力解释和解决因其自身作用而产生的各种问题，忽略中国，最终导致所谓的"现代化范式"危机。^⑤ 这种观点在十多年前提出时曾引起学术界的轰动，对法学认识论和方法论启发很大。

---

① 参见公丕祥主编：《中国法制现代化的进程》（上），中国人民公安大学出版社 1991 年版，第 59 页。

② 参见吕世伦、姚建宗：《略论法制现代化的概念、模式和类型》，载南京师范大学法制现代化中心编：《法制现代化研究》第一卷，南京师范大学出版社 1995 年版，第 5 页。

③ 参见刘作翔：《法制现代化概念、释义和实现目标》，载《宁夏社会科学》1999 年第 3 期，第 25－31 页。

④ 孙国华、朱景文主编：《法理学》，中国人民大学出版社 2021 年版，第 215－216 页。

⑤ 参见邓正来：《中国法学向何处去——建构"中国法律理想图景"时代的论纲》，商务印书馆 2011 年版，第 122 页。

　　需要指出的是，广义上讲的中国法治现代化理论研究，不限于对"法治（法制）现代化"语词、观念及其部门法实践的研究，而是开放出多个研究倾向，进而产生全方位影响。其一，法制与社会发展研究，主要内容包括对法制与社会发展的基本理论以及法制与社会发展的各个方面，经济、政治、文化、可持续发展的研究。其二，法律与全球化研究，主要内容包括法律与全球化的基本理论，全球化对中国法律的挑战和对策，全球化所引起的对全球问题治理框架的变化，对民族国家主权的挑战研究。其三，法治现代化与传统解决纠纷机制研究，主要内容包括对现代的法制模式与传统的解决纠纷机制的实证研究和社会学研究，分析法制模式赖以产生的条件、作用范围及其有限性，传统解纷方式的特点与当代意义，现代司法制度与传统解决纠纷方式之间的关系。其四，后现代法学研究，主要内容是研究当代西方后现代法学对法律的现代性的批判及其对中国法制建设的意义。其五，互联网、人工智能等新兴领域法学研究。面对新一轮科技革命和产业变革，中国法治现代化应该把握历史性机遇，及时加强法律制度的供给，加快法治领域的科技应用，把科技伟力转化为法治伟力，构建网络化、数字化、智能化的法治文明新形态。其六，与中国法治现代化相匹配的自主法学知识体系研究。推动法律、法律关系、法律结构、法治运行、法治功能等基础性概念和制度重构，推进法治范畴体系、话语体系和理论体系创新，增强法治理论的解释力、预见力、变革力。

　　回顾改革开放以来的中国法治现代化理论研究，成就很大，但还应在以下三方面有所拓展：其一，对中国法治主体性建构展开深入研究。更加坚定中国特色社会主义的道路自信、理论自信、制度自信、文化自信，加强对西方法治现代化的科学批判。其二，推动中华优秀传统法律文化的创造性转化、创新性发展。从绵延数千年不绝的中国优秀传统法律文化和中华法系当中挖掘有益治理元素。其三，站在世界历史和全球思维的高度，准确把握社会形态变化趋势与内在机理，及时回应世界之变带来的全球法治问题，深入研究和把握新兴市场国家、发展中国家推进法治现代化的经验和教训，为发展中国家法治现代化提供中国经验，为世界法治文明格局发展提出中国主张。

　　毫无疑问，既然上述中国法治现代化的理论研究的问题源于过往的历史与实践，也就只能从历史走来的崭新的法治理论与实践中找寻破解之道。对此，习近平法治思想和党中央关于中国式现代化的法治方略指引了正确方向，铺开了徐徐展开的宏大建设图景。

三、新时代的法治建设成就

党的二十大报告站位高远、视野宏阔、内容丰富、理论精深，深刻地阐释了新时代坚持和发展中国特色社会主义的一系列重大的理论和实践问题，描绘了全面建设社会主义现代化国家、全面推进中华民族伟大复兴的宏伟蓝图，为新时代新征程党和国家事业的发展、实现第二个百年奋斗目标指明了前进方向、确立了行动指南。从逻辑上讲，党的二十大报告可以分为总论和分论两大部分。总论主要包括前四个部分，就是"过去五年的工作和新时代十年的伟大变革"、"开辟马克思主义中国化时代化新境界"、"新时代新征程中国共产党的使命任务"和"加快构建新发展格局，着力推动高质量发展"，这四个部分包含很多哲学的、马克思主义的、党史党建的、科学社会主义的理论内容，非常深刻。分论包括十一个部分，它的主体部分包括五大建设——经济、政治、文化、社会、生态文明，此外还包含科教兴国和人才、法治、国家安全、军队、港澳台、外交和全面从严治党等主题。

党的二十大报告对法治建设进行了专章论述和专门部署，全面总结了过去五年法治建设的工作情况和新时代十年变革的法治建设成就，论述部署了坚持全面依法治国，推进法治中国建设。党的二十大报告不仅从编排体例上开启了党的历次代表大会报告之先河，而且围绕新时代立法工作、法治政府建设、公正司法和法治社会建设提出了一系列重大创新的法治论述，对坚持以习近平法治思想为指引建设更高水平的法治中国，以中国式现代化全面推进中华民族伟大复兴具有重大的实践引领和理论的指导意义。

（一）全面依法治国是"四个全面"战略布局的基础和保障

中国共产党在有十四亿多人口、地域辽阔、民族众多、国情复杂的大国执政，要保证国家统一、法制统一、政令统一、市场统一，必须始终秉持法律这个准绳、用好法治这个方式，从坚持和发展中国特色社会主义的全局和战略高度定位法治、布局法治、厉行法治，统筹推进"五位一体"总体布局，协调推进"四个全面"战略布局。

针对"四个全面"战略布局，习近平总书记强调指出，党的十八大以来，我们提出要协调推进全面建成小康社会、全面深化改革、全面依法治国、全面从严治党，这"四个全面"是当前党和国家事业发展中必须解决好的主要矛盾。① 习近平总书记深入阐述说，从这个战略布局看，做好全面依法治国各项工作意义十分重大。没有全面依法治国，我们就治不好国、理不好政，我们的战略布局就会落空。要把全面依法治国放在"四个全面"战略布局中来把握，深刻认识全面依法治国同其他三个"全面"的关系，努力做到"四个全面"相辅相成、相互促进、相得益彰。② 全面依法治国是其他三个"全面"的重要保障，将法治思维和法治方式贯穿到法治各环节和全过程，在法治轨道上推进社会主义现代化国家建设，是实现国家稳定、平衡、全面发展的基础工程。

比如，在全面深化改革过程中，我们要大胆地探索、借鉴人类经济社会发展的合理因素进行制度创新，把其中行之有效的、人民群众满意的、已经被证明合乎规律且取得成功的体制机制，采取法律的形式凝固下来，立良法、行善治，就能够极大地推进经济社会发展，否则就会陷入混乱和不确定状态。再比如，党政军民学，东西南北中，党是领导一切的，我们越是强调党对国家事务的全面领导，就越要全面从严治党，以此永葆党的先进性、纯洁性，跳出治乱兴衰历史周期率。但是全面从严治党并不只是党自身的事，也是整个国家的事。所以，我们还要通过宪法法律把党的领导地位、党的领导方式固定下来，坚持党规和国法相结合，坚持依规治党与依法治国相结合，强化全面依法治国对全面从严治党的保障地位和重要作用。

（二）法治建设在"五位一体"总体布局中意义重大

在"五位一体"总体布局当中，法治建设起着极其重要的作用。推进经济建设、政治建设、文化建设、社会建设和生态文明建设，离不开法治的促进和保障。必须要用法治思维和法治方式。

第一，新时代法治建设规定了社会主义经济的发展方向、价值目标、基本政策和利益关系，把全面深化改革纳入法治轨道，用法律法规引导和规范改革，用法治体系确认和巩固改革成果，指引经济建设正确、合法、高效和

---

① 参见习近平：《习近平谈治国理政》（第 2 卷），外文出版社 2017 年版，第 22 页。
② 参见习近平：《习近平谈治国理政》（第 2 卷），外文出版社 2017 年版，第 24 页。

安全前行。市场经济本质上是法治经济，它要求法律规则具有良好的包容性并得到公开、公正、平等的适用，规范与约束政府行为，保障产权和市场运行安全，保证市场主体平等地位，贯彻诚实信用原则，严格执法、公正司法，有效解决争议，降低交易成本，维护市场秩序。法治不仅是市场经济的内生变量，而且对市场经济的外部条件包括政府权力、社会环境以及文化意识等产生良好作用。法治内在的规范性与权威性，可以有效规范与约束政府行为，防止权力被滥用，使全社会养成遵纪守法的良好社会风气，维护市场秩序与社会秩序。法治保护权利与自由的基本价值，与市场经济自由交换的内在要求高度契合，两者相互促进。法治不但可以弥补市场失灵的缺陷，也可以为市场经济的发展起到规范、保障、引领、推动等作用。更为重要的是，由于体系化、制度化的法治具有自我推动、自我修复、自我实施等特点，不同于单纯依靠外力推动的政治权威，可以持续地为市场经济服务。

第二，新时代法治建设促进实现全过程人民民主，加强人民当家作主制度保障，全面发展协商民主制度优势，推动基层民主和基层治理，有力支撑了建设中国特色社会主义政治文明建设。中国特色社会主义进入新时代，人民日益增长的美好生活需要和不平衡不充分的发展之间的矛盾成为社会主要矛盾，民主法治建设也表现出阶段性和前进期的明显特征：人民群众对自身地位已有明确的主人翁意识，但其在日常生活中的体现还不够深入全面；人民群众对自身经济权益已有较大获得感，但文化教育科学卫生等综合权益的获得尚不充分；人民群众对整体的民主法治建设比较满意，但其对中央政策方针的拥护和对基层民主治理的期待之间存在失衡现象。习近平总书记指出："我们要依法保障全体公民享有广泛的权利，保障公民的人身权、财产权、基本政治权利等各项权利不受侵犯，保证公民的经济、文化、社会等各方面权利得到落实，努力维护最广大人民根本利益，保障人民群众对美好生活的向往和追求。……我们要通过不懈努力，在全社会牢固树立宪法和法律的权威，让广大人民群众充分相信法律、自觉运用法律，使广大人民群众认识到宪法不仅是全体公民必须遵循的行为规范，而且是保障公民权利的法律武器。"[1]

---

[1]　习近平：《在首都各界纪念现行宪法公布施行 30 周年大会上的讲话》，人民出版社 2012 年版，第 11－12 页。

　　第三，社会主义法治文化是中国特色社会主义先进文化的重要组成部分，是社会主义法治国家建设的灵魂和基础，也是文化软实力的核心构成。唯有让法治成为一种文化、一种信仰、一种核心价值，内化于心、外化于行，让社会主义法治文化在中华大地上落地生根，深入人心，习以为常，才能真正实现良法善治，建成法治中国。建设社会主义法治文化，要深刻认识社会主义法治文化的先进性和丰富内涵。其作为中华优秀传统法律文化的批判继承和发扬光大，作为一切人类法治文明有益成果的借鉴和吸收，是公平正义、自由平等、保障人权、民主法治等社会主义基本价值的集中体现，是全体人民意志和党的主张相统一的集中体现，是社会主义伦理道德与社会主义法治精神相统一的集中体现，是社会主义法治理论与社会主义法治实践相统一的集中体现，是社会主义法治意识形态与全面落实依法治国基本方略相统一的集中体现，是法治宣传教育与培养法治行为习惯相统一的集中体现，代表了先进法治文化的前进方向。要坚持把社会主义核心价值观融入社会主义法治文化建设全过程各方面，不断发展和繁荣社会主义法治文化，做到法治与德治相辅相成、相得益彰。要坚持在法治实践中培育全社会法治信仰，推动全民守法。科学立法与完善社会规范相结合，强化科学有效的制度供给，彰显中华法治文明。

　　第四，提高社会治理法治化水平，打造共建共治共享的社会治理格局，将社会主义核心价值观全面融入法治建设，指明了社会主义和谐社会建设的战略和途径。和谐社会应该是法治社会。首先，法治社会是法治国家和法治政府的基础环境与根植土壤。只有文本上的法律体系，没有现实的法治社会，不是真正的法治；只有政府奉法依法，社会组织和普通公民置身法外，也不是真正的法治。其次，建设法治社会是中国社会转型期和文明过渡期的基本诉求。建设法治社会既是对传统中国人情社会的反思重构，同时也要求坚持依法治国和以德治国相结合，将社会主义核心价值观全面融入法治建设的各个环节，实现程序正义和实体正义的再统一，天理国法人情的再统一，社会主义法治文明与传统法治文明、西方法治文明的再统一。最后，建设法治社会是中国经济社会发展到新时代对国家与社会治理提出的崭新要求。当前，经济不稳定因素增多、社会风险加大、生态环境失衡带来了日趋复杂的社会公共事务、日益多元的社会诉求，以及日趋紧张的人与人、人与自然关系，要求我们必须高度重视社会环境与文明样态的法治化，以社会稳态代替社会变态及不可知因素，以理性战胜极端主义和恐怖主义思想。由此，弘扬法治精神、建设法治社会、提供公共产品，促进公平正义，打造共建共治共享的社会治理格局，善用法治手段实现社会安定有序，成为转型中国弥合社会断裂、实现文明再造的核心共识。

第五，构建完备的生态保护法律体系和民事、行政、刑事制裁衔接的生态责任承担体系，引领社会大众共同织牢生态法治之网，践行绿色发展理念，实现低碳生活。生态文明既是一种和谐共生的社会形态，也是美好生活愿景的现实寄托。生态法治蕴含创新理念，是国家借助法治手段调节人与人之间的生态利益、生态关系，以及人与生态环境之间关系的法治过程。运用法治利剑，护佑生态文明，彰显了全面依法治国的内在需求。党的十八大以来，我国全面推进生态文明建设，并将其纳入社会主义事业总体布局中，坚持走法治化道路，完善生态文明相关立法，规范管理生态问题纠纷，依法震慑打击破坏环境行为，促进生态保护向民生优势转化，效果明显。我国生态法治建设也面临着法治观念淡薄、地方保护主义干扰执法、以牺牲环境换来短期地方发展、个别地方的环保部门将收费与罚款作为执法目的等重重阻力和挑战。为此要深入研究生态恢复、环境正义和民生保障及地方长远发展的平衡问题，做好环境评价与环境问责的执法衔接，构建规范政府行为的管理机制，落实权责分明的环境问责制等。

第六，推动国际关系法治化，统筹国内法治与涉外法治两个大局，推动全球治理体制向着更加公正合理方向发展，为我国发展和世界和平创造更加有利的条件，是习近平法治思想的重大主题。可以说，中国越是客观、全面地认识到国际法对于中国的作用和影响，越是深入、准确地把握中国与国际法治的相互关系，就越是有利于积极主动地参与国际法治的建构，就越有利于自身的改革开放事业，越有利于中国长久的繁荣和稳定的发展。向世界清晰地表述、宣介中国的法治理念及其途径，积极参与国际法治建设，改造和引领国际关系法治化，是推进国家治理体系和治理能力现代化的重要任务之一。国内法治与涉外法治之间的动态互构关系意味着中国并不仅仅是国际法治被动的接受者和执行者，而是国际法治的积极参加者和未来引导者，已经并将继续对国际法治的均衡、健康、公正发展作出更大的贡献。习近平法治思想坚持统筹推进国内法治和涉外法治，协调推进国内治理和国际治理，推动构建人类命运共同体，就是因应全球治理变革和形势发展的真理性理论成果。

（三）五年全面依法治国成就巨大

党的二十大报告强调指出，十九大以来的五年，是极不寻常、极不平凡的五年。这里的"极不寻常"是指客观形势和外部挑战极不寻常，因为我们遭遇了百年未遇的新冠疫情、西方对华的极限施压、全面建成小康社会的艰难困苦；这里的"极不平凡"是指党领导人民稳经济、促发展，战贫困、建小康，控疫情、抗大灾，应变局、化危机，攻克了一个个看似不可攻克的难关险阻，创造了一个个令人刮目相看的人间奇迹。

党的二十大报告对五年法治建设取得的成就进行了充分的肯定。2018年1月，习近平总书记在党的十九届二中全会第二次全体会议上指出，党中央决定对宪法进行适当修改，目的是在保持宪法连续性、稳定性、权威性的前提下，通过修改使我国宪法更好体现人民意志，更好体现中国特色社会主义制度的优势，更好适应提高中国共产党长期执政能力、推进全面依法治国、推进国家治理体系和治理能力现代化的要求，为新时代坚持和发展中国特色社会主义提供宪法保障。同年3月，十三届全国人大一次会议通过了《中华人民共和国宪法修正案》。8月，中央全面依法治国委员会第一次会议召开。党中央决定成立中央全面依法治国委员会，是贯彻落实党的十九大精神、加强党对全面依法治国集中统一领导的需要，是研究解决依法治国重大事项重大问题、协调推进中国特色社会主义法治体系和社会主义法治国家建设的需要，是推动实现"两个一百年"奋斗目标、为中华民族伟大复兴中国梦提供法治保障的需要。2020年5月28日，十三届全国人大三次会议通过了《中华人民共和国民法典》。这是新中国成立以来第一部以"法典"命名的法律，编纂《民法典》是全面推进依法治国、实现国家治理体系和治理能力现代化新征程中的重大举措，解决了党和国家事业发展中的重大民生问题，为实现人民美好生活提供了坚实的法治保障，是习近平法治思想的生动体现和新时代我国社会主义法治建设的重大成果。2020年11月16—17日，中央全面依法治国工作会议举行，会上总结并阐述了习近平法治思想。随后，中共中央先后印发《法治社会建设实施纲要（2020—2025年）》和《法治中国建设规划（2020—2025年）》。2021年8月，中共中央、国务院印发

《法治政府建设实施纲要（2021—2025 年）》。这些重大方针政策和标志性成果的出台，足以表明五年法治建设的显著成就。

（四）新时代十年的法治理论与实践成果

党的二十大报告总结了新时代十年取得的 16 个标志性成果，其中第 8 条是："我们坚持走中国特色社会主义政治发展道路，全面发展全过程人民民主，社会主义民主政治制度化、规范化、程序化全面推进，……社会主义法治国家建设深入推进，全面依法治国总体格局基本形成，中国特色社会主义法治体系加快建设，司法体制改革取得重大进展，社会公平正义保障更为坚实，法治中国建设开创新局面。"这个结论是经过了新时代法治实践检验的科学判断，是人民群众有实实在在幸福感获得感安全感的现实成就，可以从理论成果和实践成果两方面予以证成：

第一，法治理论成果。

中国特色社会主义法治理论的视野与境界实现历史性跨越，创造性地提出了一系列战略性、实践性、真理性、指导性的新理念新思想新战略，并在坚持党对全面依法治国的领导、以人民为中心和中国特色社会主义法治道路基础上，形成并确立了集大成的新时代中国特色社会主义法治理论体系——习近平法治思想，作为新时代中国发展进步、实现中华民族伟大复兴中国梦的重要标识。

习近平法治思想是对全面依法治国和中国特色社会主义法治最新实践的科学总结和理论升华，是中华民族对世界法治文明和人类法治文化的原创性理论贡献，也是马克思主义法学中国化的重大理论成果和中国特色社会主义法治理论的最新成果，是全面依法治国、建设法治中国、推进法治强国的理论基础和指导思想。[1] 它深刻阐释了我国社会主义法治的理论依据、本质特征、价值功能、内在要求、中国特色、基本原则、发展方向等重大问题，系统论述了什么是社会主义法治，如何推进依法治国、建设社会主义法治国家和中国特色社会主义法治体系，如何在法治轨道上推进国家治理现代化和法治化等一系列根本性问题[2]，对于拓展中国特色社会主义法治道路，构建中

---

① 参见张文显：《习近平法治思想研究（上）——习近平法治思想的鲜明特征》，载《法制与社会发展》2016 年第 2 期。

② 参见李林：《开启新时代中国特色社会主义法治新征程》，载《环球法律评论》2017 年第 6 期。

国特色社会主义法学理论体系，发展中国特色社会主义法治文化，建设中国特色社会主义法治体系，加快推进法治中国建设，具有重大的政治意义、理论意义、实践意义和世界意义。

第二，法治实践成果。

一是法治建设战略实现历史性转变，法治中国建设开创崭新局面。在法治建设目标上，实现从"形成中国特色社会主义法律体系"到"建设中国特色社会主义法治体系，建设社会主义法治国家"的历史性转变；在法治建设布局上，实现从"依法治国""依法执政""依法行政"到"坚持依法治国、依法执政、依法行政共同推进，坚持法治国家、法治政府、法治社会一体建设"的历史性转变；在法治建设方针上，实现从"有法可依、有法必依、执法必严、违法必究"到"全面推进科学立法、严格执法、公正司法、全民守法"的历史性转变。

二是社会主义法治体系加快建设，各个领域各个方面均取得历史性进展。法律规范体系更加完备，法治实施体系更加高效，法治监督体系日趋严密，法治保障体系更加有力，党内法规体系日益完善。

三是法治工作质效取得历史性突破，立执司守监各个环节均有重大进展。立法质量和效率显著提高，政府依法行政能力水平大幅提升，司法体制改革取得显著成效，法治社会建设迈出重大步伐，法治工作队伍建设明显加强，涉外法治工作显著加强，推动社会主义法治稳步迈向良法善治新境界。

四是法治保障能力实现历史性提升，人权和社会公平正义保障更为坚实。习近平法治思想坚持胸怀天下论法治、立足全局谋法治、着眼整体行法治，把法治贯穿于改革发展稳定、内政外交国防、治党治国治军，最大限度释放法治在国家治理中的强大效能。

五是法治中国建设的战略布局得到切实擘画和落实，全面依法治国总体格局基本形成。党的十九大明确提出，到 2035 年基本建成法治国家、法治政府、法治社会，中共中央先后印发《法治社会建设实施纲要（2020—2025年）》、《法治中国建设规划（2020—2025 年）》和《法治政府建设实施纲要（2021—2025 年）》，确立了新时代法治中国建设的路线图、时间表、任务书。其结果必然是以在法治轨道上全面建设社会主义现代化国家作为基本任务和目标愿景。

四、新时代党对法治的理论认识和实践探索过程

2012 年，党的十八大报告在之前历次大会上所提出依法治国方略的基础上，作出全面推进依法治国，加快建设社会主义法治国家的战略部署，强调要更加注重发挥法治在国家治理和社会管理中的重要作用；明确提出"科学立法、严格执法、公正司法、全民守法"的法治建设"新十六字方针"；明确提出到 2020 年法治建设五大阶段性目标任务，即依法治国基本方略全面落实，法治政府基本建成，司法公信力不断提高，人权得到切实尊重和保障，国家各项工作法治化；明确提出要"提高领导干部运用法治思维和法治方式深化改革、推动发展、化解矛盾、维护稳定能力"；重申"任何组织或者个人都不得有超越宪法和法律的特权，绝不允许以言代法、以权压法、徇私枉法"。由此拉开了全面推进依法治国的序幕。

2013 年，党的十八届三中全会通过《中共中央关于全面深化改革若干重大问题的决定》，将"完善和发展中国特色社会主义制度，推进国家治理体系和治理能力现代化"作为全面深化改革的总目标，第一次提出"推进法治中国建设"的伟大任务和崭新命题，并将之作为中国法治建设的最高目标，并提出"必须坚持依法治国、依法执政、依法行政共同推进，坚持法治国家、法治政府、法治社会一体建设。深化司法体制改革，加快建设公正高效权威的社会主义司法制度，维护人民权益，让人民群众在每一个司法案件中都感受到公平正义"。这些新理念连同数十项深化法治改革的实际举措，对打造中国法治模式、探明中国法治路径、开创中国法治建设的新局面意义深远。

2014 年，党的十八届四中全会通过《中共中央关于全面推进依法治国若干重大问题的决定》，科学系统地提出了全面推进依法治国的指导思想、基本原则、总目标、总抓手和基本任务、法治工作的基本格局，阐释了中国特色社会主义法治道路的核心要义，回答了党的领导与依法治国的关系等重大问题，制定了加快法治中国建设的总体方案，按下了全面依法治国的"快进键"。执政的共产党专门作出全面依法治国的政治决定，这在世界共运史上、中共党史上、中华人民共和国国史上，都是史无前例、彪炳千秋的第一次，在中国法治史上具有突出的里程碑意义。①

---

① 参见冯玉军：《中国法治的发展阶段和模式特征》，载《浙江大学学报（人文社会科学版）》2016年第 3 期。

2015 年，党的十八届五中全会面向全党第一次提出创新、协调、绿色、开放、共享的新发展理念，强调法治是发展的可靠保障，必须加快建设法治经济和法治社会，把经济社会发展纳入法治轨道，明确了到 2020 年全面建成小康社会时的法治中国建设的阶段性目标，为实现全面依法治国的总目标奠定了坚实基础。

2016 年，党的十八届六中全会专题研究全面从严治党问题，照应法治基本方略，提出思想建党和制度治党的核心主题，体现了依规治党与依法治国的结合，通过完善"四个全面"战略布局进一步深化了全面依法治国的战略地位和重要作用，进一步强化了全面从严治党对推进全面依法治国、建设法治中国的政治保障作用。

2017 年，党的十九大作出中国特色社会主义进入新时代、社会主要矛盾已经转化等重大战略判断，确立了习近平新时代中国特色社会主义思想的历史地位，深刻回答了新时代坚持和发展中国特色社会主义的一系列重大理论和实践问题。党的十九大报告在第六个大标题"健全人民当家作主制度体系，发展社会主义民主政治"下，前三个问题"坚持党的领导、人民当家作主、依法治国有机统一""加强人民当家作主制度保障""发挥社会主义协商民主重要作用"是社会主义法治建设的前提和基础，讲社会主义民主政治问题；第四个问题"深化依法治国实践"，讲社会主义法治是民主政治建设的体现和保障，并提出"全面依法治国是国家治理的一场深刻革命"重要论断，要求"成立中央全面依法治国领导小组，加强对法治中国建设的统一领导""加强宪法实施和监督，推进合宪性审查工作，维护宪法权威"，在对立法工作、司法体制改革、法治政府和法治文化建设予以创新论述的基础上，强调"任何组织和个人都不得有超越宪法法律的特权，绝不允许以言代法、以权压法、逐利违法、徇私枉法"。党的十九大报告指明了全面推进依法治国的战略发展方向。

2018 年 1 月，党的十九届二中全会审议通过了《中共中央关于修改宪法部分内容的建议》。2 月，党的十九届三中全会审议通过《中共中央关于深化党和国家机构改革的决定》，意图构建系统完备、科学规范、运行高效的党和国家机构职能体系，实现国家治理体系和治理能力现代化的要求。3月，十三届全国人大一次会议通过了新时代首部宪法修正案，确立了习近平新时代中国特色社会主义思想在国家政治和社会生活中的指导地位，调整充实了中国特色社会主义事业总体布局和第二个百年奋斗目标的内容，完善了依法治国和宪法实施举措，充实了坚持和加强中国共产党全面领导的内容，调整了国家主席任职方面的规定，增加了有关监察委员会的各项规定，实现了现行宪法的又一次与时俱进和完善发展。

2020 年 11 月召开的中央全面依法治国工作会议，正式确立了内涵丰富、论述深刻、逻辑严密、系统完备的习近平法治思想，用"十一个坚持"系统阐述了新时代推进全面依法治国的重要思想和战略部署，深入回答了我国社会主义法治建设一系列重大理论和实践问题，明确了习近平法治思想在全面依法治国工作中的指导地位，是全党全国人民为建设社会主义现代化法治强国、实现中华民族伟大复兴而奋斗的指导思想和行动指南。

2021 年 11 月，党的十九届六中全会召开，审议通过了《中共中央关于党的百年奋斗重大成就和历史经验的决议》。《决议》表明，共产党人从建党起就有清醒而明确的历史意识，正是在引领新民主主义革命、社会主义革命和建设、改革开放和社会主义现代化建设、新时代中国特色社会主义的实践的、进步的历史进程中，中国共产党和中国人民的政治自觉、革命意识、民族精神、国家意志、天下情怀，经过百年实践和理论积淀，形成了党的历史哲学和历史理论体系。《决议》总结出的十条宝贵的历史经验，对于把握全面依法治国的伟大实践有极其重要的启示作用：使我们更加深刻地认识到坚持和加强党对全面依法治国领导、坚持人民至上落实法治为民、坚持中国道路推进全面依法治国、坚持胸怀天下推进涉外法治建设的必然性和重要性。

在以往党的大会报告和全会决议基础上，党的二十大报告在立意谋篇上做了重大调整创新，将"加强人民当家作主制度保障""全面发展协商民主""积极发展基层民主""巩固和发展最广泛的爱国统一战线"统归于第六个大标题"发展全过程人民民主，保障人民当家作主"之中，政治概念、政治原理、政治模式熔于一炉，使社会主义民主政治的逻辑更严谨、理论更周延。第七个大标题"坚持全面依法治国，推进法治中国建设"全篇论述法治问题，这是建党以来在党的代表大会报告中首次将法治问题单列大标题，不仅标明法治建设的高度重要性，而且以其成熟的习近平法治思想和系统的法治实践创新为标志，在法治轨道上全面建设社会主义现代化国家。一是从政治意义上看，进一步宣示了我们党矢志不渝推进法治建设的坚定决心，彰显了我们党不仅是敢于革命、善于建设、勇于改革的政党，更是信仰法治、坚守法治、建设法治的政党，是我们党坚持全面依法治国的政治宣言。二是从理论意义上看，进一步丰富和发展了习近平法治思想，深化了对中国共产党依法执政规律、社会主义法治建设规律、人类社会法治文明发展规律的认识，是我们党推进法治中国建设的纲领性文献。三是从实践意义上看，进一步深化和拓展了新时代党和国家的战略布局，表明了将全面推进国家各方面工作法治化，是我们党治国理政的重要治理方式。

五、党的二十大总结提炼的重大创新法治命题

（一）在法治轨道上全面建设社会主义现代化国家

这一崭新命题讲清了全面依法治国与全面建设社会主义现代化国家的关系，习近平总书记指出："我们提出全面推进依法治国，坚定不移厉行法治，一个重要意图就是为子孙万代计、为长远发展谋。"① 更好发挥法治固根本、稳预期、利长远的保障作用，在法治轨道上全面建设社会主义现代化国家，实现中华民族伟大复兴的中国梦，是新时代中国特色社会主义法治建设的历史使命，也是习近平法治思想确立与发展的根本动力。必须坚持以习近平法治思想为指引，坚持全面依法治国，深入推进新时代法治中国建设。

法治兴则民族兴，法治强则国家强。中国特色社会主义进入新时代，意味着近代以来久经磨难的中华民族迎来了从站起来、富起来到强起来的伟大飞跃。党的二十大报告强调指出："从现在起，中国共产党的中心任务就是团结带领全国各族人民全面建成社会主义现代化强国、实现第二个百年奋斗目标，以中国式现代化全面推进中华民族伟大复兴。"中国式现代化的本质要求是："坚持中国共产党领导，坚持中国特色社会主义，实现高质量发展，发展全过程人民民主，丰富人民精神世界，实现全体人民共同富裕，促进人与自然和谐共生，推动构建人类命运共同体，创造人类文明新形态。"面对如此崇高而艰巨的使命任务，必须把全面依法治国摆在更加突出的位置，深刻认识在法治轨道上全面建设社会主义现代化国家的重大意义。

---

① 中共中央文献研究室编：《习近平关于全面依法治国论述摘编》，中央文献出版社 2015 年版，第 11-12 页。

第一，全面依法治国对党和国家事业发展和人民整体利益具有全局性意义。坚持把依法治国作为治国理政的基本方略、把法治作为基本方式，是我们党领导人民在革命、建设和改革实践探索中得出的重要结论和作出的重大抉择。无论是实现"两个一百年"奋斗目标，还是实现中华民族伟大复兴的中国梦，全面依法治国既是重要内容，又是重要保障。当前我们面临的新形势，要求把推进全面依法治国与中国共产党带领人民实现中华民族伟大复兴的崇高历史使命紧密结合起来、深度融合起来，把全面依法治国融入我们党进行伟大斗争、建设伟大工程、推进伟大事业、实现伟大梦想的历史洪流，成为实现中华民族站起来、富起来和强起来的法治守护神，成为统筹推进"五位一体"总体布局、协调推进"四个全面"战略布局的法治助推器，成为决胜全面建成小康社会、开启全面建设社会主义现代化国家新征程的法治定盘星。

第二，以中国式现代化全面推进中华民族伟大复兴，必须始终坚持法治方式和法治轨道。把党和国家工作纳入法治化轨道，坚持在法治轨道上整合资源、平衡利益、调节关系、规范行为、解决矛盾，充分发挥法治的引领、规范和保障作用，以深化依法治国实践检验法治建设成效，着力固根基、扬优势、补短板、强弱项，推动各方面制度更加成熟、更加定型，逐步实现国家治理制度化、程序化、规范化、法治化。① 具体到"五位一体"总体布局，就是要用法治思维和法治方式把"五位"整合为"一体"：要完整、准确、全面贯彻新发展理念，依法促进和保障社会主义市场经济改革和高水平对外开放，加快构建以国内大循环为主体、国内国际双循环相互促进的新发展格局；要始终坚持党的领导、人民当家作主、依法治国有机统一，依宪治国、依宪执政，发展全过程人民民主，坚定不移走中国特色社会主义法治道路；要大力提升文化法治和法治文化建设水平，推动社会主义核心价值观全面融入法治建设，增强实现中华民族伟大复兴的精神力量；要建设促进实现共同富裕的法律体系，依法增进民生福祉、健全公共卫生体系，维护人民群众在分配、就业、社会保障等方面的权益；要加快制定生态环境法典，依法推动绿色发展，促进人与自然和谐共生，建设美丽中国。

第三，以中国式现代化全面推进中华民族伟大复兴，必须更好发挥法治

---

① 参见中共中央宣传部、中央全面依法治国委员会办公室编：《习近平法治思想学习纲要》，人民出版社 2021 年版，第 63－64 页。

固根本、稳预期、利长远的保障作用。要充分发挥全面依法治国的抓手作用，深刻认识全面依法治国同其他三个"全面"的关系，努力做到"四个全面"相辅相成、相互促进、相得益彰。为党和国家事业发展提供根本性、全局性、长期性的制度支持。新时代的法治新征程中，我们要坚持以习近平法治思想为指引，完善和发展中国特色社会主义制度，建设更加科学完善的法治体系，提高运用国家制度体系治党治国治军的能力，努力建设更高水平的法治中国。

第四，应对重大挑战、抵御重大风险、克服重大阻力、解决重大矛盾，必须坚持提供社会主义法治体系的制度保障。当今世界正经历百年未有之大变局，国际形势复杂多变，改革发展稳定、内政外交国防、治党治国治军各方面任务之繁重前所未有，我们面临的风险挑战及其复杂性、艰巨性、不确定性非常突出。要打赢防范化解重大风险攻坚战，必须坚持和完善中国特色社会主义制度，运用制度威力应对风险挑战的冲击，保持权利与义务、权力与责任、激励和惩罚、实体与程序的平衡，从立法、执法、司法、普法、守法各环节全面发力，依法依规依程序办事，实现社会矛盾纠纷多元化解，为在法治轨道上全面建设社会主义现代化国家提供有力的制度保障。

（二）全面推进国家各方面工作法治化

实现国家工作法治化，是 21 世纪以来中国特色社会主义法治建设的一条主线。2007 年，党的十七大首次提出"实现国家各项工作法治化"的目标任务，并将其写入《中国共产党章程》。党的十八大以后，习近平总书记进一步强调全面推进依法治国，实现国家各项工作法治化。十几年来，党领导人民持续推进国家工作法治化，取得了显著成效。党的二十大发出"全面推进国家各方面工作法治化"的前进号令。这既是未来实现"中国特色社会主义法治体系更加完善"目标任务的应有之义，也是"坚持全面依法治国，推进法治中国建设"工作部署的预期成效和检验标准。

坚定不移全面推进国家各方面工作法治化的重要意义在于：

第一，是深刻总结国内外正反两方面经验得出的真理性结论。"文化大革命"结束后，保障人民民主、加强法制建设，实现有法可依、有法必依、执法必严、违法必究成为新时期法制建设的基本方针。[①] 邓小平同志提出：

---

① 参见冯玉军：《习近平法治思想确立的实践基础》，载《法学杂志》2021 年第 1 期。

"为了保障人民民主，必须加强法制。必须使民主制度化、法律化，使这种制度和法律不因领导人的改变而改变，不因领导人的看法和注意力的改变而改变。"① 1981 年 6 月召开的党的十一届六中全会通过了《关于建国以来党的若干历史问题的决议》，强调要"完善国家的宪法和法律并使之成为任何人都必须严格遵守的不可侵犯的力量，使社会主义法制成为维护人民权利，保障生产秩序、工作秩序、生活秩序，制裁犯罪行为，打击阶级敌人破坏活动的强大武器"。其后，以制定《刑法》、《刑事诉讼法》、《宪法》（1982 年）和《民法通则》等重要法律为标志，逐步实现国家治理的法律化、制度化。② 到 2011 年，中国特色社会主义法律体系宣告形成，国家经济建设、政治建设、文化建设、社会建设以及生态文明建设的各个方面实现有法可依。③ 在 40 多年来法治建设成果基础上，进一步提出全面推进国家各方面工作法治化，是打造法治中国 2.0 版的正确抉择。

第二，是在法治轨道上推进国家治理现代化的必然结果。以制度治党治国，是我们党长期以来不懈探索的重大课题。1980 年，邓小平同志指出："领导制度、组织制度问题更带有根本性、全局性、稳定性和长期性。这种制度问题，关系到党和国家是否改变颜色，必须引起全党的高度重视。"④ 1992 年，邓小平同志指出，"恐怕再有三十年的时间，我们才会在各方面形成一整套更加成熟、更加定型的制度"⑤。随后，党的十四大提出"到建党一百周年的时候，我们将在各方面形成一整套更加成熟更加定型的制度"。党的十五大、十六大、十七大都对制度建设提出明确要求。党的十九大对法治建设做了两个阶段战略安排，到 2035 年法治国家、法治政府、法治社会基本建成，各方面制度更加完善，国家治理体系和治理能力现代化基本实现；到 21 世纪中叶，实现国家治理体系和治理能力现代化。全面推进依法治国是一项庞大的系统工程，必须统筹兼顾、把握重点、整体谋划，在共同

① 邓小平：《邓小平文选》（第 2 卷），人民出版社 1994 年版，第 146 页。

② 参见冯玉军：《习近平法治思想确立的实践基础》，载《法学杂志》2021 年第 1 期。

③ 参见中华人民共和国国务院新闻办公室：《中国特色社会主义法律体系》，https://www.gov.cn/govweb/jrzg/2011 - 10/27/content_ 1979498. htm.

④ 邓小平：《邓小平文选》（第 2 卷），人民出版社 1994 年版，第 333 页。

⑤ 邓小平：《邓小平文选》（第 3 卷），人民出版社 1993 年版，第 372 页。

推进上着力，在一体建设上用劲。在新时代的法治实践中，在习近平法治思想的正确引领下，我们始终把法治建设放在党和国家工作大局中统筹推进、立足全局和长远考虑谋划，将全面依法治国贯彻到改革发展稳定、治党治国治军、内政外交国防等各个领域各个方面，坚持依法治国、依法执政、依法行政共同推进，坚持法治国家、法治政府、法治社会一体建设，并取得显著成效。不断完善的法治体系有利于促进和保障党和国家治理体制更加成熟更加定型，能为党和国家事业发展、为人民幸福安康、为社会和谐稳定提供一整套更完备、更稳定、更管用的制度体系。

第三，是坚定不移推进法治领域改革，为解决各方面问题提供法治化方案的紧迫要求。全面依法治国是国家治理的一场深刻革命，必然涉及各方面的重大利益，甚至触动某些部门和个人的"奶酪"。实践中，"一些党员、干部仍然存在人治思想和长官意识，认为依法办事条条框框多、束缚手脚，凡事都要自己说了算，根本不知道有法律存在，大搞以言代法、以权压法。这种现象不改变，依法治国就难以真正落实"①。解决法治领域的突出问题，根本途径在于改革。要把解决好人民群众急难愁盼问题和人民群众是否得到更多公平正义作为评价法治改革成效的标准。法治领域改革涉及的主要是公检法司等国家政权机关，社会关注度高，改革难度大。"各部门各方面一定要增强大局意识，自觉在大局下思考、在大局下行动，跳出部门框框，做到相互支持、相互配合。"② 不仅政法机关各部门，全面依法治国关涉的其他各系统、各部门、各地方、各单位，都要跳出"部门本位""地方本位""系统本位"等窠臼，在中央全面依法治国委员会的集中统一领导下，从党和国家工作大局和全局出发，破除一切束缚推进全面依法治国的体制机制障碍。提高运用法治思维和法治方式深化改革、推动发展、化解矛盾、维护稳定的能力，做到办事依法、遇事找法、解决问题用法、化解矛盾靠法，实现经济发展、政治清明、文化昌盛、社会公正、生态良好的善治局面。

"国家各方面工作法治化"命题内涵丰富、意义深刻。总体上是指把国家各方面工作纳入法治轨道，坚持以法治理念、法治思维、法治程序、法治方式、法治机制开展工作，坚持依法执政、依法立法、依法行政、依规依法

---

① 习近平：《加快建设社会主义法治国家》，载《求是》2015年第1期。
② 习近平：《加快建设社会主义法治国家》，载《求是》2015年第1期。

监察、依法公正司法，坚持法定职责必须为、法无授权不可为，在国家工作的各个方面各个环节都增强合宪性合法性、减少违法性违规性。具体而言，"国家各方面工作法治化"，意味着：第一，把国家改革、开放、发展、安全等具有全局性的各项工作，经济建设、政治建设、文化建设、社会建设、生态文明建设、国防军队建设等具有主干性的各项事业均纳入法治轨道，在法治轨道上全面建设社会主义现代化国家。第二，把政党治理、政府治理、军队治理、社会治理、经济治理、互联网治理、新兴科技治理、公共卫生治理、生态治理等国家治理工作纳入法治轨道。第三，把国家和地方的立法、执法、司法、普法等专门法治工作纳入法治轨道。第四，统筹推进国内法治和涉外法治，协调推进国内治理和国际治理，在法治轨道上推动国际关系和全球治理民主化、公正化、共赢化。①

（三）新时代立法工作的创新表述

法律是治国理政最大最重要的规矩。建设中国特色社会主义法治体系，必须坚持立法先行，发挥立法的引领和推动作用。

习近平总书记在庆祝全国人民代表大会成立 60 周年大会上对立法工作提出明确要求："形势在发展，时代在前进，法律体系必须随着时代和实践发展而不断发展。"② 要完善立法规划，突出立法重点，坚持立改废并举，提高立法科学化、民主化水平，提高法律的针对性、及时性、系统性。要完善立法工作机制和程序，扩大公众有序参与，充分听取各方面意见，使法律准确反映经济社会发展要求，更好协调利益关系，发挥立法的引领和推动作用。党的十九大报告关于立法工作强调"推进科学立法、民主立法、依法立法，以良法促进发展、保障善治"。党的二十大报告沿用了历次大会报告中的表述，以"完善以宪法为核心的中国特色社会主义法律体系"为标题深入阐明依宪执政和立法工作，创新表述并着重强调要"加强重点领域、新兴领域、涉外领域立法""统筹立改废释纂，增强立法系统性、整体性、协同性、时效性"，努力以良法促进发展、保障善治。党的二十大报告在总结新时代十年立法工作成就与经验的基础上，擘画了未来立法的目标任务和重点方向。

---

① 参见张文显：《全面推进国家各方面工作法治化》，载《法制与社会发展》2022 年第 6 期。
② 习近平：《在庆祝全国人民代表大会成立 60 周年大会上的讲话》，人民出版社 2014 年版，第 9 页。

第一，加强重点领域、新兴领域、涉外领域立法。服务国家发展战略，推进全面依法治国，需要我们进一步加强重点领域、新兴领域、涉外领域立法，不断完善以宪法为核心的中国特色社会主义法律体系。对此，习近平总书记做了细致入微的指示："要加强重点领域立法，及时反映党和国家事业发展要求、人民群众关切期待，对涉及全面深化改革、推动经济发展、完善社会治理、保障人民生活、维护国家安全的法律抓紧制订、及时修改。"[①]党的十八大以来，在以习近平同志为核心的党中央坚强领导下，立法工作稳步推进，立足实践加强重点领域、新兴领域和涉外领域立法，不断提高立法质量和效率，实现立法精细化、良善化和治理现代化，努力为改革发展稳定大局做好法治服务和保障，推动以宪法为核心的法律体系不断完善发展，并取得了丰硕成就。以全国人大及其常委会立法为例，在政治建设领域，制定了《监察法》《国家勋章和国家荣誉称号法》《国歌法》《英雄烈士保护法》等，健全保证宪法实施的法律制度；在经济建设领域，编纂出台《民法典》，制定了《外商投资法》《电子商务法》《旅游法》《资产评估法》《航道法》《环境保护税法》《烟叶税法》《船舶吨税法》《耕地占用税法》《车辆购置税法》《资源税法》等；在文化建设领域，制定了《公共文化服务保障法》《公共图书馆法》《电影产业促进法》；在社会建设领域，制定了《慈善法》《疫苗管理法》《中医药法》《反家庭暴力法》《特种设备安全法》等；在环境与生态建设领域，制定了《土壤污染防治法》等。

法经济学的研究表明，立法活动存在边际收益递减规律，即当立法数量增加到一定程度后，新增立法的成本会越来越高、效益将逐渐越少。更何况，在满足"有法可依"目标的初级阶段结束后，有待立法调整的多是改革开放留下来比较难处理的社会利益关系和各种新问题新挑战。习近平总书记指出，"要积极推进国家安全、科技创新、公共卫生、生物安全、生态文明、防范风险、涉外法治等重要领域立法，健全国家治理急需的法律制度、满足人民日益增长的美好生活需要必备的法律制度"[②]。这意味着：（1）从立法易到立法难，原来那种移植照搬发达国家立法和制度经验的做法无以为继，

---

① 习近平：《加快建设社会主义法治国家》，载《求是》2015 年第 1 期。

② 习近平：《坚定不移走中国特色社会主义法治道路 为全面建设社会主义现代化国家提供有力法治保障》，载《求是》2021 年第 5 期。

必须突出问题导向、解决实际问题，推进系统有效的治理创新，填补空白点、补强薄弱点。（2）从立法机关独立作战、偏重职能部门立法到多部门协同作战，注意中央和地方的事权平衡，多领域、多部门的综合协调立法。（3）过去立法围绕经济建设这个中心，偏重加快市场经济法律的制定，新时代立法不仅要综合考虑经济、政治、社会、文化、生态文明五大建设，而且要服务国家发展战略，进一步加强重点领域、新兴领域、涉外领域等立法。（4）充分运用大数据、云计算、人工智能等现代科技手段，实现立法的信息化、数字化、智能化、智慧化。① 现代科技手段在立法征求意见快速智能整理、立法社情民意智能整理、立法参考资料有效提供、法律法规辅助起草、法律法规草案初步审查、立法方案辅助优化选择、立法社会风险评估和立法后评估、规范性文件备案审查、规范性文件清理自动提示等场景得到全面运用。（5）立法是政治行为和政治进程，需要广泛的民主参与和社会监督，当前立法的公众社会参与还不是很高，立法公开的方式方法还需要再创新，进一步增加立法透明度和公众获得感。（6）在地方立法领域，需要认真看待经济市场化、国际化对地方立法供求的影响，深入研究高联互通社会发展与地方立法/政策创新的关系，加强对民生保障、文化/文明再造的地方立法引领，加大对生态环境保护的地方立法保障和生态立法协同等。

就习近平总书记提及的前述领域，国家立法机关已做了相当的努力：一是国家安全立法取得重大进展。先后制定《国家安全法》《网络安全法》等基础性、综合性法律；制定《反间谍法》《反恐怖主义法》《国家情报法》《国防交通法》《核安全法》《深海海底区域资源勘探开发法》《境外非政府组织境内活动管理法》等相关法律。2020—2021 年又相继制定出台《生物安全法》《出口管制法》《香港特别行政区维护国家安全法》《数据安全法》《个人信息保护法》等，填补了相关领域的立法空白，为维护国家安全提供了有力法治保障。二是科技创新立法更加完善。近年来，我国先后修改了《促进科技成果转化法》《专利法》《著作权法》，保护知识产权，促进科技创新；在《民法典》《药品管理法》《疫苗管理法》以及《刑法》等法律中，也特别注意鼓励创新、保护创新。针对数字经济、互联网金融、人工智能、大数

---

① 参见高绍林、张宜云：《人工智能在立法领域的应用与展望》，载《地方立法研究》2019 年第 1 期。

据、云计算等新业态新模式新问题，也正在抓紧补齐短板。三是公共卫生领域立法迎头赶上。先后制定修改《基本医疗卫生与健康促进法》《中医药法》《药品管理法》《疫苗管理法》等。制定修改《动物防疫法》《医师法》等，大大强化了公共卫生法治保障，《传染病防治法》《国境卫生检疫法》《进出境动植物检疫法》《突发事件应对法》《突发公共卫生事件应对法》等法律的修改和制定也都在推进中。四是生物安全立法补齐短板。2020 年全国人大常委会制定了《生物安全法》，确立了生物安全风险防控体制，明确了生物安全能力建设要求，梳理生物安全领域的八大风险点，规定了防范生物安全风险的十一项基本制度。同时也通过修改《畜牧法》《农产品质量安全法》，完善病原微生物实验室生物安全管理、外来物种入侵防范与治理等方面的制度规范。五是环境和生态文明立法成果丰硕，实现了各领域的法律覆盖。修改制定了《环境保护法》《大气污染防治法》《水污染防治法》《固体废物污染环境防治法》《土壤污染防治法》等，为打赢蓝天、碧水、净土保卫战，污染防治攻坚战，提供有力法治保障。还制定修改了《长江保护法》《环境保护税法》《资源税法》《森林法》《土地管理法》等一批相关法律。生态环境领域也是有条件有基础研究启动法典编纂的领域之一，通过法典化实现生态环境立法更高层次的体系化、系统化。六是防范风险的立法逐步制定。《突发事件应对法》是预防和减少突发事件发生，控制、减轻和消除突发事件引起的严重社会危害的基础性法律；《传染病防治法》用以防范公共卫生风险。七是涉外领域立法日益增多。先后制定了《外商投资法》《国际刑事司法协助法》《反外国制裁法》等。

　　第二，统筹立改废释纂，增强立法系统性、整体性、协同性、时效性。新时代十年的立法工作整体上呈现出数量多、分量重、节奏快、效果好的特点。而且随着我国法律体系的不断完善，为适应改革开放经济社会快速发展的新形势，我们坚持立改废释纂和决定并举，多种立法形式更广泛灵活地运用，确保重大改革于法有据。据权威机关统计，截至十三届全国人大常委会第三十四次会议闭幕，党的十八大以来，全国人大及其常委会新制定法律68 件，修改法律 234 件，通过有关法律问题和重大问题的决定 99 件，作出立法解释 9 件，现行有效法律 292 件。这组数据跟上一个十年比较，新制定的法律数量增加了 1/3，修改的法律数量增加了近 2 倍，通过有关法律问题和重大问题的决定增加了 1.5 倍。①

具体而言，当前我国各方面主要的、基本的法律都已经具备。但随着经济社会的发展，过去制定的法律中出现了一些不适应现实变化的情况，需要及时进行修改，以更好地发挥对现实生活的规范作用。除了制定新法之外，一是修改法律逐步成为立法工作的重要内容。根据修改法律的分量、比重，修法形式主要有全面修订、局部修改和统筹修改（指多部法律中涉及同类事项或同一事由而集中予以修改的"打包"修改）三大类，具体实施采取哪一种修改方式，还需要灵活把握。二是及时废止不适应社会新形势的法律，消除经济社会发展的制度障碍，方式包括在法律中设置废止条款，制定专门的法律或作出专门的决定废止法律等。三是通过法律解释明确法律规定的含义，促进法律正确、有效实施。四是通过授权允许先行先试，支持和推动相关领域改革。五是通过作出有关法律问题和重大问题的决定，确保贯彻落实党中央的重大决策部署。六是在《民法典》颁布之后，还可考虑在《刑法》《生态环境法》《行政程序法》《知识产权法》等领域适时开展法律编纂，保证法律规范体系的逻辑周延与效力融贯，推动法律规范法典化、法律制度系统化。七是适时开展法律清理，保证法律体系内部的和谐统一。

（四）决策制度体系和法治政府建设的创新表述

法治政府建设是全面依法治国的重点任务和主体工程。只有政府带头依法行政、依法办事，国家才能在法治轨道上有序发展。我们要深化行政执法体制改革，全面推进严格规范公正文明执法，强化行政执法监督机制和能力建设，全面提高法治政府建设水平。

第一，坚持科学决策、民主决策、依法决策，全面落实重大决策程序制度。这是涉及党依法执政和政府依法行政的重要问题。党的十八届四中全会通过的《中共中央关于全面推进依法治国若干重大问题的决定》强调："加强党对立法工作的领导，完善党对立法工作中重大问题决策的程序。凡立法涉及重大体制和重大政策调整的，必须报党中央讨论决定。党中央向全国人大提出宪法修改建议，依照宪法规定的程序进行宪法修改。"2021 年，中共中央、国务院印发的《法治政府建设实施纲要（2021—2025 年）》强调要

---

① 参见《中共中央宣传部举行新时代立法工作的成就与进展发布会》，https://news.cctv.com/2022/04/25/ ARTILAvDIMdJIXxh5a4Qi00R220425.shtml。

"健全行政决策制度体系，不断提升行政决策公信力和执行力"，提出"坚持科学决策、民主决策、依法决策，着力实现行政决策程序规定严格落实、决策质量和效率显著提高，切实避免因决策失误产生矛盾纠纷、引发社会风险、造成重大损失"，并从"强化依法决策意识""严格落实重大行政决策程序""加强行政决策执行和评估"三方面提出具体要求。

党的二十大报告作了提纲挈领的概括，要求"坚持科学决策、民主决策、依法决策，全面落实重大决策程序制度"。党的二十大报告做出的调整意味着这个问题不仅限于行政工作，在党委领导和立法、司法等领域照样存在决策问题，同样适用。具体来说，狭义理解是指党政领导和有关部门要强化依法决策意识，从实际出发，发扬民主，严格遵循法定权限和程序作出决策，确保决策内容符合法律法规规定。行政机关主要负责人作出重大决策前，应当听取合法性审查机构的意见，也要注重听取法律顾问、公职律师或者有关专家的意见。把遵守决策程序制度、做到依法决策作为对政府部门党组（党委）开展巡视巡察和对行政机关主要负责人开展考核督察、经济责任审计的重要内容，防止个人专断、搞"一言堂"。广义理解是指严格执行《重大行政决策程序暂行条例》，增强公众参与实效，提高专家论证质量，充分发挥风险评估功能，确保所有重大行政决策都严格履行合法性审查和集体讨论决定程序。涉及社会公众切身利益的重要规划、重大公共政策和措施、重大公共建设项目等，应当通过举办听证会等形式加大公众参与力度，深入开展风险评估，认真听取和反映利益相关群体的意见建议。建立健全决策过程记录和材料归档制度，推行重大行政决策事项年度目录公开制度。

第二，扎实推进依法行政。在所有的国家机关中，与群众关系最密切的是各级人民政府，国家的法律法规也需要各级政府来实施。政府的决策与执法活动是否符合法治精神和法治原则，不仅关系到依法治国、法治国家能否实现，更关系到社会的稳定和人民的幸福。因此，必须牢牢抓住这个关键，在规范政府权力的行使、防止权力滥用、明确权力价值取向上作出全面的法治安排，并确保有效落实。从这个意义上说，"法治政府建设是全面依法治国的重点任务和主体工程"，必须扎实推进依法行政。需要强调的是，相较于党的十九大报告"建设法治政府，推进依法行政，严格规范公正文明执法"的简短论述，党的二十大报告对《法治政府建设实施纲要（2021—2025

年)》做了新概括，且篇幅大为增加，要求"转变政府职能，优化政府职责体系和组织结构，推进机构、职能、权限、程序、责任法定化，提高行政效率和公信力。深化事业单位改革。深化行政执法体制改革，全面推进严格规范公正文明执法，加大关系群众切身利益的重点领域执法力度，完善行政执法程序，健全行政裁量基准。强化行政执法监督机制和能力建设，严格落实行政执法责任制和责任追究制度。完善基层综合执法体制机制"。

（五）新时代司法工作的创新表述

党的二十大报告强调指出，"公正司法是维护社会公平正义的最后一道防线"，强调要"严格公正司法"。党的二十大报告在延续十九大报告"深化司法体制综合配套改革，全面落实司法责任制，努力让人民群众在每一个司法案件中感受到公平正义"精神和《法治中国建设规划（2020—2025年)》相应提法的基础上，明确要求"规范司法权力运行，健全公安机关、检察机关、审判机关、司法行政机关各司其职、相互配合、相互制约的体制机制。强化对司法活动的制约监督，促进司法公正。加强检察机关法律监督工作。完善公益诉讼制度"。这显示出党和国家对司法工作的高度重视和司法改革成果的殷切期待。

（六）法治社会建设的创新表述

法治社会是构筑法治国家的基础，必须高度重视、重点建设。培育全体人民信仰法治、厉行法治，是一项长期基础性工程。自党的十八届四中全会以来，中央发布的关于法治建设的重要文件无一例外都包括加快建设法治社会问题。党中央为此还专门印发了《法治社会建设实施纲要（2020—2025年)》，确立了法治社会建设的路线图、时间表、任务书。党的十九大报告重点在于建设社会主义法治文化，树立宪法法律至上、法律面前人人平等的法治理念，加大全民普法力度。党的二十大报告对法治社会建设的判断更加深刻，建设内容的设计更加全面，建设目标更加明确，即"弘扬社会主义法治精神，传承中华优秀传统法律文化，引导全体人民做社会主义法治的忠实崇尚者、自觉遵守者、坚定捍卫者。建设覆盖城乡的现代公共法律服务体系，深入开展法治宣传教育，增强全民法治观念。推进多层次多领域依法治理，提升社会治理法治化水平。发挥领导干部示范带头作用，努力使尊法学法守法用法在全社会蔚然成风"。

六、中国法治现代化的一般特征与制度优势

在中国共产党的领导下走中国特色社会主义法治道路，在法治轨道上全面建设社会主义现代化国家，既要遵循世界法治现代化的普遍规律、共同特征，也要基于自己国情和文明传统，必须认真省察。党的二十大报告明确指出：第一，中国式现代化是人口规模巨大的现代化。我国十四亿多人口整体迈进现代化社会，规模超过现有发达国家人口的总和，艰巨性和复杂性前所未有，发展途径和推进方式也必然具有自己的特点。我们的法治建设要始终从国情出发想问题、作决策、办事情，既不好高骛远，也不因循守旧，保持历史耐心，坚持稳中求进、循序渐进、持续推进。第二，中国式现代化是全体人民共同富裕的现代化。共同富裕是中国特色社会主义的本质要求，也是一个长期的历史过程。我们坚持把实现人民对美好生活的向往作为现代化建设的出发点和落脚点，维护和促进社会公平正义，着力促进全体人民共同富裕，坚决防止两极分化。第三，中国式现代化是物质文明和精神文明相协调的现代化。物质富足、精神富有是社会主义现代化的根本要求。物质贫困不是社会主义，精神贫乏也不是社会主义。我们在不断厚植现代化的物质基础，夯实人民幸福生活的物质条件的同时，还要大力发展社会主义先进文化，加强理想信念教育，传承中华文明，促进物的全面丰富和人的全面发展。第四，中国式现代化是人与自然和谐共生的现代化。人与自然是生命共同体，无止境地向自然索取甚至破坏自然必然会遭到大自然的报复。我们要坚持可持续发展，依法保护自然和生态环境，坚定不移走生产发展、生活富裕、生态良好的文明发展道路，实现中华民族永续发展。第五，中国式现代化是走和平发展道路的现代化。我国不走一些国家通过战争、殖民、掠夺等方式实现现代化的老路，那种损人利己、充满血腥罪恶的老路给广大发展中国家人民带来深重苦难。我们坚持统筹推进国内法治和涉外法治，协调推进国内治理和国际治理，更好维护国家主权、安全、发展利益，坚决维护国家主权、尊严和核心利益，推动全球治理变革，推动构建人类命运共同体。

应该说，中国特色社会主义法治道路本质上就是指中国法治现代化之路。它是我们党带领中国人民在改革开放和建设社会主义法治国家实践中走出来的，符合中国国情和中国人民意愿，是能够更好地推动人的全面发展、

社会全面进步的法治发展新路。其一般特征和显著制度优势表现在以下八个方面：

（一）中国法治现代化，强调发挥党在法治建设中的领导作用，是中国共产党领导的法治现代化

对于发展中国家的现代化来说，强大的政党领导是现代化取得最终成功的关键。从实现方式看，中国法治现代化是在中国共产党的领导下逐步推进的。党在革命、建设、改革实践中发挥着统揽全局、协调各方的领导核心作用，实现了自上而下推动全面依法治国与自下而上的基层法治创新相结合。这既使得各种法治改革措施容易推行，加快实现法治建设目标，及时取得法治改革成果；又使得基层的实践创新与顶层设计相互促进，共同推动全面依法治国向纵深发展。从发挥作用看，党要发挥定向领航作用，即带领人民坚定不移走中国特色社会主义法治道路，确保法治现代化不犯方向性、颠覆性错误；发挥顶层规划作用，即研究制定法治现代化的大政方针、政策举措，确立法治现代化的总蓝图、路线图、施工图；发挥统筹协调作用，即统筹各种法治力量资源，破解法治现代化难点堵点痛点问题，推动法治现代化在爬坡过坎中胜利前进；发挥检视整改作用，即加强对法治建设的督导督察，及时发现短板、查找弱项，进行补偏救弊、追责问责。

（二）中国法治现代化，强调以人民为中心，是坚持人民主体地位与实现全过程人民民主的法治现代化

党的二十大报告指出："维护人民根本利益，增进民生福祉，不断实现发展为了人民、发展依靠人民、发展成果由人民共享，让现代化建设成果更多更公平惠及全体人民。"习近平总书记强调："要始终坚持以人民为中心，坚持法治为了人民、依靠人民、造福人民、保护人民，把体现人民利益、反映人民愿望、维护人民权益、增进人民福祉落实到法治体系建设全过程。"[①]在中国共产党的领导下，人民实现了当家作主，以法治方式治理国家，人民也在法治中自我管理。制度层面，必须健全人民当家作主制度体系，扩大人民有序政治参与，坚持和完善我国根本政治制度、基本政治制度、重要政治制度，拓展民主渠道，丰富民主形式，保证人民依法实行民主选举、民主协

---

① 习近平：《习近平著作选读》（第2卷），人民出版社2023年版，第569页。

商、民主决策、民主管理、民主监督，发挥人民群众的积极性、主动性、创造性，巩固和发展生动活泼、安定团结的政治局面。实践层面，要有效发挥群团组织的桥梁纽带作用，坚持走中国人权发展道路，推动人权事业全面发展。全面发展协商民主，推进协商民主广泛多层制度化发展，坚持和完善中国共产党领导的多党合作和政治协商制度，完善人民政协民主监督和委员联系界别群众制度机制。积极发展基层民主，健全基层党组织领导的基层群众自治机制，完善基层直接民主制度体系和工作体系。全心全意依靠工人阶级，维护职工合法权益。充分发挥好基层立法联系点制度作用，倾听民意、了解民情、汇聚民智、发扬民主，发展全过程人民民主，提升国家治理效能。

（三）中国法治现代化，强调对法治建设进行顶层设计和科学规划，是有组织有规划的法治现代化

由于有具备强大政治号召力、社会动员力、决策执行力的政党的正确领导，有中国化时代化的马克思主义思想的科学指引，中国式现代化不是自发演进型现代化，而是规划引领型现代化。从制度形成过程来看，中国特色社会主义法治是强调科学合理规划的建构型法治。西方国家的法治发展往往经历几十甚至几百年的漫长历史过程，常常是社会内部矛盾发展激化而被动调整的结果。而改革开放 40 多年我国社会主义法治建设的实践表明，我国的法治进程不是断裂的、自发的或者漫无目的的，而是连续的、有领导的、有计划的，有着顶层设计和科学规划，保证了法治建设在党和国家工作大局中积极稳妥地推进，统筹兼顾了法治国家、法治政府、法治社会建设的各项工作。习近平总书记指出："全面依法治国是一个系统工程，必须统筹兼顾、把握重点、整体谋划，更加注重系统性、整体性、协同性。"[①] 近年来，中共中央先后印发了《法治社会建设实施纲要（2020—2025 年）》《法治中国建设规划(2020—2025 年)》《法治政府建设实施纲要（2021—2025 年)》等一系列规划，明确了时间表、路线图、施工图。

（四）中国法治现代化，强调从实践中试错学习，是渐进发展的法治现代化

从制度运行看，中国特色社会主义法治道路体现了实践理性，是强调试

---

① 习近平：《习近平谈治国理政》（第 3 卷），外文出版社 2020 年版，第 285 页。

验学习、先易后难的渐进型法治。建设中国特色社会主义法治体系、建设社会主义法治国家，是一项复杂的系统工程，必然是一个历史的过程，不可能一蹴而就。将法治建设的目标落到实处，需要加强对具体实施方案的系统研究和设计，通过试验总结经验、完善制度，然后再行推广是很有必要的。过去 40 多年法治的发展过程实际上也是一个通过法律的试行、暂行、区域试点等办法抓住机遇、反复试验、不断学习、持续创新，进而不断完善社会主义法治体系的过程。这个过程保证了我们法治发展的稳定性和可预期性，提升了法治建设的实际质量。

（五）中国法治现代化，强调贯彻实现社会主义核心价值观和人类发展与解放目标，是价值目标高远的法治现代化

中国共产党是有着崇高目标的使命型政党，致力于为中国人民谋幸福，为中华民族谋复兴，为人类谋进步，为世界谋大同。党的二十大报告又为新时代中国式现代化提出了实现高质量发展、发展全过程人民民主、丰富人民精神世界、实现全体人民共同富裕、促进人与自然和谐共生、构建人类命运共同体等更广范围、更高层次的价值目标。这是对治国理政规律的深刻把握，也是对历史经验和人类发展未来的深刻总结。从价值内涵上看，中国法治现代化不仅把社会主义核心价值观要求融入法律规范、贯穿法治实践，使法律契合全体人民道德意愿、符合社会公序良俗，真正为人们所信仰、所遵守，实现良法善治；而且推动了法律价值标准不断由低阶向高阶跃升，包括从保护私有财产权到促进全体人民共同富裕，从保障选举民主到保障全过程人民民主，从保障人的物质性权益到保障人的精神性权益，从维护民族独立和国家主权到构建人类命运共同体。

（六）中国法治现代化，强调从古今中外制度文化中吸收有益法治资源，是博采众长的开放型法治现代化

习近平总书记指出，法治是人类文明的重要成果之一，法治的精髓和要旨对于各国国家治理和社会治理具有普遍意义。面对现代化、经济全球化、新技术革命的时代潮流，我们将在既有法治格局之下，既传承中华优秀传统法律文化，又学习借鉴世界上优秀法治文明成果，并在此基础上形成中国特色社会主义法治道路。这一道路以马克思主义为指导，既面向世界又立足中国，充分体现时代精神，适应社会主义现代化需要而不断发展出新成果，为

丰富人类法治文明贡献了中国智慧。

（七）中国法治现代化，强调创新发展、协调发展、绿色发展、开放发展、共享发展，是科技驱动的法治现代化

新中国成立以后，中国共产党把科学技术现代化纳入"四个现代化"之列，提出并实施科教兴国战略、人才强国战略、创新驱动发展战略，持续追赶世界经济发展和科技前进的步伐。党的十八大以来，中国法治建设坚持把制度优势和科技优势结合起来，加快法治领域现代科技应用，开辟法治建设新领域新赛道，塑造法治发展新动能新优势。在互联网司法、智慧警务、数字检察等领域，我国已居世界前列。党的二十大报告对加快建设教育强国、科技强国、人才强国作出了系统部署。实践中，法治运行网络化、法律信息数字化、法治业务的智能化正在开启崭新的法治图景。

（八）中国法治现代化，强调共商共建共享的全球治理观，是促进世界和平发展的法治现代化

在西方法治现代化进程中，一些西方国家曾热衷于搞法律殖民主义、霸权主义，将其法治价值观念、法律制度作为"普适价值""普适制度"强加于其他国家，强迫其他国家给予各种形式的"治外法权"。党的二十大报告指出："中国式现代化是走和平发展道路的现代化。我国不走一些国家通过战争、殖民、掠夺等方式实现现代化的老路，那种损人利己、充满血腥罪恶的老路给广大发展中国家人民带来深重苦难。"中国法治现代化坚决反对法律殖民主义、霸权主义，既不照搬照抄其他国家法律制度，也不强行输出本国法律制度，走的是与其他国家平等相待、文明互鉴、携手共进的共同现代化之路。中国法治现代化站在世界历史和全球视野的高度，借鉴吸收人类法治文明有益成果，深刻把握人类政治文明发展趋势，及时回应世界之变带来的全球法治问题，提出共商共建共享的全球治理观，推动构建人类命运共同体，为发展中国家法治现代化提供中国经验，为人类政治文明进步贡献中国智慧，为全球治理体系变革提供中国方案。

中国法治现代化的中国特色

陈柏峰[*]

现代化是指从不发达到发达的历史现象，在更广泛意义上也是人类文明形态的演变过程，泛指工业革命以来人类文明从传统到现代的深刻变迁，首先是经济方面，然后扩展到政治、社会等一切方面。在此基础上，现代化还是一种发展的战略目标。党的二十大报告指出："从现在起，中国共产党的中心任务就是团结带领全国各族人民全面建成社会主义现代化强国、实现第二个百年奋斗目标，以中国式现代化全面推进中华民族伟大复兴。"[①] 在新中国成立以来特别是改革开放以来长期探索和实践的基础上，在新时代，中国共产党成功推进和拓展了中国式现代化，破解了人类社会发展的诸多难题，取得了一系列伟大的历史性成就。"党领导人民成功走出中国式现代化道路，创造了人类文明新形态，拓展了发展中国家走向现代化的途径，给世界上那些既希望加快发展又希望保持自身独立性的国家和民族提供了全新选择。"[②]

中国式现代化蕴含着丰富的理论资源和战略价值，呈现出光明的发展前景，推动我国的物质文明、政治文明、精神文明、社会文明、生态文明协调发展。中国式现代化既有各国现代化的共同特征，更有基于中国国情的特

　* 本文原载于《法制与社会发展》2023年第2期，本文系国家社会科学基金重大项目"习近平法治思想的实践伟力及其创新机制研究"（22&ZD199）的中期成果。作者系中南财经政法大学法学院、国家治理学院教授。

　① 习近平：《高举中国特色社会主义伟大旗帜 为全面建设社会主义现代化国家而团结奋斗——在中国共产党第二十次全国代表大会上的报告》，人民出版社2022年版，第21页。

　② 《中共中央关于党的百年奋斗重大成就和历史经验的决议》，人民出版社2021年版，第64页。

色。党的二十大报告总结了中国式现代化建设的成功经验，系统提出了中国
式现代化理论，深刻概括了中国式现代化的中国特色。二十大报告虽未明确
使用"中国法治现代化"的概念和范畴，但在全面依法治国的战略部署中全
面贯彻了中国式现代化理论，系统提出了中国法治现代化的任务书、施工
图、路线图，清晰描绘了中华法治文明发展的愿景和蓝图，是构建人类法治
文明新形态的行动纲领。① 这内含了中国法治现代化理论。

中国法治现代化既是中国式现代化在法治领域的体现，内嵌于中国式现
代化进程；也是中国式现代化的"上层建筑"，为中国式现代化建设提供有
力的法治保障。因此，中国法治现代化呈现出中国式现代化的相应规定性的
中国特色。中国式现代化，是中国共产党领导的社会主义现代化，是人口规
模巨大的现代化，是全体人民共同富裕的现代化，是物质文明和精神文明相
协调的现代化，是人与自然和谐共生的现代化，是走和平发展道路的现代
化。② 与此相照应，中国法治现代化，是中国共产党领导的社会主义法治现
代化，是独立自主探索的法治现代化，是从中国国情出发的法治现代化，是
坚持全体人民共同富裕的法治现代化，是推动全面协调发展的法治现代化，
是促进和平发展的法治现代化。

一、中国共产党领导的社会主义法治现代化

中国式现代化是中国共产党领导的社会主义现代化。在新中国成立以来
特别是改革开放以来的长期探索和实践基础上，经过党的十八大以来在理论
和实践上的创新突破，中国共产党成功推进和拓展了中国式现代化。中国式
现代化道路，要求坚持中国共产党的领导，坚持中国特色社会主义。"中国
特色社会主义最本质的特征是中国共产党领导，中国特色社会主义制度的最
大优势是中国共产党领导，党是最高政治领导力量。"③ 党的领导是党和国
家的根本所在、命脉所在，是全国各族人民的利益所系、命运所系，是中国

---

① 参见黄文艺：《推进中国式法治现代化 构建人类法治文明新形态——对党的二十大报告的法治
要义阐释》，载《中国法学》2022 年第 6 期。

② 参见习近平：《高举中国特色社会主义伟大旗帜 为全面建设社会主义现代化国家而团结奋
斗——在中国共产党第二十次全国代表大会上的报告》，人民出版社 2022 年版，第 22-23 页。

③ 习近平：《增强推进党的政治建设的自觉性和坚定性》，载习近平：《论坚持党对一切工作的领
导》，中央文献出版社 2019 年版，第 253 页。

特色社会主义事业的政治方向、根本保证。没有党的领导，中国特色社会主义建设就是空中楼阁，就不会有中国式现代化道路的开创和发展，民族复兴必然沦为空想。

中国共产党的领导是中国式现代化道路开创和发展的最为关键的要素。世界各国现代化发展的历史表明，有效组织、积极有为的核心领导力量是实现经济赶超、社会发展、国家能力建设的关键性要素。尤其是对于广大的后发国家而言，由于国家缺乏有效的领导力量和社会控制能力，领导者陷入十分艰难的境地，不得不通过各种权谋甚至卑鄙手段来维持统治，而无暇顾及国家发展，国家和社会治理陷入一种"生存政治"的病态：政治领导人通过个人忠诚或卑鄙行径来控制国家，以保全领导力量的政治生命，却让国家难以进入理性行政模式，从而陷入恶性循环。[①] 与广大后发国家形成鲜明的对比，作为国家核心领导力量的中国共产党，构成了中国式现代化形成和发展的关键性要素。在中国式现代化的探索和发展过程中，中国始终面临波谲云诡的国际形势、敏感动态的周边环境、艰巨繁重的改革任务、复杂多变的安全环境，前进道路上面临许多问题和挑战，各种可以预见和难以预见的风险易发高发，一些风险如果得不到及时有效的控制，可能演变为全局性挑战。在这样的条件和背景下，正是因为有中国共产党的坚强领导，中国才能始终坚持中国特色社会主义建设目标不动摇，持续发挥中国特色社会主义制度的强大治理效能，有力促进中国特色社会主义事业发展，创造经济快速发展和社会长期稳定两大奇迹。

中国式现代化的开创和发展历程，充分彰显了中国共产党是领导中国特色社会主义事业的核心力量；充分彰显了中国共产党作为国家核心领导力量，具有凝聚社会共识、汇集远见卓识、进行社会组织、完成政治动员的强大领导能力；充分彰显了中国共产党不忘初心、牢记使命，始终保持奋发有为，坚持自我革命，以"赶考"的清醒和坚定把握历史机遇、迎接时代挑战的强大发展能力。"中国人民和中华民族之所以能够扭转近代以后的历史命运、取得今天的伟大成就，最根本的是有中国共产党的坚强领导。历史和现

---

① 参见米格代尔：《强社会与弱国家——第三世界的国家社会关系及国家能力》，江苏人民出版社2009年版，第216-237页。

实都证明，没有中国共产党，就没有新中国，就没有中华民族伟大复兴。"①中国式现代化的经验表明，在中国这样一个异常复杂的大国的国家治理体系大棋局中，必须有定于一尊、一锤定音的权威，这个权威就是党中央。在新时代，我们必须坚决维护习近平总书记党中央的核心、全党的核心地位，坚决维护党中央权威和集中统一领导，把党的领导落实到党和国家事业各领域各方面各环节，使党始终成为全体人民最可靠的主心骨，成为中国式现代化的领导者。

与中国式现代化的所有领域一样，中国法治现代化必然是中国共产党领导的法治现代化。党的领导是中国法治现代化的本质特征，是中国特色社会主义法治最根本的保证。坚持党的领导，是社会主义法治的根本要求，是全面推进依法治国的题中应有之义。"党的领导和社会主义法治是一致的，社会主义法治必须坚持党的领导，党的领导必须依靠社会主义法治。"②习近平总书记告诫全党："在坚持党对政法工作的领导这样的大是大非面前，一定要保持政治清醒和政治自觉，任何时候任何情况下都不能有丝毫动摇。"③党的领导是中国式现代化的"定海神针"，也是中国法治现代化的本质要求。党把全面依法治国确立为新时代坚持和发展中国特色社会主义的基本方略之一，是为了解决中国式现代化发展面临的一系列重大问题，是为了增强经济社会活力、促进社会公平正义、维护社会和谐稳定、确保党和国家长治久安、保障人民生活幸福安康。法治保障中国式现代化的事业不断发展，中国法治现代化不断推陈出新，根本的一条经验就是始终坚持中国共产党的领导。

党的十八大以来，党中央将全面依法治国纳入"四个全面"战略布局协调推进，从关系党和国家长治久安的战略高度来定位法治、布局法治、厉行法治。党的十八届四中全会第一次以中央全会形式专门研究全面依法治国。党的十九大提出到 2035 年基本建成法治国家、法治政府、法治社会，确立

---

①　《中共中央关于党的百年奋斗重大成就和历史经验的决议》，人民出版社 2021 年版，第 65 页。

②　习近平：《关于〈中共中央关于全面推进依法治国若干重大问题的决定〉的说明》，载习近平：《论坚持全面依法治国》，中央文献出版社 2020 年版，第 92 页。

③　习近平：《党的领导和社会主义法治是一致的》，载习近平：《论坚持全面依法治国》，中央文献出版社 2020 年版，第 42 页。

了新时代法治中国建设的路线图、时间表。2020 年 11 月召开了中央全面依法治国工作会议，第一次以党中央工作会议形式研究部署全面依法治国。党的二十大报告专章论述、专门部署"坚持全面依法治国，推进法治中国建设"，提出在法治轨道上全面建设社会主义现代化国家，全面推进国家各方面工作法治化。

在中国法治现代化进程中，党对全面依法治国的领导更加坚强有力，体现在全面依法治国的体制、机制和发展过程中。党的十九届三中全会决定组建中央全面依法治国委员会，作为党中央决策议事协调机构，负责全面依法治国的顶层设计、总体布局、统筹协调、整体推进、督促落实。在地方，依法治省（市、县）委员会相应全面设立。2019 年 1 月 13 日起施行的《中国共产党政法工作条例》，把长期以来党领导政法工作的成功经验制度化。党领导全面依法治国的制度和工作机制不断健全，党的领导贯彻到全面依法治国全过程和各方面的制度化持续推进，党的领导同人大、政府、政协、监察机关、审判机关、检察机关依法依章程履行职能实现有机统一，党领导立法、保证执法、支持司法、带头守法得以充分体现。

中国式现代化是社会主义现代化，中国法治现代化是社会主义法治现代化，必须坚持走中国特色社会主义法治道路。习近平总书记指出："中国特色社会主义法治道路，是社会主义法治建设成就和经验的集中体现，是建设社会主义法治国家的唯一正确道路。"① 中国特色社会主义法治道路，是中国法治现代化管总的方向。"具体讲我国法治建设的成就，大大小小可以列举出十几条、几十条，但归结起来就是开辟了中国特色社会主义法治道路这一条。"② 中国法治现代化绝不是西方资本主义法治现代化的翻版或变通，而是社会主义法治现代化。法治当中有政治，没有脱离政治的法治。"每一种法治形态背后都有一套政治理论，每一种法治模式当中都有一种政治逻辑，每一条法治道路底下都有一种政治立场。"③ 西方资本主义政治以资产

① 习近平：《关于〈中共中央关于全面推进依法治国若干重大问题的决定〉的说明》，载习近平：《论坚持全面依法治国》，中央文献出版社 2020 年版，第 93 页。

② 习近平：《加快建设社会主义法治国家》，载习近平：《论坚持全面依法治国》，中央文献出版社 2020 年版，第 105 页。

③ 中共中央文献研究室编：《习近平关于全面依法治国论述摘编》，中央文献出版社 2015 年版，第 34 页。

阶级为中心，服务于资产阶级的根本利益，这决定了西方法治现代化必然走资本主义法治现代化道路；以中国共产党的领导为本质特征的人民政治，坚持以人民为中心，服务于最大多数人的最根本利益，这决定了中国法治现代化必然是社会主义法治现代化，必须坚持走中国特色社会主义法治道路，而绝不可能走西方所谓"宪政""三权鼎立""司法独立"的路子。中国特色社会主义法治道路，是被实践证明了的符合中国国情、适合时代要求、符合社会主义法治发展规律的唯一正确法治道路，本质上是中国特色社会主义道路在法治领域的具体体现。

社会主义把人民放在最高位置。中国共产党百余年奋斗建设社会主义的历史，就是一部为了人民、依靠人民、造福人民的历史。"坚持一切为了人民、一切依靠人民，坚持为人民执政、靠人民执政，坚持发展为了人民、发展依靠人民、发展成果由人民共享"[①]。中国共产党领导的社会主义法治现代化，始终把人民立场作为根本政治立场，把人民利益摆在至高无上的地位，坚持以人民为中心，坚持人民主体地位，让法治现代化成为造福人民的社会主义事业。可以说，以人民为中心是中国法治现代化的根本价值[②]，是社会主义法治现代化的根本立场，也是中国特色社会主义法治区别于资本主义法治的根本所在。习近平总书记指出："全面依法治国最广泛、最深厚的基础是人民，必须坚持为了人民、依靠人民。要把体现人民利益、反映人民愿望、维护人民权益、增进人民福祉落实到全面依法治国各领域全过程。"[③]从而保证人民在党的领导下，依照宪法和法律规定，管理国家和社会事务，管理经济和文化事业，实现党的领导、人民当家作主、依法治国有机统一，坚持人民主体地位，充分体现人民意志，激发人民创造活力。在法治层面系统研究谋划和解决突出问题，积极回应人民群众的新要求新期待，充分保障人民权益，增强人民群众的获得感、幸福感、安全感，用法治保障人民安居乐业。

---

① 《中共中央关于党的百年奋斗重大成就和历史经验的决议》，人民出版社 2021 年版，第 66 页。

② 参见张文显：《论中国式法治现代化新道路》，载《中国法学》2022 年第 1 期；公丕祥：《中国式法治现代化新道路的内在逻辑》，载《法学》2021 年第 10 期。

③ 习近平：《以科学理论指导全面依法治国各项工作》，载习近平：《论坚持全面依法治国》，中央文献出版社 2020 年版，第 2 页。

社会主义以人民民主为政治文明底色。"人民民主是社会主义的生命。没有民主就没有社会主义，就没有社会主义的现代化，就没有中华民族伟大复兴。"① 民主是法治的前提和底色，社会主义法治以社会主义民主为基础。党的十八大以来，习近平总书记不断深化对社会主义民主政治发展规律的认识，提出全过程人民民主重大理念。党的二十大报告从加强人民当家作主制度保障、全面发展协商民主、积极发展基层民主、巩固和发展最广泛的爱国统一战线等四个方面对"发展全过程人民民主，保障人民当家作主"作出了部署。② 全过程人民民主是全链条、全方位、全覆盖的民主，是最广泛、最真实、最管用的社会主义民主。全过程人民民主有力推进了社会主义民主现代化进程，同时牵引着中国法治现代化进程。③ "人民代表大会制度是实现我国全过程人民民主的重要制度载体。"④ 我国宪法规定了人民代表大会制度的根本内容，为发展全过程人民民主提供了重要制度载体。因此，发展全过程人民民主，必然要求全面贯彻实施宪法，维护宪法权威和尊严；加快完善中国特色社会主义法律体系，以良法促进发展、保障善治；用好宪法赋予人大的监督权，实行正确监督、有效监督、依法监督。全过程人民民主是中国法治现代化的一项重要内容，要把宪法原则和法治要求落实到全过程人民民主的各环节、各方面，确保全过程人民民主依法有序运行，在法治轨道上推进人民当家作主、发展协商民主、践行基层民主、巩固统一战线。

社会主义把平等作为核心价值追求。平等是社会主义的本质要求，社会主义制度为实现平等奠定了制度基础，提供了有利条件。在同资本主义竞争的历史进程中，社会主义高举平等的旗帜，将平等作为社会主义的内在价值目标和核心价值追求。"平等是社会主义法律的基本属性，是社会主义法治的基本要求。"⑤ 中国共产党领导的社会主义法治现代化，坚持走中国特色

①　习近平：《在庆祝全国人民代表大会成立六十周年大会上的讲话》，载习近平：《论坚持全面依法治国》，中央文献出版社 2020 年版，第 71 页。

②　参见习近平：《高举中国特色社会主义伟大旗帜　为全面建设社会主义现代化国家而团结奋斗——在中国共产党第二十次全国代表大会上的报告》，人民出版社 2022 年版，第 37-39 页。

③　参见张文显：《论中国式法治现代化新道路》，载《中国法学》2022 年第 1 期。

④　习近平：《坚持和完善人民代表大会制度，不断发展全过程人民民主》，载习近平：《论坚持人民当家作主》，中央文献出版社 2021 年版，第 337 页。

⑤　习近平：《加快建设社会主义法治国家》，载习近平：《论坚持全面依法治国》，中央文献出版社 2020 年版，第 108 页。

社会主义法治道路，必然坚持法律面前人人平等。第一，这充分彰显了中国特色社会主义制度的优越性，使人民在依法治国中的主体地位得到尊重和保障。第二，这鲜明地要求反对法外特权，反对以言代法、以权压法、徇私枉法，这对掌握公权力的"关键少数"形成有效制约。第三，这鲜明地要求尊重宪法和法律权威，任何组织和个人都必须在宪法和法律范围内活动，依法行使权力或权利，履行职责或义务，这有利于培育全社会树立办事依法、遇事找法、解决问题用法、化解矛盾靠法的法治思维。中国共产党领导的社会主义法治现代化，追求平等的核心价值。一方面，要求违法必究，一切违反宪法和法律的行为都必须予以追究。不管什么人，不管涉及谁，只要违反法律就要依法追究责任。另一方面，要求反对歧视，即要求无差别对待。只要是正当权益诉求，就应当在法律上得到平等对待；只要是合法权益，就应当依法得到平等保护；同时，对弱势群体的合法权益，应当进行倾斜性法律保护。我国宪法和法律关于平等权的一系列规定，在法治现代化进程中应予以完全实现。

二、独立自主探索的法治现代化

中国式现代化是独立自主探索的现代化，独立自主是中国共产党领导的中国式现代化的基本特征。"独立自主是中华民族精神之魂，是我们立党立国的重要原则。走自己的路，是党百年奋斗得出的历史结论。"[①] 中国共产党历来坚持独立自主，坚持中国的事情必须由中国人民自己作主张，反对依赖外部力量、照搬外国模式，坚决不做他国的附庸，独立自主开展中国式现代化建设。中国共产党及其领导的国家政权，始终坚持人民至上，坚持为人民执政、为人民用权、为人民谋利益，从来不代表任何利益集团、任何权势团体、任何特权阶层的利益。习近平总书记告诫全党："党的高级干部有相当的领导权、决策权、指挥权，如果立场不稳、'三观'不正、自律不严，很容易在政治上、政策上走偏，不知不觉甚至心甘情愿地成为各种利益集团、权势团体、特权阶层的代言人，那后果是十分严重的！"[②]

国家自主性是现代化发展进程中的一个关键变量。国家具有自主性意味

---

① 《中共中央关于党的百年奋斗重大成就和历史经验的决议》，人民出版社 2021 年版，第 67 页。
② 习近平：《更好把握和运用党的百年奋斗历史经验》，载《求是》2022 年第 13 期。

着，国家作为拥有对一定疆域和人口的控制权的机构，会确立并追求一些不受社会集团、阶级或整个社会影响的目标。恩格斯指出，"国家是社会在一定发展阶段上的产物"，是"从社会中产生但又自居于社会之上并且日益同社会相异化的力量"①。这划清了国家与社会的界限，阐述了国家相对于社会的独立性。二战结束以后，"回归国家学派"正式确立了国家自主性理论，将国家视为独立的行动者，发掘国家对于经济社会发展的重要作用。斯考切波认为，行政组织和强制组织构成国家权力的基础，它们具有摆脱支配阶级直接控制的潜在自主性；而国家实际上具有的自主性程度以及产生的影响会因具体的场景而有所不同。②米格代尔则认为，不应割裂国家与社会的关系，提出"社会中的国家"，强调国家和社会"相互改变"与"相互构成"的关系，指出为了巩固自主性，国家需要加强社会控制，建立相对于社会势力和外部势力的国家自主性，按照国家自身的偏好行事，制定能重塑、忽略或绕开即使是最强大的社会势力偏好的政策，并不受干扰地执行政策。③

后发国家的自主性，要放到现代世界体系中才能得到准确理解。现代世界体系包括经济、政治、文化三个维度，经济体系是其基本维度。它源于16世纪以后欧洲经济体系的重要分化。在西欧，工业革命之后，现代工业体系得以建立，以自由雇佣劳动为基础的资本主义经济关系逐渐确立；而在东欧，资本主义经济关系未能建立，以农业为主的封建主义经济结构反而得以强化；地中海沿岸国家则介于西欧与东欧之间。这样，在差异化、互补性的基础上，建立在劳动分工、经济贸易基础上的一体化的欧洲经济体系得以形成。此后，这一体系不断扩张，将美洲、非洲、亚洲等世界各地纳入其中，最终形成了今天的全球化世界经济体系。"一体化"和"不平等"是世界经济体系的重要特征，其中存在"中心-半边缘-边缘"的结构，欧美发达国家处于"中心"，一些中等发达国家处于"半边缘"，东欧和广大亚非拉后

① 恩格斯：《家庭、私有制和国家的起源》，载马克思、恩格斯：《马克思恩格斯文集》（第4卷），人民出版社2009年版，第189页。

② 参见斯考切波：《国家与社会革命——对法国、俄国和中国的比较分析》，上海人民出版社2007年版，第30页。

③ 参见米格代尔：《强社会与弱国家——第三世界的国家社会关系及国家能力》，江苏人民出版社2009年版，第20页。

发国家处于"边缘"。①"中心"拥有显著的经济优势，通过各种方式对"边缘"进行经济剥削，不断强化优越地位；"边缘"要向"中心"迈进则困难重重。同时，世界经济体系中的"中心"与"边缘"关系，决定了政治体系和文化体系中的"中心"与"边缘"关系。世界体系理论与毛泽东同志提出的"三个世界"划分理论②，有诸多相通之处。

二战结束以后，非西方国家追求现代化的经验表明，在西方发达国家已经实现现代化并主导世界经济和政治的现代世界体系中，后发国家追求现代化，力图实现经济社会快速发展，保持国家自主性，是一件颇具挑战性的事情，鲜有国家拥有自主性并实现独立的现代化发展。在现有的现代世界体系中，一个国家要实现现代化发展，必须发展独立自主的工业体系。工业企业的建立和发展离不开人才、资本、技术、生产设备、供应链、市场等重要要素，而后发国家在这些方面都面临难题。由于文化教育水平不高，后发国家缺少管理人才和技术人才，甚至劳动力素质也跟不上；而"中心"国家可以在世界范围内招揽优秀人才，这进一步加剧了后发国家的人才匮乏问题。"中心"国家的资本已经占领了全球市场，控制了供应链，拥有技术优势；后发国家缺少资本，难以融资，缺乏技术，缺少优质生产设备，难以建立自己的供应链。"中心"国家经济发达，将全球主要地区纳入了经济体系，并促使这些地区成为其产品的市场；当后发国家的工业企业寻找市场时，不但面临发达国家工业产品的市场竞争，还局限在狭小的本国市场内。

在这些困难面前，为了获取资本、技术、生产设备、供应链、市场资源等，后发国家往往要付出丧失国家自主性的代价，在不平等的现代世界体系中追求现代化发展，其从属性依附地位就是其不发达的原因所在。③"中心"国家提供资本、技术、设备等，往往附有限制"边缘"国家自主性的诸种条件；而且，"中心"国家为了维持垄断利益，往往限制高端的技术、设备向"边缘"国家出口。如果为了追求国家自主性，选择与"中心"国家脱钩，

---

① 参见沃勒斯坦：《现代世界体系》（第1卷），高等教育出版社1998年版，第462–465页。

② 参见毛泽东：《关于三个世界划分问题》，载中共中央文献研究室编：《毛泽东文集》（第8卷），人民出版社1999年版，第441–442页。

③ 参见弗兰克：《依附性积累与不发达》，译林出版社1999年版，第2页。

"边缘"国家又会陷入发展停滞的困境。这些问题在 20 世纪导致了七八十年代的"拉美陷阱",以及 90 年代东欧国家在经济转型过程中采用"休克疗法"。与广大第三世界国家形成鲜明的对比,中国式现代化不仅保持了中国的主权独立性和国家自主性,而且实现了经济快速发展和社会长期稳定两大奇迹。在社会主义革命和建设时期,党领导人民实现了从新民主主义到社会主义的转变,在一穷二白的基础上建立起独立的比较完整的工业体系和国民经济体系,有效维护了国家主权和安全,社会主义建设事业迈出了坚实步伐。在改革开放和社会主义现代化建设新时期,党带领人民继续探索中国建设社会主义的正确道路,不断解放和发展社会生产力,为社会主义现代化建设提供了快速发展的物质条件。党的十八大以来,中国特色社会主义进入新时代,中华民族迎来了从站起来、富起来到强起来的伟大飞跃,开启了全面建设社会主义现代化国家新征程。

在中国式现代化进程中,中国共产党建立了强大政党机器,形成了至高的权威,通过党政体制促进国家机器有效运转,实现了高效的社会组织和动员,形成了国家对社会的深入渗透,彻底改变了中国社会形态,重塑了人民思想观念,塑造了国家自主性。正是在保持国家自主性的背景下,伴随中国式现代化进程,中国法治现代化得以自主展开。这种自主性体现在对外和对内两个方面。对外方面,从中国国家利益出发,遵循独立自主的对外政策,维护中国的独立和主权,坚决不做他国的附庸,保持对外国势力的独立性;在涉及民族利益和国家主权的问题上,不屈服于任何外来压力;在国际关系中,从国家和人民的根本利益出发,采取独立自主的立场和政策。对内方面,中国共产党坚持为人民执政、为人民用权,始终站稳人民利益立场,国家政权机构和官员相对于社会势力保持独立性,不充当任何社会势力、利益集团、特权群体的代言人。在此背景和基础上,在新民主主义革命时期,党领导人民开探中国法治现代化道路;在社会主义革命和建设时期,党领导人民开辟中国法治现代化道路;在改革开放和社会主义现代化建设新时期,党领导人民开拓中国法治现代化道路;在中国特色社会主义新时代,党领导人民开创中国法治现代化新道路。①

---

①　参见张文显:《论中国式法治现代化新道路》,载《中国法学》2022 年第 1 期;公丕祥:《中国式法治现代化新道路的演进历程》,载《学术界》2022 年第 4 期。

中国法治现代化独立自主展开的外部环境和内在基础，与第三世界国家形成鲜明对比。中国有健康的政治运作体制，对法治工作队伍有严格的约束，始终坚持以人民为中心，国家法律在社会规范面前保持优势地位。中国法治现代化进程，避免了第三世界国家普遍存在的问题。内部治理方面，由于执政党机器强大有力，避免了第三世界国家的"生存政治"；由于社会势力在革命中全部被打垮，避免了社会势力俘获执法者的普遍情形；由于人民利益观念深入行政体系内部，避免了执法者滥用自由裁量权的普遍情形；由于社会革命彻底，旧时代的法律和社会规范缺乏生命力，避免了规范多元、法律失效的普遍现象。① 对外关系方面，由于坚持独立自主，虽然注重学习和借鉴西方法律制度和法治理论，但始终坚持从中国国情出发，以解决中国问题为目标开展法治建设，拒绝西方法律制度的直接输入，避免了简单移植照搬西方法律制度的情形；法学教育和法治人才培养始终坚持自主性，坚持建设忠于党、忠于国家和忠于人民的法治工作队伍，避免了法治工作队伍秉持西方法治意识形态的情形。

三、从中国国情出发的法治现代化

中国共产党在带领中国人民建设社会主义事业的百余年奋斗历程中，始终坚持从中国国情出发，探索并形成符合中国实际的正确道路。"脚踏中华大地，传承中华文明，走符合中国国情的正确道路，党和人民就具有无比广阔的舞台，具有无比深厚的历史底蕴，具有无比强大的前进定力。"② 从中国国情出发的现代化，既不走封闭僵化的老路，也不走改旗易帜的邪路，而是坚定不移地走中国特色社会主义道路。从中国国情出发的法治现代化，就是要坚持走中国特色社会主义法治道路。中国特色社会主义法治道路，符合中国实际，具有实践特色、时代特色，拥有中华法治文明的底色，体现当代中国法治发展的规律。从中国国情出发的法治现代化，走中国特色社会主义法治道路，必须坚持中国特色社会主义制度。中国特色社会主义制度是"在中国的社会土壤中生长起来的，是经过革命、建设、改革长期实践形成的，

---

① 参见陈柏峰：《基层执法能力建设的中国经验——以第三世界国家为参照》，载《法学评论》2023 年第 2 期。

② 《中共中央关于党的百年奋斗重大成就和历史经验的决议》，人民出版社 2021 年版，第 68 页。

是马克思主义基本原理同中国具体实际相结合的产物"①。

国情是现代化发展的基本出发点，成功的法治现代化，必须根据自己国家的实际情况找到符合国情的发展道路。毛泽东同志在革命时期就指出："中国社会的性质，亦即中国的特殊的国情，这是解决中国一切革命问题的最基本的根据。"② 革命是这样，现代化也是这样，中国法治现代化更是这样。中国法治现代化坚持从中国国情出发的法治现代化战略，基于本国国情探索创新法治现代化动力机制，坚持前瞻性思考、全局性谋划、整体性推进，科学作出全面依法治国的顶层设计，精准制定其路线图、施工图，超越了西方法治发展理论和实践，拓展了发展中国家迈向法治现代化的新路径。中国是世界上历史传统悠久、国土疆域广袤、人口规模巨大、民族多元一体的国家之一，是世界上规模最大的发展中国家，城乡之间、地区之间、民族之间发展不平衡，几乎是世界上国情最为复杂的国家。因此，中国追求法治现代化的道路，不可能照搬书本上的现成理论，也不能照搬外国经验，只能从中国国情出发进行自主探索，走出一条中国法治现代化道路。我国的基本国情，会对我国法律制度安排和法治发展带来不可忽略的影响和制约。

第一，人口规模巨大。中国有 14 亿多人口，人口规模超过现有发达国家人口规模的总和。如此人口规模的现代化，其艰巨性和复杂性前所未有，超过任何一个发达国家的现代化。人口规模巨大，意味着中国式现代化可以享有"人口红利"，这成为改革开放后中国经济社会发展的重要支撑；但现在"人口红利"正在逐渐消退，规模巨大的老龄化人口对未来发展带来挑战。党的二十大报告突出强调实施科教兴国战略，加快建设教育强国、科技强国、人才强国，夯实现代化建设的人才支撑，把教育、科技和人才放在前所未有的高度，这与我国人口规模及结构变化的新特点息息相关。

人口规模巨大，必然导致资源相对匮乏和紧张。虽然随着中国式现代化进程的展开，中国正在从人均资源匮乏走向人均资源丰裕，但相对于规模巨大的人口而言，生存和发展资源仍然十分紧张，中国社会仍然是个"拥挤的

---

① 习近平：《坚持和完善中国特色社会主义制度、推进国家治理体系和治理能力现代化》，载习近平：《习近平谈治国理政》（第 3 卷），外文出版社 2020 年版，第 119 页。

② 毛泽东：《中国革命和中国共产党》，载毛泽东：《毛泽东选集》（第 2 卷），人民出版社 1991 年版，第 646 页。

社会"。面对这样的社会问题，法律制度安排不能不有所回应，权利的界定必须与社会性质和社会环境相适应。在人均资源匮乏和拥挤的社会，人们好比共处于一辆行驶中的密闭电车内，相互之间的推搡、触碰都在所难免，因此权利的界定很难像西方那样绝对，权利的相互性表现得非常突出。不同的权利之间呈现出共生样态，权利界定得明确可以保护权利人，但也容易造成权利人与他人发生权益冲突，明确界定的权利容易导致"反公地悲剧"：资源有限，权利拥有者却很多，每个权利人都可以为其他人使用资源设置障碍，又都无法完全排除其他权利人的干扰，最终，由于权利和控制过于零散，资源难以实现有效整合而被迫闲置。① 因此，在拥挤的社会中，权利往往具有不完全明确性，不同主体之间的权利存在模糊地带，而明确界定所有的权利未必有利于社会的稳定发展。

人们的社会行为需要着眼于长期生活互动，而不是事事争取权利。传统中国的社会秩序是以"不确定的权利"为基础的，人们如同在"拥挤的电车"中相处，需要摸索谋求均衡点②，社会空间中则缺乏制度化的装置来确定人们的利益归属。今天，虽然情况已经发生很大改变，但上述情形仍然普遍存在。人们仍然像传统中国人一样，在讼争中要维持的是"情理"，即"常识性的正义衡平感觉"③。人们不把争议的标的孤立起来看，而将对立的双方甚至周围的各种社会关系加以总体全面的考察，强调忍让的生活伦理。在纠纷解决中，法律制度仍然强调谅解，司法制度也提倡对立的双方和解，强调调解制度在纠纷解决体系中的重要作用。中共中央印发的《法治中国建设规划（2020—2025 年）》提出，坚持和发展新时代"枫桥经验"，充分发挥人民调解的第一道防线作用，完善人民调解、行政调解、司法调解联动工作体系，整合基层矛盾纠纷化解资源和力量，充分发挥非诉纠纷解决机制作用。

第二，国土疆域广袤辽阔。在疆域辽阔的大国，中央和地方的关系就会

---

① 参见陈柏峰、林辉煌：《农田水利的"反公地悲剧"研究——以湖北高阳镇为例》，载《人文杂志》2011 年第 6 期。

② 参见寺田浩明：《权利与冤抑：寺田浩明中国法史论集》，清华大学出版社 2012 年版，第 414 - 418 页。

③ 滋贺秀三：《中国法文化的考察——以诉讼的形态为素材》，载滋贺秀三、寺田浩明、岸本美绪、夫马进著，王亚新、梁治平编：《明清时期的民事审判与民间契约》，法律出版社 1998 年版，第 13 页。

是宪制维度的重要问题。① 小国虽然也有中央与地方的关系问题，但面临的问题相对容易，解决难度相对较小。大国的区域发展不平衡，城乡关系、内地与沿海的差异等问题，都会加大中央与地方关系的处理难度。自古以来，中国形成了持续且显著的"大一统"特点。"疆域辽阔，人口众多，可谓'大'；政令制度标准尽可能统一，即为'一'；协调兼容种种利益分歧，是为'统'。这既是这片疆域的产物，也是对这片疆域的回应。"② 在中国的历史长河中，中央与地方的关系十分敏感，处理不好可能导致颠覆性的后果。新中国成立后，毛泽东等党和国家领导人将中央与地方的关系置于十分重要的位置，在《宪法》中对其进行了规定。③

在大国，中央与地方的关系很容易"一放就乱，一收就死"，从而在放权与控制之间摇摆。如果中央缺乏对地方的控制力，地方势力缺乏约束，可能构成对中央权威的挑战，国家的统一性面临挑战；如果中央对地方的控制太强，地方的积极性不能充分发挥，社会就会缺乏活力。正确处理中央与地方的关系，就要调动中央和地方"两个积极性"，这对国家制度和治理体系提出了要求。在法治层面，既要实现中央与地方关系的法治化，维护法治的统一性，又要考虑到地方的实际情况，照顾地方的特殊性；既要保证实现统一的规则之治，反对主观性、随意性和各自为政，又要针对辽阔的地理疆域、庞大的人口规模、复杂的行政层级、各地的不同情况，而有符合实际的不同对待和特殊考量。

国土疆域辽阔、人口规模巨大，还会带来地方文化差异的问题，带来相关的民族、宗教、语言和风俗等方面的问题。在中国，中华民族多元一体，地方文化的多样性是国家和民族的宝贵财富。与此同时，地方文化的多样性又会对法治提出特殊的要求和挑战，对法治的统一性提出考验。全国性的法律在边疆和民族地区施行时必然遇到不同的民族、宗教背景和风俗习惯等特殊问题，法治战略的实施就必须考虑这些特殊问题。尤其是在边疆地区，在多民族杂居格局下，社会文化方面呈现出多样性和交融性，这对法律制度安

---

① 参见苏力：《大国宪制——历史中国的制度构成》，北京大学出版社 2018 年版，第 228 页。

② 苏力：《大国与大一统，以及帝国》，载《开放时代》2023 年第 1 期。

③ 参见毛泽东：《论十大关系》，载中共中央文献研究室编：《毛泽东文集》（第 7 卷），人民出版社 1999 年版，第 31-33 页。

排和法治实践都构成挑战。各不相同的民族文化、日常生活规范，可能与法律发生冲突。有效的法治秩序，必须保证法律的统一实施，同时又不能以伤害民族文化、群众情感为代价。应对法治统一性与地区特殊性之间的矛盾，深刻体现大国法治的复杂性。

第三，发展迅猛但不平衡性突出。新中国成立后，尤其是改革开放以来，中国经济高速增长，社会快速发展，是世界历史上发展最为迅猛的国家之一。快速发展的中国式现代化，初步完成了西方国家两三百年现代化进程的任务；因此，中国式现代化是时空压缩的现代化，现代化进程中的历时性问题会共时性存在，体现为发展的不平衡性以及社会效应的不平衡性。发展迅猛使中国发生了巨大的转型，大转型社会的法治建设与变迁缓慢社会的法治建设，会有很大的不同。中国的现代化转型，既包括经济体制的转变，即向社会主义市场经济的迈进；也包括社会性质的转型，即从乡村向城市、从农业社会向工业社会和信息社会、从地方社会向全球性社会的转型；还包括人的生存状态的变化，如人的行为方式、心理特征、情感体验、价值体系的变化。

这些变化会对法治提出新的要求。伴随着现代化转型，地方性的风俗习惯、生活规范体系趋于瓦解，人们逐渐从地方性的各种制约中解放出来，迫切需要全国性的规则来规范，地方社会逐渐被纳入统一性的全国法治进程。在这一进程中，每一个地方规范的瓦解和法律规范的统一推进，都涉及具体人的生存状态，伴随着一定的矛盾和纠纷，需要通过法治建设妥善处置和化解。而且，转型中国的法治建设，总体而言缺乏可供参考的成熟经验。虽然中国经历的社会转型西方发达国家都曾经历过，并已形成较为稳定的制度和法治体系，但是中国在社会性质、转型问题方面都有着独特性，很难照搬西方经验。中国的巨大规模、压缩时空的现代化转型，人类历史上从来没有；中国当下面临的独特问题，都必须基于国情去寻找答案。同时，中国的发展还处于动态之中，前景很好，同时又面临很多风险挑战和不确定性。中国经济社会发展会稳定均衡于何处，这取决于国内外各种因素。法治作为上层建筑的组成部分，对经济社会发展有较高的依赖性。因此，中国需要在动态平衡中推进法治建设。

发展中的不平衡性表现在很多方面，包括区域经济社会发展不平衡、城乡发展不平衡、社会群体发展不平衡等。这些不平衡会在具体场景中成为法治建设需要面对的问题。例如，在法律服务市场中，大城市普遍出现律师过剩，并存在一些律师恶性竞争现象；而在小城市，律师仍然严重不足，法律服务市场发育不充分，基本公共法律服务的建设任务很重。法律服务力量的不足，成为中西部很多地区法治建设的制约因素，更是成为法治在全国统一推进的阻碍因素。发展不平衡，带来历时性问题的共时性存在，还会使法治的全面推进变得更为艰难。例如，近年来法院"案多人少"的问题，各地情况就有所不同：东部地区尤其是大城市更为凸显，而西部地区由于人口外流、经济发展滞后等因素该问题并不凸显。在不同地区，法治发展存在阶段性的差异，所面临的问题并不相同，因此法治建设就需要因地制宜，法治的统一推进必然是多样性、阶段性和渐进性的。

第四，法治文明资源丰富。中国是世界上唯一一个文明发展没有中断的国家。自古以来，我国形成了世界法制史上独树一帜的中华法系，积淀了深厚的中华优秀传统法律文化。中华法系产生于秦朝，到隋唐时期日臻完善，清末以后影响日渐衰微。中华法系凝聚了中华民族的精神和智慧，有很多优秀的思想和理念，也有古代世界颇具成就的法律制度，还有极为丰富的法律实践智慧，它们都是当代法治建设的丰富资源。推进中国法治现代化建设，必须研究和总结中国古代法律制度及其实践，挖掘和传承中华优秀传统法律文化精华，推动中华法治文明资源在当代的创造性转化、创新性发展。习近平总书记指出，"只有传承中华优秀传统法律文化，从我国革命、建设、改革的实践中探索适合自己的法治道路，同时借鉴国外法治有益成果，才能为全面建设社会主义现代化国家、实现中华民族伟大复兴夯实法治基础"[1]。

四、坚持全体人民共同富裕的法治现代化

平等是社会主义的核心价值追求，法律平等是社会主义法治的基本要求。法律平等是指公民依照法律的规定，在相同条件下享有平等的法律地位和待遇，拥有相同的权利和义务，受到平等的法律保护。法律作为上层建筑的一部分受制于经济基础，法律平等也受制于经济平等；因此，社会主义追求平等，不能局限于法律平等，更应当追求经济平等。全体人民共同富裕是

---

① 习近平：《以科学理论为指导，为全面建设社会主义现代化国家提供有力法治保障》，载习近平：《习近平谈治国理政》（第 4 卷），外文出版社 2022 年版，第 290 页。

经济平等的关键表现形式，是社会主义的本质。共同富裕是马克思主义的一个基本目标，体现了科学社会主义的基本原则，是中国共产党矢志不渝的奋斗目标和行动纲领。改革开放之初，邓小平同志在总结社会主义建设的经验和教训的基础上指出："社会主义的本质，是解放生产力，发展生产力，消灭剥削，消除两极分化，最终达到共同富裕。"① 党带领人民进行百余年奋斗，取得革命胜利，建立社会主义制度，进行社会主义建设，推进改革开放和社会主义现代化建设，打赢脱贫攻坚战，全面建成小康社会，坚定不移走中国式现代化道路，就是为了逐步实现全体人民共同富裕。中国特色社会主义进入新时代，开辟了中国式现代化道路新境界。习近平总书记指出："共同富裕是社会主义的本质要求，是中国式现代化的重要特征。"② 党的二十大报告明确指出，中国式现代化是全体人民共同富裕的现代化。

"全面依法治国是中国特色社会主义的本质要求和重要保障。"③ 共同富裕和全面依法治国都是中国式现代化的本质要求，它们是相辅相成、互相促进的。中国式现代化必须解决好共同富裕问题，而法治是实现共同富裕的重要保障。习近平总书记要求："作出更有效的制度安排，使全体人民在共建共享发展中有更多获得感，增强发展动力，增进人民团结，朝着共同富裕方向稳步前进。"④ 因此，需要巩固和发展社会主义基本经济制度，完善以机会公平、规则公平、权利公平为主体的社会公平法律制度，激励全体人民共同创造社会财富、分享发展成果。"在高质量发展中促进共同富裕，正确处理效率和公平的关系，构建初次分配、再分配、三次分配协调配套的基础性制度安排，加大税收、社保、转移支付等调节力度并提高精准性，扩大中等收入群体比重，增加低收入群体收入，合理调节高收入，取缔非法收入，形成中间大、两头小的橄榄型分配结构"⑤。共同富裕是一个长期而复杂的系

---

① 邓小平：《在武昌、深圳、珠海、上海等地的谈话要点》，载邓小平：《邓小平文选》（第 3 卷），人民出版社 1993 年版，第 373 页。

② 习近平：《扎实推动共同富裕》，载习近平：《习近平谈治国理政》（第 4 卷），外文出版社 2022 年版，第 142 页。

③ 习近平：《决胜全面建成小康社会 夺取新时代中国特色社会主义伟大胜利——在中国共产党第十九次全国代表大会上的报告》，人民出版社 2017 年版，第 22 页。

④ 习近平：《全党必须完整、准确、全面贯彻新发展理念》，载《求是》2022 年第 16 期。

⑤ 习近平：《扎实推动共同富裕》，载习近平：《习近平谈治国理政》（第 4 卷），外文出版社 2022 年版，第 144 页。

统工程，涉及国家整体富裕、区域协调发展、收入分配均衡等宏观、中观和微观三个层面的经济路径，因此，需要从不同层面完善相应的经济法治体系，保障和促进共同富裕目标的实现。[①] 共同富裕内含资源配置的高效性、区域发展政策的适当性、公共产品供给的均衡性、社会财富分配的公平性等诸多结构性要素。需要着眼这些要素完善法治体系，即保障共同富裕的法律规范体系、法治实施体系、法治保障体系，更好发挥法治固根本、稳预期、利长远的保障作用。

共同富裕的前提是国家整体富裕，因此必须促进经济增长，增加社会财富。新中国成立初期，我国可谓是"一穷二白"。我国在战争的废墟上恢复经济，确立社会主义基本制度，初步建立起独立的比较完整的工业体系和国民经济体系，为此后开创中国特色社会主义道路提供了宝贵经验和物质基础。改革开放后，我国确立"以经济建设为中心"的基本路线，逐渐形成全方位、多层次、宽领域的对外开放格局，建立起完备的产业体系和国民经济体系，生产力得到极大发展，创造了持续高速增长的经济奇迹，已成为世界第二大经济体、制造业第一大国和货物贸易第一大国。新时代，我国进入新发展阶段，高质量发展是全面建设社会主义现代化国家的首要任务。高质量发展是宏观经济稳定的发展，是创新驱动的发展，是各类企业富有世界竞争力的发展。只有实现高质量发展，中国企业在世界市场竞争中保持相当的优势地位，分享足够的市场利益，中国经济才可能在世界经济体系中从边缘向中心迈进，从而为中国走向现代世界体系的中心奠定经济基础。

因此，必须通过法治保障高质量发展，实现国家整体富裕。"要根据新发展阶段的特点，围绕推动高质量发展、构建新发展格局，加快转变政府职能，加快打造市场化、法治化、国际化营商环境，打破行业垄断和地方保护，打通经济循环堵点，推动形成全国统一、公平竞争、规范有序的市场体系。"[②] 必须在法治轨道上构建高水平市场经济体制，完善法律制度体系，加强法律实施。具体而言，一是依法加强产权保护，奠定市场体系的基石；二是依法保护企业家合法权益，形成长期稳定的创业预期和氛围；三是依法

---

① 参见张守文：《共同富裕：经济路径与法治保障》，载《法治研究》2022 年第 5 期。

② 习近平：《以科学理论为指导，为全面建设社会主义现代化国家提供有力法治保障》，载习近平：《习近平谈治国理政》（第 4 卷），外文出版社 2022 年版，第 294 页。

平等保护各种不同所有制企业的产权和自主经营权，充分发挥市场在资源配置中的决定性作用；四是依法深化"放管服"改革，保障公平竞争的市场环境；五是依法准确定位政府的角色和功能，充分发挥政府作为市场规则制定者、市场公平维护者、公共服务提供者的作用；六是构建亲清政商关系，依法防止权钱交易、商业贿赂现象。充分调动法治保障经济高质量发展的动能，在微观层面保障市场主体依法经营谋利，推动中国企业参与国际竞争并不断提升优势地位，在宏观层面提高我国在世界经济体系中的综合竞争力，从而推动国家整体富裕。

我国是一个发展不平衡的国家，发展不平衡不充分的问题突出，在区域发展、城乡发展中表现得尤甚，城乡地区、不同区域，推动共同富裕的基础和条件差距较大，促进全体人民共同富裕是一项长期艰巨的任务。必须坚持城乡融合、区域协调发展，形成平衡协调的国土空间发展格局，健全城乡一体、区域协调发展体制机制，加快基本公共服务均等化，探索实现城乡区域协调发展的路径。习近平总书记指出："要增强区域发展的平衡性，实施区域重大战略和区域协调发展战略，健全转移支付制度，缩小区域人均财政支出差异，加大对欠发达地区的支持力度。"① 面对区域之间的贫富不均问题，应通过有效的法治安排，协调区域之间的差异化与均等化、一体化，推进发达地区带动欠发达地区共同发展，用法律手段保障公共政策的制定和实施，切实推进不同区域均衡协调发展、实现共同富裕。具体而言，一是针对不同区域的发展差异，完善发展规划法、产业发展法、财税法、金融法等，作出倾斜性的法律制度安排，推动相对落后地区的快速发展；二是针对城乡发展不平衡，完善农业法、土地法等，推进乡村振兴促进法的有效实施，促进乡村产业振兴，推进城乡融合发展，加大对革命老区、民族地区、边疆地区发展的支持力度，促进共同富裕；三是针对公共产品供给不均衡，完善关于住房、医疗、教育、社会保障、社会救助等基础性、普惠性、兜底性民生保障的法律法规，依法向不发达地区倾斜性投入，建设各种必要的公共设施，推进城乡区域基本公共服务更加普惠均等可及，稳步提高保障标准和服务水平；四是针对区域协同发展、跨区域援助带动发展的需要，制定相应的法律

---

① 习近平：《扎实推动共同富裕》，载习近平：《习近平谈治国理政》（第 4 卷），外文出版社 2022 年版，第 144 页。

和公共政策，依法保障京津冀、长三角、粤港澳大湾区等区域一体化发展，深入实施东西部协作和对口支援，推动发达地区对不发达地区的帮扶带动发展。

均衡分配是实现共同富裕的必要条件，这是共同富裕的微观层面，也是人们容易有切身体会的层面。需要从初次分配、再分配和三次分配各环节采取相应措施，以解决收入差距过大、分配不公、结构失衡等分配不均衡问题，保持分配差异适度、分配较为公平和分配结构合理的均衡分配格局。初次分配是直接与劳动力、资本、土地和技术等生产要素相联系的分配；再分配也称社会转移分配，是政府以税收作为工具对要素收入进行再次调节；三次分配是指高收入人群在自愿基础上以社会慈善公益方式对财富进行分配。收入分配的关键是加强对高收入的规范和调节。《宪法》第 6 条规定，我国"实行各尽所能、按劳分配的原则"，"坚持按劳分配为主体、多种分配方式并存的分配制度"，这为我国的收入分配格局确立了宪法依据。劳动力要素的投入是获取收入的一般方式，土地、资本等要素深度影响分配，国家通过法律和政策调整分配结构、解决分配问题。习近平总书记指出："在依法保护合法收入的同时，要防止两极分化、消除分配不公。要合理调节过高收入，完善个人所得税制度，规范资本性所得管理。"① 具体而言，一是要依法发挥好初次分配的基础性作用，提高居民收入和劳动报酬比重，扩大中等收入群体，完善按劳动、资本、土地、技术、管理、知识、数据等要素分配的法律制度，实现生产要素由市场评价贡献、按贡献决定报酬的机制；二是要加大税收、社会保障、转移支付等的调节力度，增强税收对收入分配的调节作用，促进基本公共服务均等化，完善财政转移支付制度及运行，依法规范收入分配秩序；三是要建立健全第三次分配机制，依法支持企业、社会组织和个人积极参与公益慈善事业，探索公益慈善活动有效实现的形式，完善公益慈善事业政策法规体系，培育社会文化环境。

五、推动全面协调发展的法治现代化

中国式现代化是全面协调发展的现代化，不仅要发展物质文明，还要发

---

① 习近平：《扎实推动共同富裕》，载习近平：《习近平谈治国理政》（第 4 卷），外文出版社 2022 年版，第 145 页。

展政治文明、精神文明、社会文明和生态文明。党的十八大以来，中国特色社会主义进入新时代。建设中国特色社会主义，总体布局是"五位一体"，即全面推进经济建设、政治建设、文化建设、社会建设、生态文明建设，实现以人为本、全面协调的可持续发展。中国式现代化推动物质文明、政治文明、精神文明、社会文明、生态文明全面协调发展，其目标是把我国建设成为富强民主文明和谐美丽的社会主义现代化强国。党的二十大把握国内外发展大势，在党和国家事业发展布局中特别突出法治保障工作。因此，中国法治现代化是推动全面协调发展的法治现代化。

　　现代化首先是经济的发展，即物质文明的发展。没有物质文明的支撑，只能是空言现代化。党的二十大报告指出："发展是党执政兴国的第一要务。没有坚实的物质技术基础，就不可能全面建成社会主义现代化强国。"[1] 新中国成立以来，我国一直以高速的经济增长来赶超西方发达国家。70多年来，中国实现了远高于全球平均水平的经济增长，是平均经济增速最高的国家，物质文明建设取得了人类历史上前所未有的巨大成就。中国式现代化的物质文明发展，以解放和发展生产力为核心，以满足人民日益增长的美好生活需要为目的，全面建成了小康社会，历史性地解决了绝对贫困问题，经济总量稳居世界第二位，并不断向第一位靠拢，为实现全面协调发展的中国式现代化准备了物质条件。中国式现代化的物质文明不同于西方式的物质文明，而是有所超越。西方国家的现代化是一个"串联式"的发展过程，工业化、城镇化、农业现代化、信息化顺序发展；而中国要把"失去的二百年"找回来，其现代化必然是一个"并联式"的发展过程，工业化、信息化、城镇化、农业现代化是叠加发展的。[2] 中国确立了社会主义市场经济体制，坚持和完善社会主义基本经济制度，推动有效市场和有为政府更好结合，推动经济持续高质量增长；同时，坚持以人民为中心的发展思想，实行按劳分配为主体、多种分配方式并存的分配制度，推动全体人民共同富裕。

　　中国式现代化是以人民为中心的全面现代化，物质文明、政治文明、精

---

　　① 习近平：《高举中国特色社会主义伟大旗帜 为全面建设社会主义现代化国家而团结奋斗——在中国共产党第二十次全国代表大会上的报告》，人民出版社 2022 年版，第 28 页。

　　② 参见中共中央文献研究室编：《习近平关于社会主义经济建设论述摘编》，中央文献出版社 2017 年版，第 159 页。

神文明、社会文明、生态文明全面协调发展。这是其超越西方式现代化之处，后者容易局限于物质文明发展，片面强调经济增长。政治文明是指政治制度及其运行体制机制的现代化，即国家治理体系和治理能力现代化；精神文明则是指思想、道德、文化、教育等的现代化；社会文明是指人与人之间的社会关系和社会行为文明；生态文明是指人与自然之间关系的文明状态和进步程度。习近平总书记指出："我们坚持和发展中国特色社会主义，推动物质文明、政治文明、精神文明、社会文明、生态文明协调发展，创造了中国式现代化新道路，创造了人类文明新形态。"① 中国式现代化是物质文明、政治文明、精神文明、社会文明、生态文明协调发展和全面提升的现代化，这些文明不是独立地发展，而是有机统一、全面协调地发展，共同构成内涵丰富的新型文明体系。对于中国式现代化而言，物质文明是物质基础，政治文明是政治保障，精神文明是精神支柱，社会文明是社会基础，生态文明是自然环境追求，它们缺一不可，共同构成了社会主义新型文明体系。

法治是现代国家和社会治理的基本方式，是推进中国式现代化的重要手段。必须充分发挥法治的重要作用，以中国特色社会主义法治引领、规范、保障中国式现代化建设。党的二十大报告指出："全面依法治国是国家治理的一场深刻革命，关系党执政兴国，关系人民幸福安康，关系党和国家长治久安。必须更好发挥法治固根本、稳预期、利长远的保障作用，在法治轨道上全面建设社会主义现代化国家。"② 以法治推进中国式现代化，实现中国法治现代化，是治国安邦的关键策略。习近平总书记指出："新中国成立 70 多年来，我国之所以创造出经济快速发展、社会长期稳定'两大奇迹'，同我们不断推进社会主义法治建设有着十分紧密的关系。"③ 因此，必须坚持以习近平法治思想为指引，坚持全面依法治国，发挥中国特色社会主义法治的优势，将法治贯彻落实到国家治理的全过程和各方面，深入推进法治中国建设，推进中国法治现代化，为中国式现代化提供有力的法治保障。

---

　① 习近平：《在庆祝中国共产党成立一百周年大会上的讲话》，载习近平：《习近平谈治国理政》（第 4 卷），外文出版社 2022 年版，第 10 页。

　② 习近平：《高举中国特色社会主义伟大旗帜 为全面建设社会主义现代化国家而团结奋斗——在中国共产党第二十次全国代表大会上的报告》，人民出版社 2022 年版，第 40 页。

　③ 习近平：《以科学理论为指导，为全面建设社会主义现代化国家提供有力法治保障》，载习近平：《习近平谈治国理政》（第 4 卷），外文出版社 2022 年版，第 292 页。

　　"五位一体"是社会主义现代化建设的总体布局。中国法治现代化必然要求以法治思维和法治方式贯彻落实"五位一体"总体布局，在法治轨道上推进经济建设、政治建设、文化建设、社会建设、生态文明建设，保障高质量发展、全过程人民民主、文化强国建设、和谐社会建设、美丽中国建设①，进而实现物质文明、政治文明、精神文明、社会文明、生态文明全面协调发展。我国《宪法》序言规定："推动物质文明、政治文明、精神文明、社会文明、生态文明协调发展，把我国建设成为富强民主文明和谐美丽的社会主义现代化强国，实现中华民族伟大复兴。"这一规定反映了党和国家对社会主义现代化建设规律的认识更加成熟，体现我国宪法对中国式现代化规律的充分反映，为在法治轨道上全面建设社会主义现代化国家提供了坚实可靠的宪法保障。经济建设、政治建设、文化建设、社会建设、生态文明建设，在建设对象和内容方面分别对应于物质文明、政治文明、精神文明、社会文明、生态文明，在建设目标方面则分别对应于富强中国、民主中国、文明中国、和谐中国、美丽中国。中国特色社会主义法律体系，针对上述各个方面已有较为完备的规定，同时注重保障不同方面建设的协调性。

　　中国法治现代化，就是要构建全方位、全覆盖、全链条的新型法治文明形态，推动中国式现代化各方面的全面协调发展，以高质量法治保障社会主义现代化强国建设，开创法治推动现代化建设的成功样板；因此，中国法治现代化必然带有规划性特征。在更广泛意义上，中国式现代化本身就具有规划性特征。中国在从计划经济向市场经济转型的过程中，并没有完全放弃规划，而是坚持制定具有战略意义的指导性文件，对经济社会发展领域进行长远综合规划和协调，统筹安排和指导经济、政治、文化、社会、生态文明建设工作，为党和政府对经济社会发展保持控制力提供保障。经济和社会发展方面的规划是一个丰富的体系，既包括党的全国代表大会对社会主义现代化建设的战略规划，也包括《中华人民共和国国民经济和社会发展第十四个五年规划和2035年远景目标纲要》这类总体规划，还包括《长江三角洲区域一体化发展规划纲要》这类区域规划，以及《氢能产业发展中长期规划（2021—2035年）》这类专项规划。"就长期规划的广泛性及对国内国际的影

---

① 参见黄文艺：《推进中国式法治现代化 构建人类法治文明新形态——对党的二十大报告的法治要义阐释》，载《中国法学》2022年第6期。

响力来看，中国建立了我们这个时代最具魄力的规划体制。"①

　　法治建设的规划性特征，是中国式现代化的规划性在法治领域的体现。这种规划性，既体现于把法治现代化作为系统工程加以整体谋划，也体现于确立法治现代化分步走的战略安排，还体现于制定实施一系列法治建设规划。② 习近平总书记指出："全面依法治国是一个系统工程，必须统筹兼顾、把握重点、整体谋划，更加注重系统性、整体性、协同性。"③ 党的十八大以来，中央完善顶层设计，统筹推进中国特色社会主义法治体系建设，提出到2035 年基本建成法治国家、法治政府、法治社会。党的十八届四中全会通过了《中共中央关于全面推进依法治国若干重大问题的决定》。2015 年，中共中央、国务院印发《法治政府建设实施纲要（2015—2020 年）》。2020 年后，《法治社会建设实施纲要（2020—2025 年）》《法治中国建设规划（2020—2025 年）》《法治政府建设实施纲要（2021—2025 年）》先后实施。一系列法治建设方面的规划，确立了全面依法治国的总蓝图、路线图、施工图，设计了法治建设的体制机制、推进方式。法治建设的规划性，保证了党和国家牢牢控制法治建设的自主权和主动权，保障法治建设根据社会主义现代化建设的需要有步骤推进，确保在法治轨道上推进经济建设、政治建设、文化建设、社会建设、生态文明建设，从而通过法治方式推动物质文明、政治文明、精神文明、社会文明、生态文明全面协调发展。

六、促进和平发展的法治现代化

　　与某些国家的现代化形成鲜明的对比，中国式现代化是走和平发展道路的现代化。党的二十大报告指出："我国不走一些国家通过战争、殖民、掠夺等方式实现现代化的老路，那种损人利己、充满血腥罪恶的老路给广大发展中国家人民带来深重苦难。"④ 中国始终高举和平、发展、合作、共赢旗

　　① 韩博天：《红天鹅——中国独特的治理和制度创新》，中信出版集团 2018 年版，第 116 页。
　　② 参见黄文艺：《推进中国式法治现代化 构建人类法治文明新形态——对党的二十大报告的法治要义阐释》，载《中国法学》2022 年第 6 期，第 13 页。
　　③ 习近平：《在中央全面依法治国委员会第一次会议上的讲话》，载习近平：《论坚持全面依法治国》，中央文献出版社 2020 年版，第 229 页。
　　④ 习近平：《高举中国特色社会主义伟大旗帜 为全面建设社会主义现代化国家而团结奋斗——在中国共产党第二十次全国代表大会上的报告》，人民出版社 2022 年版，第 23 页。

帜，在坚定维护世界和平与发展中谋求自身发展，又以自身发展更好维护世界和平与发展。"我们过去没有，今后也不会侵略、欺负他人，不会称王称霸。"①中国式现代化道路是和平发展之路、合作共赢之路，摒弃了战争、殖民、掠夺等方式，有别于损人利己、充满血腥罪恶的现代化老路，为人类实现现代化提供了新的选择。中国法治现代化是促进和平发展的法治现代化，通过法治方式促进中国式现代化坚持走和平发展道路。

我国《宪法》序言规定，中国"坚持和平发展道路"，"坚持反对帝国主义、霸权主义、殖民主义"，"为维护世界和平和促进人类进步事业而努力"。这为坚持和平发展道路的中国式现代化奠定了宪法基础。任何人、任何事、任何理由都不能动摇中国走和平发展道路的决心和意志，都不能成为违反宪法的理由。中华民族历来是爱好和平的民族，和平、和睦、和谐的价值追求深深嵌入中国人民的精神世界。然而，1840年鸦片战争后，中国以屈辱的方式被动卷入现代化进程，受到列强的欺凌，深受战乱和不平等条约之害。消除战争、实现和平，是近代以来中国人民最迫切、最深厚的愿望。因此，中国共产党带领中国人民建立的主权独立的新中国，在开创中国式现代化道路的进程中，始终坚持做世界和平的建设者、全球发展的贡献者、国际秩序的维护者、公共产品的提供者，以发展为世界提供机遇。中国式现代化不是西方大国崛起的翻版，更不是国强必霸的再版，而是造福世界各国和人民的崇高事业。走和平发展道路的现代化，绝不是权宜之计和外交辞令，而是宪法规定的立国基础。中国法治现代化，主张国家之间平等对待、文明互鉴，反对法律殖民主义、霸权主义，反对将法律制度作为"普世价值"强加或附条件变相强加于他国，反对通过强迫或变相强迫在他国获得"治外法权"。中国既不照搬照抄他国的法律制度，也不强行输出本国的法律制度。

在国际关系和国际法治中，中国是现行国际体系的参与者、建设者、贡献者，坚定维护以联合国为核心的国际体系，坚定维护以国际法为基础的国际秩序，坚定维护以联合国宪章宗旨和原则为基础的国际法基本原则和国际关系基本准则。中国是联合国创始会员国，也是安理会常任理事国中唯一的发展中国家，坚定支持联合国事业。习近平总书记指出："联合国宪章是公

---

① 习近平：《坚定信心 共克时艰 共建更加美好的世界——在第七十六届联合国大会一般性辩论上的讲话》，载《人民日报》2021年9月22日，第2版。

认的国与国关系的基本准则。没有这些国际社会共同制定、普遍公认的国际法则，世界最终将滑向弱肉强食的丛林法则，给人类带来灾难性后果。"①中国向来提倡国际社会按照各国共同达成的规则和共识来治理，而不能由少数国家来发号施令，倡导国际事务各国共同商量着办。"世界命运应该由各国共同掌握，国际规则应该由各国共同书写，全球事务应该由各国共同治理"②。中国向来主张各国共同维护国际法和国际关系准则，根据事情的是非曲直来决定自己的立场，坚持通过制度和规则来协调各国之间的关系，主张以法治方式和平解决国家之间的分歧和争端。中国法治现代化，深刻把握人类文明发展趋势，致力于推进国际关系民主化、法治化、合理化，提出共商共建共享的全球治理观，提出构建人类命运共同体的理念，积极推动变革全球治理体系中不公正不合理的安排，推进全球治理体系向更加公正合理的方向发展，推动建设持久和平、普遍安全、共同繁荣、开放包容、清洁美丽的世界。

中国法治现代化促进和平发展、推动全球治理体系公正合理变革，没有停留在言辞上，而是以负责任大国形象参与国际事务，善于运用法治手段开展斗争。习近平总书记指出："在对外斗争中，我们要拿起法律武器，占领法治制高点，敢于向破坏者、搅局者说不。"③ 当前，以美国为首的一些西方国家在国际上搞"小圈子""新冷战"，人为造成隔离、分裂甚至对抗，排斥、威胁、恐吓别的国家，视中国为其主要战略竞争对手，大搞渗透、抹黑、脱钩、断供、制裁，利用网络对我国发动认知战，对中国的各种打压有不断升级的趋势，试图打断中国式现代化进程，阻止中华民族伟大复兴。在这种国际环境下，总想过太平日子是不切实际的，不要以为我们忍一忍、让一让，它们就会大发慈悲。我们只能发扬斗争精神，不信邪、不怕鬼、不怕压，注重以法治方式迎接风险挑战。综合利用立法、执法、司法等手段开展斗争。加强涉外法治的理论和实践研究，加快推进我国涉外法律体系建设，

① 习近平：《让多边主义的火炬照亮人类前行之路》，载习近平：《习近平谈治国理政》（第 4 卷），外文出版社 2022 年版，第 462 页。

② 习近平：《共同构建人类命运共同体》，载习近平：《论坚持推动构建人类命运共同体》，中央文献出版社 2018 年版，第 417 页。

③ 习近平：《在中央全面依法治国委员会第一次会议上的讲话》，载习近平：《论坚持全面依法治国》，中央文献出版社 2020 年版，第 225 页。

推动我国法域外适用法律体系建设，从法治上有效应对各种国际摩擦纠纷，坚决维护我国主权、安全、尊严和核心利益。顺应全球治理变革趋势，积极推动形成公正合理透明的国际规则体系，维护国际关系和国际法治的合理公正运行①，做全球治理变革进程的参与者、推动者、引领者，为构建人类命运共同体提供法治保障。

七、结语

世界各国的现代化经验表明，由于经济条件、政治制度、社会状况、文化传统等各异，必然形成不同的现代化模式。"世界上既不存在定于一尊的现代化模式，也不存在放之四海而皆准的现代化标准。"② 独特的文化传统、独特的历史命运、独特的基本国情，注定了我们必然要走具有自己特点的现代化道路。法治现代化亦是如此。在革命、建设、改革的历史进程中，中国共产党把马克思主义法治基本原理同中国具体实际相结合、同中华优秀传统法律文化相结合，始终坚持从本国国情出发，自主探索形成了中国法治现代化道路。中国法治现代化，既是中国式现代化在法治领域的体现，也是中国式现代化的"上层建筑"，蕴含丰富的法治规律，具有鲜明的中国特色、时代特色、文化底色。中国法治现代化，是中国共产党领导的社会主义法治现代化，是独立自主探索的法治现代化，是从中国国情出发的法治现代化，是坚持全体人民共同富裕的法治现代化，是推动全面协调发展的法治现代化，是促进和平发展的法治现代化。中国法治现代化，走出了一条与西方不同的法治发展道路，打破了"西方中心主义"的法治神话，创造了新型的法治文明样态，给希望自主发展法治的国家和民族提供了成功模板和全新选择。

---

① 典型例子有：2022 年 12 月，《禁止生物武器公约》第九次审议大会决定设立工作组，通过研究制定具有法律约束力的措施等方式，进一步加强公约的有效性。相关过程中，中国提出通过建立核查机制确保遵约、促进生物技术和平利用及普惠共享等主张，体现了广大缔约国特别是发展中国家的共同意志。参见《中国将继续与国际社会一道推进全球生物安全治理》，载《人民日报》2022 年 12 月 20 日，第 3 版。

② 习近平：《新发展阶段贯彻新发展理念必然要求构建新发展格局》，载《求是》2022 年第 17 期。

论中国式现代化的法治保障

莫纪宏[*]

习近平总书记在党的二十大报告的第三部分明确提出了"中国式现代化"的概念，并指出，中国式现代化是中国共产党领导的社会主义现代化，既有各国现代化的共同特征，更有基于自己国情的中国特色。[①] 党的二十大报告提出了中国式现代化的"九项本质要求"，虽然在本质要求中没有对全面依法治国作出特别的阐述，但却在报告的第七部分强调了"在法治轨道上全面建设社会主义现代化国家"的政治主张。[②] 这充分说明了中国式现代化必须在法治轨道上全面建设，中国式现代化离不开法治的保障。这是全面依法治国的重要任务和发展目标。

一、"九项本质要求"是实现中国式现代化的具体路径和必要条件

党的二十大报告在第三部分明确提出了中国式现代化的"九项本质要求"，也就是：坚持中国共产党领导，坚持中国特色社会主义，实现高质量发展，发展全过程人民民主，丰富人民精神世界，实现全体人民共同富裕，促进人与自然和谐共生，推动构建人类命运共同体，创造人类文明新

* 本文原载于《山西师大学报（社会科学版）》2023 年第 3 期，作者系中国社会科学院法学研究所研究员，博士生导师。

① 参见习近平：《高举中国特色社会主义伟大旗帜 为全面建设社会主义现代化国家而团结奋斗——在中国共产党第二十次全国代表大会上的报告》，载《求是》2022 年第 21 期，第 14 页。

② 参见习近平：《高举中国特色社会主义伟大旗帜 为全面建设社会主义现代化国家而团结奋斗——在中国共产党第二十次全国代表大会上的报告》，载《求是》2022 年第 21 期，第 22 页。

形态。① 这里提出的"九项本质要求"并非指中国式现代化的终极目标和现代化的指标体系，而是突出强调了实现中国式现代化终极目标的九条具体路径，是实现中国式现代化的必要条件。从"九项本质要求"与中国式现代化的具体逻辑关系来看，"九项本质要求"是整体性地与中国式现代化目标相对应，即任何一项本质要求都不可能有效实现中国式现代化的终极目标，只有"九项本质要求"都达到了既定标准，才有可能从整体上实现中国式现代化的既定目标。从逻辑关系上来看，"九项本质要求"是必要条件和逻辑前提，中国式现代化是"九项本质要求"合力作用的结果。如何在"九项本质要求"与中国式现代化之间建立缜密的法理逻辑关联，同时最大限度地发挥法治在实现中国式现代化这一制度目标中的规范功能和社会作用，是当下我国法学界必须重点加以研究的重大理论问题。

从法价值的功能来看，作为上层建筑的一部分，法律在调整人们行为时主要是发挥自身的规范确认功能和社会保障作用。与法律所具有的这两项基本功能相对应的是，法律规范的主要内涵包括两个方面：一是构建法律制度，通过具体的法律规范组成一个调整某一国家生活和社会生活领域的社会关系的国家制度和法律制度；一是提出法律目标，主要是通过法律条文来宣示国家和社会发展的目标和任务，并为实现法律所倡导的发展目标和具体任务提供法律制度的有力保障。

中国式现代化是党的二十大报告明确提出的党和国家未来五年乃至到2035 年和 21 世纪中叶的一项具体奋斗目标和任务，"九项本质要求"与中国式现代化之间构成的是必要条件与结果之间的逻辑关系，并且作为必要条件，"九项本质要求"并没有穷尽所有的实现中国式现代化的必备要素，不能构成充分必要条件。但从逻辑关系上来看，没有"九项本质要求"的存在和作为中国式现代化实现的必要条件，中国式现代化就很难实现。在党的二十大报告中，基于"现代化"本身构成要素的复杂性，并没有对中国式现代化做出精确的定义，也没有完全列举中国式现代化的具体标志，而是通过"五项基本特征"② 来确认中国式现代化的具体识别标准。从形式逻辑的定义法来

---

① 参见习近平：《高举中国特色社会主义伟大旗帜 为全面建设社会主义现代化国家而团结奋斗——在中国共产党第二十次全国代表大会上的报告》，载《求是》2022 年第 21 期，第 15 页。

② 党的二十大报告阐述了中国式现代化的"五项基本特征"，即中国式现代化是人口规模巨大的现代化，是全体人民共同富裕的现代化，是物质文明和精神文明相协调的现代化，是人与自然和谐共生的现代化，是走和平发展道路的现代化。

看，"中国式现代化"的属概念是"现代化"，而种差则是"五项基本特征"，是"中国式现代化"区别于"非中国式现代化"的具体参照物。因此，法治在实现中国式现代化中的作用主要分两个方面：一是要保证"九项本质要求"的制度化、规范化，从而为实现中国式现代化这一具体的制度目标提供必要条件的满足关系；二是要确保实现的中国式现代化具有五个方面的基本特征，从而保证中国式现代化的"中国特色"，防止中国式现代化内涵的异化以及与非中国式现代化可能产生的完全"同质化"。因此，不论是中国式现代化自身存在的具体标识，还是中国式现代化具体实现的条件，都必须发挥法治固根本、稳预期、利长远的制度保障功能。中国式现代化在实践中既需要政策的倡导和推进，也需要法治的规范化保障，必须在法治轨道上有序推进与实现中国式现代化相关的党和国家各项事业健康发展，在法治轨道上全面建设社会主义现代化国家。

二、新中国成立后实现中国式现代化的法治道路

"现代化"是中国共产党人领导全体中国人民推翻三座大山，建设社会主义社会孜孜以求的奋斗目标。从早期的"工业化"理想，到"四个现代化"具体目标的确立，再到物质文明与精神文明高度发达的社会主义现代化强国，再到中国式现代化的第二个百年奋斗目标的确立，中国式现代化从对现代化理想的追求逐渐发展成为治国理政的大政方针，最终通过宪法确立为国家的发展目标，经过理念构造到政策引导再到法治保障成为不断发展和完善的党和国家各项事业的根本任务，形成了理论引导、实践推动，在法治轨道上有序推进的中国式现代化发展道路模式。这一演变的历史过程也充分反映了中国式现代化的历史演变轨迹，也为未来中国式现代化指明了发展和前进方向。

（一）中国式现代化起源于党的第一代中央领导集体对"工业化"国家的憧憬以及对社会主义现代化具体目标的设想

现代化一直是我们党领导中国人民进行革命、建设、改革所面临的重大理论和实践问题。1945 年，毛泽东在《论联合政府》中就明确指出未来新中国的现代化目标，即中国工人阶级的任务，不但是为着建立新民主主义的

国家而斗争，而且是为着中国的工业化和农业近代化而斗争。① 这是党的第一代中央领导集体首次提出工业化和农业近代化这个未来新民主主义国家的经济建设大远景。新中国成立以后，现代化一直是社会主义建设的奋斗目标。早在新中国成立前夕召开的党的七届二中全会上的讲话中，毛泽东就提出了"由落后的农业国变成了先进的工业国"② 的奋斗目标。改变落后的"农业国"，建成先进的"工业国"，是毛泽东这一时期对国家建设目标的表达方式。

1954 年 6 月 14 日，毛泽东在《关于中华人民共和国宪法草案》中说过，我们是一个六亿人口的大国，要实现社会主义工业化，要实现农业的社会主义化、机械化。③ 这个提法比过去又前进了一步。同年 10 月 18 日，在国防委员会第一次会议上，毛泽东第一次把工业、农业、文化、军事并提。他说："我们现在工业、农业、文化、军事还都不行，帝国主义估量你只有那么一点东西，就来欺负我们。"④ 这是"四个现代化"提法的雏形。1957 年 3 月，在中国共产党全国宣传工作会议上，毛泽东提出了"三个现代化"的概念。毛泽东指出："我们一定会建设一个具有现代工业、现代农业和现代科学文化的社会主义国家。"⑤ 1959 年 12 月至 1960 年 2 月，在阅读苏联《政治经济学教科书》笔记中，毛泽东对"三个现代化"的提法做了完善和补充。他说："建设社会主义，原来要求是工业现代化，农业现代化，科学文化现代化，现在要加上国防现代化。"⑥

1964 年 12 月，在第三届全国人民代表大会第一次会议上，周恩来根据毛泽东的建议，在《政府工作报告》中首次提出：在 20 世纪内，把中国建

---

① 参见毛泽东：《论联合政府》，载毛泽东：《毛泽东选集》（第 3 卷），人民出版社 1991 年版，第 1081 页。

② 毛泽东：《在中国共产党第七届中央委员会第二次全体会议上的报告》，载毛泽东：《毛泽东选集》（第 4 卷），人民出版社 1991 年版，第 1433 页。

③ 参见毛泽东：《关于中华人民共和国宪法草案》，载中共中央文献研究室编：《毛泽东文集》（第 6 卷），人民出版社 1999 年版，第 329 页。

④ 毛泽东：《在国防委员会第一次会议上的讲话》，载中共中央文献研究室编：《毛泽东文集》（第 6 卷），人民出版社 1999 年版，第 357 页。

⑤ 毛泽东：《在中国共产党全国宣传工作会议上的讲话》，载中共中央文献研究室编：《毛泽东文集》（第 7 卷），人民出版社 1999 年版，第 268 页。

⑥ 毛泽东：《读苏联〈政治经济学教科书〉的谈话》，载中共中央文献研究室编：《毛泽东文集》（第 8 卷），人民出版社 1999 年版，第 116 页。

设成为一个具有现代农业、现代工业、现代国防和现代科学技术的社会主义强国，并宣布了实现四个现代化目标的"两步走"设想。第一步是用15年时间，建立一个独立的、比较完整的工业体系和国民经济体系，使中国工业大体接近世界先进水平；第二步是力争在20世纪末，使中国工业走在世界前列，全面实现农业、工业、国防和科学技术的现代化。①

在1975年召开的第四届全国人民代表大会第一次会议上，周恩来在《政府工作报告》中再次明确宣布要在20世纪末，实现工业、农业、科学技术和国防现代化。② 1976年至1978年，华国锋在讲话中多次提及将实现四个现代化作为拨乱反正、继往开来的社会主义新长征的重要任务。实现"四个现代化"成为拨乱反正和改革开放初期鼓舞中国亿万人民团结一致的奋斗目标和精神动力。中国改革开放的"总设计师"邓小平在会见外宾时，就中国社会主义现代化问题的来龙去脉明确指出，我们现在讲的四个现代化，实际上是毛主席提出来的，是周总理在《政府工作报告》里讲出来的。1979年12月6日，邓小平在与日本首相大平正芳会谈时，把四个现代化的具体目标表述为：到20世纪末，争取国民生产总值达到人均1 000美元，实现小康。③

1979年，邓小平在《坚持四项基本原则》等文章中指出，"没有民主就没有社会主义，就没有社会主义的现代化。""民主化和现代化一样，也要一步一步地前进。社会主义愈发展，民主也愈发展。"④ 邓小平上述关于民主化与现代化之间辩证关系的阐述，其实质意义在于首次明确了社会主义现代化实现的前置条件，即"民主化"。第一次科学地阐明了社会主义现代化作为党和国家各项事业的发展目标和根本任务必须具备的实现条件，揭示了社会主义现代化必须附条件才能实现的这个马克思主义辩证唯物主义命题。

---

① 参见周恩来：《在第三届全国人民代表大会第一次会议上 周恩来总理作政府工作报告》，载《人民日报》1963年12月31日，第1版。

② 参见《中国共产党大事记·1975年》，http://cpc.people.com.cn/GB/64162/64164/4416104.html。

③ 参见邓小平：《中国本世纪的目标是实现小康》，载邓小平：《邓小平文选》（第2卷），人民出版社1994年版，第237页。

④ 邓小平：《坚持四项基本原则》，载邓小平：《邓小平文选》（第2卷），人民出版社1994年版，第168页。

党的十二大报告集中阐述了社会主义现代化目标的内涵、领导机制、实现方式。党的十二大报告的主题就是"全面开创社会主义现代化建设的新局面",并明确四个现代化的关键是科学技术的现代化。报告还强调指出:在社会主义现代化建设的宏伟事业中,历史把重大的责任交给了我们党。我们一定要按照新党章的要求,努力把党建设成为领导社会主义现代化事业的坚强核心。党的十二大报告还对实现社会主义现代化的若干重要条件作了系统性阐述,指出:做好党在八亿农民中的工作,是实现现代化建设目标的重要条件。我们要全面开创社会主义现代化建设的新局面,必须特别重视充分发挥知识分子的作用。此外,党的十二大报告还通过强调"四件大事"的重要意义,进一步突出了实现社会主义现代化必要条件的重要性,即在今后一个时期内,必须有系统地完成机构改革和经济体制改革,必须大力建设社会主义精神文明,必须坚决打击破坏社会主义经济和其他破坏社会主义制度的严重犯罪活动,必须整顿党的作风和党的组织。这四件大事,是坚持社会主义制度、实现社会主义现代化的重要保证。

总之,党的十二大报告围绕着社会主义现代化这个目标任务进行了全面、系统的阐述,提出了明确的政策要求,指明了实现社会主义现代化的必要条件和具体路径。党的十三大报告提出"把我国建设成为富强、民主、文明的社会主义现代化国家",这是在毛泽东提出的"社会主义的现代化强国"的基础上作出的相类似的新表述。这个新表述,不仅提出了"社会主义现代化国家"的概念,而且还明确地规定了"强国"的内涵是"富强、民主、文明"。此后,这样的社会主义现代化国家内涵规定,为党的十四大至十六大报告所沿用。2007年党的十七大报告,进一步提出"建设富强民主文明和谐的社会主义现代化国家",又增加了"和谐"的内容,这在党的十八大报告和党的十八届三中全会的《中共中央关于全面深化改革若干重大问题的决定》中也得到了肯定和使用。

为了进一步推进社会主义现代化建设事业不断稳步有效地向前发展,2013年党的十八届三中全会审议通过的《中共中央关于全面深化改革若干重大问题的决定》明确提出"国家治理体系和治理能力现代化"的要求,这是对新中国成立以来我国现代化理论和现代化建设国策的继承和发展。一方面,国家治理体系和治理能力现代化是以"现代化"的要求来衡量的,国家治理体系和治理能力属于"现代化"的基本范畴；另一方面，国家治理体系和治理能力现代化是对以往"工业、农业、国防和科学技术现代化"的完善和发展，是对社会主义现代化国家内涵的不断补充和发展，在强调社会主义现代化"物质文明"属性的同时，又突出了社会主义现代化的"精神文明"要求。党的十九大报告对实现社会主义现代化国家的具体时间表、路线图作了科学规划，提出了新"两步走"战略。党的十九大报告综合分析国际国内形势和我国发展条件，对社会主义现代化从 2020 年到 21 世纪中叶作了两个阶段的具体目标和任务的制度安排。

第一个阶段，从 2020 年到 2035 年，在全面建成小康社会的基础上，再奋斗 15 年，基本实现社会主义现代化。到那时，我国经济实力、科技实力将大幅跃升，跻身创新型国家前列；人民平等参与、平等发展权利得到充分保障，法治国家、法治政府、法治社会基本建成，各方面制度更加完善，国家治理体系和治理能力现代化基本实现；社会文明程度达到新的高度，国家文化软实力显著增强，中华文化影响更加广泛深入；人民生活更为宽裕，中等收入群体比例明显提高，城乡区域发展差距和居民生活水平差距显著缩小，基本公共服务均等化基本实现，全体人民共同富裕迈出坚实步伐；现代社会治理格局基本形成，社会充满活力又和谐有序；生态环境根本好转，美丽中国目标基本实现。

第二个阶段，从 2035 年到 21 世纪中叶，在基本实现现代化的基础上，再奋斗 15 年，把我国建成富强民主文明和谐美丽的社会主义现代化强国。到那时，我国物质文明、政治文明、精神文明、社会文明、生态文明将全面提升，实现国家治理体系和治理能力现代化，成为综合国力和国际影响力领先的国家，全体人民共同富裕基本实现，我国人民将享有更加幸福安康的生活，中华民族将以更加昂扬的姿态屹立于世界民族之林。党的二十大报告在对实现社会主义现代化的具体条件和社会主义现代化的整体特征作出科学阐述的基础上，明确地使用了中国式现代化的概念来全面、系统、科学地归纳和总结中国特色社会主义现代化的制度标识和具体道路，对中国式现代化的内涵作了立体式、全息式的阐释，在政策层面全面和系统地确立了实现社会主义现代化国家必须完成的阶段性目标和具体任务。党的二十大报告中的现代化的具体方面也有了进一步发展。党的二十大报告涉及的具体方面的现代化要求至少有以下五个方面：一是大力度推进国防和军队现代化建设，加快军事理论现代化、军队组织形态现代化、军事人员现代化、武器装备现代化，加快建设现代化后勤；二是建成现代化经济体系，形成新发展格局，建设现代化产业体系；三是基本实现新型工业化、信息化、城镇化、农业现代化；四是基本实现国家治理体系和治理能力现代化；五是推进国家安全体系和能力现代化，坚决维护国家安全和社会稳定；等等。

总的来说，经过中国共产党人百余年的努力和全体中国人民的共同奋斗，通过党的二十大报告提出的中国式现代化概念使得中国人民对追求现代化的百年梦想成为近在咫尺的美好图景。"五项基本特征""九项本质要求""四个现代化""国家治理体系和治理能力现代化"，以及物质文明与精神文明相互协调形成分布于政治、经济、文化、社会等各个领域的现代化目标，成为今后五年乃至到 2035 年直至 21 世纪中叶全体中国人民在中国共产党领导下不懈奋斗的具体现代化事项，必须为此全力以赴、尽心尽责。

（二）中国式现代化的具体目标和价值要求始终得到了包括宪法在内的国家法律制度的确认和肯定

中国式现代化在政策层面经过了新中国成立后迂回曲折的社会主义现代化实践，到党的二十大报告中最终形成了科学的理论表达和具体的制度安排，成为全体中国人民可以明确无误地为之奋斗的目标。在中国式现代化不断付诸中国特色社会主义实践的过程中，现代化的宏伟蓝图、条件推动、制度保障等各种要素和运行机制，自始至终得到了中国特色社会主义法治的护航，形成了在法治轨道上有序推进中国式现代化的实践格局和行动路线。其中，通过四部宪法，不断肯定党和政府对社会主义现代化的认识成果，并赋予现代化目标以具体有效的制度条件的保障，是中国式现代化与法治建设并肩前进的最生动的写照。

1954 年新中国第一部《宪法》的序言中提出了"建成繁荣幸福的社会主义社会"的奋斗目标，并规定了国家在过渡时期的总任务是"逐步实现国家的社会主义工业化"。虽然"社会主义工业化"不等于"社会主义现代化"，但在当时的历史阶段，"现代化"主要体现为"工业化"，故 1954 年的《宪法》已经关注"中国式现代化"问题，并将其作为过渡时期的"根本任务"。刘少奇在《关于中华人民共和国宪法草案的报告》（1954 年 9 月 15 日）

中对如何实现社会主义工业化作了系统阐述。他指出，实现社会主义工业化是"十分艰巨复杂的任务"，只有动员全国人民的力量，发挥广大人民群众的积极性和创造性，在正确的和高度统一的领导下，克服各种困难，才能完成这样的任务。[①] 为了完成这一任务和目标，刘少奇在报告中提出了两项基本要求：一是要更加发扬人民的民主，扩大我们国家民主制度的规模；二是我们必须建立高度统一的国家领导制度。[②] 上述实现社会主义工业化的两项基本要求与党的二十大报告提出的中国式现代化"九项本质要求"中的坚持党的领导、发展全过程人民民主具有异曲同工之妙。1975 年《宪法》受到"文化大革命"极左思潮的影响，在序言中强调要坚持"无产阶级专政下继续革命"的理论，所以，没有承继 1954 年《宪法》所提出的实现"社会主义工业化"的任务，只是在序言中强调了要"多快好省地建设社会主义"。当然，1975 年《宪法》虽然受到极左思潮的影响，但对 1954 年《宪法》着力追求的社会主义工业化目标并没有简单地加以否定。《关于修改宪法的报告》对 1954 年《宪法》所阐明的社会主义类型宪法应当遵循的基本原则作了充分肯定。该报告强调指出，"一九五四年宪法，是中国第一个社会主义类型的宪法。它用根本大法的形式总结了历史经验，巩固了我国人民的胜利成果，为全国人民规定了一条清楚的明确的前进道路。二十年来的实践证明，这个宪法是正确的。它的基本原则，今天仍然适用。"[③] 上述规定肯定了 1954 年《宪法》所指引的社会主义工业化道路，坚守了 1954 年《宪法》中所确认的重大的宪法原则。1978 年《宪法》虽然仍然保留了坚持"无产阶级专政下继续革命"的原则立场，但却首次在宪法序言提出"在本世纪内把我国建设成为农业、工业、国防和科学技术现代化的伟大的社会主义强国"的奋斗目标。上述规定是作为国家的根本任务写入宪法序言的，正式宣告了建设社会主义现代化国家是作为根本法的《宪法》所要追求的制度目标，是中国式现代化与宪法的第一次"有机结合"，体现了作为根本法的

---

① 参见全国人大常委会法制工作委员会宪法室编：《中华人民共和国制宪修宪重要文献资料选编》，中国民主法制出版社 2021 年版，第 397 页。

② 参见全国人大常委会法制工作委员会宪法室编：《中华人民共和国制宪修宪重要文献资料选编》，中国民主法制出版社 2021 年版，第 397 页。

③ 全国人大常委会法制工作委员会宪法室编：《中华人民共和国制宪修宪重要文献资料选编》，中国民主法制出版社 2021 年版，第 300 页。

《宪法》将中国式现代化纳入了宪法所追求的基本价值范围之内，彰显了宪法对中国式现代化的宣示和保障作用。关于 1978 年《宪法》为什么要直接明确实现社会主义现代化强国的根本任务，叶剑英在《关于修改宪法的报告》中作了非常详细的说明。叶剑英指出，建设社会主义的现代化强国，是毛泽东早已提出来的任务。1964 年 12 月，在第三届全国人民代表大会上，周恩来遵循毛泽东的指示，为全国人民明确了在 20 世纪内全面实现社会主义现代化，使我国国民经济走在世界前列的奋斗目标。[1] 但是《关于修改宪法的报告》在解释实现社会主义现代化的具体要求和实现路径时仍然没有摆脱"无产阶级专政下继续革命"理论的束缚，认为"不抓住阶级斗争这个纲，就不能巩固无产阶级专政，也不可能实现四个现代化的任务"[2]。很显然，把抓"阶级斗争"视为实现四个现代化的"必要条件"，在法理上是站不住的，这不能不说是宪法在处理自身与中国式现代化之间关系的一个制度短板和缺陷，甚至可以视为在法理上存在重大的错误。

真正在宪法与中国式现代化之间确立科学合理的辩证关系的是 1982 年《宪法》，即现行宪法。为适应改革开放和社会主义现代化建设要求而出台的 1982 年《宪法》，不仅肯定了 1978 年《宪法》首次明确提出的实现社会主义四个现代化和建设社会主义的现代化强国的奋斗目标，更重要的是彻底清算了 1978 年《宪法》在论述实现中国式现代化的具体要求和实践路径上的错误认识，否定了抓"阶级斗争"与实现四个现代化之间的逻辑联系和制度关联，从马克思主义立场、观点和方法出发，科学地设定了社会主义四个现代化的奋斗目标，同时又提出了实现四个现代化的具体要求。1982 年《宪法》首先在序言中肯定了新中国成立以后我们在追求中国式现代化过程中所取得的成绩，指出"经济建设取得了重大的成就，独立的、比较完整的社会主义工业体系已经基本形成，农业生产显著提高。教育、科学、文化等事业有了很大的发展"。在此基础上，序言第七自然段明确规定"逐步实现工业、农业、国防和科学技术的现代化，把我国建设成为高度文明、高度民主的社

---

[1] 参见全国人大常委会法制工作委员会宪法室编：《中华人民共和国制宪修宪重要文献资料选编》，中国民主法制出版社 2021 年版，第 269 页。

[2] 全国人大常委会法制工作委员会宪法室编：《中华人民共和国制宪修宪重要文献资料选编》，中国民主法制出版社 2021 年版，第 269 页。

会主义国家"。上述规定肯定了中国式现代化不仅是由"工业、农业、国防和科学技术的现代化"构成的物质文明现代化，同时也是"高度文明、高度民主"的精神文明现代化，第一次突出强调了中国式现代化所具有的物质文明与精神文明相协调的基本特征。就此，彭真在《关于中华人民共和国宪法修改草案的报告》中作出了全面系统的明确解释。他指出："拨乱反正的一项重大战略方针，就是把国家的工作重点坚决转移到社会主义现代化经济建设上来。一切工作都要围绕这个重点，为这个重点服务。国家的巩固强盛，社会的安定繁荣，人民物质文化生活的改善提高，最终都取决于生产的发展，取决于现代化建设的成功。今后必须坚定不移地贯彻执行这个战略方针，除非敌人大规模入侵；即使那时，也必须进行为战争所需要和实际可能的经济建设。把这个方针记载在宪法中，是十分必要的。在强调以经济建设作为工作重点的同时，还必须充分重视社会主义精神文明的建设，充分重视发展社会主义民主。"①

由此可见，宪法作为国家根本法，从第一部宪法开始，对于中国式现代化的奋斗目标、基本特征和本质要求就作出了全面规划，宪法为实现中国式现代化提供了明确的法律指引，指明了中国式现代化的前进方向，为党的二十大报告正式提出中国式现代化"五项基本特征"和"九项本质要求"提供了坚实的制度基础。

当然，由于受到新中国成立后不同历史阶段的意识形态特征的影响，在对实现中国式现代化的具体制度路径和保障条件上，1975 年《宪法》和1978 年《宪法》都存在着严重缺陷，甚至可以说出现了法理上的错误。因此，作为根本法的宪法也在不断适应实现中国式现代化、建设社会主义现代化国家的具体阶段的要求来对作为国家根本任务的中国式现代化的具体目标作必要的修正。1982 年《宪法》适应改革开放和社会主义现代化建设的需要，全面系统和科学地确立了建设社会主义现代化的目标，为在实践中铸造中国式现代化的制度内涵提供了坚实的宪法基础和制度依据。1982 年《宪法》正式施行后，迄今为止总共进行了五次修正。其中，1993 年、2004 年和 2018 年三次修正都对现行宪法关于中国式现代化的相关规定进一步加以

---

① 全国人大常委会法制工作委员会宪法室编：《中华人民共和国制宪修宪重要文献资料选编》，中国民主法制出版社 2021 年版，第 97 页。

明确和完善，更加科学和有效地确定了"中国式现代化"的制度内涵。1993
年《宪法修正案》在序言第七自然段所规定的国家根本任务中增加了建设社
会主义现代化的制度条件，即将 1982 年《宪法》文本中的规定"今后国家
的根本任务是集中力量进行社会主义现代化建设"修改为"国家的根本任务
是，根据建设有中国特色社会主义的理论，集中力量进行社会主义现代化建
设"，把"建设有中国特色社会主义的理论"作为"社会主义现代化建设"
的重要前提，强调了中国式现代化的实践离不开现代化理论的指导作用。此
外，1993 年《宪法修正案》还把 1982 年《宪法》中的社会主义国家的"高
度文明、高度民主"的精神文明现代化特征修改为"把我国建设成为富强、
民主、文明的社会主义国家"。很显然，对社会主义现代化的现代化标准强
调了"富强"与"民主、文明"相统一的物质文明现代化与精神文明现代化
的有机统一。2004 年《宪法修正案》在 1993 年《宪法修正案》的基础上，
将"建设有中国特色社会主义的理论"作为"社会主义现代化建设"的重要
前提修改为"沿着中国特色社会主义道路，集中力量进行社会主义现代化建
设"，初步具备了中国式现代化概念中的"中国式"对现代化内涵的限定功
能，强调了"举什么旗、走什么路"对现代化的根本决定性作用。2018 年
《宪法修正案》在 2004 年《宪法修正案》的基础上，对社会主义现代化国家
的具体样态又作出了进一步科学和系统的描述，在序言第七自然段规定，
"逐步实现工业、农业、国防和科学技术的现代化，推动物质文明、政治文
明、精神文明、社会文明、生态文明协调发展，把我国建设成为富强民主文
明和谐美丽的社会主义现代化强国，实现中华民族伟大复兴"。上述规定在
宪法规范层面实际上起到了宪法中的"现代化"条款的功能。其中关于社会
主义现代化的主要制度特征包括以下几个方面：一是在 2004 年《宪法修正
案》所增加的描述"中国式现代化"的重要特征，"推动物质文明、政治文
明和精神文明"三个文明协调发展扩展为"推动物质文明、政治文明、精神
文明、社会文明、生态文明"五个文明协调发展，进一步丰富了中国式现代
化的文明内涵和底蕴；二是对社会主义现代化国家的外在特征的描述，从
"富强、民主、文明"三个要素增加到"富强、民主、文明、和谐、美丽"
五个要素，进一步拓展了中国式现代化的表现形式；三是 2004 年《宪法修
正案》并没有明确提出"社会主义现代化国家"，2018 年《宪法修正案》则

首次提出要把我国建设成为富强民主文明和谐美丽的社会主义现代化强国，可以说，2018 年《宪法修正案》对中国式现代化的外在特征和内在品格的表达已经非常完整和成熟；四是延伸了中国式现代化的制度目标，增强了"实现中华民族伟大复兴"这一终极现代化目标，也就是说，实现中国式现代化不是为了现代化而现代化，而是为了实现中华民族伟大复兴。因此，2018 年《宪法修正案》通过宪法文本确立了"实现中华民族伟大复兴"这一终极的制度目标，为实现中国式现代化奠定了坚实的宪法基础。

　　总的来说，新中国成立后，作为中国共产党领导全体中国人民孜孜不倦的奋斗理想，现代化以及以现代化作为存在形式的中华民族伟大复兴的历史使命，通过执政党的一系列大政方针和国家宪法法律得到了政策上的战略部署和法律上的制度安排，中国式现代化的内涵和外延在自身发展的过程中越来越清晰，为党的二十大报告正式提出中国式现代化这一概念和明确中国式现代化"五项基本特征""九项本质要求"提供了政策指引和法律依据，中国式现代化不再停留于理想和对未来的期许，已经成为指导党和国家各项事业的行动纲领。

三、法治现代化是实现中国式现代化的前提和条件

　　党的二十大报告在第七部分明确提出了"在法治轨道上全面建设社会主义现代化国家"的政治主张。这就从哲学方法论的层面明确了法治与现代化之间的辩证关系，确认了法治在实现中国式现代化中的基础性保障地位和作用。根据"在法治轨道上全面建设社会主义现代化国家"的政策要求，法治与中国式现代化之间的基本逻辑关系即：法治是实现中国式现代化的必要条件，没有法治，就没有现代化；现代化必须在法治轨道上有序推进，没有法治的保驾护航，中国式现代化的"五项基本特征""九项本质要求"就无法在现代化实践中获得制度上的稳定性，法治所具有的"固根本、稳预期、利长远"价值在实现中国式现代化过程中就无法发挥应有的作用。所以，法治在实现中国式现代化过程中的作用是决定性的，这一点毋庸置疑。从另一个角度来看，正因为法治在实现中国式现代化过程中举足轻重，所以在现代化理论和实践中引发了一个基础性问题，即法治凭什么能够为实现中国式现代化提供强有力和有效的制度保障；法治是否自身也需要"现代化"，才能为中国式现代化的实现提供真实和有效的制度保障；作为"现代化"意义上的法治应当具有哪些制度化的要件；法治现代化与中国式现代化"五项基本特

征""九项本质要求"之间的具体制度联系和具体法治保障机制如何确立；等等。上述问题都是在论述中国式现代化的法治保障这一主题时必须要认真加以回答的。本文就法治的"现代化"路径和法治在实现中国式现代化过程中的制度保障作用，结合作为马克思主义法治理论中国化的最新理论成果的习近平法治思想的立场、观点和方法，提出若干角度的解题方案。

（一）法治必须具有与时俱进的品格才能符合现代化的基本价值要求

法治是通过法律的治理。马克思主义法治理论认为，法律是随着国家的出现一起出现的，不同历史阶段的法律所发挥的制度功能和社会作用是不一样的。根据历史唯物主义的历史发展论，法律也经历了原始社会法律、奴隶社会法律、封建社会法律、资本主义法律和社会主义法律五个发展阶段。资本主义法律相对于原始社会法律、奴隶社会法律和封建社会法律要先进得多。资本主义法律适应了资产阶级反封建专制和特权的要求，提出了人人平等原则，并且主张限制国家权力、保障公民权利，因此，从法律文明状态来看，资本主义法律相对于资本主义法律以前的所有法律来说，具有"现代性"。列宁领导建立了世界上第一个社会主义国家，由此诞生了区别于资本主义法律和一切剥削阶级法律的社会主义类型法律。社会主义法律以消灭私有制作为自身的历史使命和任务，因此，具有比资本主义法律更强的生命力。目前世界上主要存在着两种形态的法律文明，一种是适应资本主义生产方式要求的资本主义法律，一种是适应社会主义生产力发展需要的社会主义法律。新中国成立后，党和政府否定了国民党政府所奉行的以"六法全书"为基础的半殖民地半封建性质的法律制度体系，建立了符合人民利益的法律制度，并经过新中国成立初期过渡时期的发展，成为社会主义性质的法律。我国社会主义性质的法律，反映了最广大人民的意志和利益，符合社会发展的客观规律。特别是改革开放之后，我国的现行宪法和法律很好地适应了改革开放和社会主义现代化建设的各项要求，始终与时代发展的主题相呼应，具有与时俱进的品格。因此，我国的社会主义法律具有相对于其他法律文明形式的"现代性"，这就为建立在具有现代性基础上的法律制度的运行和由此形成的"法治"具有现代化的品格打下了坚实的基础。故我国的社会主义性质的法律从本质上来看，具备了"现代化"的基本条件，能够为中国式现代化提供有效的制度保障。

党的十五大报告将"依法治国"作为治国方略写入了报告，1999 年现行宪法第三次修正时又将"中华人民共和国实行依法治国、建设社会主义法治国家"写入宪法，使得依法治国成为党和国家的大政方针。十一届全国人大四次会议在 2011 年初正式宣布中国特色社会主义法律体系基本形成。2014 年 10 月 23 日，党的十八届四中全会审议通过的《中共中央关于全面推进依法治国若干重大问题的决定》又将"建设中国特色社会主义法治体系"视为全面依法治国各项工作的"总抓手"。从"法律体系"到"法治体系"反映了法治本身发展的内在规律，也是法治走向现代化的表象特征。从党的十一届三中全会明确提出的"有法可依，有法必依，执法必严，违法必究"社会主义法制建设"十六字方针"到党的十八大提出的"科学立法、严格执法、公正司法、全民守法"社会主义法治建设的新"十六字方针"，从"依法治国"到"全面依法治国"，从"有法可依"到"科学立法"，从"法律体系"到"法治体系"等，无一不深刻地反映中国法治的进步和法治走向现代化的进程。与中国法治现代化的发展历程相一致，中国式现代化因为获得良好的法治环境，各个方面的事业在法治现代化的推动下也都迈向了社会主义现代化征程。

（二）法治现代化的阶段性标志是全面依法治国总体格局基本形成

法治具有现代化的品格或者是法治达到现代化的程度和水平，必须要有一些制度性的标志，否则，法治现代化就会成为令人捉摸不定的概念和术语，而不具有实践的价值和意义。改革开放以来，为适应社会主义现代化建设的要求，中国特色社会主义法制的发展呈现出不断健全和完善的特征，从"文化大革命"中的缺少法制到改革开放新时期法治格局的逐渐形成，中国特色社会主义法治建设不断向法治现代化目标迈进。1978 年 12 月党的十一届三中全会提出"有法可依，有法必依，执法必严，违法必究"的社会主义法制建设"十六字方针"，这一时期，法制建设的目标在于"有法可依"，即确保各项法制要素的逐步到位。为此，"有法总比没法好"①"法律宜粗不宜

---

① 1978 年，邓小平指出："现在立法的工作量很大，人力很不够，因此法律条文开始可以粗一点，逐步完善。有的法规地方可以先试搞，然后经过总结提高，制定全国通行的法律。修改补充法律，成熟一条就修改补充一条，不要等待'成套设备'。总之，有比没有好，快搞比慢搞好。"[邓小平：《解放思想，实事求是，团结一致向前看》，载邓小平：《邓小平文选》（第 2 卷），人民出版社 1994 年版，第 147 页]

细"① 这样的法制理念成了适应时代要求的标志性法制话语。1997 年召开的党的十五大把"依法治国"作为治国方略，从治国理政的层面重视法治的社会作用。2012 年党的十八大提出了全面依法治国的要求，党的十八届四中全会提出了要形成"科学立法、严格执法、公正司法、全民守法"的法治工作格局。党的十九大报告则强调，为了保证宪法实施，维护宪法权威，必须推进合宪性审查工作。

法治现代化的阶段性标志集中体现在"全面依法治国总体格局"概念的形成和重要论断的作出上。全面依法治国总体格局基本形成这一重要论断最早见于习近平总书记在 2021 年 12 月 6 日举行的十九届中央政治局第三十五次集体学习时的重要讲话。在讲话中，习近平总书记指出：党的十八大以来，党中央把全面依法治国纳入"四个全面"战略布局予以有力推进，对全面依法治国作出一系列重大决策部署，组建中央全面依法治国委员会，完善党领导立法、保证执法、支持司法、带头守法制度，基本形成全面依法治国总体格局。② 习近平总书记在党的二十大报告的第一部分阐述新时代十年的伟大变革十六个方面的历史性成就时，在第八个方面论述"坚持走中国特色社会主义政治发展道路"这个重要成就时，明确指出："全面依法治国总体格局基本形成。"上述重要论断具有深厚的历史逻辑、理论逻辑和实践逻辑，是在认真总结党的十八大以来以习近平同志为核心的党中央运用法治作为治国理政的基本方式在全面推进依法治国领域取得的各项历史性成就基础上得出的科学结论，是对新时代十年法治工作的高度肯定，同时也是对全面依法治国工作现状的科学表述，为进一步在实践中推进全面依法治国健康有序地向前发展具有非常重要的指导意义。所谓"总体格局"就是指法治作为社会系统工程的整体框架已经形成，各种法治要素齐备、要素之间的联结顺畅、结构合理、功能合理高效，故全面依法治国总体格局基本形成是中国特色社会主义法治现代化的阶段性标志，也是"法治轨道""中国特色社会主义道

①　廉希圣教授指出：在香港基本法起草过程中，邓小平曾指示，基本法宜粗不宜细。但在征求意见的过程中，写得原则性一点，怕执行时会有问题，写得稍微细一点，香港委员会说，没有给香港社会发展预留空间。所以，最终呈现出来的基本法有粗有细。参见《中央为香港问题不惜一切代价》，载《大公报》2020 年 4 月 3 日，第 A9 版。

②　参见《习近平在中共中央政治局第三十五次集体学习时强调 坚定不移走中国特色社会主义法治道路 更好推进中国特色社会主义法治体系建设》，载《人民日报》2021 年 12 月 8 日，第 1 版。

路"等法治现代化中国话语的内在逻辑。基于党的二十大报告正式作出的"全面依法治国总体格局基本形成"的重要论断，中国特色社会主义法治现代化迈上了新台阶，法治现代化有了具体的评价标准，在实践逻辑上就产生了总体格局形成前的法治状况、总体格局形成中的法治状况和总体格局形成后的法治状况三种法治形态。总体格局形成前，法治现代化已经积累了必要的法治要素，但尚未达到现代化的要求；总体格局形成中，法治要素逐渐齐备、结构逐渐合理、功能逐渐合理，法治运行秩序逐渐流畅，法治现代化初露端倪；总体格局形成后，立法更科学，执法司法效率更高，守法更有效，法治现代化的特征越来越明显。

总之，党的二十大报告通过作出"全面依法治国总体格局基本形成"的重要论断为中国特色法治现代化勾画了理论与实践的基础，为在法治轨道上全面建设社会主义现代化国家提供了具体的制度路径，为在法治现代化的基础上有序推进中国式现代化指明了前进的大方向。

（三）法治对实现中国式现代化的制度保障功能必须通过"五项基本特征""九项本质要求"的法治化来实现

党的二十大报告明确提出"在法治轨道上全面建设社会主义现代化国家"的政治要求。虽然说中国式现代化和社会主义现代化国家在具体的制度目标和实践要求方面侧重点不一样；但从两者之间的逻辑关系来看，社会主义现代化国家是中国式现代化的整体特征，是中国式现代化的根本标准，两者之间是形式和内容的关系，必须要有机结合起来加以考察。在法治轨道上全面建设社会主义现代化国家也就意味着在法治轨道上全面建设中国式现代化。虽然党的二十大报告并没有给中国式现代化下一个明确的定义，也没有列举中国式现代化的具体内容，但通过阐明中国式现代化的"五项基本特征"，对达不到中国式现代化标准和要求的非中国式现代化作了逻辑上的排除，也就是说，凡不具备"五项基本特征"的所谓现代化就不能被视为中国式现代化。此外，对于党的二十大报告提出的中国式现代化的"九项本质要求"，从逻辑关系上来看，"九项本质要求"是中国式现代化实现的必要条件，没有"九项本质要求"的充分满足，中国式现代化也就不可能实现。为此，在法治轨道上全面建设中国式现代化就表现为通过法治途径和手段来明确中国式现代化"五项基本特征"的重要地位和作用，同时基于法治来为中国式现代化"九项本质要求"的实现提供制度上的有效保障。

党的二十大报告精确地阐述了中国式现代化的"五项基本特征",即中国式现代化是人口规模巨大的现代化,是全体人民共同富裕的现代化,是物质文明和精神文明相协调的现代化,是人与自然和谐共生的现代化,是走和平发展道路的现代化。[①] 上述"五项基本特征"在现行宪法的序言中都有所体现,因此,作为国家的根本任务,实现中国式现代化的各项任务和外在表现形式目前在宪法中有着较为清晰的框架,需要强调的是"人口规模巨大的现代化"特征,应当在现行宪法的条文中得到进一步的体现。法律上确认的路径可以在现行《宪法》第25条"计划生育条款"中体现出来。也就是说,可以通过适时修改宪法的方式,把目前《宪法》第25条规定的"国家推行计划生育,使人口的增长同经济和社会发展计划相适应"修改为"国家推行计划生育,使人口规模同经济和社会发展计划相适应"。作出上述修改就充分体现了中国式现代化是"人口规模巨大的现代化"的特征。为了全面和有效地实现中国式现代化的各项目标,党的二十大报告通过提出中国式现代化的"九项本质要求"来为中国式现代化的顺利实现指明具体的实践路径,也就是坚持中国共产党领导,坚持中国特色社会主义,实现高质量发展,发展全过程人民民主,丰富人民精神世界,实现全体人民共同富裕,促进人与自然和谐共生,推动构建人类命运共同体,创造人类文明新形态。[②] "坚持中国共产党领导""坚持中国特色社会主义""推动构建人类命运共同体"这三项中国式现代化本质要求已经在现行宪法的最初文本和后来的五次修正案文本中得到了体现,目前需要通过修宪的方式来加以确认和肯定的是实现高质量发展、发展全过程人民民主、丰富人民精神世界、实现全体人民共同富裕、促进人与自然和谐共生以及创造人类文明新形态六项本质要求,其中最突出的是要通过巩固和加强全过程人民民主的法治保障,来保证中国式现代化的实现获得良好的制度运行环境,正如邓小平所说,"没有民主就没有社会主义,就没有社会主义的现代化","民主化和现代化一样,也要一步一步

---

① 参见习近平:《高举中国特色社会主义伟大旗帜 为全面建设社会主义现代化国家而团结奋斗——在中国共产党第二十次全国代表大会上的报告》,载《求是》2022年第21期,第14页。

② 参见习近平:《高举中国特色社会主义伟大旗帜 为全面建设社会主义现代化国家而团结奋斗——在中国共产党第二十次全国代表大会上的报告》,载《求是》2022年第21期,第15页。

地前进。社会主义愈发展，民主也愈发展"①。改革开放的实践证明，没有法治保障的民主，就无法有效运行，因此，法治在保障中国式现代化中的具体制度功能是通过民主制度化法律化，特别是通过加强全过程人民民主的法治保障，为民主在实现中国式现代化中发挥充分有效的促进作用提供坚实的制度基础。

（四）以人民为中心才能确保法治在实现中国式现代化中发挥自身应有的制度保障作用

"以人民为中心"是中央全面依法治国工作会议所确认的习近平法治思想的核心要义之一。习近平总书记在 2020 年 11 月 16 日中央全面依法治国工作会议上就当前和今后一段时间全面依法治国工作提出的"十一个坚持"发表重要讲话时明确指出："全面依法治国最广泛、最深厚的基础是人民，必须坚持为了人民、依靠人民。要把体现人民利益、反映人民愿望、维护人民权益、增进人民福祉落实到全面依法治国各领域全过程。推进全面依法治国，根本目的是依法保障人民权益。要积极回应人民群众新要求新期待，系统研究谋划和解决法治领域人民群众反映强烈的突出问题，不断增强人民群众获得感、幸福感、安全感，用法治保障人民安居乐业。"② 2021 年 7 月 1 日，在庆祝中国共产党成立一百周年大会上，习近平总书记再一次强调，"江山就是人民、人民就是江山"③。中国式现代化归根到底就是要为了人民过上美好幸福的生活，让每一个人都获得自由发展的机会。党的二十大报告在科学阐述实现中国式现代化必须遵循的重大原则的基础上进一步重申"坚持以人民为中心的发展思想"。党的二十大报告指出："维护人民根本利益，增进民生福祉，不断实现发展为了人民、发展依靠人民、发展成果由人民共享，让现代化建设成果更多更公平惠及全体人民。"④ 可见，只有坚持以人

---

① 邓小平：《坚持四项基本原则》，载邓小平：《邓小平文选》（第 2 卷），人民出版社 1994 年版，第 168 页。

② 习近平：《以科学理论指导全面依法治国各项工作》，载习近平：《论坚持全面依法治国》，中央文献出版社 2020 年版，第 2 页。

③ 习近平：《在庆祝中国共产党成立一百周年大会上的讲话》，载习近平：《习近平著作选读》（第 2 卷），人民出版社 2023 年版，第 482 页。

④ 习近平：《高举中国特色社会主义伟大旗帜 为全面建设社会主义现代化国家而团结奋斗——在中国共产党第二十次全国代表大会上的报告》，载《求是》2022 年第 21 期，第 16 页。

民为中心的发展思想，才能确保中国特色社会主义法治发展的正确方向，而只有贯穿了以人民为中心的发展思想的法治才能有效地服务于实现中国式现代化的奋斗目标。坚持以人民为中心的现代化理念，归根结底就是要确保法治的人民性，要保证在实现中国式现代化的过程中，话语权和主动权始终掌握在人民手中，要让人民广泛参与中国式现代化的公共决策，让人民亲自参与实现中国式现代化制度目标的图景设计，让人民有权监督中国式现代化实施的过程，最终要让人民有权决定中国式现代化的实现状况。只有让人民自己决定与自己切身利益相关的中国式现代化事业的前途和命运，中国式现代化才能扎根于人民群众，才能获得全体中国人民最大程度的拥护和支持。在此过程中，必须用法治来贯彻以人民为中心的原则，让人民真正成为中国式现代化的主人，而不是中国式现代化的旁观者。

总之，在法治轨道上全面建设社会主义现代化国家，必须要基于马克思主义立场、观点和方法来辩证地处理法治与中国式现代化之间的关系，要通过发挥法治在肯定和确认中国式现代化"五项基本特征"和保障中国式现代化"九项本质要求"得到有效实现的基础上，全面有效地推进中国式现代化的发展进程，最大限度地发挥法治作为治国理政的基本方式在实现中国式现代化中的重要作用。

论中国法治现代化的本质要求

公丕祥[*]

引言：一个意义深刻的重大论断

党的二十大是在开启全面建设社会主义现代化国家新的关键时刻召开的一次具有里程碑意义的重要会议。习近平总书记在大会上所作的报告，运用马克思主义世界观和方法论，深刻把握全面建成社会主义现代化强国、以中国式现代化全面推进中华民族伟大复兴这一新时代新征程中国共产党的中心任务，系统论述了中国式现代化的历史进程、中国特色、本质要求、战略安排、目标任务、重大原则等一系列重大问题，形成了中国式现代化的基本理论架构，对马克思主义现代化理论做出了原创性的理论贡献，为推进和拓展中国法治现代化提供了理论指南。

按照马克思主义唯物辩证法的基本原理，大千世界的事物都有本质和现象两个方面。与现象不同，本质是事物的根本性质，反映了事物各要素之间一般的、共同的、相对稳定的内在联系。[①] "非本质的东西，外观的东西，表面的东西常常消失，不象'本质'那样'扎实'，那样'稳固'。"[②] 事物的本

* 本文原载于《法律科学（西北政法大学学报）》2023 年第 3 期，本文系国家社科基金重大招标项目"习近平法治思想研究"（20&ZD004）、教育部哲学社会科学研究重大专项课题（项目批准号：2022JZD001）"习近平法治思想的基础理论和核心要义研究"的阶段性成果。作者系南京师范大学法学院教授、博士生导师，中国法治现代化研究院院长，江苏高校区域法治发展协同创新中心研究员。

① 参见《马克思主义哲学》编写组：《马克思主义哲学》（第 2 版），人民出版社 2020 年版，第 100 页。

② 列宁：《列宁全集》（第 55 卷），人民出版社 1990 年版，第 107 页。

质与现象之间的对立统一关系，确证了人类科学认识的必要性并且为之提供了可能。"如果事物的表现形式和事物的本质会直接合而为一，一切科学就都成为多余的了"①。科学认识的任务，就在于在实践的基础上，通过理性思维，深入分析大量的作为事物表现形式的现象，透过错综复杂的现象把握事物的本质。"人的思想由现象到本质，由所谓初级本质到二级本质，不断深化，以至无穷。"② 习近平总书记强调，在全面推进中华民族伟大复兴的历史进程中，要"不断接受马克思主义哲学智慧的滋养，更加自觉地坚持和运用辩证唯物主义世界观和方法论，更好在实际工作中把握现象和本质、形式和内容、原因和结果、偶然和必然、可能和现实、内因和外因、共性和个性的关系，增强辩证思维、战略思维能力，把各项工作做得更好"③。中国是一个人口规模巨大、幅员辽阔、民族众多、国情复杂的超大型东方国家。在这样的国度条件下开辟与推进法治现代化，是法治现代化领域的一场极其深刻的伟大变革。这就必然要求坚持和运用马克思主义唯物辩证法，从纷繁复杂的事物表象中把握中国法治现代化的运动脉搏与本质要求，梳理推进中国法治现代化的重大关系，深入探求中国法治现代化的内在规律。习近平总书记在党的二十大报告中明确提出中国式现代化的本质要求的重大论断，指出："中国式现代化的本质要求是：坚持中国共产党领导，坚持中国特色社会主义，实现高质量发展，发展全过程人民民主，丰富人民精神世界，实现全体人民共同富裕，促进人与自然和谐共生，推动构建人类命运共同体，创造人类文明新形态。"④ 这一重要论述精辟揭示了中国式现代化的本质要求，深刻反映了中国式现代化的运动规律，构成了认识中国法治现代化的本质要求的根本遵循。在这里，根据中国式现代化的本质要求的规定性及其逻辑展开，本文拟从中国法治现代化的根本保证、道路选择、功能使命、全球方位、文明意蕴等若干层面加以阐述，以准确把握中国法治现代化的本质要求。

---

① 马克思、恩格斯：《马克思恩格斯文集》（第 7 卷），人民出版社 2009 年版，第 925 页。

② 列宁：《列宁全集》（第 55 卷），人民出版社 1990 年版，第 213 页。

③ 习近平：《论党的宣传思想工作》，中央文献出版社 2020 年版，第 125 页。

④ 习近平：《高举中国特色社会主义伟大旗帜 为全面建设社会主义现代化国家而团结奋斗——在中国共产党第二十次全国代表大会上的报告》，人民出版社 2022 年版，第 23 - 24 页。

一、中国法治现代化的根本保证

综览世界法治现代化的历史进程，我们可以清晰地看到，由于各国国情存在差异，不同国家法治现代化的推进方式有明显不同的特点。习近平总书记通过对已经实现现代化国家的发展历程的深入比较分析，将世界范围内的法治现代化推进方式概括为三种类型：一是以英国、美国、法国等西方国家为代表，适应市场经济和现代化发展需要，经过一二百年乃至二三百年的内生演化，自下而上地逐步实现法治化。在这种演进模式中，政府对法治的推动作用相对较小。二是以新加坡、韩国、日本等国家为代表，政府对法治的推动作用很大，在几十年时间内，自上而下地快速推动法治化。三是就中国而言，要在短短几十年时间内在十多亿人口的大国实现社会主义现代化，就必须自上而下、自下而上双向互动地推进法治化。① 显然，中国法治现代化推进方式的显著特征，乃是自上而下与自下而上双向互动地推进国家法治化进程。在这里，自上而下与自下而上内在结合、双向互动地推进中国法治现代化，无疑表明作为执政党的中国共产党对法治现代化进程的启动与拓展起到了至为关键的领导核心作用，从根本上决定着法治现代化进程的速度、趋向与成效。因之，习近平总书记强调："党的领导是中国特色社会主义最本质的特征，是社会主义法治最根本的保证。""只有坚持党的领导，人民当家作主才能充分实现，国家和社会生活制度化、法治化才能有序推进。"②

坚持中国共产党的领导，是中国法治现代化的根本政治保证。习近平总书记指出："中国式现代化，是中国共产党领导的社会主义现代化。"③ 正确认识和处理党的领导与中国法治现代化之间的关系，是关乎推进和拓展中国法治现代化战略全局的一个重大问题。在当代中国，中国特色社会主义制度的最大优势是中国共产党领导。中国共产党是中国特色社会主义事业的坚强领导核心，是中国的最高政治领导力量。在这个事关中国法治现代化最根本的重大问题上，绝对不能有丝毫动摇。坚持党对中国法治现代化的领导，始

---

① 参见习近平：《论坚持全面依法治国》，中央文献出版社 2020 年版，第 135－136 页。

② 习近平：《论坚持全面依法治国》，中央文献出版社 2020 年版，第 92、42 页。

③ 习近平：《高举中国特色社会主义伟大旗帜 为全面建设社会主义现代化国家而团结奋斗——在中国共产党第二十次全国代表大会上的报告》，人民出版社 2022 年版，第 22 页。

终牢记"国之大者"，有效发挥坚持中国共产党领导这一最大的根本领导制度优势，对于确保中国法治现代化的正确的前进方向至关重要。习近平总书记强调，"党和法治的关系是法治建设的核心问题。全面推进依法治国这件大事能不能办好，最关键的是方向是不是正确、政治保证是不是坚强有力"①。推进和拓展中国法治现代化，方向要正确，政治保证要坚强。只有始终坚持党对中国法治现代化的领导，才能从根本上保证国家和社会生活各方面法治化进程的顺利推进。推进和拓展中国法治现代化，有利于加强和改善党的领导，有利于巩固党的执政地位、完成党的执政使命。"国际国内环境越是复杂，改革开放和社会主义现代化建设任务越是繁重，越要运用法治思维和法治手段巩固执政地位、改善执政方式、提高执政能力，保证党和国家长治久安。"②

中国共产党对法治建设坚强有力的领导，是开辟、坚持和拓展中国法治现代化新道路的一条基本经验。习近平总书记指出："在新中国成立特别是改革开放以来长期探索和实践基础上，经过十八大以来在理论和实践上的创新突破，我们党成功推进和拓展了中国式现代化。"③在中国法治现代化的历史进程中，中国共产党始终总揽法治建设的全局并且主导着这场法治革命的方向。早在新民主主义革命时期，"我们党就制定了《中华苏维埃共和国宪法大纲》以及大量法律法令，创造了'马锡五审判方式'"④。新中国成立后，我们党制定了《中国人民政治协商会议共同纲领》和《中央人民政府组织法》，对中华人民共和国成立之初的新民主主义国家制度及其政权组织系统作了明确规定，实现了对于近代以来各种国家制度方案的历史性超越。随着我国社会由新民主主义向社会主义的过渡，我们党领导人民制定了"五四宪法"和国家机构组织法等一系列法律法规，"建立起社会主义法制框架体

---

①　中共中央文献研究室编：《习近平关于全面依法治国论述摘编》，中央文献出版社 2015 年版，第 22-23 页。

②　习近平：《论坚持全面依法治国》，中央文献出版社 2020 年版，第 2 页。

③　习近平：《高举中国特色社会主义伟大旗帜 为全面建设社会主义现代化国家而团结奋斗——在中国共产党第二十次全国代表大会上的报告》，人民出版社 2022 年版，第 22 页。

④　习近平：《坚定不移走中国特色社会主义法治道路 为全面建设社会主义现代化国家提供有力法治保障》，载《求是》2021 年第 5 期。

系，确立了社会主义司法制度"①，从而初步建构了具有鲜明中国特色的社会主义国家制度与法律制度，对于开辟中国法治现代化新道路具有深远的意义。1978 年 12 月召开的党的十一届三中全会是中国法治现代化进程中具有里程碑意义的一件大事。习近平总书记指出："进入改革开放历史新时期，我们党提出'有法可依、有法必依、执法必严、违法必究'的方针，强调依法治国是党领导人民治理国家的基本方略、依法执政是党治国理政的基本方式，不断推进社会主义法治建设。"② 党的十一届三中全所确立的我国法治建设的指导方针，有力地促进了中国法治现代化的历史进程。党的十五大作出了一个历史性的重大战略决策，在我们党的历史上第一次提出依法治国基本方略，指明了建设社会主义法治国家的前进方向。党的十六大以来，我们党深刻揭示共产党的执政规律，鲜明提出依法执政的重大命题。党的十六届四中全会系统阐述了中国共产党依法执政的基本内容和要求。党的十八大以来，中国法治现代化取得突破性进展。从党的十八届三中全会作出"推进法治中国建设"的重大战略决策，到十八届四中全会作出关于全面推进依法治国若干重大问题的决定；从十九大提出坚持全面依法治国基本方略并且对推进新时代中国法治现代化作出新"两步走"的重大战略安排，到十九届四中全会作出加强国家制度与法律制度建设的重大决策，十九届五中全会描绘开启全面建设社会主义现代化国家新征程第一个五年的法治蓝图，再到十九届六中全会对党领导法治建设百年历程及其基本经验的深刻总结。党的二十大从以中国式现代化全面推进中华民族伟大复兴的战略高度，对新时代新征程坚持全面依法治国、推进法治中国建设作出新的重大战略部署。很显然，中国法治现代化新道路的成功开辟、推进与拓展，凝结着中国共产党领导人民治国理政的重大法治化成果。中国共产党的坚强有力领导，是推进中国法治现代化的弥足珍贵的经验，是全面建设社会主义现代化国家、推进和拓展中国法治现代化宏伟大业的根本政治保障。

---

① 习近平：《坚定不移走中国特色社会主义法治道路 为全面建设社会主义现代化国家提供有力法治保障》，载《求是》2021 年第 5 期。

② 习近平：《坚定不移走中国特色社会主义法治道路 为全面建设社会主义现代化国家提供有力法治保障》，载《求是》2021 年第 5 期。

新时代新征程，在法治轨道上全面建设社会主义现代化国家①，推进和拓展中国法治现代化，对加强和改善中国共产党对法治建设的领导提出了新的更高的要求。习近平总书记强调："党的领导必须依靠社会主义法治。"② 这就必然要求健全和完善党领导中国法治现代化的体制、制度和工作机制，把党对中国法治现代化的领导构筑在坚实的法治基础之上。在当代中国，坚持党对中国法治现代化的领导，绝不是一句空洞的口号，而是有坚强的制度保障的，具体体现为党领导立法、保证执法、支持司法、带头守法，确保党能够有力有效地统筹中国法治现代化各领域工作，确保党的意志和主张贯彻到中国法治现代化的全过程和各方面。此外，加强和改善党对中国法治现代化的领导，还有一个至关重要的问题，那就是必须坚持党在宪法和法律范围内活动的重大政治与法治原则。在中国法治现代化的历史进程中，作为掌握国家政权的最强大、最有权威的政治组织，中国共产党的执政方式及其取向，对于推进和拓展中国法治现代化产生着极其深远而重要的影响。中国共产党坚持依法执政，坚持在宪法和法律范围内活动，并且督促、支持和保证国家机关依法行使职权，在法治轨道上推动各项工作，保障公民和法人的合法权益。习近平总书记指出："我们一直强调，党领导人民制定宪法法律，领导人民实施宪法法律，党自身必须在宪法法律范围内活动。这是我们党深刻总结新中国成立以来正反两方面历史经验特别是'文化大革命'惨痛教训之后得出的重要结论，是我们党治国理政必须遵循的一项重要原则。"③ 因之，推进和拓展中国法治现代化，就必须牢固树立法治的权威，在法治的轨道上治国理政，任何组织和个人都不得有超越宪法和法律的特权。这是中国法治现代化肩负的一项历史使命。

二、中国法治现代化的道路选择

推进中国法治现代化，是一项开创性的伟大事业，必须坚持正确的方向，沿着正确的道路前进。习近平总书记强调，中国式现代化的本质要求之

---

① 参见张文显：《论在法治轨道上全面建设社会主义现代化国家》，载《中国法律评论》2023 年第 1 期，第 1 页。

② 习近平：《论坚持党对一切工作的领导》，中央文献出版社 2019 年版，第 275 页。

③ 习近平：《论坚持党对一切工作的领导》，中央文献出版社 2019 年版，第 10 页。

一，就是"坚持中国特色社会主义"①。坚定不移走中国特色社会主义法治道路，是一个事关中国法治现代化的性质和方向的重大问题。中国共产党成立一个多世纪以来，在领导中国人民进行革命、建设、改革的艰苦卓绝的伟大斗争中，探索出一条符合中国国情特点的、从根本上改变中国人民和中华民族前途命运进而实现中华民族伟大复兴的正确的发展道路，开创了中国特色社会主义道路。习近平总书记指出："走自己的路，是党的全部理论和实践立足点，更是党百年奋斗得出的历史结论。中国特色社会主义是党和人民历经千辛万苦、付出巨大代价取得的根本成就，是实现中华民族伟大复兴的正确道路。"② 坚持走中国特色社会主义道路，是实现中华民族伟大复兴的根本保证。

首先，中国法治现代化，是在开辟、坚持和发展中国特色社会主义的伟大社会革命的历史进程中推进和拓展的。习近平总书记指出："中国特色社会主义是党和人民历经千辛万苦、付出巨大代价取得的根本成就，是实现中华民族伟大复兴的正确道路。我们坚持和发展中国特色社会主义，推动物质文明、政治文明、精神文明、社会文明、生态文明协调发展，创造了中国式现代化新道路，创造了人类文明新形态。"③ 中国法治现代化新道路，是中国式现代化新道路在法治领域的集中体现。中国共产党成立以来，在领导人民进行伟大社会革命的伟大实践中，从中国的实际国情出发，对中国法治现代化新道路进行了艰辛探索。党的十八大以来新时代十年的伟大变革，有力推动了我们党在法治理论与法治实践上的创新突破，中国法治现代化展现出蓬勃生机和强大生命力。习近平法治思想是马克思主义法治理论中国化时代化的最新重大理论成果，集中体现了当代中国共产党人治国安邦的基本法治理论，彰显了加快建设法治中国、推进中国法治现代化的鲜明法治价值，因而成为中国法治现代化的基本准则和根本遵循。在习近平法治思想指引下，全面依法治国进入了新时代，法治在国家现代化进程中的地位更加突出、作用更加重大，中国法治现代化进程极其深刻地改变着国家与社会生活的基本

---

① 《中国共产党第二十次全国代表大会文件汇编》，人民出版社 2022 年版，第 20 页。

② 习近平：《在庆祝中国共产党成立 100 周年大会上的讲话》，人民出版社 2021 年版，第 13 页。

③ 习近平：《在庆祝中国共产党成立 100 周年大会上的讲话》，人民出版社 2021 年版，第 13－14页。

面貌。

其次，中国法治现代化的必由之路，是坚持和拓展中国特色社会主义法治道路。习近平总书记指出："在走什么样的法治道路问题上，必须向全社会释放正确而明确的信号，指明全面推进依法治国的正确方向，统一全党全国各族人民认识和行动。""中国特色社会主义法治道路本质上是中国特色社会主义道路在法治领域的具体体现。"①坚持全面依法治国，推进中国法治现代化，"必须走对路。如果路走错了，南辕北辙了，那再提什么要求和举措也都没有意义了"②。推进和拓展中国法治现代化，至关重要的就是要看道路选择是不是正确，"必须向全社会释放正确而又明确的信号"③，坚定不移走中国特色社会主义法治道路。"中国特色社会主义法治道路是一个重大课题""基本的东西必须长期坚持"④。党的领导、中国特色社会主义制度、中国特色社会主义法治理论构成了中国特色社会主义法治道路的核心要义，规定和确保了推进中国法治现代化的制度属性和前进方向。很显然，坚持中国特色社会主义法治道路，从根本上解决了推进和拓展中国法治现代化的道路选择问题，是实现中国法治现代化的必由之路。在当代中国，推进中国法治现代化，是一个艰巨的、复杂的和长期的过程，不可能企望现代化的法治国家在一个早上醒来就已经建成，而必须做好长期建设的思想准备。由此，与中国特殊国情条件相适应的中国特色社会主义法治道路，决定着推进中国法治现代化、建设社会主义法治国家的基本走向。因之，我们要深刻理解坚定不移走中国特色社会主义法治道路这一重大论断的基本内涵和价值指向，切实增强坚持中国特色社会主义法治道路的自觉性和坚定性。诚如习近平总书记所强调的，"在坚持和拓展中国特色社会主义法治道路这个根本问题上，我们要树立自信、保持定力"⑤。

最后，中国法治现代化，充分彰显了中国特色社会主义国家制度与法律制度的显著优势。在新时代十年的伟大变革进程中，坚持和发展中国特色社

---

① 习近平：《论坚持全面依法治国》，中央文献出版社 2020 年版，第 93、2 页。

② 习近平：《论坚持全面依法治国》，中央文献出版社 2020 年版，第 105 页。

③ 习近平：《论坚持全面依法治国》，中央文献出版社 2020 年版，第 106 页。

④ 习近平：《论坚持全面依法治国》，中央文献出版社 2020 年版，第 106 页。

⑤ 习近平：《论坚持全面依法治国》，中央文献出版社 2020 年版，第 106 页。

会主义的最鲜明特色，就是中国特色社会主义道路、理论、制度和文化统一于中国特色社会主义的伟大实践，而中国特色社会主义制度是根本保障。习近平总书记指出："当今世界正面临百年未有之大变局，国与国的竞争日益激烈，归根结底是国家制度的竞争。中国发展呈现出'风景这边独好'的局面，这其中很重要的原因就是我国国家制度和法律制度具有显著优越性和强大生命力。这是我们坚定'四个自信'的一个基本依据。"① 因此，制度优势是一个国家的最大优势，制度竞争是国家间最根本的竞争。制度稳则国家稳。中国法治现代化与中国特色社会主义制度之间有着不可分割的内在联系。中国特色社会主义制度铸就了中国法治现代化的制度基础，"是中国特色社会主义法治体系的根本制度基础，是全面推进依法治国的根本制度保障"②。中国特色社会主义制度是以马克思主义为指导、根植中国大地、具有深厚中华文化根基、深得人民拥护的严整的科学制度体系，坚持把根本制度、基本制度、重要制度有机结合起来，坚持把党的领导、人民当家作主、依法治国有机结合起来，集中体现了中国特色社会主义的特点和优势，为当代中国发展进步提供了根本制度保障。中国特色社会主义国家制度与法律制度是中国特色社会主义制度体系的有机组成部分，是中国特色社会主义政治文明的重要制度载体，也是中国法治现代化的基本依托。中国特色社会主义国家制度与法律制度，不仅是中国共产党领导人民在长期的探索实践中积累的国家治理经验成果的制度化总结，而且是我国现行宪法所确立的基本制度和基本原则，是推进中国法治现代化的制度基础。这些制度有效地调节国家和社会生活的基本关系，起到了解放和发展社会生产力、促进国家治理与社会治理、维护社会公平正义的重要作用，成为建设中国法治现代化的坚强制度保障。推进与拓展中国法治现代化，就必须坚持中国特色社会主义国家制度与法律制度，从而以此为重要依托，推动中国法治现代化进入新境界。我们应当看到，随着新时代新征程中国特色社会主义事业的不断发展，中国特色社会主义国家制度与法律制度也需要不断完善。因之，要从中国国情条件出发，深刻把握建设中国法治现代化的战略要求，坚持问题导向，深化法治

---

① 习近平：《论坚持全面依法治国》，中央文献出版社 2020 年版，第 265 页。

② 中共中央文献研究室编：《习近平关于全面依法治国论述摘编》，中央文献出版社 2015 年版，第23 页。

领域改革，着力构建系统完备、科学规范、运行有效的中国特色社会主义国家制度与法律制度体系，更加坚定地开拓中国法治现代化的广阔天地。

三、中国法治现代化的功能使命

在当代中国，推进和拓展中国式现代化是一场深刻的伟大社会革命，是一个极为宏大的社会工程，涉及经济、政治、文化、社会、生态等各个领域。这就需要悉心把握把我国建成富强民主文明和谐美丽的社会主义现代化强国的战略目标，通过全面深化改革，统筹推进经济建设、政治建设、文化建设、社会建设、生态文明建设"五位一体"总体布局，从而形成推进和拓展中国式现代化的强大合力。习近平总书记在党的二十大报告中阐述中国式现代化的本质要求这个重大问题时，加强对推进中国式现代化的战略统筹，将"实现高质量发展，发展全过程人民民主，丰富人民精神世界，实现全体人民共同富裕，促进人与自然和谐共生"界定为体现中国式现代化本质要求的重要内容，从而不仅确证了中国式现代化的目标要求，而且清晰地展现了推进中国式现代化的总体布局。"法治是一个国家发展的重要保障。"[①] 适应大变革时代推进和拓展中国式现代化的战略任务的新要求，加快构建一个以法治为基本依托的中国式现代化运行体系，把中国式现代化的总体布局构筑在坚实的法治基础之上，着力强化中国法治现代化的功能使命，是彰显中国式现代化本质要求的内在需要。

1. 坚持以法治引领和促进高质量发展

中国特色社会主义进入新时代的一个显著标志，就是在新发展理念的指引下，经济进入了一个由高速增长转向高质量发展的新发展阶段。习近平总书记指出："新发展阶段就是全面建设社会主义现代化国家、向第二个百年奋斗目标进军的阶段。这在我国发展进程中具有里程碑意义。"[②] 新发展阶段的主题，就是大力促进高质量发展，全面建设社会主义现代化国家。"高质量发展，就是能够很好满足人民日益增长的美好生活需要的发展，是体现新发展理念的发展，是创新成为第一动力、协调成为内生特点、绿色成为普

---

① 习近平：《论坚持全面依法治国》，中央文献出版社 2020 年版，第 31 页。

② 习近平：《论把握新发展阶段、贯彻新发展理念、构建新发展格局》，中央文献出版社 2021 年版，第 5－6 页。

遍形态、开放成为必由之路、共享成为根本目的的发展。"① 因此，推进中国式现代化，全面建设社会主义现代化国家，必须牢牢把握推动高质量发展这一主旋律，深刻理解新时代经济高质量发展的内涵与基本要求。习近平总书记在党的二十大报告中将高质量发展提升到推进中国式现代化的战略高度，强调中国式现代化的本质要求之一，就是"实现高质量发展"，并且进一步阐述高质量发展与建设现代化国家之间的关系，指出："高质量发展是全面建设社会主义现代化国家的首要任务。发展是党执政兴国的第一要务。没有坚实的物质技术基础，就不可能全面建成社会主义现代化强国。""要坚持以推动高质量发展为主题"，"推动经济实现质的有效提升和量的合理增长"②。因此，新时代新征程的高质量发展，对推进和拓展中国法治现代化提出了全新的要求。

一方面，要坚持以法治引领和推动高质量发展。习近平总书记指出："贯彻新发展理念，实现经济从高速增长转向高质量发展，必须坚持以法治为引领。"③ 要从把握新发展阶段、贯彻新发展理念、构建新发展格局的实际出发，以解决法治领域突出问题为着力点，为全面建设社会主义现代化国家提供有力法治保障。④ 推进中国法治现代化，必须深入分析新发展阶段推动高质量发展的主要任务，深刻把握构建高水平社会主义市场经济体制对于高质量发展的体制、制度和机制的支撑作用，努力增强通过法治引领和保障高质量发展的针对性和有效性。在构建高水平社会主义市场体制的条件下推动经济高质量发展，一项十分重要的战略任务，就是要大力营造法治化的营商环境。社会主义市场经济是法治经济。"法治是最好的营商环境。各类市场主体最期盼的是平等法律保护。一次不公正的执法司法活动，对当事人而言，轻则权益受损，重则倾家荡产。"⑤ 因之，要依法平等保护国有、民营、外资等各种所有制企业产权和自主经营权，完善各类市场主体公平竞争的法治环境。要坚持在法治的框架内调整各类市场主体的利益关系，运用法治思

① 习近平：《论把握新发展阶段、贯彻新发展理念、构建新发展格局》，中央文献出版社 2021 年版，第 215 页。

② 《中国共产党第二十次全国代表大会文件汇编》，人民出版社 2022 年版，第 24 页。

③ 习近平：《论坚持人与自然和谐共生》，中央文献出版社 2022 年版，第 47 页。

④ 参见习近平：《论坚持全面依法治国》，中央文献出版社 2020 年版，第 1-2、224 页。

⑤ 习近平：《论坚持全面依法治国》，中央文献出版社 2020 年版，第 254 页。

维和法治方式规范政府和市场的边界，切实解决好政府职能越位、缺位、错位的问题。要依法保障企业家的合法权益，加强产权保护，形成长期稳定发展的理性预期，努力塑造鼓励创新、宽容失败的浓厚氛围，激励企业家干事创业。要不断健全完善法律制度，加强社会信用体系建设，依法规范市场秩序，依法规制和引导资本市场健康发展，深入推进反垄断法治建设。要坚持创新在中国式现代化全局中的核心地位，不断加强知识产权法治保障力度，加强新兴领域和业态知识产权保护制度建设，提高知识产权审查质量和效率，形成支持全面创新的基础制度，加快建设中国特色、世界水平的知识产权强国，从而打造市场化、法治化、国际化的营商环境。诚如党的二十大报告所强调的，要"完善产权保护、市场准入、公平竞争、社会信用等市场经济基础制度，优化营商环境"①。

　　另一方面，要以高质量法治推动高质量发展。随着新时代我国社会主要矛盾的深刻变化，人民群众日益增长的法治新需求与法治发展不平衡不充分之间的矛盾，已经成为中国法治现代化领域的基本矛盾，坚持法治高质量发展业已成为破解这一矛盾进而推动高质量发展的必然抉择。诚如习近平总书记所强调的那样："发展要高质量，立法也要高质量。要以立法高质量保障和促进经济持续健康发展。"② 面对新时代新征程推动高质量发展、全面建设现代化国家的重大战略任务，法治发展不平衡不充分的一些突出问题尚待解决，全面依法治国任务依然繁重艰巨。不平衡不充分的法治发展，实际上表明法治发展的总体质量不够高，这已经成为推动高质量发展的重要制约因素之一。因之，必须紧紧围绕新时代社会主要矛盾的新变化推进全面依法治国各项工作，把坚持和实现新时代新征程法治高质量发展贯彻于中国法治现代化进程的全过程和各个方面，进而为不断满足新时代人民法治新需求、推动高质量发展提供不竭动力。坚持法治高质量发展，不仅是新时代建设法治中国、推进中国法治现代化的战略目标，而且是推动高质量发展的题中应有之义，从而构成新时代新征程深化法治领域改革的基本取向。党的二十大报告强调，全面依法治国是国家治理的一场深刻革命，必须在法治轨道上全面

---

① 《中国共产党第二十次全国代表大会文件汇编》，人民出版社 2022 年版，第 24 页。
② 习近平：《论坚持全面依法治国》，中央文献出版社 2020 年版，第 253 页。

建设社会主义现代化国家，全面推进国家各方面工作法治化。① 新时代新征程法治领域改革的战略性任务，就是要坚持问题导向，强化问题意识，聚焦立法、执法、司法、守法等领域的突出矛盾和问题，人民群众反映强烈的突出问题，以及法治机关在法治理念、法治体制、法治制度、法治机制、法治队伍、法治保障等方面与高质量发展不相适应的诸多问题，高度重视并切实解决法治发展的质的问题，着力解决法治发展不平衡不充分的问题，深入推进法治高质量发展。要围绕新时代新征程推动高质量发展的基本需求，深化全方位的法治领域改革，努力形成优质高效多样化的法治供给体系，进而为高质量发展提供优质的法治产品和法治服务，开拓新时代中国法治现代化的广阔天地。

2. 全面发展全过程人民民主

民主是人类进入文明社会以来历经千百年来的不懈探索而逐渐形成的一种政治形态，是人类的共同追求。"民主是全人类的共同价值，是中国共产党和中国人民始终不渝坚持的重要理念。"② 在社会主义社会，人民是国家和社会的主人。国家的一切权力属于人民。人民民主是社会主义的生命。社会主义民主政治的本质意义就在于坚持人民主体地位，保障人民根本利益。应当看到，民主从来都是历史的、具体的，世界上从来都不存在抽象的、单一的民主类型。习近平总书记深刻指出："各国国情不同，每个国家的政治制度都是独特的，都是由这个国家的人民决定的，都是在这个国家历史传承、文化传统、经济社会发展的基础上长期发展、渐进改进、内生性演化的结果。"③ 因之，当代中国应设计和发展国家政治制度与法律制度，探索适合自己的民主政治发展道路。

中国共产党自成立以来，始终注重从中国的国情实际出发，努力探索自己的民主政治发展道路。全过程人民民主深深扎根中华大地，是中国共产党人在中国的国情条件下推进政治发展的创造性行动，是从中国的社会土壤中顽强地生长起来的中国式民主，是中国式现代化的集中体现。党的十八大以来，习近平总书记创造性地阐述马克思主义国家与法的学说，注重历史和现

---

① 参见《中国共产党第二十次全国代表大会文件汇编》，人民出版社 2022 年版，第 33－34 页。
② 习近平：《论坚持人民当家作主》，中央文献出版社 2021 年版，第 335 页。
③ 习近平：《论坚持全面依法治国》，中央文献出版社 2020 年版，第 78 页。

实、理论和实践、形式和内容的有机统一，不断深化对中国民主政治发展规律的认识，开创性地提出"发展全过程人民民主"的重大理念①，加强对推进全过程人民民主建设的战略谋划，"全面发展全过程人民民主"②，推动社会主义民主政治焕发出蓬勃生机和强大生命力。

坚持人民至上，是全过程人民民主的核心理念。人民是历史的创造者，是决定一个国家前途命运的根本力量。人民性是全过程人民民主的本质属性。习近平总书记指出："人民立场是中国共产党的根本政治立场，是马克思主义政党区别于其他政党的显著标志。"③"人民当家作主是社会主义民主政治的本质和核心，发展社会主义民主政治就是要体现人民意志、保障人民权益、激发人民创造活力，用制度体系保证人民当家作主。"④ 全过程人民民主，鲜明体现了人民至上的价值取向，坚持为了人民、依靠人民、造福人民、保护人民，充分体现人民民主，切实保障人民权益，激发了人民的创造热忱和活力，从而拓展了中国式民主的发展道路，彰显了以人民为中心的中国式现代化的本质特征。

全过程人民民主是全链条、全方位、全覆盖的民主。在长期的中国特色社会主义民主政治的实践探索中，中国共产党人逐步构建了发展全过程人民民主的制度体系，形成了以全链条、全方位、全覆盖为主要特点的中国式民主的运行机制。习近平总书记指出："我国全过程人民民主不仅有完整的制度程序，而且有完整的参与实践"，"实现了过程民主和成果民主、程序民主和实质民主、直接民主和间接民主、人民民主和国家意志相统一"⑤。就完整的全过程人民民主的制度程序而言，这主要包括工人阶级领导的、以工农联盟为基础的人民民主专政的国体，人民代表大会制度的政体，中国共产党领导的多党合作和政治协商制度，民族区域自治制度，基层群众自治制度，爱国统一战线等制度安排。这些制度程序有机衔接，从总体上构成了人民当家作主的制度体系，能够有效地保证享有更加广泛、更加充实的权利和自

---

① 参见习近平：《在庆祝中国共产党成立 100 周年大会上的讲话》，人民出版社 2021 年版，第 12 页。

② 《中国共产党第二十次全国代表大会文件汇编》，中央文献出版社 2022 年版，第 8 页。

③ 习近平：《论坚持人民当家作主》，中央文献出版社 2021 年版，第 163 页。

④ 习近平：《在中央人大工作会议上的讲话》，载《求是》2022 年第 5 期。

⑤ 习近平：《在中央人大工作会议上的讲话》，载《求是》2022 年第 5 期。

由，进而确立了发展全过程人民民主的国家制度基础。就完整的全过程人民民主的参与实践而言，"民主不是装饰品，不是用来做摆设的，而是要用来解决人民需要解决的问题的"①。在当代中国，推进全过程人民民主建设的一个重要方面，就是在党的领导下，健全民主制度，丰富民主形式，拓宽民主渠道，从而在各层次各领域不断扩大人民有序政治参与。这集中地体现为全体人民依法实行民主选举、民主协商、民主决策、民主管理、民主监督，依法通过各种途径和形式管理国家事务，管理经济和文化事业，管理社会事务，从而保证人民依法享有知情权、参与权、表达权和监督权。因之，完整的制度程序和完整的参与实践，充分彰显了全过程人民民主的显著优势，展现了中国式民主的鲜明特质。

3. 不断增强推进中国式现代化的法治精神力量

"文化是一个国家、一个民族的灵魂。""文化自信是一个国家、一个民族发展中更基本、更深沉、更持久的力量。"② 全面建设社会主义现代化国家，全面推进中华民族伟大复兴，不仅需要强大的物质力量，而且需要强大的精神力量。人民精神世界的极大丰富，是实现现代化与民族复兴的必然要求。习近平总书记在党的二十大报告中强调，"丰富人民精神世界"是中国式现代化本质要求的重要内容，是未来五年全面建设社会主义现代化国家的主要目标任务之一，是"人民精神文化生活更加丰富，中华民族凝聚力和中华文化影响力不断增强"③。这一论述深刻阐明了文化与精神力量在中国式现代化进程中的独特价值意义。

现代化是一个涵盖人类思想、行为及其实践各个领域的多方面进程，其核心是人的现代化。作为一场意义深远的社会变革进程，现代化能否顺利推进，很大程度上取决于人的创造性活力能否得到最大限度的激发与展现。因之，人的现代化是现代化的题中应有之义，甚或是现代化能否成功的决定性因素。人类社会现代化的进程表明，人的价值观念、行为方式、情感意识、心理态度和人格特征等精神世界的因素，在不同层面都会影响或铸就一个国家的现代化状况。中国式现代化是中华文明演进过程中的一场意义深刻的社

---

① 习近平：《在中央人大工作会议上的讲话》，载《求是》2022年第5期。

② 习近平：《论党的宣传思想工作》，中央文献出版社2020年版，第10、5页。

③ 《中国共产党第二十次全国代表大会文件汇编》，中央文献出版社2022年版，第20、21页。

会变革运动。物质文明与精神文明相协调，是中国式现代化的中国特色的显著标识之一。① 不断满足人民精神文化需求，丰富人民精神世界，增强人民精神力量，促进人的全面发展，是中国式现代化的本质要求和鲜明特色，从而为推进和拓展中国法治现代化确立了价值基础。

民族和国家的兴旺强盛，离不开文化软实力，而核心价值准则是文化软实力的灵魂。习近平总书记指出："一个国家的文化软实力，从根本上说，取决于其核心价值观的生命力、凝聚力、感召力。""人类社会发展的历史表明，对一个民族、一个国家来说，最持久、最深层的力量是全社会共同认可的核心价值观。核心价值观，承载着一个民族、一个国家的精神追求，体现着一个社会评判是非曲直的价值标准。"② 中国共产党人继承和弘扬中华优秀传统文化，吸收世界文明有益成果，提出并倡导以富强、民主、文明、和谐、自由、平等、公正、法治、爱国、敬业、诚信、友善为基本构成要素的社会主义核心价值观，从而为中国式现代化确立了坚实的价值基石。法治是社会主义核心价值观的基本要素之一，集中体现了推进中国式现代化的法治价值目标，深刻反映了坚持和完善中国特色社会主义制度的价值共识。在全面推进和拓展中国法治现代化的新的时代条件下，在法治领域提升国家文化软实力，一个重大的战略性任务，就是要加强社会主义核心价值观的认知认同，确证与践行当代中国法治价值观念，弘扬社会主义法治精神，进而丰富人民的法治精神世界。党的二十大报告强调，要"弘扬社会主义法治精神，传承中华优秀传统法律文化，引导全体人民做社会主义法治的忠实崇尚者、自觉遵守者、坚定捍卫者"③。伴随着迈上新时代新征程的时代脚步，中国式现代化正在以空前的广度和深度波澜壮阔地展开。这场伟大变革实际上是要完成中国社会的深刻的历史转型与发展。正是在这一伟大变革进程中，中国法治现代化进程呈现出崭新的时代走向。当代中国法治价值观念，就是中国特色社会主义法治价值观念，体现了中国法治现代化的基本价值准则。世界法治现代化的进程表明，一定社会、地区或国度的法治现代化，总有其自身特定的价值系统。这些特定的价值系统，随着文化的传承和相互影响，又

---

① 参见《中国共产党第二十次全国代表大会文件汇编》，中央文献出版社 2022 年版，第 19 页。

② 习近平：《习近平谈治国理政》（第 1 卷），外文出版社 2018 年版，第 163、168 页。

③ 《中国共产党第二十次全国代表大会文件汇编》，中央文献出版社 2022 年版，第 35 页。

会形成反映某些社会、地区或国度共同生活条件的法治现代化类型。在急剧变化的当代法治现代化运动中，这些不同的法治现代化类型逐渐演化成为具有不同历史特点和不同变革方式的法治现代化道路或模式。中国特色社会主义法治价值观念蕴含着独特的法学世界观与法学价值观，体现了对中国基本国情条件下法治发展现象的理解与体认，构成了中国法治现代化的中国道路的价值方位。因之，应大力培育和践行中国特色社会主义法治价值观念，使当代中国法治价值观念有机融入社会成员生产生活和精神世界，大力弘扬社会主义法治精神，引导社会成员深刻理解中国法治现代化的基本性质、主要特征及时代走向，把当代中国法治价值观念落实到中国法治现代化的全过程和各个方面，从而转化为推动中国法治现代化的内生动能，坚定中国特色社会主义法治道路自信。

4. 夯实促进共同富裕的法治基础

随着当代中国开启全面建设社会主义现代化国家的新征程，逐步实现共同富裕的重大时代课题更加突出地摆在我们面前。党的二十大报告强调，中国式现代化的本质要求之一，是"实现全体人民共同富裕"[①]。中国式现代化是在中国的国情条件下展开的具有社会主义性质的现代化新路。习近平总书记指出："我国现代化是全体人民共同富裕的现代化。"[②] "共同富裕本身就是社会主义现代化的一个重要目标。我们不能等实现了现代化再来解决共同富裕问题，而是要始终把满足人民对美好生活的新期待作为发展的出发点和落脚点，在实现现代化过程中不断地、逐步地解决好这个问题。"[③] 早在当代中国改革开放蓬勃兴起之际，邓小平就明确提出了坚持走共同富裕道路的重大问题，明确主张把实现共同富裕作为社会主义与资本主义相区别的重要标志之一，指出，"在中国现在落后的状态下，走什么道路才能发展生产力，才能改善人民生活？这就又回到是坚持社会主义还是走资本主义道路的问题上来了。如果走资本主义道路，可以使中国百分之几的人富裕起来，但是绝对解决不了百分之九十几的人生活富裕的问题。而坚持社会主义，实行

---

① 《中国共产党第二十次全国代表大会文件汇编》，中央文献出版社 2022 年版，第 20 页。

② 习近平：《论把握新发展阶段、贯彻新发展理念、构建新发展格局》，中央文献出版社 2021 年版，第 9 页。

③ 习近平：《全党必须完整、准确、全面贯彻新发展理念》，载《求是》2022 年第 16 期。

按劳分配的原则，就不会产生贫富过大的差距"，"社会主义的目的就是要全国人民共同富裕，不是两极分化。如果我们的政策导致两极分化，我们就失败了"①。后来，邓小平又反复强调："共同富裕，我们从改革一开始就讲，将来总有一天要成为中心课题。"② 在 1992 年的南方谈话中，邓小平将实现共同富裕提升到关乎社会主义本质的高度，深刻指出："社会主义的本质，是解放生产力，发展生产力，消灭剥削，消除两极分化，最终达到共同富裕。"③ 因此，社会主义的根本任务，不仅在于发展生产力，而且要实现共同富裕，贫穷落后不是社会主义，两极分化也不是社会主义。作为社会主义的本质的集中体现，共同富裕蕴含着社会主义的价值理想，在很大程度上构成了社会主义价值系统的终极依托。随着中国特色社会主义进入新时代，中国式现代化进程深入展开，逐步实现共同富裕、维护和促进社会公平正义的重大时代课题更加突出地摆在国人面前。以习近平同志为核心的党中央深刻把握我国发展阶段的新变化，深入分析促进共同富裕面临的有利条件以及亟待解决的突出问题，作出逐步实现全体人民共同富裕的重大战略决策。习近平总书记强调："现在，已经到了扎实推动共同富裕的历史阶段。""我们正在向第二个百年奋斗目标迈进。适应我国社会主要矛盾的变化，更好满足人民日益增长的美好生活需要，必须把促进全体人民共同富裕作为为人民谋幸福的着力点，不断夯实党长期执政基础。"④ 因之，作为中国式现代化的本质要求，共同富裕集中体现了社会主义制度的基本性质，反映了社会主义的根本目标，彰显了中国式现代化的鲜明价值指向。诚如习近平总书记所指出的："共同富裕是社会主义的本质要求，是中国式现代化的重要特征。我们说的共同富裕是全体人民共同富裕，是人民群众物质生活和精神生活都富裕，不是少数人的富裕，也不是整齐划一的平均主义。"⑤

在当代中国，推动共同富裕蕴含着深厚的法哲学意义，亦即促进社会公平正义。人民性是中国法治现代化的本质属性。推动共同富裕、维护社会公

---

① 邓小平：《邓小平文选》（第 3 卷），人民出版社 1993 年版，第 64、110－111 页。
② 邓小平：《邓小平文选》（第 3 卷），人民出版社 1993 年版，第 364 页。
③ 邓小平：《邓小平文选》（第 3 卷），人民出版社 1993 年版，第 373 页。
④ 习近平：《扎实推动共同富裕》，载《求是》2021 年第 20 期。
⑤ 习近平：《扎实推动共同富裕》，载《求是》2021 年第 20 期。

平正义，集中体现了以人民为中心的中国法治现代化的基本价值准则。党的二十大报告强调，我们要"坚持把实现人民对美好生活的向往作为现代化建设的出发点和落脚点，着力维护和促进社会公平正义，着力促进全体人民共同富裕，坚决防止两极分化"，"不断实现发展为了人民、发展依靠人民、发展成果由人民共享，让现代化建设成果更多更公平惠及全体人民"①。因之，推进和拓展中国法治现代化，就必须顺应新时代社会主要矛盾的新变化，以推动共同富裕、促进社会公平正义为基本价值目标，把握构建有效满足人民群众公平正义需求的法治体制、制度和机制，以期解决好推动共同富裕、促进社会公平正义的突出问题。在这里，重要的是要正确认识和处理好公平与效率之间的关系。在中国的国情条件下，推动共同富裕、促进社会公平正义，在很大程度上表现为公平与效率之间价值关系的合理解决。② 改革开放以来，中国的公平与效率之间的关系经历了效率优先、兼顾公平到合理平衡公平与效率之间关系，再到发展成果更多更公平惠及全体人民的演进过程。进入新时代以来，促进社会公平正义愈益成为党和国家的基本政策与法治价值取向。党的十九届五中全会决议将"促进社会公平"确立为"十四五"时期经济社会发展必须遵循的原则的重要内容，在党的全会文件中第一次将"全体人民共同富裕取得更为明显的实质性进展"作为到 2035 年基本实现现代化的远景目标之一，提出了"三次分配"的崭新理念，强调要推动构建初次分配、再分配、三次分配协调配套的基础性制度安排，提出要提高劳动报酬在初次分配中的比重，着力提高低收入群体收入，扩大中等收入群体，探索通过土地、资本等要素使用权、收益权增加中低收入群体要素收入；完善再分配机制，加大税收、社保、转移支付等调节力度和精准性，合理调节过高收入；发挥第三次分配作用，发展慈善事业，改善收入和财富分配格局。③ 党的二十大报告深刻把握"中国式现代化是全体人民共同富裕的现代化"的实践要求，强调"分配制度是促进共同富裕的基础性制度"，进一步

---

① 《中国共产党第二十次全国代表大会文件汇编》，中央文献出版社 2022 年版，第 19、23 页。

② 参见厉以宁、黄奇帆、刘世锦：《共同富裕：科学内涵与实现路径》，中信出版集团 2022 年版，第 320 页。

③ 参见《中国共产党第十九届中央委员会第五次全体会议文件汇编》，人民出版社 2020 年版，第 25、23、56 页。

强调要"构建初次分配、再分配、第三次分配协调配套的制度体系"①。习近平总书记精辟阐述公平与效率之间的价值关系，强调要坚持以人民为中心的发展思想，正确处理效率与公平的关系，促进社会公平正义，促进人的全面发展，使全体人民朝着共同富裕目标扎实迈进。②

因之，一方面，要坚持在高质量发展中促进共同富裕、实现社会公平正义。解放和发展社会生产力，提高效率，是社会主义本质的内在要求。应当清醒地看到，经济社会发展水平是影响促进共同富裕、实现社会公平的最主要因素。新时代我国社会主要矛盾的主要方面是发展不平衡不充分的问题比较突出，这在很大程度上制约了实现共同富裕的历史进程。习近平总书记指出："幸福生活都是奋斗出来的，共同富裕是靠勤劳智慧来创造。要坚持在发展中保障和改善民生，把推动高质量发展放在首位，为人民提高受教育程度、增强发展能力创造更加普惠公平的条件。"③ 因此，必须紧紧扭住经济建设中心不放，大力发展社会生产力，提高经济效率，推动经济高质量发展，进一步把"蛋糕"做大，为促进共同富裕、实现社会公平正义打下更加坚实的物质基础。

另一方面，要着力创造更加公平正义的社会与法治环境。面对以中国式现代化全面推进中华民族伟大复兴的重大战略任务，促进共同富裕、维护社会公平正义具有更为紧迫的意义。习近平总书记强调："实现共同富裕不仅是经济问题，而且是关系党的执政基础的重大政治问题。""要自觉主动解决地区差距、城乡差距、收入差距等问题，推动社会全面进步和人的全面发展，促进社会公平正义，让发展成果更多更公平惠及全体人民，不断增强人民群众获得感、幸福感、安全感，让人民群众真真切切感受到共同富裕不仅仅是一个口号，而是看得见、摸得着、真实可感的事实。"④ 因此，协调好公平与效率之间的价值关系，切实加强促进共同富裕的法治保障制度建设，就显得尤为重要。要进一步把"蛋糕"分好，健全有利于扎实推动共同富裕的

①　《中国共产党第二十次全国代表大会文件汇编》，人民出版社 2022 年版，第 19、39 页。
②　参见习近平：《扎实推动共同富裕》，载《求是》2021 年第 20 期。
③　习近平：《扎实推动共同富裕》，载《求是》2021 年第 20 期。
④　习近平：《论把握新发展阶段、贯彻新发展理念、构建新发展格局》，中央文献出版社 2021 年版，第 480 页。

分配制度体系，加快构建初次分配、再分配、三次分配协调配套的基础性制度，提高中等收入群体比重，增加低收入群体收入，合理调节高收入，取缔非法收入，形成中间大、两头小的橄榄型分配结构，促进社会公平正义。①要以低收入群体的帮扶保障为重点，采取针对性的措施，加大普惠性人力资本投入，进一步推进基本公共服务均等化法律制度建设，确保低收入群体能够有更多的获得感。要健全税收法律制度，完善个人所得税制度，依法保护合法收入，取缔非法收入，合理调节过高收入，并且运用税收杠杆促进公益慈善事业的健康发展。要健全反垄断法律制度，"依法规范和引导资本健康发展"②，坚决遏制资本无序扩张。

因之，由中国式现代化的本质要求所决定，在推进和拓展中国法治现代化的新征程上，法治的重要职能在于平衡协调效率与公平之间的关系，更加维护和促进社会公平正义，把推动共同富裕、实现社会公平作为提高效率的基本价值目标，进而弘扬社会主义的正义理想和平等价值。

5. 用最严密的法治保护生态环境

"人与自然是生命共同体。"③伴随着中国式现代化进程的深入拓展，生态文明建设在中国式现代化建设全局中的地位更加凸显、作用更加重要。党的二十大报告所揭示的中国式现代化之本质要求，内在地蕴含着"促进人与自然和谐共生"的时代意义。"中国式现代化是人与自然和谐共生的现代化"④，在走向生态文明新时代的历史进程中，"尊重自然、顺应自然、保护自然，是全面建设社会主义现代化国家的内在要求"⑤。绿色发展，建设美丽中国；构建人与自然和谐共生的生命共同体，是推进和拓展中国式现代化的必然要求，也是实现中华民族永续发展的历史责任之所在。因之，在建设中国式现代化的过程中，完善生态文明制度体系，用最严格的制度、最严密的法治保护生态环境，加快建立健全保障绿色发展的法治体制、制度和机制，就显得至关重要。习近平总书记指出："绿色发展注重的是解决人与自

---

①　参见习近平：《习近平著作选读》（第2卷），人民出版社2023年版，第503页。

②　《中国共产党第二十次全国代表大会文件汇编》，人民出版社2022年版，第25页。

③　习近平：《习近平谈治国理政》（第4卷），外文出版社2022年版，第355页。

④　《中国共产党第二十次全国代表大会文件汇编》，人民出版社2022年版，第19页。

⑤　《中国共产党第二十次全国代表大会文件汇编》，人民出版社2022年版，第41页。

然和谐问题。"① "绿色发展，就其要义来讲，是要解决好人与自然和谐共生问题。人类发展活动必须尊重自然、顺应自然、保护自然，否则就会遭到大自然的报复，这个规律谁也无法抗拒。"② 因之，恪守绿水青山就是金山银山的发展理念，是推进中国式现代化的重大原则，这一理念清晰地表达了生态环境保护与经济高质量发展之间的辩证统一关系，旨在使中国走出一条生产发展、生活富裕、生态良好的文明发展道路。在法治轨道上推进生态文明建设，是中国式现代化本质要求的法治意蕴。习近平总书记强调，"保护生态环境必须依靠制度、依靠法治"，要"用最严格制度最严密法治保护生态环境"③。加快形成绿色发展方式，就必须充分发挥法治的引领和调整功能，着力构建生态环境保护的法治制度体系，为促进绿色发展提供有力的法治保障。党的十八大以来，以习近平同志为核心的党中央采取强有力的举措，加大力度推进生态文明法治建设，取得了重要进展。面对新时代新征程全面建设社会主义现代化国家的艰巨任务，进一步完善生态文明制度体系，切实解决环境保护法治领域存在的突出问题，坚持"以法治理念、法治方式推动生态文明建设"④，已经成为新时代推进中国法治现代化进程中的重大课题。

一方面，要以降碳为重点战略方向，加快环境保护法治制度创新，增加环境保护法治制度的优质供给，建立健全绿色低碳循环发展的法治型经济体系，进而为推动经济社会发展全面绿色转型奠定坚实的法治基础。要围绕完善国家自然资源资产管理体制的要求，进一步健全自然资源资产产权制度和法律法规。要进一步"推进排污权、用能权、用水权、碳排放权市场化交易"⑤，以期建立健全反映市场供求和资源稀缺程度、体现生态价值、代际补偿的资源有偿使用制度和生态补偿制度。⑥ 另一方面，"制度的生命力在

---

① 中共中央文献研究室编：《习近平关于社会主义生态文明建设论述摘编》，中央文献出版社 2017 年版，第 28 页。

② 习近平：《在省部级主要领导干部学习贯彻党的十八届五中全会精神专题研讨班上的讲话》，人民出版社 2016 年版，第 16 页。

③ 习近平：《论坚持人与自然和谐共生》，中央文献出版社 2022 年版，第 13 页。

④ 中共中央文献研究室编：《习近平关于社会主义生态文明建设论述摘编》，中央文献出版社 2017 年版，第 110 页。

⑤ 习近平：《努力建设人与自然和谐共生的现代化》，载《求是》2022 年第 11 期。

⑥ 参见中共中央文献研究室编：《习近平关于社会主义生态文明建设论述摘编》，中央文献出版社 2017 年版，第 100 页。

于执行"①。新时代新征程的生态文明法治建设，要以解决人民群众反映强烈的大气、水、土壤污染等突出环境问题为重点，完善跨区域生态环境执法机制，强化生态环境制度执行工作，加强环境污染综合治理，加大环境保护执法力度，大幅度提高环境违法违规成本，严惩重罚破坏生态环境的行为，造成严重后果的要依法追究刑事责任，"让制度成为刚性的约束和不可触碰的高压线"②。要进一步加强和改进环境资源司法工作，充分发挥检察机关的法律监督职能作用，健全环境公益诉讼制度，更加有力地维护环境公共利益；完善环境资源审判工作体制、制度和机制，建立健全人民法院环资审判组织体系，探索建立符合生态环境保护需要的专门程序规则，进一步完善跨省域生态环境司法协同机制，从而不断提高生态环境领域司法现代化水平。要大力实施好《长江保护法》和《黄河保护法》，加强长江流域和黄河流域生态环境保护和修复，努力使长江经济带成为新时代中国生态优先绿色发展主战场，推动黄河流域生态保护和高质量发展，从而为新时代新征程推进全面绿色转型的现代化道路夯实法治基础。

四、中国法治现代化的全球方位

中国共产党成立一个多世纪以来，在团结带领人民开辟和推进中国式现代化的历史进程中，坚持胸怀天下，"始终以世界眼光关注人类前途命运，从人类发展大潮流、世界变化大格局、中国发展大历史正确认识和处理同外部世界的关系"③，致力于人类和平与发展的崇高事业。纵观全球发展态势，世界变局加速演进，全球化虽未消失但遭遇重大挫折，地缘政治冲突动荡不已，全球性问题加剧，世界发展中的不确定性明显增强，世界范围内的新的动荡变革期正在到来，人类社会愈益面临着前所未有的严峻挑战。面对"世界怎么了、我们怎么办"这个"时代之问"④，习近平总书记从顺应历史潮流、增进人类福祉出发，冷静洞察人类社会发展趋向，深刻把握人类社会发展规律，明确提出了构建人类命运共同体的重大倡议，有力回应了世界各国

---

① 习近平：《论坚持人与自然和谐共生》，中央文献出版社 2022 年版，第 13 页。
② 习近平：《论坚持人与自然和谐共生》，中央文献出版社 2022 年版，第 13 页。
③ 《中共中央关于党的百年奋斗重大成就和历史经验的决议》，人民出版社 2021 年版，第 68 页。
④ 习近平：《论坚持推动构建人类命运共同体》，中央文献出版社 2018 年版，第 414 页。

人民的普遍关切，为处于历史转折关头的世界发展指明了方向，从而确立了中国法治现代化的全球方位。党的二十大报告强调中国式现代化的本质要求之一，就是"推动构建人类命运共同体"①。这一论断集中体现了中国发展与世界发展的内在一致性，展现了世界大变局时代中国式现代化的全球场域，进而昭示着推进和拓展中国法治现代化的全球向度。因之，深入探讨中国法治现代化与构建人类命运共同体之间的相互关系，无疑有助于加深对中国式现代化的本质要求的认识。

　　作为中国式现代化的本质要求的重要内容，推动构建人类命运共同体，是以中国式现代化全面推进中华民族伟大复兴的必然要求。当今世界变局正在以前所未有的方式深入展开。统筹中华民族伟大复兴战略全局和世界百年未有之大变局，深入参与全球治理体系变革与建设，积极应对全球性挑战，为国家发展与民族复兴创设良好的国际环境，为人类文明进步发展作出新的贡献，已经成为当代中国共产党人肩负的重大时代使命。中国是一个有着悠久历史的文明古国。在 18 世纪欧洲工业革命之前的数千年的历史长河中，中国始终是世界上的经济强国，"至少直到 1800 年为止，亚洲，尤其是中国一直在世界经济中居于支配地位，具体到中国是直到 19 世纪 40 年代的鸦片战争，东方才衰落，西方才上升到支配地位"②。伴随着中华民族从站起来到富起来再到强起来的历史性飞跃，中国与世界的关系发生了根本性的变化，当代中国日益走近世界舞台的中央。应当看到，中国的和平发展，决不因循所谓"国强必霸"的逻辑理路。建成现代化国家，实现中华民族伟大复兴，是近代以来中国人民不懈奋斗的伟大目标。在推进中国法治现代化的时代进程中，当代中国国家发展与世界发展交互作用，相互关联，中国"在坚定维护世界和平与发展中谋求自身发展，又以自身发展更好维护世界和平与发展"③。因此，习近平总书记强调："中国式现代化是走和平发展道路的现代化。"④ 这一论断精辟地揭示了中国式现代化的国际关系特征与全球价值

---

　　① 《中国共产党第二十次全国代表大会文件汇编》，人民出版社 2022 年版，第 20 页。

　　② 弗兰克：《白银资本：重视经济全球化中的东方》，中央编译出版社 2005 年版，中文版前言第 2 页。

　　③ 《中国共产党第二十次全国代表大会文件汇编》，人民出版社 2022 年版，第 20 页。

　　④ 《中国共产党第二十次全国代表大会文件汇编》，人民出版社 2022 年版，第 19 页。

意义。

综览近代以来西方现代化所走过的道路，我们可以清晰地看到，西方国家在对外关系领域的一个明显特征，就是通过对外殖民扩张、战争与征服、资源与资本掠夺等方式或途径来实现现代化。国际史学界通常把 1500 年前后的地理大发现看作中世纪社会和近代社会之间的分水岭之一。① 自那以来，从近代早期的西欧列强到 20 世纪以来的西方列强，走了一条"国强必霸"的现代化道路。在法律发展领域，西方殖民者按照宗主国的意志和需要，推行殖民主义政策和法律，排斥和消解殖民地国家的本土法律文化传统。② 这种损人利己、充满血腥罪恶的现代化老路，给广大发展中国家人民带来了深重的灾难和痛苦③，遂而使发展中国家的法律生活具有依附发展的明显特征，严重阻碍了广大发展中国家的自主型法治现代化进程。"中国近代史，是一部充满灾难、落后挨打的悲惨屈辱史，是一部中华民族抵抗外来侵略、实现民族独立的伟大斗争史。历经苦难的中国人民珍惜和平，绝不会将自己曾经遭受过的悲惨经历强加给其他民族。"④ 中华民族历来是珍爱和平、崇尚和睦的民族。在当今世界，中国共产党人始终站在历史正确的一边，站在人类文明进步的一边，无论全球治理体系如何变革，始终高扬和平发展、合作共赢的旗帜，在追求本国利益的同时兼顾其他国家合理的安全关切，在推动中国发展的同时积极促进世界各国的共同发展，努力营造中国式现代化的良好外部环境。习近平总书记以宽广的世界眼光和远见卓识，创造性地提出推动构建人类命运共同体的重大战略思想，把中国发展与世界发展更加紧密地联系在一起，从而确立了坚持走和平发展道路的中国式现代化的理论与政策指南，为推进中国法治现代化、推动全球治理体系变革提供了中国方案。

1. 筑牢构建人类命运共同体的价值基石

推动构建人类命运共同体，是重塑当代国际秩序的一场深刻变革。"凝

① 参见诺斯、托马斯：《西方世界的兴起》，华夏出版社 2009 年版，第 130 页。

② 参见马克思、恩格斯：《马克思恩格斯全集》（第 9 卷），人民出版社 1961 年版，第 251 页；《马克思古代社会史笔记》，人民出版社 1996 年版，第 111、112、115 - 121 页。

③ 参见《中国共产党第二十次全国代表大会文件汇编》，人民出版社 2022 年版，第 19 页。

④ 习近平：《论坚持推动构建人类命运共同体》，中央文献出版社 2018 年版，第 107 页。

聚不同民族、不同信仰、不同文化、不同地域人民的共识，共襄构建人类命运共同体的伟业"①，乃是坚持以维护世界和平、促进共同发展为宗旨推动构建人类命运共同体的题中应有之义。习近平总书记从世界历史的高度，精辟凝练和阐述人类法治文明进程积淀下来的共同价值共识，提出了以"和平、发展、公平、正义、民主、自由"为基本构成要素的全人类共同价值，党的二十大报告进一步强调"我们真诚呼吁，世界各国弘扬和平、发展、公平、正义、民主、自由的全人类共同价值，促进各国人民相知相亲"②。这一重要理念深刻体现了全人类的共同价值关切，为推动构建人类命运共同体确定了坚实的价值基石。

第一，和平发展是全人类的共同愿望和光明之途，"是我们的共同事业"③，这一历史潮流奔腾激荡、不可阻挡。没有和平，世界就不可能顺利发展；没有发展，世界也不可能有真正的持久的和平。然而，和平与发展的任务至今还远远没有完成，当下愈益遭遇严峻的挑战。"中华民族是爱好和平的民族。消除战争，实现和平，是近代以后中国人民最迫切、最深厚的愿望。走和平发展道路，是中华民族优秀文化传统的传承和发展，也是中国人民从近代以后苦难遭遇中得出的必然结论。"④ 推进"走和平发展道路"的中国式现代化，是中国共产党人基于时代发展潮流和国家根本利益作出的重大战略抉择，体现了国内发展与对外开放、中国发展与世界发展、中国人民利益与世界各国人民共同利益的内在关联和有机统一。因之，作为全人类共同价值的重要构成要素的和平与发展，不仅是中国式现代化的显著标识之一，而且成为构建人类命运共同体的不懈追求。诚如习近平总书记所指出的："让和平的薪火代代相传，让发展的动力源源不断，让文明的光芒熠熠生辉，是各国人民的期待，也是我们这一代政治家应有的担当。中国方案是：构建人类命运共同体，实现共赢共享。"⑤

---

① 中共中央党史和文献研究院编：《习近平关于中国特色大国外交论述摘编》，中央文献出版社2020年版，第53页。

② 《中国共产党第二十次全国代表大会文件汇编》，人民出版社2022年版，第52页。

③ 习近平：《习近平谈治国理政》（第4卷），外文出版社2022年版，第475页。

④ 中共中央党史和文献研究院编：《习近平关于中国特色大国外交论述摘编》，中央文献出版社2020年版，第111-112页。

⑤ 习近平：《习近平谈"一带一路"》，中央文献出版社2018年版，第165页。

第二，公平正义"是我们的共同理想"①，人类社会追求的崇高价值目标，也是新型国际关系的基本价值准则。在国际关系领域，"公平正义是世界各国人民在国际关系领域追求的崇高目标。在当今国际关系中，公平正义还远远没有实现"②。当今世界存在的恃强凌弱、巧取豪夺、零和博弈等霸权霸道霸凌行径，集中反映了国际关系中的不公正问题危害深重。发展失衡、治理困境、数字鸿沟、公平赤字、安全赤字等现实状况，亦清楚地表明解决公平公正问题的紧迫性与必要性。因此，坚持公平正义是重塑更加公正合理的新型国际秩序的基本价值准则。追求国际公平正义，已经成为世界上大多数国家的价值共识。在国际事务中，要摒弃弱肉强食的丛林法则，世界各国不论贫富、强弱、大小一律平等，"这不仅是指权益上的平等，也是指在国际规则上的平等"③；都有平等参与地区和国际事务的权利，从而致力于维护国际公平正义。特别是要主持公道，弘扬正义，大力变革当下国际秩序中的不公正不合理的制度性安排，增加广大发展中国家的代表性和话语权，更好维护广大发展中国家的正当权益，努力建设公平公正的美好世界。④

第三，民主自由既是全人类共同价值的重要表征，"是我们的共同追求"⑤，也是人类政治与法治文明的有机载体。"民主是全人类的共同价值。""民主是各国人民的权利，而不是少数国家的专利。"⑥ 在当今国际关系领域，国际力量对比正在发生前所未有的新变化，新兴市场国家和广大发展中国家的群体性崛起，正在极其深刻地改变着当代全球政治与经济版图，世界多极化和国际关系民主化的时代进程奔腾向前。因之，"世界上的事情越来越需要各国共同商量着办"⑦。面对纷繁复杂的全球新的动荡变革，要深入推动国际关系民主化进程，坚持和平共处五项原则，坚持世界的命运必须由各国人民共同掌握，坚持各国应该尊重彼此核心利益和重大关切，尊重各国

---

① 习近平：《习近平谈治国理政》（第 4 卷），外文出版社 2022 年版，第 475 页。
② 习近平：《论坚持推动构建人类命运共同体》，中央文献出版社 2018 年版，第 133 页。
③ 习近平：《论坚持推动构建人类命运共同体》，中央文献出版社 2018 年版，第 193 页。
④ 参见习近平：《论坚持推动构建人类命运共同体》，中央文献出版社 2018 年版，第 200 - 201、134、143 页。
⑤ 习近平：《习近平谈治国理政》（第 4 卷），外文出版社 2022 年版，第 475 页。
⑥ 习近平：《论坚持人民当家作主》，中央文献出版社 2021 年版，第 335、336 页。
⑦ 中共中央党史和文献研究院编：《习近平关于中国特色大国外交论述摘编》，中央文献出版社 2020 年版，第 219 页。

人民自主选择社会制度和发展道路的权利，彻底摒弃企图垄断国际事务的想法与行动，坚决反对将一个或几个国家制定的规则强加于人，从而推动国际秩序朝着更加公正合理的方向发展。

2. 确立构建人类命运共同体的国际法治准则

"法治是人类政治文明的重要成果。"① 推动构建人类命运共同体，是一场重构国际秩序格局的极其广泛而深远的世界历史进程，在很大程度上有赖于国际法治的确立与发展。②

首先，要恪守国际关系的基本法治原则。在数百年来国际关系的演进过程中，世界逐步形成了规范国与国之间关系的公认的国际法治原则。习近平总书记指出："纵观近代以来的历史，建立公正合理的国际秩序是人类孜孜以求的目标。从三百六十多年前《威斯特伐利亚和约》确立的平等和主权原则，到一百五十多年前日内瓦公约确立的国际人道主义精神；从七十多年前联合国宪章明确的四大宗旨和七项原则，到六十多年前万隆会议倡导的和平共处五项原则，国际关系演变积累了一系列公认的原则。这些原则应该成为构建人类命运共同体的基本遵循。"③ 因之，必须促进世界各国遵行这些国际关系的基本法治原则，运用这些统一适用的原则与规则明辨是非，促进和平，谋求发展，共同推动国际关系的法治化进程。

其次，要维护以联合国为核心、以联合国宪章宗旨和原则为基础的国际秩序和国际关系。在当今世界，联合国尽管需要不断改革发展，但依然是最具普遍性、代表性、权威性的政府间国际组织；联合国宪章依然是处理国与国之间关系的准则，也是保持国际秩序稳定的不可动摇的基石。因之，要坚持真正的多边主义，"坚定维护以联合国为核心的国际体系，坚定维护以国际法为基础的国际秩序，坚定维护联合国在国际事务中的核心作用"④。

最后，要维护国际法治权威。构建人类命运共同体的一项重要法治议程，就是推动世界各国在国际事务中自觉维护国际法治权威，遵守国际法和

---

① 习近平：《论坚持全面依法治国》，中央文献出版社 2020 年版，第 183 页。

② 参见黄进、鲁洋：《习近平法治思想的国际法治意涵》，载《政法论坛》2021 年第 3 期，第 3-5 页。

③ 习近平：《论坚持推动构建人类命运共同体》，中央文献出版社 2018 年版，第 416 页。

④ 《习近平在联合国成立 75 周年系列高级别会议上的讲话》，人民出版社 2020 年版，第 4-5 页。

公认的国际关系基本准则，提高国际法在国际事务中的地位和作用，确保国际规则的有效遵守和实施。习近平总书记强调："法律的生命在于付诸实施，各国有责任维护国际法治权威，依法行使权利，善意履行义务。法律的生命也在于公平正义，各国和国际司法机构应该确保国际法平等统一适用，不能搞双重标准，不能'合则用、不合则弃'，真正做到'无偏无党，王道荡荡'。"① 对于那些以"法治"之名搞实用主义和双重标准，歪曲国际法，侵害他国正当权益的行径，必须坚决反对，必须坚定地捍卫国际法治。

3. 坚持构建人类命运共同体的国家核心利益底线

随着当代中国进入中华民族伟大复兴不可逆进程的关键阶段，中国与世界的关系正在发生极其深刻的变化。坚持走和平发展道路，推动构建人类命运共同体，不意味着牺牲或放弃国家核心利益。推进与拓展中国法治现代化，必须统筹考虑和综合运用国际国内两类规则，协调推进国内治理与国际治理，共同建设国内法治与涉外法治，"坚持以国家核心利益为底线维护国家主权、安全、发展利益"②。当今世界正处在一个全球大变革大动荡的进程之中。"中国走向世界，以负责任大国参与国际事务，必须善于运用法治"③，清醒地识别实现民族复兴前进道路上的各种风险挑战，更加坚定地维护国家安全和国家核心利益。面对当代中国走向世界所面临的风险挑战，要加快涉外法治工作战略布局，适应高水平对外开放工作的需要，抓紧建设涉外法治体系，着力形成系统完备的涉外法律法规体系，完善涉外法律和规则体系，加强我国法域外适用的法律体系建设，建立健全法治应对机制，"用规则说话，靠规则行事，维护我国政治安全、经济安全，维护我国企业和公民合法权益"④。面对全球治理体系改革和建设的新情况新问题，要主动参与国际规则制定，做全球治理变革进程的参与者、推动者、引领者，"推动形成公正合理透明的国际规则体系，提高我国在全球治理体系变革中的话语权和影响力"⑤，努力为改进和完善全球治理贡献中国智慧。在对外

---

① 习近平：《论坚持推动构建人类命运共同体》，中央文献出版社 2018 年版，第 417 页。

② 中共中央党史和文献研究院编：《习近平关于中国特色大国外交论述摘编》，中央文献出版社 2020 年版，第 253 页。

③ 习近平：《论坚持全面依法治国》，中央文献出版社 2020 年版，第 225 页。

④ 习近平：《论坚持全面依法治国》，中央文献出版社 2020 年版，第 256－257 页。

⑤ 习近平：《论坚持全面依法治国》，中央文献出版社 2020 年版，第 258 页。

斗争中，面对西方国家打着"法治"幌子对我国公民、法人实施所谓"长臂管辖"的霸权行径，必须综合运用政治、经济、外交、法治等多种手段加以应付，特别是要把法治应对摆在更加突出的位置，"拿起法律武器，占领法治制高点，敢于向破坏者、搅局者说不"①，加强反制理论和实践研究，建立法治化阻断机制，"健全反制裁、反干涉、反'长臂管辖'机制"②，加大《反外国制裁法》的实施力度，综合利用立法、执法、司法等法律手段开展国际斗争，从而切实维护国家核心利益，捍卫国家主权，保障国家安全，为推进和拓展中国法治现代化创设安全稳定的国际环境。

五、中国法治现代化的文明意蕴

以中国式现代化全面推进中华民族伟大复兴的革命性实践，从根本上改变了人类文明的发展样态，历史性地生成着人类文明新形态。党的二十大报告将"创造人类文明新形态"确立为中国式现代化之本质要求的重要内容，主旨鲜明，意义深刻。"文明"（civilisation）是一个含义丰富、历久弥新的术语。根据年鉴学派巨匠费尔南·布罗代尔的梳理，"文明"是一个新词，出现于18世纪的法国，经历了从意指"一种正义的行为"的法律用语到意指与野蛮状态相对立的"开化状态"的现代术语的衍变过程。此后，这一新词便逐渐在全欧洲风行开来，尽管人们对文明的含义之理解有着明显的差异。③ 按照马克思主义唯物史观的基本观点，文明是人类认识世界、改造世界的各项成果的总和，是人类社会发展到一定历史阶段的产物，经历了从古代到现代的历史演进过程。从总体上看，可以将文明区分为物质文明、制度文明和精神文明三种类型，法权文明或法治文明是制度文明类型的一种具体表现形式。

现代化是近代以来人类文明演进过程中新的发展趋向，反映了从传统社会文明体系向现代社会文明体系转变的历史变迁过程，因而是一个包含了人类思想、行为、实践等各个领域变革的文明发展过程。这种人类文明的历史性跃进，推动整个文明价值体系的巨大创新。法治现代化是近代以来人类法

---

① 习近平：《论坚持全面依法治国》，中央文献出版社 2020 年版，第 225 页。
② 《中国共产党第二十次全国代表大会文件汇编》，人民出版社 2022 年版，第 44 页。
③ 参见布罗代尔：《文明史纲》，广西师范大学出版社 2003 年版，第 23－28 页。

治文明发展的必然产物，体现了从人治型的文明体系向法治型的文明体系的革命性的转型。从全球角度来看，法治现代化是从西方起步的。西方法治现代化文明系统的构建，与近代西方市场经济发展、市民社会与政治革命处于同一个历史过程之中，用马克斯·韦伯的话说，这是一个法律的理性化过程。①其实，西方法治现代化文明系统是与"纯粹私有制"相适应并且建立在市民社会革命的基础上的②，表现为形式上的自由与平等掩盖了实质上的强制与不平等，具有人对物的依赖关系的普遍的物化或异化的性质③，呈现出法治价值的分裂状态。近代以来法治现代化文明系统的变革进程表明，与资本主义文明时代以物的依赖性为特征的法权关系体系不同，共产主义文明时代的法权关系体系的显著特质，乃是"建立在个人全面发展和他们共同的、社会的生产能力成为从属于他们的社会财富这一基础上的自由个性"④。马克思把建立实现人的自由全面发展的自由个性的联合体看作共产主义文明时代的基本标识，强调"代替那存在着阶级和阶级对立的资产阶级旧社会的，将是这样一个联合体，在那里，每个人的自由发展是一切人的自由发展的条件"⑤。而在从以物的依赖性为基础的资本主义文明体系向以自由个性为基础的共产主义文明体系的转变过程中，需要经过一个仍然保留着资产阶级法权关系的过渡阶段，即社会主义文明时代。然而，在东方社会，无产阶级可以不经过资本主义文明发展阶段的"卡夫丁峡谷"而直接过渡到社会主义文明时代。⑥这就充分展现了崭新的人类文明形态的美好愿景。文明社会法治现代化的进程表明，法治现代化不是西方文明的独占品，它在每个国度都有自己民族的诸多特点。社会主义法治现代化文明系统的创立，历史性地扬弃或超越了资本主义法治现代化文明系统，开创了人类社会现代化法治文明发展的新的历史发展阶段。在社会主义法治现代化文明时代，人民是国家

---

① 参见《文明的历史脚步——韦伯文集》，上海三联书店 1988 年版，第 8－14 页。
② 参见马克思、恩格斯：《马克思恩格斯选集》（第 1 卷），人民出版社 2012 年版，第 212、12－13 页。
③ 参见马克思、恩格斯：《马克思恩格斯全集》（第 30 卷），人民出版社 1995 年版，第 199、107－108、201－202、457 页。
④ 马克思、恩格斯：《马克思恩格斯全集》（第 30 卷），人民出版社 1995 年版，第 107－108 页。
⑤ 马克思、恩格斯：《马克思恩格斯文集》（第 2 卷），人民出版社 2009 年版，第 53 页。
⑥ 参见马克思、恩格斯：《马克思恩格斯全集》（第 25 卷），人民出版社 2001 年版，第 465－466 页。

与社会的主人，努力将"人的尺度"与"物的尺度"统一起来①，为实现人的自由而全面的发展创设了重要条件。在中国，全面实现现代化，全面推进中华民族伟大复兴，是近代以来中国人民不懈奋斗的崇高事业。推进中国法治现代化，是建设中国式现代化的有机组成部分。中国共产党成立一个多世纪以来，团结带领人民坚定不移厉行法治，成功地创造了中国法治现代化新道路，创造了人类法治文明新形态，从而为文明社会建设现代化法治文明、实现法治现代化提供了新的选择，"科学社会主义在二十一世纪的中国焕发出新的蓬勃生机"②。在中国特色社会主义的伟大实践中，中国法治现代化进程波澜壮阔、激荡向前，人类法治文明新形态渐次形成、愈益丰富。中国法治现代化新道路与人类法治文明新形态之间密切相关、内在关联，集中反映了中国法治现代化的深刻文明意蕴，展现了中国法治现代化的巨大文明力量。

首先，中国法治现代化确证了人类法治文明发展多样性的历史定则。"世界是丰富多彩的，多样性是人类文明的魅力所在，更是世界发展的活力和动力之源。"③人类社会法治文明发展进程是多姿多彩的。不同的法治文明系统在不同的条件下，总是沿着特定的路径发展演化。习近平总书记指出："阳光有七种颜色，世界也是多彩的。一个国家和民族的文明是一个国家和民族的集体记忆。人类在漫长的历史长河中，创造和发展了多姿多彩的文明。从茹毛饮血到田园农耕，从工业革命到信息社会，构成了波澜壮阔的文明图谱，书写了激荡人心的文明华章。"④人类法治文明的多样性有其内在的必然性根据。在马克思主义法哲学看来，不同国家之间经济、政治、社会、文化、民族传统、历史发展乃至人口状况、地理环境等各方面的因素或条件是千差万别的，这些因素或条件错综复杂的交互作用及矛盾运动，必然形成各具特质的多样化的法治文明系统。诚如马克思所分析的，在文明社会的演进过程中，一定社会的经济形式构成一定社会政治与法律文明的基础。任何时候，我们总是要在这种社会经济形式当中，为整个政治与法律文明乃

---

① 参见颜晓峰等：《创造人类文明新形态》，社会科学文献出版社 2022 年版，第 20 页。

② 《中国共产党第二十次全国代表大会文件汇编》，人民出版社 2022 年版，第 13 页。

③ 习近平：《习近平谈治国理政》（第 4 卷），外文出版社 2022 年版，第 475 页。

④ 习近平：《论坚持推动构建人类命运共同体》，中央文献出版社 2018 年版，第 76 - 77 页。

至任何当时的独特的政治与法律文明，"发现最隐蔽的秘密，发现隐藏着的基础"。不过，"这并不妨碍相同的经济基础——按主要条件来说相同——可以由于无数不同的经验的情况，自然条件，种族关系，各种从外部发生作用的历史影响等等，而在现象上显示出无穷无尽的变异和彩色差异，这些变异和差异只有通过对这些经验上已存在的情况进行分析才可以理解"①。因之，一定的社会经济形式对一定的法治文明系统具有决定性的作用，要从这种独特的社会经济关系中发现独特的法治文明系统的最隐蔽的基础。不仅如此，就主要条件来说，相同的社会经济基础，受多种因素或条件的影响，而在现象上呈现出无穷无尽的变异和差异。各种不同的经验情况、自然条件、种族关系以及从外部发生作用的历史影响等因素，成为人类法治文明系统的各种变异和差异即多样性的根由。显然，文明社会法治现代化的进程，凝结着人类法治文明的基本因子，表征着多样化的法治文明秉性。而人类法治文明系统的现象上的变异和差异，需要在历史的和现实的经验分析的过程中加以认识和理解。

中华文明是人类文明创造的宝贵成果，也是在中国大地上形成和发展的独特的文明样态。"中华文明经历了五千多年的历史变迁，但始终一脉相承"②。中华政治与法律文明是中华文明的有机构成要素，植根于中华民族五千多年文明史所积淀的深厚历史文化传统中，在数千年的文明演进过程中，塑造了具有独特法律精神的中华法系，并在世界法律文明史上独树一帜、影响久远。在中国社会特定的历史条件下和深厚的社会土壤中，中华法系逐渐生成和发展起来，"凝聚了中华民族的精神和智慧""显示了中华民族的伟大创造力和中华法制文明的深厚底蕴"③。著名法律史学家杨鸿烈先生认为，"中国法律为中国民族固有之产物，起自殷、周，历春秋、战国、秦、汉、三国、南朝、隋唐、宋、明，皆汉族一系相传循序进展，中间虽屡有北方民族之侵入，如五胡、北朝、辽、金、元、清等，但皆被同化，而于编纂法典，传播法律知识，尤极努力。且不只国内如此，即在东亚，中国法律之影响于诸国者亦甚巨大。因之，所谓中国法系者，盖指数千年来支配全人类

---

① 马克思、恩格斯：《马克思恩格斯全集》（第46卷），人民出版社2003年版，第894-895页。

② 习近平：《论坚持推动构建人类命运共同体》，中央文献出版社2018年版，第78页。

③ 习近平：《习近平谈治国理政》（第4卷），外文出版社2022年版，第290页。

最大多数，与道德相混自成一独立系统且其影响于其他东亚诸国者，亦如其在本部之法律制度之谓也"①。中华法系有诸多特点②，其中最为鲜明的乃是以宗法为本位的熔法律与道德于一炉的伦理法律价值体系，有的学者称之为"儒家伦理法"系统。③ 在古代中国，体现儒家伦理精神的中华法系，是一个建构于"天人合一"的深厚道德基础之上的以王道精神相标榜的通过宗法本位和君权主义表现出来的法律文明系统。从法哲学意义上讲，"天人合一"构成了中华法系的终极依托，内圣外王之道成为实现"天人合一"法律价值理想的行动方式，泛道德主义乃是这一法律文明体系的独特品性，帝王的绝对统治和吏治的发达必然为古代法律文明世界中的人治主义提供基础。中华法系深深扎根中华大地，创造了独具特质的古代中华法律文明。以中华法系为代表的中华优秀传统政治与法律文明系统，蕴含着丰厚的治国理政的理念与制度，孕育和生长出诸如大道之行、天下为公的大同理想，六合同风、四海一家的大一统传统，德主刑辅、以德化人的德治主张，民贵君轻、政在善民的民本思想，等贵贱均贫富、损有余补不足的平等观念，法不阿贵、绳不挠曲的正义追求，孝悌忠信、礼义廉耻的道德操守，任人唯贤、选贤与能的用人标准，周虽旧邦、其命惟新的改革精神，亲仁善邻、协和万邦的外交之道，以和为贵、好战必亡的和平理念等政治与法律理念；形成了一整套包括朝廷制度、郡县制度、土地制度、税赋制度、科举制度、监察制度、军事制度等各方面制度在内的国家制度与国家治理体系④，从而彰显了中华民族的伟大创造力，为开拓中国法治现代化新道路、创造人类法治文明新形态提供了深厚的历史文化滋养。中国特色社会主义伟大社会革命所创造的中国法治现代化新道路和人类法治文明新形态，是立足于独特的国情所生长起来的，凝结着中华法律文明的优秀思想理念和理性精神，吸收了中华法律文明蕴含的丰富智慧和历史文化资源，承载了中华优秀传统法律文化创造性转化、创新性发展的宝贵成果。在推进中国法治现代化、创造人类法治文明新形态的

---

① 杨鸿烈：《中国法律对东亚诸国之影响》，中国政法大学出版社1999年版，第11页。

② 参见何勤华、张顺、廖晓颖、聂子衿、金逸非：《中华法系之精神》，上海人民出版社2022年版，第4—5页；郝铁川：《中华法系研究》（增订本），商务印书馆2021年版，第2—9页。

③ 参见俞荣根：《儒家法思想通论》，广西人民出版社1998年版，第132页。

④ 参见习近平：《论坚持人民当家作主》，中央文献出版社2021年版，第291页。

历史进程中，弘扬中华优秀传统法律文化，要处理好继承和创造性发展的关系，尤其是要做好创造性转化和创新性发展。中国法治现代化的新道路，顺应新的时代条件及其法治需求，对中华法律文明体系中富有价值的精神内核及其表达形式进行有机整合，赋予其崭新的时代内涵和现代表达形式，从而激活中华法律文明系统的强大生命力，实现了中华优秀传统法律文化的创造性转化。中国法治现代化的新道路，深刻把握大变革时代法治发展的运动趋向，着眼于人类文明发展大历史的时代要求，对中华优秀传统法律文化加以补充、拓展和完善，从而努力增强中华法律文明系统的影响力和感召力，实现了中华优秀传统法律文化的创新性发展，遂而使中国法治现代化彰显出鲜明的民族性与时代性①，历史性地确证了中华法律文明的独特创造性，不断丰富和发展着人类法治文明新形态。

其次，中国法治现代化反映了人类法治文明互鉴发展的内在规律。"文明是多彩的，人类文明因多样才有交流互鉴的价值。"② 伴随着历史向世界历史的转变，多样化的人类法治文明在交流互鉴的历史长河中奔腾不息，深刻影响着文明社会法治现代化的历史进程。千百年来，不同种族、不同信仰、不同历史文化背景的民族和国家，突破时空范围的种种限制，进行着各种不同形式的法治文明的交流互动，有力促进了人类法治文明的进步与发展。"不同文明、制度、道路的多样性及交流互鉴可以为人类社会进步提供强大动力。"③ 正是在这种不同法治文明系统之间的交流互鉴中，法治现代化进程愈益获得不竭的内生动力。诚如习近平总书记所指出的那样："文明因交流而多彩，文明因互鉴而丰富。文明交流互鉴，是推动人类文明进步和世界和平发展的重要动力。""推动文明交流互鉴，可以丰富人类文明的色彩，让各国人民享受更富内涵的精神生活、开创更有选择的未来。"④ 应当看到，人类文明发展的交流互鉴，的确体现了人类文明包容性的禀赋。"文明是包容的，人类文明因包容才有交流互鉴的动力。"⑤ 在人类法治文明的

---

① 参见习近平：《论党的宣传思想工作》，中央文献出版社 2020 年版，第 57 页。
② 习近平：《论坚持推动构建人类命运共同体》，中央文献出版社 2018 年版，第 76 页。
③ 习近平：《习近平谈治国理政》（第 3 卷），外文出版社 2020 年版，第 457 页。
④ 习近平：《论坚持推动构建人类命运共同体》，中央文献出版社 2018 年版，第 76、77 页。
⑤ 习近平：《论坚持推动构建人类命运共同体》，中央文献出版社 2018 年版，第 78 页。

演进过程中，不同法治文明系统之间不可能是处于互不相关、封闭排斥的状态，而是处于开放包容、求同存异的相互联系之中。各个民族和国家的历史文化和法律制度的差异性是客观存在的，这是不以任何个人意志为转移的人类法治文明发展的历史法则。那种所谓"文明的冲突"的观念及其政策安排，那种试图将本国的历史文化和法律制度强加于人的做法，无疑是与人类法治文明进步发展趋势背道而驰的。因之，每一个法治文明系统都是独特的。要秉持开放包容的法治文明观，尊重人类法治文明的多样性，珍惜人类法治文明的全部成果，"最大程度增强合作机制、理念、政策的开放性和包容性"①，推动不同法治文明系统之间的交流对话、和谐共生。"只要秉持包容精神，就不存在什么'文明冲突'，就可以实现文明和谐。"② 不仅如此，文明的平等性是人类法治文明发展的内在属性。不同的法治文明体系没有高低、优劣之分。"文明是平等的，人类文明因平等才有交流互鉴的前提。各种人类文明在价值上是平等的，都各有千秋，也各有不足。"③ 人类法治文明史表明，每一种法治文明都扎根于本民族本国度的文化土壤，凝结着本民族本国度的法律智慧，都有自己存在的价值。"历史和现实都表明，傲慢和偏见是文明交流互鉴的最大障碍。"④ 因此，要坚决摒弃那种唯我独尊、贬低其他法治文明系统的虚妄态度，倡导不同法治文明之间的交流互鉴，注重汲取不同国家、不同民族创造的优秀法治文明成果，合理借鉴，兼收并蓄，共同描绘文明社会法治现代化的绚丽画卷。诚如习近平总书记所强调的那样："人类历史告诉我们，企图建立单一文明的一统天下，只是一种不切实际的幻想。"⑤

中国共产党人以"海纳百川，有容乃大"的博大胸襟，成功开辟、推进和拓展了中国法治现代化新道路，鲜明展现了人类法治文明新形态的丰富内涵。这条现代化法治新道路有着独特的文明品性，表征了中华民族安邦治国的"集体意识"，"积淀着中华民族最深层的精神追求，代表着中华民族独特的精神标识，为中华民族生生不息、发展壮大提供了丰厚滋养"⑥，从而传

① 习近平：《习近平谈治国理政》（第 4 卷），外文出版社 2022 年版，第 462 页。
② 习近平：《论坚持推动构建人类命运共同体》，中央文献出版社 2018 年版，第 78 页。
③ 习近平：《论坚持推动构建人类命运共同体》，中央文献出版社 2018 年版，第 77 页。
④ 习近平：《论坚持推动构建人类命运共同体》，中央文献出版社 2018 年版，第 78 页。
⑤ 习近平：《论坚持推动构建人类命运共同体》，中央文献出版社 2018 年版，第 133 页。
⑥ 习近平：《论坚持推动构建人类命运共同体》，中央文献出版社 2018 年版，第 78 页。

承和发展了在世界法制史上占有独特重要地位的中华法律文明。这条现代化法治新道路注重从人类法治文明宝库中汲取营养、开掘智慧，着力领略其中蕴含着的人类法律理性精神，进行着学习、消化、融合、创新的革命性的人类法治文明形态的创造工程，凝结着不同法治文明系统交流互鉴的法治文明精髓，从而成为人类法治文明优秀成果的有机载体。这条现代化法治新道路摒弃"西方中心主义"的思想桎梏，深刻把握不同法治文明系统的真谛，立足本国的国情特点和条件，以平等、谦逊的法治理性对待每一种法治文明体系，对于域外的法治经验与做法不是生搬硬套、削足适履，而是批判性扬弃与借鉴。因此，习近平总书记深刻指出："法治是人类文明的重要成果之一，法治的精髓和要旨对于各国国家治理和社会治理具有普遍意义，我们要学习借鉴世界上优秀的法治文明成果。但是，学习借鉴不等于是简单的拿来主义，必须坚持以我为主、为我所用，认真鉴别、合理吸收，不能搞'全盘西化'，不能搞'全面移植'，不能照搬照抄。"[1] 毫无疑问，中国法治现代化新道路，体现了一种不同于传统法制的新型法治文明精神，基于本国法治发展的内在需求，有机传承人类法治文明的优秀成果，辩证采纳那些反映国家治理与现代市场经济运行一般规律的域外法治发展的有益经验，从而使法治现代化的中国道路与世界法治文明的通行规则接轨沟通，蕴含着人类法治文明进步大道上的基本法治准则。伴随着推动构建人类命运共同体的历史进程，中国法治现代化进程愈益融入全球治理体系大变革的时代主流之中，法治发展的开放性与国际化程度不断增强。"一个开放式的交互性的法律文明系统，才是富有生命和活力的有机系统。"[2] 闭关自守，自我孤立，必然只能导致法治文明进步张力的消失。正是在与不同法治文明系统的交融互动中，中国法治现代化的文明之本质获得历史性的确证，从而发展出一种全新的人类法治文明范式。

最后，中国法治现代化展示了自主型法治文明系统的鲜明品格。一般来说，人类法治文明的演进，在很大程度上乃是法治发展从一定国家和民族的法律文明融入世界法治文明体系的时空跨越。在这一历史进程中，每个国家

---

[1] 中共中央文献研究室编：《习近平关于全面依法治国论述摘编》，中央文献出版社 2015 年版，第 32 页。

[2] 公丕祥：《法制现代化的理论逻辑》（修订版），商务印书馆 2021 年版，第 319 页。

和民族的法律文明系统经过持续不断的曲折成长，最终必然要反映人类法治文明进步发展大道上的基本法治准则，由此而形成一个相互接近、相互影响、相互联结的世界法治文明网络。这一全球性的法治文明网络，聚合了不同国度和民族法律调整的经验和规则，反映了人类法治实践的普遍性的历史定则，体现了人类对法治理性与法治智慧的不懈追求。然而，这一共通性的世界法治文明网络，交织着不同国度和民族法治文明系统的有机"纽结"，在不同的法治文明系统往往有着不同的表现样态，因而在各自的法律文化体系中发挥着不同的功效。因之，对于民族国家的法治现代化来说，牢固确立自主型的法治发展理念，坚定不移地走自主型的法治现代化道路，创造具有浓郁的民族风格的法治文明新形态，就显得尤为必要与重要。在人类法治文明进步发展的历史潮流中，不同的法治文明系统之间的交流碰撞乃至互动融合，并不能从根本上改变每个国家和民族法治发展的固有道路。当今世界百年未有之人类法治文明的大变局，固然可以深刻地影响一定国度和民族法治文明的演进过程及其发展走向，但并不可能消弭每个国度和民族法治文明成长的内在特性。诚如习近平总书记所指出的那样："一个和平发展的世界应该承载不同形态的文明，必须兼容走向现代化的多样道路。"① 由此可以看出，在文明社会法治现代化进程中，自主型法治发展与依附型法治发展是两种状态截然不同的法治发展类型。随着近代以来西方列强的海外殖民扩张，西方国家的法律发展似乎处于世界法治文明体系的中心地位，而一些非西方国家的法律发展愈益丧失独立自主的品格而走向依附发展。在这里，在依附发展的限定性状况内所作出的选择，不是完全自由的，由此也就规定了被支配的那些国家可能的发展限度和方式。② 西方国家通过不平等的世界政治经济关系体系控制着广大发展中国家，支配着广大发展中国家的法律发展进程，使之依附于西方法律系统。一些发展中国家脱离本国的国情盲目移植西方国家的法律制度模式，从而加剧了法律发展的依附状态。因而在世界法治文明网络中，广大发展中国家的法律发展日益边缘化，这就势必扭曲多样性的人类法治文明的发展进程。因之，从依附发展走向自主发展，不仅是广大发展中国家法治现代化进程的内在要求，而且成为人类法治文明进步发展的

---

① 习近平：《习近平谈治国理政》（第 4 卷），外文出版社 2022 年版，第 469 - 470 页。

② 参见多斯桑托斯：《帝国主义与依附》，社会科学文献出版社 1999 年版，第 302 - 306 页。

必然抉择。

中国共产党人在推进伟大的社会革命进程中创造的中国法治现代化新道路，具有自主型法治发展的基本性质，因而为创造人类法治文明新形态奠定了坚实的前提条件和重要基础。一个多世纪以来，中国共产党领导人民展开了气壮山河的伟大斗争，彻底扭转了近代以来中国政治与法律生活的依附发展状态，坚定地开辟和推进适合本国国情的法治现代化新路，历史性地建构中国特色社会主义法治文明，实现了从依附发展到自主发展的伟大飞跃。坚持从本国国情出发，自主选择和努力探索适合本国社会生活状况的法治发展模式，乃是中国法治现代化的内在要求，并且构成人类法治文明新形态的基本取向。中国法治现代化是在特定的时间和空间条件下所展开的意义深远的法治革命，具有独特的社会条件和历史传统。邓小平强调，无论是革命还是建设，都"要适合中国情况，走出一条中国式的现代化道路"①。在当代中国社会大变革进程中所形成的法治现代化新道路，有着自己鲜明的历史个性和中国特色，体现了自主型法治发展的本质要求。习近平总书记指出："坚持独立自主，就要坚持中国的事情必须由中国人民自己作主张、自己来处理。世界上没有放之四海而皆准的具体发展模式，也没有一成不变的发展道路。历史条件的多样性，决定了各国选择发展道路的多样性。"② 中国共产党人选择适合自己的法治道路，独立自主，不懈探索，开辟了自主型的中国法治现代化新道路，体现了人类法治文明新形态的蓬勃生机和活力。这一自主型法治现代化新路，创造了中国特色社会主义法治文明。社会主义法治文明的诞生，是人类法治文明发展史上的一场深刻变革。中国共产党在领导人民推进中国特色社会主义的伟大社会革命进程中，坚定地走法治现代化的中国道路，开创了人类法治文明的中国形态，亦即中国特色社会主义法治文明，从而揭开了当代人类法治文明发展的崭新篇章。中国特色社会主义法治文明，不仅体现了社会主义的基本性质，而且反映了人类法治文明发展的普遍性规律，蕴含着人类法治文明的基本准则，进而为人类法治文明进步发展贡献了中国智慧。这一自主型法治现代化新路，着力构筑中国之治的国家制度与法律制度基础。历史和现实充分表明，中国共产党人顺应人类社会基本

---

① 邓小平：《邓小平文选》（第 2 卷），人民出版社 1994 年版，第 163 页。
② 习近平：《习近平谈治国理政》（第 1 卷），外文出版社 2018 年版，第 29 页。

矛盾的运动方向，领导人民进行伟大的社会革命，在古老的东方大国建立起崭新的国家制度与法律制度。"中国特色社会主义国家制度和法律制度，植根于中华民族五千多年文明史所积淀的深厚历史文化传统，吸收借鉴了人类制度文明有益成果，经过了长期实践检验。"① 中华人民共和国成立 70 多年来，之所以创造出经济快速发展和社会长期稳定两大奇迹，这其中很重要的原因，就是坚持全面依法治国基本方略，创造了自主型的中国法治现代化新道路，为解放和增强活力，促进社会公平正义，维护社会稳定，"运用法治手段开展国际斗争"②，确保党和国家长治久安发挥了重要作用，从而展示了中国特色社会主义国家制度与法律制度的显著优越性，成为中国之治最基本最稳定最可靠的制度保障。这一自主型法治现代化新路，确立了文明社会法治现代化进程中的中国范式。作为一个世界性的历史进程，法治现代化在不同的社会条件下形成不同的运动样态。在东西方关系问题上，相当多的西方思想家抱着西方文明优越论的虚妄态度，认为人类社会法治现代化是一个以西方模式为依归的历史进程，非西方国家只能因循西方的法治发展路径走向现代化法治。而中国法治现代化新道路的成功开辟，打破了"西方中心主义"的模式迷思。在当代中国，独特的文化传统，独特的历史命运，独特的国情状况，铸就了法治现代化的中国类型。这是一条体现独立自主精神、蕴含独特法治品格的自主型法治现代化新路，是一条具有鲜明社会主义性质、反映文明社会法治现代化进程客观规律、确证人类法治文明新形态的法治现代化的中国道路，"为人类实现现代化提供了新的选择"③，并且为解决人类面临的共同问题、"探索建设更好社会制度贡献了中国智慧和中国方案"④。

结语

党的二十大报告关于中国式现代化本质要求的重要论述，深刻揭示了中

①　习近平：《论坚持全面依法治国》，中央文献出版社 2020 年版，第 263－264 页。

②　习近平：《坚持走中国特色社会主义法治道路 更好推进中国特色社会主义法治体系建设》，载《求是》2022 年第 4 期，第 9 页。

③　《中国共产党第二十次全国代表大会文件汇编》，人民出版社 2022 年版，第 13 页。

④　习近平：《论坚持全面依法治国》，中央文献出版社 2020 年版，第 263 页。

国式现代化的科学内涵，充分彰显中国式现代化的独特品格，为我们正确认识中国法治现代化的本质要求、准确把握中国法治现代化的运动规律提供了根本遵循。

要从以下几个方面理解和把握中国法治现代化的本质要求：

第一，要认识到坚持中国共产党的领导，是推进中国法治现代化的根本政治保证。中国法治现代化有诸多特征，但是最本质的特征是党的领导，中国法治现代化是在党的领导下推进和拓展的法治现代化。回眸中国法治现代化新道路的形成和发展过程，始终不渝地坚持党对法治工作的领导，是开辟中国法治现代化的一条弥足珍贵的基本经验，也是中国法治现代化道路与西方法治现代化道路的根本区别所在。

第二，道路选择事关中国法治现代化的运动方向。走适合本国基本国情的法治发展道路，是我们党领导人民创造中国法治现代化新道路所得出的基本结论。中国特色社会主义法治道路本质上是中国特色社会主义道路在法治领域的具体体现，是推进和拓展中国法治现代化的必由之路。

第三，中国法治现代化是国家治理的一场深刻革命，涉及经济、政治、文化、社会、生态等各个领域，集中体现了中国特色社会主义"五位一体"总体布局的法权要求。在这里，高质量发展是全面建设社会主义现代化国家的首要任务，必须坚持以法治引领、促进和保障高质量发展，努力夯实构建高水平社会主义市场经济体制的法治基础。发展全过程人民民主，是从中国的社会土壤中顽强地生长起来的中国式民主，必须坚持在法治轨道上加强全过程人民民主建设，开辟人类政治文明新形态的新境界。强大的精神力量是全面建设社会主义现代化国家的内在"软实力"，必须悉心把握丰富人民精神世界对于推进中国法治现代化的法治需求，运用法治思维和法治方式彰显社会主义核心价值观的精神力量，为推进和拓展中国法治现代化确立坚实的价值基石。实现全体人民共同富裕蕴含着社会主义的价值理想，是中国式现代化的本质要求之集中体现，必须坚持和推进以人民为中心的中国法治现代化，正确认识和处理好公平与效率的关系，切实加强促进共同富裕、维护社会公平正义的法治制度建设。促进人与自然和谐生是中国式现代化的必然要求，也是推进中国法治现代化的重大战略任务，必须坚持用最严格制度、最严密法治保障生态环境，加快建设绿色低碳循环发展的法治型经济体系。

第四，推动构建人类命运共同体是中国法治现代化的全球主张的集中体现。在当今世界，中国发展与世界发展内在关联、密不可分。走和平发展道路，是中国式现代化的中国特色的显著标识之一。推进中国法治现代化，必须筑牢建设人类命运共同体的价值基础，把握构建人类命运共同体的国际法治准则，坚定地维护国家主权、安全、发展利益。

第五，中国法治现代化蕴含着深厚的文明要旨。中国特色社会主义的伟大社会革命，在中国法治现代化新道路的历史进程中，创造了人类法治文明新形态。因之，中国法治现代化确证了人类法治文明多样性发展的历史定则，具有中华法律文明的丰厚历史文化底蕴，在不同法治文明系统的交流互动中获取不竭的内生动力，从而清晰地展现了自主型法治现代化新路的深刻的文明力量。

论中国法治现代化的理论体系

汪习根[*]

党的二十大报告明确指出："中国式现代化为人类实现现代化提供了新的选择"[①]，"必须更好发挥法治固根本、稳预期、利长远的保障作用，在法治轨道上全面建设社会主义现代化国家"[②]。可见，在全面建设社会主义现代化国家和全面依法治国的宏阔背景下，具有中国特色的现代化与法治化有机融合所生成的中国法治现代化，对于全面建成社会主义现代化强国具有无可替代的促进功能和保障作用。如何深度理解中国法治现代化的内在意蕴、全面释放中国法治现代化的价值效能，成为新时代法学理论界必须回答的基础性和前导性问题。

一、中国法治现代化的概念构建

对于如何理解中国式现代化与法治中国的相互关系、何谓中国法治现代化，法学界进行了有益的探索，产出了不少富有真知灼见的学术成果。张文显教授指出："从法治国家转型升级为法治中国、从法律之治转型升级为良法善治、从法律大国转型升级为法治强国以及加快构建中国特色社会主义法

---

[*] 本文原载于《政法论坛》2022 年第 6 期，作者系华中科技大学法学院教授。

[①] 习近平：《高举中国特色社会主义伟大旗帜 为全面建设社会主义现代化国家而团结奋斗——在中国共产党第二十次全国代表大会上的报告》，载《人民日报》2022 年 10 月 26 日，第 2 版。

[②] 习近平：《高举中国特色社会主义伟大旗帜 为全面建设社会主义现代化国家而团结奋斗——在中国共产党第二十次全国代表大会上的报告》，载《人民日报》2022 年 10 月 26 日，第 4 版。

治体系是法治现代化之路的主要内容。"① 中国法治现代化新道路是中国式现代化新道路在法治领域的具体体现，是中国共产党领导人民经过长期探索和伟大实践而成功走出的一条符合中国国情、遵循法治规律、通向良法善治的法治现代化正确道路。② 公丕祥教授在研究法治现代化一般原理的基础上进一步提出，中国法治现代化，是中国式现代化在法治领域的集中体现，是具有鲜明社会主义性质、反映文明社会法治现代化运动规律、确证人类法治文明新形态的法治现代化的崭新样式，蕴含着丰厚的内在逻辑。③ 还有学者从部门法的视角分别阐释了宪法法治现代化④、刑事法治现代化⑤、民事法治现代化⑥、行政法治现代化⑦等方面的问题。

　　这些论述高密度高质量地诠释了中国法治现代化的基本含义和基础原理。党的二十大报告对中国式现代化进行了全新而系统的揭示与阐释，深刻回答了中国式现代化的基本含义、本质要求、基本原则、实践战略和一系列重大理论命题和现实问题，这标志着中国式现代化自主知识体系的正式形成。放眼未来，有必要根据这一精神，深入研究中国法治现代化的科学精神、构成要素、战略方策及运行路向，助推中国法治现代化的伟大实践向纵深发展。归结起来，中国法治现代化可从以下三方面加以界定：

　　一是中国样式。党的二十大报告明确指出："中国式现代化，是中国共产党领导的社会主义现代化，既有各国现代化的共同特征，更有基于自己国

---

① 张文显：《法治与国家治理现代化》，载《中国法学》2014 年第 4 期；张文显：《中国式法治现代化道路》，载《中国社会科学报》2021 年 10 月 15 日，第 11 版。

② 参见张文显：《论中国式法治现代化新道路》，载《中国法学》2022 年第 1 期。

③ 参见公丕祥：《推进和拓展中国式法治现代化》，载《法制与社会发展》2022 年第 5 期；公丕祥：《习近平法治思想与中国式法治现代化》，载《法学家》2022 年第 5 期；公丕祥：《法治现代化的中国方案》，载《江苏社会科学》2020 年第 4 期；公丕祥：《以人民为中心是中国式法治现代化的根本立场》，载《光明日报》2022 年 6 月 10 日，第 11 版。

④ 参见张清：《从"依宪执政"到"依规治党"：中国式法治现代化道路的制度保障》，载《中国社会科学报》2022 年 8 月 3 日，第 4 版。

⑤ 参见刘艳红：《积极推进中国式刑事法治现代化建设》，载《中国社会科学报》2022 年 4 月 29 日，第 5 版；程雷：《中国式刑事程序法治现代化新道路》，载《中国社会科学报》2022 年 4 月 29 日，第 4 版。

⑥ 参见彭诚信：《中国式民事法治现代化新道路》，载《中国社会科学报》2022 年 4 月 29 日，第 5 版。

⑦ 参见关保英：《中国式行政法治现代化新道路》，载《中国社会科学报》2022 年 4 月 29 日，第 5 版。

情的中国特色。"① 民主、公平、正义、权利、自由、平等、秩序、程序正当、实质理性、法律权威、法律信仰等表征着法治的精神与理念。法治现代化是一场历久弥新的深刻变革，而变革总是与特定的传统和具体现实条件密不可分的。中国法治现代化立足于数千年的中华法律文明、百年大党的红色法治文化、新中国成立七十多年的法治实践、改革开放四十多年的法治改革特别是党的十八大以来的全面依法治国伟大实践，同时，中国作为世界上最大的发展中国家正处于社会主义初级阶段，而世界正处于百年未有之大变局，在这样一种复合复杂的环境下所进行的法治现代化，只能是具有中国特色的法治现代化。在法治的主体、客体、内容、道路之类的根本性原则性问题上，中国法治现代化所蕴含和展现的人民性、深刻性、全域性以及社会主义属性是其他类型的现代法治所不可比拟的。其中，最根本的特色在于坚持中国特色社会主义法治道路。中国特色社会主义法治道路是中国特色社会主义道路在法治领域的具体体现，包括三层核心要义：坚持中国共产党的领导，坚持社会主义制度，坚持中国特色社会主义法治理论，这条道路充分体现了人民性、先进性、科学性与现代性的有机结合。

二是现代法治。现代法治是与古代法治、近代法治相比较而存在的。古代法治不过是依法治国意义上的形式法治而并无法治之实质意义，近代西方以自然法学派为代表对法治进行了契合资产阶级革命需要的理论证成和系统建构，为完成以工业革命为标志的西方现代化奠定了制度基础，确立了以资本至上和私有财产为核心的西方现代法治模式。中国法治现代化与之不同，没有现成的模本可以仿效，"当代中国的伟大社会变革，不是简单延续我国历史文化的母版，不是简单套用马克思主义经典作家设想的模板，不是其他国家社会主义实践的再版，也不是国外现代化发展的翻版"②。在理论基础上，作为 21 世纪马克思主义法治理论和马克思主义法治理论中国化的最新成果，习近平法治思想是中国法治现代化的根本遵循。在转型升级上，中国法治现代化中的"化"字，既指称一种状态，又预示着一个过程，中国法治现代化所蕴含的全面依法治国、建设法治中国绝不只是一个法治概念的演

---

① 习近平：《高举中国特色社会主义伟大旗帜 为全面建设社会主义现代化国家而团结奋斗——在中国共产党第二十次全国代表大会上的报告》，载《人民日报》2022 年 10 月 26 日，第 2 版。

② 习近平：《坚持用马克思主义及其中国化创新理论武装全党》，载《求是》2021 年第 22 期。

变，而是涉及国家治理领域一场广泛而深刻的革命。在既有的总体制度框架下的自我革命性是中国法治现代化在现代化道路上所彰显的与众不同的重要特色。

三是法治中国。中国法治现代化在新时代立足于全面依法治国、建设法治中国。在战略架构上，中国法治现代化旨在实现从法制到法治再到依法治国直到全面依法治国，从地方法治和区域法治到法治国家直到法治中国和法治强国的根本转变。法治中国是与地方法治、区域法治等相对而言的，不只是对局域性法治、阶段性法治和地方性法治进行时空上的超越，更是在性质上实现了根本飞跃，体现了全局性、战略性和革命性的法治变革。党的二十大报告在第七大部分专门强调"坚持全面依法治国，推进法治中国建设"。法治中国是一个系统工程，要求坚持依法治国、依法执政、依法行政共同推进，坚持法治国家、法治政府、法治社会一体建设，全面实现科学立法、严格执法、公正司法、全民守法。中国法治现代化的根本关切在于建设结构合理、构造精良、价值先进、文明理性的社会主义法治体系和现代化的法治国家，在法治强国建设中促进建成社会主义现代化强国。

基于以上分析，本文认为，中国法治现代化，是指在当代中国马克思主义法治理论指导下，坚持人民主体和共同富裕基本原则，沿着中国特色社会主义法治道路，以建设社会主义法治体系和法治国家为目标模式，在实现从法治大国到法治强国的根本转型过程中所形成的法治文明新形态。

二、中国法治现代化的目标预设

中国法治现代化必须被置于新时代全面依法治国的语境下进行诠释和解读，契合全面依法治国的总体目标与运行模式。党的二十大报告强调"建设中国特色社会主义法治体系、建设社会主义法治国家"①。而这正是全面依法治国的总目标总抓手。应当从以下两大层面来理解和阐释中国法治现代化的目标模式：

一是法治体系。从静态单向调整到法治体系的系统集成与价值整合。中国式现代化是一个广泛涵摄经济、政治、社会、文化和生态文明的现代化，

---

① 习近平：《高举中国特色社会主义伟大旗帜 为全面建设社会主义现代化国家而团结奋斗——在中国共产党第二十次全国代表大会上的报告》，载《人民日报》2022 年 10 月 26 日，第 4 版。

无论在广度和深度上还是在厚度和强度上都超越了自身的历史发展水平和外在的可资借鉴的参照物。"全面依法治国是国家治理的一场深刻革命"①，现代化所呼唤的治理的革命性和全域性，必然要求实现从法律体系向法治体系的全面转向，通过法治改革推进治理革命，进而实现从前现代向现代化的根本转型。而中国特色社会主义法治体系理论是对古往今来中西方所有法治理论和法律体系理论的一个根本性突破和创新性发展。法治体系开创了中国自主的法治知识体系的新范式。改革开放之后，法学界对法治现代化探索的步伐从未停歇，先后提出了权利本位范式、法教义学范式、法社会学范式、全球化范式，如此等等，不一而足，或多或少对推动法治现代化起到过一定的作用。但是，它们均未能在根本上促进中国法治的现代化改变。而"法治体系论"② 新范式则以特有的精神气质正在为中国法治现代化注入全新的强劲动能。"我们要建设的中国特色社会主义法治体系，本质上是中国特色社会主义制度的法律表现形式。"③ 这在本质上揭示了法治体系之于中国法治现代化的根本价值和功能属性。

二是法治国家。从基本实现现代化的法治大国到建成现代化的法治强国。中国梦是强国梦，而法治强国是强国梦不可分离的有机构成要素。这便要求使"法治成为国家和社会的核心价值，成为国家和社会治理的基本方式，成为支撑国家兴旺发达的强大力量"④。法治强国的构建是一个日积月累的上升过程，不可能一蹴而就。就战略设计而言，新时代的现代化法治强国建设分为三大步骤：一是到 2025 年，党领导全面依法治国体制机制更加健全，以宪法为核心的中国特色社会主义法律体系更加完备，职责明确、依法行政的政府治理体系日益健全，相互配合、相互制约的司法权运行机制更加科学有效，法治社会建设取得重大进展，党内法规体系更加完善，中国特色社会主义法治体系初步形成。⑤ 二是到 2035 年，法治国家、法治政府、法

---

① 习近平：《高举中国特色社会主义伟大旗帜 为全面建设社会主义现代化国家而团结奋斗——在中国共产党第二十次全国代表大会上的报告》，载《人民日报》2022 年 10 月 26 日，第 4 版。

② 张文显：《在新的历史起点上推进中国特色法学体系构建》，载《中国社会科学》2019 年第 10 期。

③ 习近平：《坚定不移走中国特色社会主义法治道路 为全面建设社会主义现代化国家提供有力法治保障》，载《求是》2021 年第 5 期。

④ 张文显：《论中国式法治现代化新道路》，载《中国法学》2022 年第 1 期。

⑤ 参见《法治中国建设规划（2020—2025 年)》，载《人民日报》2021 年 1 月 11 日，第 1 版。

治社会基本建成，中国特色社会主义法治体系基本形成，人民平等参与、平等发展权利得到充分保障，国家治理体系和治理能力现代化基本实现。① 党的二十大报告明确提出了两个基本："基本实现国家治理体系和治理能力现代化""基本建成法治国家、法治政府、法治社会"②。三是到 21 世纪中叶，与实现中华民族伟大复兴的第二个百年奋斗目标相适应，全面建成法治强国，中国法治现代化得以实现。依法治国、依法执政、依法行政全面有效实施，法治国家、法治政府、法治社会全面建成，法治的理念、价值、文化与制度、实践、效能全方位深层次实现现代化，全面保障国家富强、人民幸福、社会和谐、精神文明和生态美丽，最终完成中国法治的现代化转型。

三、中国法治现代化的核心要义

要回答中国法治现代化的核心内容与构成要素，必须回到党的二十大报告所揭示的中国式现代化基本原理之上。《中国共产党第二十次全国代表大会关于十九届中央委员会报告的决议》明确指出："中国式现代化是人口规模巨大的现代化、全体人民共同富裕的现代化、物质文明和精神文明相协调的现代化、人与自然和谐共生的现代化、走和平发展道路的现代化。"③ 循此基本原理，可以从以下五大层面揭示中国法治现代化的意义和内在构成：

一是在主体规模上，中国法治现代化是世界上总体人口规模最大的法治现代化。"中国式现代化是人口规模巨大的现代化"④，"人口规模巨大"是中国式现代化的首要特征。一切现代化归根结底是人的现代化。人既是法治的调整对象，也是法治的建设者和法治文明发展成果的享有者。中国法治现代化首先面对的是世界人口最多的中国之治，意味着必须实现大国之治。法治是使人类服从规则治理的事业，首先要解决好人的问题。而人口的规模与状态又直接影响着法治现代化的性状与实现难度。一方面，从功效来

---

① 参见《法治中国建设规划（2020—2025 年）》，载《人民日报》2021 年 1 月 11 日，第 1 版。

② 习近平：《高举中国特色社会主义伟大旗帜 为全面建设社会主义现代化国家而团结奋斗——在中国共产党第二十次全国代表大会上的报告》，载《人民日报》2022 年 10 月 26 日，第 3 版。

③ 《中国共产党第二十次全国代表大会关于十九届中央委员会报告的决议》，载《人民日报》2022 年 10 月 23 日，第 2 版。

④ 习近平：《高举中国特色社会主义伟大旗帜 为全面建设社会主义现代化国家而团结奋斗——在中国共产党第二十次全国代表大会上的报告》，载《人民日报》2022 年 10 月 26 日，第 2 版。

看，中国法治现代化意味着世界上最大比例人口的国家迈入法治现代化新境地，颠覆对既有法治的现代化认知，彻底改写法治现代化的世界版图，构成规模空前、覆盖人口世界第一的现代法治形态。另一方面，从模式来看，中国法治现代化开创出大国之治的全新治理体系。古人云："治大国若烹小鲜。"① 迈入新时代，中国式现代化一直思考的中心线索便是如何治理大国、如何治好大国。我国是一个大国，决不能在根本性问题上出现颠覆性错误，一旦出现就无法挽回、无法弥补。对此，《中共中央关于党的百年奋斗重大成就和历史经验的决议》强调："治理好我们这个世界上最大的政党和人口最多的国家，必须坚持党的全面领导特别是党中央集中统一领导，坚持民主集中制，确保党始终总揽全局、协调各方。"所以，亟待以法治发展促进和保障全体人民发展的全面性、均衡性、协调性以及共享性。

二是在价值定位上，中国法治现代化是增进全体人民共同富裕的现代化。党的二十大报告指明了中国式现代化是全体人民共同富裕的现代化。② 从表面上看，共同富裕是一个经济学与社会学意义上的概念，其实，从深层次分析，共同富裕更是一个政治与法治意义上的概念。从社会属性看，共同富裕是社会主义的本质特征，要坚持走中国特色社会主义法治道路，坚持法治现代化的社会主义方向，就必须坚守共同富裕这一社会主义的本质要求，使之成为中国法治现代化的根本追求。从发展战略看，中国式现代化在新的历史时代，始终致力于全体人民的共同富裕。在现代化的目标预设中，到2035 年要基本建成法治国家、法治政府和法治社会，与此同时，人的全面发展、全体人民共同富裕取得更为明显的实质性进展。而到 21 世纪末则要实现全体人民共同富裕这一现代化建设的根本目标。可见，在中国式现代化的语境中，法治与共同富裕如影随形、相伴相生，应当以共同富裕导引法治现代化构建、以中国法治现代化保障公平分配和共同富裕。从价值理念看，公正是法治的生命线。中国式现代化建设成果应当更多更公平地惠及全体人

---

① 《道德经》，张景、张松辉译注，中华书局 2021 年版。

② 公丕祥：《推进和拓展中国式法治现代化》，载《法制与社会发展》2022 年第 5 期；公丕祥：《习近平法治思想与中国式法治现代化》，载《法学家》2022 年第 5 期；公丕祥：《法治现代化的中国方案》，载《江苏社会科学》2020 年第 4 期；公丕祥：《以人民为中心是中国式法治现代化的根本立场》，载《光明日报》2022 年 6 月 10 日，第 11 版。

民，依法保障全体人民享有平等参与平等发展的权利，不让一个人掉队，坚守社会公平原则，克服资本逻辑固有的以流通领域的形式平等掩盖实质不公的根本缺陷。

三是在文明形式上，中国法治现代化是促进物质文明和精神文明协调发展的现代化。党的二十大报告指出："中国式现代化是物质文明和精神文明相协调的现代化。"① 客观世界和主观世界的二元互动是在认识和改造世界的过程中推进现代化的基本前提。"我们坚持和发展中国特色社会主义，推动物质文明、政治文明、精神文明、社会文明、生态文明协调发展，创造了中国式现代化新道路，创造了人类文明新形态。"② 法治是人类文明的标尺和标志。董必武认为："人类从进入文明社会以后，说到文明，法制要算一项。虽不是唯一的一项，但也是主要的一项。"③ 在文明发展过程中，物质文明和精神文明是一对基础性范畴。而无论哪一种文明形式，都离不开法治的规范、确认与保障。中国法治现代化是推进物质文明和精神文明同步高质量发展的必由之路。中国法治现代化对物质文明和精神文明进程的价值功能可以归结为：中国法治现代化，既蕴含着法治经济、科技法治之类的物质文明新意涵，又凝练出法治信仰、法治文化、法治意识的精神文明新思维。"一手抓建设、一手抓法制"④，社会主义核心价值观全面融入法治体系，彰显了中国法治现代化发展对物质文明与精神文明的双重导引作用。

四是在空间维度上，中国法治现代化是通过生态法治建设实现人与自然和谐共生的现代化。党的二十大报告强调："中国式现代化是人与自然和谐共生的现代化。"⑤ 和谐是法治的重要价值，具有中国特色的现代法治文明既立足于人与人结成的社会关系的理性化，又将人的世界与物的世界有机结合，置身于人的外部世界来不断丰富人的本质、提高人的能力。围绕人与自

---

① 习近平：《高举中国特色社会主义伟大旗帜 为全面建设社会主义现代化国家而团结奋斗——在中国共产党第二十次全国代表大会上的报告》，载《人民日报》2022 年 10 月 26 日，第 3 版。

② 习近平：《在庆祝中国共产党成立 100 周年大会上的讲话》，载《人民日报》2021 年 7 月 2 日，第 2 版。

③ 董必武：《董必武政治法律文集》，法律出版社 1986 年版，第 520 页。

④ 全国干部培训教材编审指导委员会组织编：《邓小平理论基本问题》，人民出版社 2002 年版，第 290 页。

⑤ 习近平：《高举中国特色社会主义伟大旗帜 为全面建设社会主义现代化国家而团结奋斗——在中国共产党第二十次全国代表大会上的报告》，载《人民日报》2022 年 10 月 26 日，第 2 版。

然的关系，在本体论意义上，曾出现了人类中心主义与宇宙中心主义之争。中国式现代化超越了这一争论，以和谐的价值哲学统领人类与自然的关系。早在中国古代，就已经提出了促进人与自然和谐共生的价值理念，"以和为贵""和而不同""道法自然""天人合一"，不仅包含了人与人的和谐，而且包括了人与自然的和谐。人与自然的和谐是古老的中华文明对人类文明的原创性贡献，在现代化征程上必将焕发出勃勃生机。在价值论上，在当今中国式现代化建设进程中有两个基础性生态文明新命题："良好生态环境是最公平的公共产品，是最普惠的民生福祉。"① 这无疑将生态环境的价值地位推向了前所未有的新高度。而民生福祉、人民权利和社会公平正是法治中国的重要价值追求，以此来统领生态法治建设无疑是一个巨大进步。在方法论上，围绕自然资源的开发与保护关系问题，西方现代化并没有现成的经验可循，相反却留下了先污染后治理的惨痛教训。与此不同，中国法治现代化以现代化、强效化的生态法治体系强力确保经济现代化与生态保护同步运行甚至生态保护优先于经济发展。总之，中国法治现代化预设生态保护的法治底线、严守生态保护的法治防线，实现法治文明与生态文明的相互融合，确保法治中国与美丽中国同步建设，共同促进人类生态法治文明迈向新的历史形态。

五是在全球视角上，中国法治现代化是增进和平发展的现代化。党的二十大报告指出："中国式现代化是走和平发展道路的现代化。"② 和平与发展仍是当今世界的两大主题。中国法治现代化坚持统筹推进国内法治与涉外法治，紧紧围绕和平发展这一主线，科学厘定主权、安全与发展的相互关系，有力回应世界之变、时代之变、历史之变所带来的巨大挑战，为中国以及世界的和平发展奠定牢固的法治基础。一是以良法善治优化和平发展理念。面对西方所谓"普世价值观"带来的全球发展失衡和发展危机，中国法治现代化立足于和平、发展、公平、正义、民主、自由的全人类共同价值观，并以此为根本指导构建新型大国关系法治格局，为和平发展创造可预期的良好国际法治环境。二是以法治体系维护和平发展。中国法治现代化不同于西方大

---

① 《加快国际旅游岛建设 谱写美丽中国海南篇》，载《人民日报》2013年4月11日，第1版。

② 习近平：《高举中国特色社会主义伟大旗帜 为全面建设社会主义现代化国家而团结奋斗——在中国共产党第二十次全国代表大会上的报告》，载《人民日报》2022年10月26日，第3版。

国所谓基于规则的国际秩序论调,而是坚守和平共处五项原则这一国际法治的基本准则,维护以联合国宪章为核心的国际法治体系,维护基于国际公平正义的国际关系基本准则,而绝不威胁或损害别国法治安全与司法主权。三是以法治改革增进和平发展。中国法治现代化通过增量改革汇聚双赢、多赢的全球发展动能,在强化自身发展能力的同时,致力优化全球治理体系,增强发展中国家的代表性和发言权,推进基于平等、赋能和法治的对外发展援助,促进全体人类尤其是广大发展中国家的平等发展。四是依法据理捍卫和平发展。当今世界人类面临百年未有之大变局,霸权主义、单边主义、零和博弈加剧了和平赤字、发展赤字、安全赤字、治理赤字,严重威胁着现代化进程。中国法治现代化重视依据国际法治开展外交斗争,通过强化涉外法治来有力阻断保护主义和单边制裁。

四、中国法治现代化的本质要求

中国法治现代化的本质要求决定于和服务于中国式现代化的本质属性。"中国式现代化的本质要求是:坚持中国共产党领导,坚持中国特色社会主义,实现高质量发展,发展全过程人民民主,丰富人民精神世界,实现全体人民共同富裕,促进人与自然和谐共生,推动构建人类命运共同体,创造人类文明新形态。"① 这九大方面的本质属性不仅与法治现代化具有法社会学上的外部关联性,而且具有法价值论上的融通性和法方法论上的同一性,从而融会贯通成为一个中国法治现代化的文明形态。其内在关联性可以归结为:

一是主导力量。中国法治现代化科学地揭示了党的领导与法治现代化的内在逻辑,明确中国共产党的领导是中国特色社会主义的本质属性,是法治现代化的根本保证。也就是解决了坚持中国共产党对法治的领导为什么行、为什么能和怎么办这三大前导性问题。二是制度载体。法治之治是制度之治。较之于法治的理念、价值与规则,法治的制度体系更具有根本性、长远性和稳定性。中国法治现代化在本质上是要实现中国社会主义制度之治。应当坚持和完善中国特色的社会主义根本制度、基本制度和重要制度,在这一

---

① 习近平:《高举中国特色社会主义伟大旗帜 为全面建设社会主义现代化国家而团结奋斗——在中国共产党第二十次全国代表大会上的报告》,载《人民日报》2022年10月26日,第3版。

制度框架内推进法治现代化。三是内在要求。"实现高质量发展"是中国法治现代化的根本任务。市场经济是法治经济，科技创新依靠法治创新，高质量发展需要发展法治保障。党的二十大报告指出的"全面依法治国总体格局基本形成"，为构建新发展格局奠定了牢固的法治基础。四是运行方向。"发展全过程人民民主"为中国法治现代化提供了主体性力量。民主与法治一体两面，缺一不可。而中国式的全过程人民民主，作为一种完全不同于其他类型的现代民主新形态，实现了制度程序与参与实践的有机统一，即"实现了过程民主和成果民主、程序民主和实质民主、直接民主和间接民主、人民民主和国家意志相统一"①。为此，在中国法治现代化进程中，要加强人民当家作主制度保障，推进协商民主广泛多层制度化发展，完善基层直接民主制度体系，发挥我国社会主义新型政党制度优势。② 五是精神支柱。"丰富人民精神世界"是中国式现代化的必然要求，从长远来看，法治现代化的关键是法治文化的现代化，中国法治现代化离不开当代中国法治精神的滋养与支撑。丰富人民的精神世界，在法治领域就是既要向内发力，弘扬社会主义法治精神、传承中华优秀传统法律文化、养成尊法守法学法懂法用法的精神风貌，又要向外发力，构建覆盖城乡的公共法律服务体系并使其均等化普惠化，加大法律援助、司法救助力度，让人人共享法治现代化的福利。六是根本价值。中国法治现代化保障实现全体人民共同富裕。值得一提的是，有学者提出，中国式现代化的关键是超越"资本至上陷阱"和"福利过度陷阱"。③ 其实，更为重要的是如何在现有基础上做大和分好"蛋糕"，在第一次分配基础上优化第二次、第三次分配格局，促进公平共享发展成果。七是存在方式。"促进人与自然和谐"是中国法治现代化的应有之义，前已说明，在此不再赘述。八是全球法治。中国法治现代化旨在"推动构建人类命运共同体"。人类命运共同体作为当代中国给世界文明宝库的一个原创性贡献，多次被载入联合国决议，提升成为国际法治原则理念。中国法治现代化意味

①　习近平：《论坚持人民当家作主》，中央文献出版社 2021 年版，第 336 页。

②　参见习近平：《高举中国特色社会主义伟大旗帜 为全面建设社会主义现代化国家而团结奋斗——在中国共产党第二十次全国代表大会上的报告》，载《人民日报》2022 年 10 月 26 日，第 3 版。

③　参见吴忠民：《中国式现代化的关键：超越"资本至上陷阱"和"福利过度陷阱"》，载《探索与争鸣》2022 年第 3 期。

着法治中国与人类法治的互通互惠，为促进人类和平发展找到了中国方案和中国经验。九是文明贡献。中国法治现代化致力于"创造人类文明新形态"①，在法治文明史上正在谱写全新的华章。

五、中国法治现代化的文明样态

文明多样性是文明存在的基本方式，世界上没有定于一尊的文明形式，而在古代文明、近现代西方文明之后，中国式现代化"创造人类文明新形态"。作为人类法治文明进程中独具特色的中国法治现代化，在本质上超越了古代法治、古典法治和现代西式法治以及后发国家法治，在文明的代际升级中创造出人类法治文明新形态。其基本标志体现为：

一是在主体上，实现了从人民主权到人民主体的升级，从根本上解决了"谁来治"的问题。从卢梭式的人民主权论到当下中国法治现代化所依托的人民主体论，虽然只有一字之差，但在本质上完全不同。前者旨在瓦解封建人治专权的理论根基，却无法构建真实的民主实践样态，所以它不过是解构性、批判式的，而后者则是建设性、建构式的，创生出以人民为中心的发展制度和治理形态，彰显出特有的制度效能和显著优势。而且随着中国法治现代化的不断推进，这一优势效能日益被强化和外化为全体人民平等参与平等发展权利。

二是在客体上，实现了从法的统治到良法善治的升级，从根本上回答了"治理谁"的问题。国家治理体系和治理能力现代化、社会治理体系和治理能力现代化，其中的一个关键问题是解决了政治权力与公民权利的二元互动这一西式法治现代化所无法解决的难题。同时，通过将社会主义核心价值观全面深度融入法治体系，使法治成为国家层面的富强民主文明和谐、社会层面的自由平等公正法治、公民层面的爱国敬业诚信友善的承载者、调节器和护身符。

三是在内容上，实现了从依法治理到法治中国的升级，从根本上揭示了"如何治"的问题。法治是治理的根本依托。"只有全面依法治国才能有效保

---

① 习近平：《高举中国特色社会主义伟大旗帜　为全面建设社会主义现代化国家而团结奋斗——在中国共产党第二十次全国代表大会上的报告》，载《人民日报》2022年10月26日，第2版。

障国家治理体系的系统性、规范性、协调性，才能最大限度凝聚社会共识。"① 党的二十大报告指出：要"全面推进国家各方面工作法治化"②。中国法治现代化体现了中国式治理的法治新样式，就理论脉络而言，体现为从静态的法律制度到动态的依法治国、从法制到法治、从管理到治理、从依法治国到全面依法治国、从法治国家到法治中国，不再是就某一领域、某一地方、某一环节、某一方面而论法治，而是在"中国"视野上进行顶层设计、全面谋划和系统构建。

四是在路径上，从西式道路向中国式现代化法治道路的升级，从根本上阐释了"怎么走"的问题。克服了竞争政治、轮流坐庄、精英政治、金钱政治，以及民粹主义、自由主义、无政府主义的种种固有缺陷，也就是消除了要么讲所谓自由而无秩序、要么讲所谓民主而无效率、抑或牺牲平等而放任不公的痼疾，实现了秩序和谐、协调高效、社会公平、人民权利的价值整合。所以，中国法治现代化不同于自上而下或自下而上的单向度路径，彻底消解了对西式法治现代化的路径依赖，型构出一种特有的法治现代化路径，这就是中国特色社会主义法治道路，集中归纳为：属性上的先进性，即坚持党的领导、社会主义和法治理论的完美融合；方向上的联动性，即坚持党的领导、人民当家作主和依法治国三者有机统一，并以此为基础实现自上而下与自下而上相结合的联动式现代化路径；规范上的多元性，即实现自律与他律以及自治、法治与德治三者的有机融合；体制上的整合性，即实现党委领导、政府负责、民主协商、社会协同、公众参与、法治保障、科技支撑的综合治理路径。

归结起来，本文认为，中国法治现代化所创造的法治文明是一种立足于中国文化传统国情和发展中的社会主义大国这一法治现实而衍生出的文明新形态，是一种基于"发展"的法治文明新形态。从改革开放之初提出发展是硬道理到后来提出发展是党执政兴国的第一要务，再到新时代强调发展是中国的第一要务，发展始终是中国的核心关切和根本目标。中国法治现代化始终围绕发展尤其是高质量发展这一中心线索，克服了其他法治的种种顽症，

---

① 习近平：《论坚持全面依法治国》，中央文献出版社 2020 年版，第 3 页。

② 习近平：《高举中国特色社会主义伟大旗帜 为全面建设社会主义现代化国家而团结奋斗——在中国共产党第二十次全国代表大会上的报告》，载《人民日报》2022 年 10 月 26 日，第 4 版。

确保中国的发展不会掉入种种现代化"陷阱"①，开创出后发国家的法治向现代化跨越式发展的新理念新制度新模式新文明形态。在理论上厘清发展与法治的基本关系，建构中国自主的发展法学知识体系，对中国法治现代化具有基础性意义。应当进一步大胆探索中国式的发展法学理论体系，以中国式现代化发展法学体系为高质量发展奠定理论基础，以中国式现代化发展法律体系为高质量发展提供规范保障，以中国式现代化发展法治体系为高质量发展营造良好环境。

---

① 参见中共中央文献研究室编：《习近平关于全面依法治国论述摘编》，中央文献出版社 2015 年版，第 12 页。

论中国式现代化的法治创新与发展

——二十届三中全会法治论述解读

冯玉军*

2024 年 7 月 15 日至 18 日，党的二十届三中全会在北京举行，这是在以中国式现代化全面推进强国建设、民族复兴伟业的关键时期召开的一次十分重要的会议。全会审议通过《中共中央关于进一步全面深化改革 推进中国式现代化的决定》（简称《决定》）。《决定》贯彻落实党的二十大作出的战略部署，紧紧围绕推进中国式现代化，锚定完善和发展中国特色社会主义制度、推进国家治理体系和治理能力现代化总目标，擘画了进一步全面深化改革的战略举措，构筑了进一步全面深化改革的全景图。《决定》明确了改什么、怎么改等根本性关键性问题，体现了目标导向和问题导向的结合，是指导新征程上进一步全面深化改革的纲领性文件，需要深入学习阐释、全面贯彻落实。

一、新征程上的法治创新论述

"三中全会"对于中国共产党和中国人民而言，是一个极其重要、极其亲切的词汇。在我国改革开放历程中，党的十一届三中全会是划时代的，主题是"改革开放"；党的十八届三中全会也是划时代的，主题是"全面深化改革"；党的二十届三中全会在新的历史起点上作出科学谋划，以"进一步全面深化改革 推进中国式现代化"为主题，是全面深化改革的实践续篇、

---

* 本文原载于《中国法治》2025 年第 1 期。

时代新篇。三次"三中全会"，一以贯之、不断深化，引领了新时期、新时代中国特色社会主义建设不断推行新的改革举措，取得新的实践成就，创立新的理论体系，实现新的事业格局。

党的二十届三中全会在坚持习近平法治思想和党的二十大报告总体部署的基础上，对法治工作提出了一系列与时俱进的法治创新论述。

第一，在法治建设的战略定位方面，提出"法治是中国式现代化的重要保障"。这一重要论述精准定位了法治和中国式现代化的关系。在法治轨道上全面深化改革、以中国式现代化全面推进中华民族伟大复兴是全面依法治国的愿景目标，也是统筹推进"五位一体"总体布局、协调推进"四个全面"战略布局的重要抓手。以中国式现代化全面推进中华民族伟大复兴，必须坚持在法治轨道上统筹推进经济建设、政治建设、文化建设、社会建设和生态文明建设。只有把党和国家工作纳入法治化轨道，坚持在法治轨道上统筹社会力量、平衡社会利益、调节社会关系、规范社会行为，才能使我国社会在深刻变革中既生机勃勃又井然有序。要着力固根基、扬优势、补短板、强弱项，推动各方面制度更加成熟、更加定型，逐步实现国家治理制度化、程序化、规范化、法治化。这一重要论述也表明建设社会主义法治国家是依法应对重大挑战、抵御重大风险、克服重大阻力、解决重大矛盾的最基本最稳定最可靠的保障。要打赢防范化解重大风险攻坚战，必须坚持和完善中国特色社会主义制度，运用制度威力应对风险挑战的冲击，保持权利与义务、权力与责任、激励与惩罚、实体与程序的平衡，从立法、执法、司法、普法、守法、法律监督各环节全面发力，依法依规依程序办事，实现社会矛盾纠纷多元化解，为在法治轨道上深化改革、推进中国式现代化提供有力的制度保障。

第二，在进一步全面深化改革的总体目标方面，提出"中国特色社会主义法治体系更加完善，社会主义法治国家建设达到更高水平"。新时代全面推进依法治国成就巨大：一是法治建设战略发生历史性转变，法治中国建设开创崭新局面。法治建设目标上，实现从"形成中国特色社会主义法律体系"到"建设中国特色社会主义法治体系、建设社会主义法治国家"的历史性转变；法治建设布局上，实现从"依法治国""依法执政""依法行政"到"坚持依法治国、依法执政、依法行政共同推进，坚持法治国家、法治政府、法治社会一体建设"的历史性转变；法治建设方针上，实现从"有法可依、有法必依、执法必严、违法必究"到"全面推进科学立法、严格执法、公正司法、全民守法"的历史性转变。二是法治体系建设取得历史性进展，各领域各环节都有显著成就。法治体系是国家治理体系的骨干工程，内容丰富、逻辑严谨，覆盖法治建设的全方面和全过程。经过十多年坚持不懈的大力推进，法律规范体系和党内法规体系的调整范围、数量规模、细密程度都更加完备，全面深化国家监察体制改革使得法治监督体系日趋严密。三是法治工作质效实现历史性突破，立执司普守监各环节更加成龙配套。通过一系列体制机制改革，使得立法、执法、司法、普法、守法、法律监督各环节的外部协调、程序对接与内部融贯更加完善优化。四是法治保障能力得到历史性提升，对公平正义的保障更为坚实。全面依法治国的政治保障、思想保障、组织保障、人才保障、体制保障、技术与运行保障能力水平显著提高，整体法治保障体系更加有力。五是法治建设作出战略性擘画，全面依法治国总体格局基本形成。中共中央印发《法治社会建设实施纲要（2020—2025 年）》、《法治中国建设规划（2020—2025 年）》和《法治政府建设实施纲要（2021—2025 年）》，以五年规划、持续推进的方式明确了新时代法治中国建设的路线图、时间表、任务书。党的二十届三中全会对"完善中国特色社会主义法治体系"作出重要部署，就是要以法治体系建设为总抓手系统推进法治中国建设，在更高水平上形成完备的法律规范体系、高效的法治实施体系、严密的法治监督体系、有力的法治保障体系和完善的党内法规体系。

第三，在法治建设的根本保证方面，要求"坚持党的全面领导，坚定维护党中央权威和集中统一领导，发挥党总揽全局、协调各方的领导核心作用，把党的领导贯穿改革各方面全过程，确保改革始终沿着正确政治方向前进"。在党的领导下走中国特色社会主义法治道路，是在 5 000 多年中华文明深厚基础上开辟和发展中国特色社会主义，把马克思主义法学基本原理同中国具体实际相结合、同中华优秀传统法律文化相结合的必由之路。党的二十大报告创造性地提出"在法治轨道上全面建设社会主义现代化国家"的重大战略和"以中国式现代化全面推进中华民族伟大复兴"的新时代新征程中国共产党的中心任务，更加彰显了在党的领导下建设具有中国特色的现代法治的真理力量、实践意义，对打造中国法治模式、坚持中国法治道路、增强中华民族向心力和凝聚力、开创中国法治建设新局面意义深远。中国共产党领导是中国特色社会主义最本质的特征，是社会主义法治最根本的保证，是社会主义法治之魂。党对全面依法治国的领导，不是历史的偶然，而是实践必然性、时代现实性和法理正当性的逻辑联结，我们在任何时候都不能否认、不能放弃、不能置疑。习近平总书记强调，"全面推进依法治国这件大事能不能办好，最关键的是方向是不是正确、政治保证是不是坚强有力，具体讲就是要坚持党的领导"①。全面依法治国绝不是要削弱党的领导，而是要加强和改善党的领导，不断提高党领导依法治国的能力和水平，巩固党的执政地位。必须推进党的领导制度化、法治化，不断完善党的领导体制和工作机制，坚持以法治的理念、法治的体制、法治的程序实行党的领导，推进依法执政制度化、规范化、程序化。

第四，在法治建设的力量源泉方面，要求"坚持以人民为中心，尊重人民主体地位和首创精神，人民有所呼、改革有所应，做到改革为了人民、改革依靠人民、改革成果由人民共享"。"人民是推动发展的根本力量"②，中国特色社会主义法治区别于资本主义法治的根本所在，就是法治的人民性。习近平总书记强调："全面依法治国最广泛、最深厚的基础是人民。"③ 坚持法治为了人民、依靠人民、造福人民、保护人民，把体现人民利益、反映人民愿望、维护人民权益、增进人民福祉落实到法治体系建设全过程。民之所向，政之所行，我国用"人民性"给出了"中国的良法善治"方案。一方面不仅要关注人民个体的正当权利，另一方面更要保障集体的人民利益，实现人民对美好生活的向往。因此，要把落实尊重和保障人权的宪法原则作为一项重要任务，把人权保障贯彻到法治实施体系的各个环节、各个层面，不断提高生存权、发展权水平，切实有效保护人身权、人格权、财产权、环境权利、数字权利等，努力促进经济、社会、文化权利和公民政治权利全面协调发展，推动全体人民共同富裕、共同发展，努力增强人民的获得感、幸福

---

① 习近平：《习近平著作选读》（第 2 卷），人民出版社 2023 年版，第 569 页。

② 中共中央宣传部编：《习近平总书记系列重要讲话读本（2016 年版）》，人民出版社 2016 年版，第 128 页。

③ 习近平：《坚定不移走中国特色社会主义法治道路 为全面建设社会主义现代化国家提供有力法治保障》，载《求是》2021 年第 5 期。

感、安全感、尊严感、公平感，进而推动社会主义法治实现从"有法可依"向"良法善治"的跨越，创造长治久安、公平正义、和谐稳定的法治环境。

第五，在法治建设的首要任务方面，要求"必须全面贯彻实施宪法，维护宪法权威"。"坚持依法治国首先要坚持依宪治国，坚持依法执政首先要坚持依宪执政。"[1] 我国宪法是通过科学民主程序形成的国家根本法，确立了中国特色社会主义道路、中国特色社会主义理论体系和中国特色社会主义制度，反映了我国各族人民的共同意志和根本利益，是治国安邦的总章程，是党和人民意志的集中体现，具有最高的法律效力，在社会主义法律体系中居于核心地位，在党和国家事业中发挥着极为重要、独特的作用。习近平法治思想为新时代全面依法治国、依宪治国，加强宪法实施和监督，指明了前进方向、提供了根本遵循。维护宪法权威，就是维护党和人民共同意志的权威；捍卫宪法尊严，就是捍卫党和人民共同意志的尊严；保证宪法实施，就是保证人民根本利益的实现。只要我们切实尊重和有效实施宪法，人民当家作主就有保证，党和国家事业就能顺利发展。全面贯彻实施宪法，在全社会深入开展尊崇宪法、学习宪法、遵守宪法、维护宪法、运用宪法宣传教育活动，弘扬宪法精神，加强宪法实施和监督，对于推进全面依法治国、建设社会主义法治国家具有重要意义。

第六，在理解和处理全面深化改革和法治的关系方面，强调"做到改革和法治相统一，重大改革于法有据、及时把改革成果上升为法律制度"。《决定》提出，做到改革和法治相统一，重大改革于法有据、及时把改革成果上升为法律制度，为正确处理改革和法治的关系提供了根本遵循和科学指引。改革和法治相辅相成、相伴而生，是破与立、变与定的辩证统一。历史上的各种变法、新政，都是同立法、定制紧密联系在一起的。我国改革开放的实践也表明，法治的实现离不开改革的推动，改革的深化也必然需要法治的保障。近年来的立法工作实践，坚持破与立的辩证统一，破立并举、先立后破，该立的积极主动立起来，该破的在立的基础上及时破，在破立统一中推动实现改革蹄疾步稳。在此过程中形成了五个方面的经验做法：一是对于深化改革需要制定的法律法规，及时制定。二是对于实践经验尚不充分，需要

---

[1]　习近平：《习近平著作选读》（第 2 卷），人民出版社 2023 年版，第 380 页。

先行先试、探索积累的事项，依法作出授权决定。三是对于不适应改革发展要求的现行法律规定，及时进行修改完善或者依法予以废止。四是对于相关改革决策已经明确、需要多部法律作出相应修改的事项，可以采取"打包"修法方式一并处理。五是对于需要分步推进的制度创新举措，可以采取"决定＋立法""决定＋修法"等方式，先依法作出有关法律问题的决定，再及时部署和推进相关立法修法工作。

第七，在法治建设的战略部署方面，提出"协同推进立法、执法、司法、守法各环节改革，健全法律面前人人平等保障机制，弘扬社会主义法治精神，维护社会公平正义，全面推进国家各方面工作法治化"。党的十八大以来，以习近平同志为核心的党中央把全面依法治国纳入"四个全面"战略布局，以前所未有的决心、举措和力度推进全面依法治国，取得了历史性成就。习近平总书记多次强调："全面依法治国是一个系统工程，要整体谋划，更加注重系统性、整体性、协同性。"① "建设中国特色社会主义法治体系，要顺应事业发展需要，坚持系统观念，全面加以推进。"② 我们要强化系统思维，善于将立法理论研究放在法治建设的全局中思考、谋划和推动，正确处理科学立法与严格执法、公正司法、全民守法的关系。真正将法治建设各个环节打通，增强法治建设的系统性、整体性、协同性。《决定》从深化立法领域改革、深入推进依法行政、健全公正执法司法体制机制、完善推进法治社会建设机制、加强涉外法治建设等方面，就完善中国特色社会主义法治体系作了系统、全面的战略部署。我们要在社会的各个领域，做到全链条的依法治理、全范围的良法善治，让法治成为各级各类各项工作的崇高理念，用国家各方面工作法治化来推动和护航中国式现代化建设。

二、在全面深化改革中促进法治建设的原则遵循

《决定》深刻阐述了进一步全面深化改革、推进中国式现代化必须坚持的重大原则，强调要坚持党的全面领导、坚持以人民为中心、坚持守正创新、坚持以制度建设为主线、坚持全面依法治国、坚持系统观念。这六大原则是总结全面深化改革经验、深化对改革规律性认识的重大成果，也是深化

①　习近平：《习近平著作选读》（第 2 卷），人民出版社 2023 年版，第 383 页。
②　习近平：《习近平著作选读》（第 2 卷），人民出版社 2023 年版，第 569 页。

法学理论研究的原则遵循。

第一，始终坚持党的全面领导。党的领导是进一步全面深化改革、推进中国式现代化的根本保证。党的十八大以来，以习近平同志为核心的党中央，总揽全局、协调各方，以前所未有的力度推进全面深化改革，实现改革由局部探索、破冰突围到系统集成、全面深化的转变，各领域基础性制度框架基本建立，许多领域发生历史性变革、系统性重塑、整体性重构。党的领导是全面依法治国的根本保证和中国特色社会主义法律体系形成完善的重要经验，深化法治理论研究，要深刻领悟"两个确立"的决定性意义，增强"四个意识"、坚定"四个自信"、做到"两个维护"，始终坚持正确的政治方向。要坚持用党的创新理论引领指导法学理论研究，深入学习把握党领导法治建设的光辉历程和历史经验，加强对习近平法治思想的研究，总结提炼其中的原创性贡献，构建具有中国特色、中国风格、中国气派的法学自主知识体系。要深入研究阐释党的领导入法入规的重大意义和实践路径，不断完善党领导立法、保证执法、支持司法、带头守法的方针政策，不断完善党中央决策部署的制度保障和程序机制，确保党的领导落实到全面依法治国的各方面、全过程。

第二，始终坚持以人民为中心。以人民为中心是改革的根本立场，以促进社会公平正义、增进人民福祉为出发点和落脚点，尊重人民主体地位和首创精神，人民有所呼、改革有所应，做到改革为了人民、改革依靠人民、改革成果由人民共享。法治与改革相呼应，同频共振，坚持立法为了人民、依靠人民，把体现人民利益、反映人民愿望、维护人民权益、增进人民福祉落实到立法各领域各环节。这也是坚持科学立法，以良法促进发展、保障善治的必由之路。要积极回应人民群众对民主、法治、公平、正义、安全、环境等方面的新要求新期待，做到民有所呼、法有所应。坚持和发展全过程人民民主，健全吸纳民意、汇集民智工作机制，不断拓展人民有序参与立法途径，确保立法各个环节都能听到人民的声音，让每一部法律都满载民意民智，让人民群众在每一项法律制度中都感受到公平正义。要健全满足人民群众美好生活需要必备的法律制度，不断完善科学完备、统一权威的中国特色社会主义法律体系。深化立法领域研究，要关注现实问题，回应人民群众所思所盼所愿，积极参与服务立法实践，把文章写在祖国的大地上。

　　第三，始终坚持守正创新。守正创新是改革的本质要求，改革是有方向、有原则的，该改的坚决改，不该改的坚决不改。新时代以来，改革发展面临新形势新挑战，改革坚持正确方向，既不走封闭僵化的老路，也不走改旗易帜的邪路，以前所未有的决心和力度冲破思想观念束缚，突破利益固化藩篱，破除各方面体制机制障碍，开创了改革开放全新局面。中国特色社会主义法律体系的发展完善，法律的立改废释纂，都是守正创新的过程。要深入总结中华人民共和国成立75周年、全国人民代表大会成立70周年特别是党的十八大以来的法治建设成就和经验，进行历史性回顾、学理性提炼、理论性阐释，为坚守符合历史发展规律、社会发展规律和法治工作自身规律的正确道路提供理论支撑。还要敢于开拓创新，突出问题导向，聚焦经济、政治、文化、社会、生态、国家安全等领域法治工作的重点难点，研究新问题、采用新方法、提出新思路，以理论创新推动立法实践创新、法律制度创新。特别是要深入研究在保持法律稳定性和连续性的同时，如何紧跟经济社会的快速发展，进行必要的制度创新，加大制度供给力度，推动生产关系和生产力、上层建筑和经济基础、国家治理和社会发展更好相适应。

　　第四，始终坚持以制度建设为主线。这是新时代全面深化改革的鲜明特点。党的十八大以来，通过改革完善各方面制度，从夯基垒台、立柱架梁，到全面推进、积厚成势，再到系统集成、协同高效，推动中国特色社会主义制度更加成熟、更加定型，国家治理体系和治理能力现代化水平也明显提高。进一步全面深化改革，以制度建设为主线，加强顶层设计、总体谋划，破立并举、先立后破，筑牢根本制度，完善基本制度，创新重要制度，赋予法治重要使命任务。制度是关系党和国家事业发展的根本性、全局性、稳定性、长期性问题。法律是制度的主要载体和表现形式，立法是制度建设的主要途径。深化立法领域研究，要结合立法实践，主动研究党中央改革决策部署涉及的立法问题，深入研究改革关键领域和关键环节的立法需求，系统研究根本制度、基本制度、重要制度的本质内涵、实践运行和发展完善，关注研究制度的生成逻辑、历史逻辑、理论逻辑和实践逻辑，推动构建系统完备、科学规范、运行有效的制度体系。特别是要深入研究如何发挥立法在制度建设中的重要地位和独特优势，确保在制度建设上取得新成效，为国家治理现代化提供坚实支撑。

第五，始终坚持全面依法治国。法治是中国式现代化的重要保障。党的十八大以来，党中央将全面依法治国纳入"四个全面"战略布局协调推进，全面依法治国涉及思想观念和治理方式的深刻变革，本身是全面深化改革的重要组成部分，解决法治领域突出问题，根本途径还在于改革。进一步全面深化改革，许多制度创新难题需要用法治方式来破解，许多重大改革成果还需要用法律形式来巩固，要更好发挥法治在排除改革阻力、巩固改革成果中的积极作用，善于运用法治思维和法治方式推进改革。在法治轨道上深化改革、推进中国式现代化，做到改革和法治相统一，重大改革于法有据，及时把改革成果上升为法律制度，要更好发挥立法作用，主动适应改革发展需要，为改革提供有力法治保障。

第六，始终坚持系统观念。这是改革的重要思想方法和工作方法。改革是一项系统工程，需要处理好经济和社会、政府和市场、效率和公平、活力和秩序、发展和安全等重大关系，所以要不断增强改革的系统性、整体性、协同性。全面依法治国也是一项系统工程，需要坚持系统观念，协同推进立法、执法、司法、守法各环节工作，坚持依法治国、依法执政、依法行政共同推进，坚持法治国家、法治政府、法治社会一体建设。要深入研究习近平法治思想关于全面依法治国领导力量、政治方向、重要地位、工作布局、重点任务、重大关系、文化优势、重要保障的理论观点，深入研究如何处理好法律与政策、法律与道德、党内法规与国家法律等重要关系，深入研究构建中国自主法学知识体系的一般法学知识体系、部门法学知识体系、案例法学知识体系、涉外法学知识体系，全面推进国家各方面工作法治化，完善中国特色社会主义法治体系。

三、深化法治建设各领域改革

党的二十届三中全会科学谋划了围绕中国式现代化进一步全面深化改革的总体部署，明确了改什么、怎么改等根本性关键性问题，对各个领域的改革作出了全面部署。《决定》第八部分"健全全过程人民民主制度体系"涉及新征程上建设更高水平社会主义民主与法治问题。《决定》的第九部分"完善中国特色社会主义法治体系"对"深化立法领域改革""深入推进依法行政""健全公正执法司法体制机制""完善推进法治社会建设机制""加强涉外法治建设"等作了系统性的战略部署。此外，《决定》对经济、政治、文化、社会、生态文明、国家安全、国防和军队等方面部署的改革任务中涉及不少重要的立法要求和法治建设任务，其中蕴含着大量需要重点关注、及时跟进、深入研究的法学理论研究课题，以下兹分述之。

（一）健全全过程人民民主制度体系

发展全过程人民民主是中国式现代化的本质要求。《决定》从加强人民当家作主制度建设、健全协商民主机制、健全基层民主制度和完善大统战工作格局等方面，对健全全过程人民民主制度体系作了具体部署。2024 年 9 月 14 日，习近平总书记在庆祝全国人民代表大会成立 70 周年大会上发表重要讲话，强调指出，"人民代表大会制度是符合我国国情和实际、体现社会主义国家性质、保证人民当家作主的好制度，是能够有效凝聚全体人民力量一道推进中国式现代化的好制度"[①]。人民代表大会制度具有坚持中国共产党领导、保证党领导人民依法有效治理国家的显著优势，具有践行全过程人民民主、保障人民当家作主的显著优势，具有贯彻民主集中制、保证国家政治生活既充满活力又安定有序的显著优势，具有保障全面依法治国、实现国家各方面工作法治化的显著优势，具有维护国家统一、保障国家长治久安的显著优势。我们要围绕发展全过程人民民主，充分发挥人大保证全面有效实施宪法法律的重要作用，充分发挥人大在立法工作中的主导作用，充分发挥人大监督在党和国家监督体系中的重要作用，充分发挥人大在密切同人民群众联系中的带头作用，坚持好、完善好、运行好人民代表大会制度，为实现新时代新征程党和人民的奋斗目标提供坚实制度保障。

中国特色社会主义法学理论研究，必须与人民代表大会制度紧密结合起来，与全过程人民民主重要理念紧密结合起来，准确提炼、概括新鲜经验和做法，上升到理论和制度层面，丰富人大工作的时代特色和理论内涵。要深刻认识人民代表大会制度是坚持党的领导、人民当家作主、依法治国有机统一的根本政治制度安排，深入研究立法在实现三者有机统一，将三者融会贯通中的独特地位作用和有效路径方法。要深刻认识人民代表大会制度是实现我国全过程人民民主的重要制度载体，深入研究完善选举制度、代表制度、

---

① 习近平：《在庆祝全国人民代表大会成立 70 周年大会上的讲话》，人民出版社 2024 年版，第 6 页。

国家机构组织制度、立法制度、监督制度、议事规则，以及论证、评议、听证制度等，不断健全全过程人民民主制度体系，进一步提高全过程人民民主制度化、规范化、程序化水平，更好把制度优势转化为治理效能，全面推进国家治理体系和治理能力现代化。还要深入研究将全过程人民民主具体地、现实地体现到全面依法治国各环节全过程的价值理念、有效路径和实践方式，健全吸纳民意、汇聚民智的工作机制，让每一部法律都满载民意民智。

《决定》还提出了加强人民当家作主制度建设的重点举措，举其要者加以分析：一是"健全人大对行政机关、监察机关、审判机关、检察机关监督制度，完善监督法及其实施机制"。党的十八大以来，在习近平总书记关于坚持和完善人民代表大会制度的重要思想引领下，人大监督取得重要创新发展。人大及其常委会坚持正确监督、有效监督、依法监督，监督的内容不断拓展，监督的形式不断丰富，监督的实效不断提升。按照《决定》精神，还需要健全人大对"一府一委两院"的监督制度，完善监督法及其实施机制，强化人大预算决算审查监督和国有资产管理、政府债务管理监督等。二是"健全人大议事规则和论证、评估、评议、听证制度"。其中，健全人大论证和评估制度具有很强的实践应用和理论研究价值。立法论证是立法主体对立法的制度设计、内容安排、结构安排和规范形式等事项予以理论证成的过程，对增强立法科学性、保证立法质效至关重要。立法评估是相关主体根据一定的标准和方法，对立法行为或立法效果开展评价的活动。立法评估必须秉持客观性、公开性、独立性、中立性、科学性、民主性原则，发现法律实施过程中的问题并及时加以解决。《立法法》有两项条款涉及"立法论证"，三项条款涉及"立法评估"，形成了比较完整的立法论证评估体系。但这些规定较为宏观、粗疏，系统性、完整性、可操作性仍显不足，亟待深入研究，提出可操作、高质量的实施方案。三是"健全基层民主制度"。以2014年10月党的十八届四中全会提出建立基层立法联系点制度为例，十余年来，全国人大常委会法工委分别于2015年7月、2020年7月、2021年7月、2022年8月、2023年12月共计设立了五批45个"国字号"基层立法联系点。通过"首批试点、二批丰富、三批推广、四批五批深化"，"国字号"基层立法联系点辐射带动省、市两级人大设立基层立法联系点7 935个，全国各地建成20余万个代表之家、代表联络站，基本实现乡镇、街道全覆盖。

再加上司法部和省市级司法行政部门设立的数千个立法联系点，形成了国家级、省级（含自治区、直辖市）和设区的市（自治州）级联系点三级联动的工作体系，全国 31 个省（区、市）全覆盖的工作格局，畅通了基层群众参与国家立法的民主渠道，法律草案公开征求意见机制建立健全，并在全过程人民民主实践中迸发出强大活力。四是"制定民族团结进步促进法，健全铸牢中华民族共同体意识制度机制，增强中华民族凝聚力"。制定民族团结进步促进法，是回应新时代发展的需要，能有力促进宪法贯彻实施、深入推动民族法治发展、优化民族法治体系。十四届全国人大常委会已将"民族团结进步促进法"列为"需要抓紧工作、条件成熟时提请审议的法律草案"。客观分析，民族工作的法治基础框架搭建基本到位，国家和地方各级各类民族团结进步立法积累了丰富经验和法理支撑，国内外形势发展和立法时机十分难得，可以说当前制定该法的条件已经成熟。五是"加强宗教事务治理法治化"。习近平总书记关于宗教工作法治化的重要论述和习近平法治思想，为新时代宗教工作法治化建设指明了前进方向，提供了根本遵循，付诸宗教事务治理实践，取得了很大成就，可以概括为以下三点：（1）"立良法"。宗教事务法律规范体系不断完善，宗教事务的宪法法律保障日益健全，涉宗教法律的统一性、融贯性和协调性显著增强，宗教事务行政法规及相关配套规章不断完善，地方宗教立法步伐加快，相关司法解释在涉宗教案件解决中发挥重要作用。（2）"夯制度"。宗教管理部门的各类管理制度日益健全，宗教团体、宗教活动场所、宗教院校等主体的内部制度逐渐完备。（3）"行善治"。明确在法治轨道上推进宗教领域国家治理体系和治理能力现代化的目标，以完整、准确、全面贯彻党的宗教信仰自由政策为指导思想，以保护合法、制止非法、遏制极端、抵御渗透、打击犯罪为工作原则，加强涉宗教事务的司法、执法，加强宗教法治宣传教育，树牢国大于教，国法大于教规、教民首先是公民的法律意识。

综上所述，《决定》就健全全过程人民民主制度体系所作的改革部署，既对做好立法工作具有重要指导意义，也为民主和法治理论研究指明了前进方向、提供了丰富选题。我们要提高政治站位，准确把握、深入研究，为顺利完成民主法治领域改革任务，深入推进社会主义民主法治建设提供理论支撑。

（二）深化立法领域改革

古人说："经国序民，正其制度。"立法是全面依法治国的基础和前提，也是推进制度建设、体制机制改革，落实改革方案和举措，明确规范改革路径的重要途径和形式。新时代新征程，立法面临新形势新任务新要求，人民群众对立法的期盼，已经不是有没有，而是好不好、管用不管用、能不能解决实际问题。深化立法领域改革在全面深化改革中具有基础性作用，统领了立法体制机制、方式方法，以及立法如何更好反映体现客观规律、立法活动自身规律的改革要求，不仅有力推动了立法工作高质量发展，也为深化立法研究提供了广阔空间和丰富选题。

立法调整社会关系，领域宽广，内涵丰富。中国特色社会主义法律体系形成并不断完善，也意味着改革涉及的法律问题将更广泛、更实质。《决定》提出深化立法领域改革的任务，是党的十八大以来全面深化改革、全面依法治国要求的延续发展，既有重申强调，又提出了新举措新要求。重申强调的任务，说明其十分重要，具有基础性，需要持续推进、不可能一蹴而就；而提出的新举措新要求，则是我党根据实际情况提出的新任务新方法。对深化立法领域改革任务的领会把握，既要找准切入点，明确具体任务，又要跳出具体任务，从以中国式现代化推进强国建设、民族复兴伟业的大局和新形势、新要求上深刻把握。

《决定》提出深化立法领域改革的具体内容包括：完善以宪法为核心的中国特色社会主义法律体系；统筹立改废释纂，加强重点领域、新兴领域、涉外领域立法，完善合宪性审查、备案审查制度，提高立法质量。新的重大举措很有针对性、实践性，如健全保证宪法全面实施制度体系，建立宪法实施情况报告制度，完善党委领导、人大主导、政府依托、各方参与的立法工作格局，探索区域协同立法，健全党内法规同国家法律法规衔接协调机制，建设全国统一的法律法规和规范性文件信息平台。我们要对标对表《决定》提出的立法领域改革任务，推动立法理论研究围绕中心大局，为加强和改进立法工作，完善法律体系提供扎实有力的理论支撑。

一是进一步促进立法体制机制改革创新。这是深化立法领域改革的枢纽工程和科学立法的关键要素。贯彻落实党的二十届三中全会精神，要加强党对立法工作的集中统一领导，推进党领导立法工作科学化、规范化、制度化、法治化；要坚持依法治国与依规治党相结合，正确处理党的政策、党内法规同宪法法律的关系，实现党规与国法的有机衔接；要加强立法协调，保证优质高效完成立法工作；要充分发挥人大及其常委会在立法工作中的主导作用；要充分发挥政府在立法中的显著优势，提升立法实效；要做实做深各方参与立法，鼓励多元共治，提升立法民主性、针对性；要优化完善政府立法体制，探索建立立法快速反应机制，集中开展"清废改立"，提高政府立法质效；改进增强地方立法的针对性、有效性和可操作性，以高水平立法推动高质量发展；要推进高水平涉外立法，全面加强涉外领域法律法规体系建设；要完善立法技术规范标准，统一立法术语表达，建立智能化的立法信息技术支撑体系；要加强立法基础理论研究，打造高素质专业化立法人才队伍，加强立法干部队伍的制度和能力建设，加强立法专家参与和人工智能辅助立法。推动构建系统完备、科学规范、整体协同、运行高效的立法制度体系，充分发挥立法对整个法治系统的引领和推动作用，为国家治理现代化提供坚实支撑。

二是健全保证宪法全面实施制度体系。要深入研究通过立法贯彻实施宪法的方式方法，加强宪法实施和监督，建立宪法实施情况报告制度，完善合宪性审查、备案审查制度，深入研究提高合宪性审查、备案审查能力和审查质量的有效路径。宪法是中国特色社会主义法律体系的核心，加强宪法实施和监督在法治国家建设中具有重要牵引作用，要在总结备案审查工作报告的基础上，不断健全保证宪法全面实施的制度体系，通过完备的法律保证宪法实施，不断提高宪法实施水平，维护宪法权威。

三是完善立法工作格局。要完善党委领导、人大主导、政府依托、各方参与的立法工作格局；要深入研究区域协同立法的宪法依据、基本原则、重点领域以及工作机制等，有效解决跨行政区划的治理难题，用法治方式保障区域协调发展战略、区域重大战略的深入实施；要明确立法各方面各环节的责任要求，形成立法工作合力。立法是党的主张和人民意志的统一，立法践行全过程人民民主，吸纳民意、汇集民智，既是人民当家作主的重要体现，又是立法工作规律的内在要求，也是完善立法工作格局的重要内容。要加强对立法体制机制的实证研究，从理论上对完善立法工作格局提出建设性意见建议，努力解决制约立法高质量发展的痛点难点，推动形成立法工作合力。

　　四是加强重点领域、新兴领域、涉外领域立法。要围绕全面深化改革、推进中国式现代化的战略举措，聚焦构建高水平社会主义市场经济体制、发展全过程人民民主、建设社会主义文化强国、提高人民生活品质、建设美丽中国、建设更高水平平安中国、提高党的领导水平和长期执政能力，强基固本，突出立法重点，区分轻重缓急，研究谋划立法工作。根据有关改革举措，要加强国家安全、科技创新、公共卫生、生物安全、风险防控等重点领域立法；要加快发展新质生产力、数字经济、低空经济和碳达峰碳中和、人工智能、大数据等新兴领域法律法规的创制；要统筹推进国内法治和国际法治，丰富涉外法治工具箱，推动我国法域外适用的法律体系建设。这些都是国家治理急需、满足人民美好生活必备、维护国家安全所急的法律制度。

　　五是统筹运用立改废释纂等多种形式推进立法。要加强对制定、修改、废止、解释、编纂、决定等立法形式的研究，加强对法律、行政法规、监察法规、军事法规、司法解释、部门规章和地方性法规、地方政府规章、各类规范性文件等法律体系中不同层级立法的研究，做到统筹兼顾、形成合力，推进良法善治。立法主动与改革决策相衔接，落实改革举措，及时把改革成果上升为法律制度，特别是通过基础性、综合性法律的制定修改，开展法典编纂，确认巩固历史性变革、系统性重塑、整体性重构的改革成果。建设全国统一的法律法规和规范性文件信息平台，既是汇集展示法治体系建设成果的需要，也有利于人民群众查询了解制度建设成果和依据，充分发挥社会各方面在法治建设中的作用，协同推进立法、执法、司法、守法、普法、法律监督各环节改革，弘扬社会主义法治精神。

　　六是推进科学立法、民主立法、依法立法。特别是对立法规划计划编制、备案审查、法律法规和规范性文件清理、基层立法联系点、立法技术规范编制和应用等重点工作的研究，以扎实的理论助力更好把握立法规律，不断提高立法质量和效率。

　　七是健全党内法规同国家法律法规衔接协调机制。这是坚持依规治党与依法治国相结合的必然要求，党内法规和国家法律在精神上、宗旨上是一致的，但在具体调整对象、方式方法上又有所差别，既要善于把党言党语转化为法言法语，避免简单照抄照搬，甚至复制，又要使党内法规与国家法律法规相衔接，重点是调整事项和调整对象有交叉重叠的方面，通过征求意见、相互沟通、座谈交流等机制在起草、制定和实施过程中，在不同层面进行协调。

（三）深入推进依法行政

依法行政是国家和社会治理的根本要求，大力推进依法行政、加快建设法治政府，是建设社会主义法治国家，提高国家治理和社会管理的法治化水平的关键措施；是全面从严治党、加强和改进党的领导的重要保障；是全面深化改革、全面建设社会主义现代化国家的必然要求；是规范和约束公权力、尊重和保障人权的根本措施；是弘扬社会主义法治精神、推进法治社会建设的本质要求；是提升我国国家形象、切实维护国家利益的基本途径。

2021年，中共中央、国务院印发了《法治政府建设实施纲要（2021—2025年）》，确立了五年法治政府建设的总体目标，明确到2025年，政府行为要全面纳入法治轨道。此纲要还提出，着力实现行政执法水平普遍提升，努力让人民群众在每一个执法行为中都能看到风清气正、从每一项执法决定中都能感受到公平正义。在此基础上，党的二十大报告明确指出："法治政府建设是全面依法治国的重点任务和主体工程"，要求"扎实推进依法行政"，为新征程上的法治政府建设指明了方向。

在中共中央、国务院关于法治政府建设的方针政策和实践基础上，党的二十届三中全会《决定》提出一系列任务要求：

一是"推进政府机构、职能、权限、程序、责任法定化，促进政务服务标准化、规范化、便利化，完善覆盖全国的一体化在线政务服务平台"。这项改革任务的核心是推进政府机构职能优化协同高效。坚持优化政府组织结构与促进政府职能转变、理顺部门职责关系统筹结合，使机构设置更加科学、职能更加优化、权责更加协同。厘清政府和市场、政府和社会之间的关系，推动有效市场和有为政府更好结合。强化制定实施发展战略、规划、政策、标准等职能，更加注重运用法律和制度遏制不当干预微观经济活动的行为。构建简约高效的基层管理体制，实行扁平化和网格化管理。全面实行政府权责清单制度，加强标准化建设，实现同一事项的规范统一，推动各级政府高效履职尽责。加快推进信息化平台建设，加快推进政务数据有序共享，构建全国一体化政务大数据体系。

二是"完善重大决策、规范性文件合法性审查机制。加强政府立法审查"。主要是强化依法决策意识，严格落实重大行政决策程序，加强行政决策执行和评估。党的十八大以来，党和政府的多个文件都对行政规范性文件的制定和监督管理工作特别是行政规范性文件合法性审查机制提出明确要求。目前，合法性审查作为文件制定的关键环节，已经在全国各级行政机关中达成共识，并得到实施，坚持有件必备、有备必审、有错必纠。有些地方还建立了行政机关、法院、检察院三方共同参与的规范性文件审查衔接工作机制。对于疑难复杂的规范性文件，起草部门充分运用三方审查衔接机制，主动寻求司法机关的法律支持。

三是"深化行政执法体制改革，完善基层综合执法体制机制，健全行政执法监督体制机制。完善行政处罚等领域行政裁量权基准制度，推动行政执法标准跨区域衔接。完善行政处罚和刑事处罚双向衔接制度"。完善权责清晰、运转顺畅、保障有力、廉洁高效的行政执法体制机制，大力提高执法水平和执法公信力。稳步将基层管理迫切需要且能有效承接的行政执法事项下放给基层，坚持依法下放、试点先行，坚持权随事转、编随事转、钱随事转，确保放得下、接得住、管得好、有监督。我国当前的行政执法监督力量不断充实，但还缺少体系化的制度设计，各监督主体之间的监督分工与协作不够明确，外部监督的力度有待进一步提升。从监督的独立性与有效性角度考虑，应该从行政行为法角度完善现有行政执法监督体系，形成以检察机关作为外部独立监督机关开展一般性、常态化监督为基干，行政复议机关的复议监督、审判机关的诉讼监督为两翼，权力机关、监察机关的执法检查监督、监察监督为辅助的监督体系。

四是"健全行政复议体制机制。完善行政裁决制度"。当前行政复议的主渠道作用逐步显现，行政争议实质性化解的效能明显提升，行政复议监督依法行政的力度不断加强，行政复议服务保障高质量发展的成效更加突出，行政复议与行政诉讼等机制的衔接配合更加顺畅。下一步还要深化行政复议和行政诉讼制度建设，以服务行政复议化解行政争议主渠道建设为导向，以助推健全行政复议体制机制为重点，以社会治安综合治理中心规范化建设为抓手，统一争议高发行政管理领域的行政执法、行政复议、行政审判、行政检察法律适用的标准。

依法行政领域的深化改革措施还有"完善垂直管理体制和地方分级管理

体制，健全垂直管理机构和地方协作配合机制。稳妥推进人口小县机构优化。深化开发区管理制度改革。优化事业单位结构布局，强化公益性"。

（四）健全公正执法司法体制机制

公正司法是维护社会公平正义的最后一道防线。建设公正高效权威的社会主义司法制度，是推进国家治理体系和治理能力现代化的重要举措，也是促进社会公平正义的必然选择。凡法事者，操持不可以不正。习近平总书记指出："我们要依法公正对待人民群众的诉求，努力让人民群众在每一个司法案件中都能感受到公平正义，决不能让不公正的审判伤害人民群众感情、损害人民群众权益。"①

一是依法独立公开行使各项权力。人民法院、人民检察院依法独立行使审判权、检察权，不受任何机关、单位和个人的非法干涉，这是保证司法公正的重要前提条件。监察机关按照宪法和监察法，独立行使监察权，也不受任何机关、单位和个人的非法干涉。公安机关、司法行政机关虽然存在政府内部的上下级关系，具有一定从属性，但就其权力运行的要求，也反对公器私用、以言害法。习近平总书记指出："推进公正司法，要以优化司法职权配置为重点，健全司法权力分工负责、相互配合、相互制约的制度安排。各级党组织和领导干部都要旗帜鲜明支持司法机关依法独立行使职权，绝不容许利用职权干预司法。"②《决定》提出："健全监察机关、公安机关、检察机关、审判机关、司法行政机关各司其职，监察权、侦查权、检察权、审判权、执行权相互配合、相互制约的体制机制，确保执法司法各环节全过程在有效制约监督下运行。"

二是优化司法职权配置，深化审判权和执行权分离改革。广义上的司法权包括公安机关行使的侦查权、人民检察院行使的检察权、人民法院行使的审判权和司法行政机关行使的刑罚执行权。四个机关应该各司其职，四种权能应该相互配合、相互制约，审判权和执行权由不同机关行使，更能保证案件公平公正。我国刑罚执行权目前由司法行政机关、人民法院、公安机关三个机关分别行使。鉴于大部分刑罚事实上都由司法行政机关执行，我国可探索由司法行政机关统一行使刑罚执行权的执行模式。为此，《决定》提出：

---

① 习近平：《论坚持人民当家作主》，中央文献出版社 2021 年版，第 8 页。

② 习近平：《习近平谈治国理政》（第 2 卷），外文出版社 2017 年版，第 121 页。

"深化审判权和执行权分离改革,健全国家执行体制,强化当事人、检察机关和社会公众对执行活动的全程监督。"

三是加强人权执法司法保障。司法是人权保障的关键环节,人权司法保障状况在很大程度上反映出一国人权保护总体水平。党的十八大以来,党中央高度重视人权司法保障,把加强人权司法保障确立为法治中国建设的重要任务,对完善人权司法保障制度作出顶层设计,将中国人权司法保障推进到一个新阶段。在以往改革成果的基础上,《决定》提出:"坚持正确人权观,加强人权执法司法保障,完善事前审查、事中监督、事后纠正等工作机制,完善涉及公民人身权利强制措施以及查封、扣押、冻结等强制措施的制度,依法查处利用职权徇私枉法、非法拘禁、刑讯逼供等犯罪行为。推进刑事案件律师辩护全覆盖。建立轻微犯罪记录封存制度。"

健全公正执法司法体制机制的深化改革措施还包括:"完善执法司法救济保护制度,完善国家赔偿制度。深化和规范司法公开,落实和完善司法责任制。规范专门法院设置。深化行政案件级别管辖、集中管辖、异地管辖改革。构建协同高效的警务体制机制,推进地方公安机关机构编制管理改革,继续推进民航公安机关和海关缉私部门管理体制改革。规范警务辅助人员管理制度。"

(五)完善推进法治社会建设机制

法治社会是构筑法治国家的基础。只有文本上的法律体系,没有现实的法治社会,不是真正的法治;只有政府奉法依法,社会组织和普通公民置身法外,也不是真正的法治。2020 年 12 月,中共中央印发了《法治社会建设实施纲要(2020—2025 年)》指出,法治社会是构筑法治国家的基础,法治社会建设是实现国家治理体系和治理能力现代化的重要组成部分。建设信仰法治、公平正义、保障权利、守法诚信、充满活力、和谐有序的社会主义法治社会,是增强人民群众获得感、幸福感、安全感的重要举措。《决定》提出:"健全覆盖城乡的公共法律服务体系,深化律师制度、公证体制、仲裁制度、调解制度、司法鉴定管理体制改革。"这些制度、体制在改革开放中已经逐步建立起来,下一步的主要任务是使其更加健全、完善,真正发挥制度效能。

《决定》还要求"改进法治宣传教育,完善以实践为导向的法学院校教育培养机制"，就是要继续坚持把全民法治宣传教育作为依法治国的长期基础性工作，增强普法工作针对性和实效性，提升全体公民法治意识和法治素养。把法治教育纳入国民教育体系和精神文明创建内容，加强青少年法治教育。要深化领导干部学法用法工作，发挥示范带头作用，推动尊法学法守法用法蔚然成风。同时健全普法教育宣传机制，深入推进国家机关"谁执法谁普法"普法责任制，创新普法宣传形式，提高普法实效，引导全体人民做社会主义法治的忠实崇尚者、自觉遵守者、坚定捍卫者。当代中国法学教育要以实践为导向，将实务部门的优质实践教学资源引入高校，引导政府部门、法院、检察院、律师事务所、企业等实务部门力量参与法治人才培养，通过建立协同育人的长效机制，真正实现法治人才培养中同步实践教学。同时强化对科技创新和交叉学科的学习研修，更新法学课程体系、教材体系、知识体系和人才培养方式，强化国际学位互认，以此突破人才瓶颈，做好人才储备，建设人才高地。

《决定》还专门提出"加强和改进未成年人权益保护，强化未成年人犯罪预防和治理，制定专门矫治教育规定"。

（六）加强涉外法治建设

作为 21 世纪马克思主义法治理论，习近平法治思想不仅系统阐释了中国特色社会主义法治建设规律，提出了全面依法治国的总目标、总抓手和重点任务，而且站在世界历史和全球视野的高度，借鉴吸收人类法治文明有益成果，深刻把握人类政治文明发展趋势，及时回应世界之变带来的全球法治问题，提出共商共建共享的全球治理观，推动构建人类命运共同体，为发展中国家法治现代化提供了中国经验，为人类政治文明进步贡献了中国智慧，为全球治理体系变革提供了中国方案。

统筹推进国内法治和涉外法治，关键是加快涉外法治工作战略布局，协调推进国内治理和国际治理，更好维护国家主权、安全、发展利益。《决定》要求"建立一体推进涉外立法、执法、司法、守法和法律服务、法治人才培养的工作机制"。要强化法治思维，运用法治方式，构建与大国地位相称的涉外法律工作体系，有效应对挑战、防范风险。要综合利用立法、执法、司法等手段开展斗争，坚决维护国家主权、尊严和核心利益。要建立有公信力的国际商事法庭和联合仲裁机制，建立涉外工作法务制度，推动驻外使领馆设立法务参赞、警务联络官，强化涉外法律服务，维护我国公民、法人在海外及外国公民、法人在我国的正当权益。要推动全球治理变革，推动构建人类命运共同体。

在涉外立法领域，中国有强烈的意愿，推动建设和完善区域合作机制，建设经济金融领域、新兴领域的新机制新规则，依法治理全球环境污染、推进扶贫减灾、应对气候变化、防范重大疫情、保护知识产权、打击恐怖主义、维护资源能源安全和网络信息安全。在推进国际执法司法合作和加强多边和双边法治对话方面，中国对国际司法采取积极合作的态度，尊重说公道话和公正的裁决。愿意深化司法领域的国际合作，扩大国际司法协助覆盖面，推进引渡、遣返犯罪嫌疑人和被判刑人移管等国际合作。愿加强反腐败国际合作，加大海外追赃追逃、遣返引渡力度。愿同邻国开展执法安全合作，共同打击暴力恐怖势力、民族分裂势力、宗教极端势力和贩毒走私、跨国有组织犯罪。《决定》要求："完善涉外法律法规体系和法治实施体系，深化执法司法国际合作。完善涉外民事法律关系中当事人依法约定管辖、选择适用域外法等司法审判制度。健全国际商事仲裁和调解制度，培育国际一流仲裁机构、律师事务所。"

自 1978 年改革开放以来，我国逐步全面开放、深度融入国际社会。为此，中国需要了解和尊重国际法律秩序，也需要参与新型国际关系建构和规则的制定。习近平总书记指出："全球治理体系正处于调整变革的关键时期，我们要积极参与国际规则制定，做全球治理变革进程的参与者、推动者、引领者。"[①] 这意味着，中国的全面依法治国战略必须统筹国内法治和涉外法治、协调国内治理和国际治理。对此，《决定》要求"积极参与国际规则制定"。

《决定》还对加强党对改革的领导、深化党的建设制度改革、党风廉政建设和反腐败斗争等提出要求，其中诸多涉及立法的具体任务。大体可以分为三类：一是有些改革举措任务直接明确为立法项目，明确提出的立法项目有编纂生态环境法典，制定金融法、民族团结进步促进法、民营经济促进法，修改监察法，出台反跨境腐败法，完善监督法及其实施机制等；二是有

---

① 习近平：《论坚持全面依法治国》，中央文献出版社 2020 年版，第 225 页。

些改革任务需要通过立法修法完成，如按照自愿、弹性原则，稳妥有序推进渐进式延迟法定退休年龄改革，需统筹修改有关法律规定；三是还有许多制度建设、体制机制改革任务，也涉及立法修法。

在法治轨道上全面深化改革、推进中国式现代化，为法学研究和法治实践工作提供了广阔的发展空间。让我们紧密团结在以习近平同志为核心的党中央周围，深入学习贯彻党的二十届三中全会精神，以更加饱满的热情、更加严谨的态度、更加扎实的工作，深化法学理论研究，为完善中国特色社会主义法治体系、建设社会主义法治国家作出新的更大贡献！

中国法治现代化的法理意蕴

彭中礼[*]

党的二十大报告强调要"以中国式现代化全面推进中华民族伟大复兴"①。中国式现代化，是将现代化建设的普遍规律与中国具体国情相结合的新道路，是中国发展的必由之路。成功推进中国式现代化，实现中华民族伟大复兴，要建立在全面依法治国的基础之上，将法治作为最根本的治理方式深嵌在中国特色社会主义现代化国家建设的全过程和各阶段。因此，中国特色社会主义法治是保证中国走现代化道路的法治。从国家治理的角度来看，法治是党治国理政的基本方式；从人民幸福的角度来看，法治是维护人民基本权利的重要保证；从社会的角度来看，法治是保持社会长期稳定的重要基础。所以，在中国式现代化的发展征途中，法治与中国式现代化相辅相成，密不可分。一方面，法治为中国式现代化提供了充分的制度保障；另一方面，中国法治的发展也应当深刻蕴含在中国式现代化的进程中，不断推进社会主义现代化国家建设。在实现中华民族伟大复兴的道路上，中国式现代化与法治中国建设相得益彰，成为社会主义现代化建设的"双重引擎"，通过法治保障中国式现代化，通过中国式现代化促进法治中国建设，进而提出了中国法治现代化的时代要求，丰富了中国法治的话语体系。中国法治现代化是中国共产党带领中国人民，在不断深入践行以人民为中心的发展思想的

* 本文原载于《求索》2023 年第 3 期，作者系中南大学法学院教授、博士生导师，国家"万人计划"青年拔尖人才。

① 习近平：《高举中国特色社会主义伟大旗帜 为全面建设社会主义现代化国家而团结奋斗——在中国共产党第二十次全国代表大会上的报告》，人民出版社 2022 年版，第 21 页。

过程中，创造出来的人类法治文明新形态，是具有中国特色、中国风格、中国气派的原创性法学概念，需要从内涵、意义、内容和实践要求等层面作出详细解读，从而为向世界推广奠定理论基础。

一、中国法治现代化的概念诠释

法治是人类总结国家和社会治理经验创造出来的重要治理方式，是人类文明的重要体现。当前，法治这一概念流行于全世界，它不仅被视为国家秩序追求的基本原则，也被视为国际秩序追求的基本原则。① 可以说，进入 21世纪以来，法治已经成为全球治理的基本常识，既表达了各国人民对秩序的渴望，也常常被视为衡量各国治理水准的一种价值标准。从人类文明演变的历史过程来看，法治彰显了文明，体现了共识。但是，各国追求法治并不意味着实现法治的道路具有相同性。各个国家的发展状况、历史传统、文化基因、经济水平、社会环境乃至公民意识等都会有较大差别，因而实现法治的路径或者模式并没有统一的模板。中国法治现代化正是基于中国的历史传统、文化基因、经济社会发展水平等现实情况而诞生的新概念，是对中国如何发展法治以及如何有效推进法治的经验总结和规律性认识。中国法治现代化植根于中国，应用于中国，反哺于中国，既充分彰显了马克思主义理论的科学方法论，也内嵌了中华法治传统的优秀文化基因，并深蕴于中国式现代化的理论逻辑、历史逻辑和实践逻辑当中，成为中国式现代化强大的牵引动力和制度保障。所以，中国法治现代化不仅是中国式现代化的重要组成部分，也是中国式现代化在法治领域的具体体现。从领导制度、基本性质、发展基础和驱动力量来看，中国法治现代化具有如下基本特征：

第一，从领导制度来看，始终不渝地坚持中国共产党的领导，是中国法治现代化的根本特征。习近平总书记强调："党和法治的关系是法治建设的核心问题。全面推进依法治国这件大事能不能办好，最关键的是方向是不是正确、政治保证是不是坚强有力。"② 中国共产党的领导，是人民的选择、历史的选择，是理论逻辑、历史逻辑和实践逻辑的统一，在法治领域亦不例

---

① See Anna-Bettina Kaiser, Rule of Law, European Constitutional Law Review, Oct. 2011，p. 511.

② 中共中央文献研究室编：《习近平关于全面依法治国论述摘编》，中央文献出版社 2015 年版，第 22 - 23 页。

外，这是中国法治建设与西方国家法治建设的根本区别所在。早在土地革命战争时期，我们党就领导颁布了宪法，制定了土地法，依法保护农民的权益，具有鲜明的原创性、阶级性和革命性。在抗日战争时期，我们党领导边区人民制定了一系列法律法规和政策文件，如《陕甘宁边区施政纲领》《陕甘宁边区宪法原则》等，这些法律法规为新中国制定相关法律奠定了基础。此时，我们党还领导创建了高等法庭和地方法庭，依法解决了边区人民的许多矛盾纠纷，形成了著名的"马锡五审判方式"。在陕甘宁边区，依法司法、公平司法已经成为党领导法治建设的基本原则。如"黄克功案"公平公正的处理，就充分表明了党依法办事的决心。新中国成立以后，我们党在社会主义建设进程中不断加强民主法治建设，如制定了新中国第一部宪法，制定了婚姻法、土地法等法律，从根本制度上充分肯定了人民的权利，维护了人民的利益，人民真正实现了翻身做主人。改革开放以来，我们党领导人民将建设社会主义法治国家写入党章和宪法，并取得了巨大成就。回顾历史可以发现，中国共产党历来重视领导法治建设，不仅在思想上、组织上身体力行，而且在实践中注重法律效果和社会效果相统一。中国共产党领导法治建设，既有原创性的法治理念作为支撑，亦有具体的法律法规和制度创新，充分展示了以人民为中心的发展思想，维护了公平正义价值，形成了丰富的法治实践经验。总之，中国共产党是我国法治建设最坚强的领导核心，是中国法治现代化向正确方向前进的重要保证。

第二，从基本性质来看，始终不渝地走社会主义道路，是中国法治现代化的本质要求。"每一种法治形态背后都有一套政治理论，每一种法治模式当中都有一种政治逻辑，每一条法治道路底下都有一种政治立场。"[①] 当代中国的法治建设，必定是坚持中国特色社会主义的法治，必定是旗帜鲜明地把社会主义这一根本属性与法治建设紧密融合在一起的。中国的法治建设如果放弃社会主义的基本立场，也就没有了"颜色"，既失去了政治立场，也失去了特色。在西方现代化的发展历程中，资产阶级的利益总是高于人民的利益，因而资产阶级所建立的法治必然是服务于资产阶级的"法治"，是带有剥削属性的"法治"。他们所谓"民主""自由""平等"的旗号，实质是

---

① 中共中央文献研究室编：《习近平关于全面依法治国论述摘编》，中央文献出版社 2015 年版，第34 页。

金钱选举，在保障"选举权"的外衣下通过资本控制选票和资源，实质上保障的是既得利益集团的利益。他们不断宣扬所谓的"法治"，却又不断掠夺其他国家的资源，大搞"价值输出"和"颜色革命"，破坏他国秩序，扰乱他国经济社会发展。这种"两面派"做法，是对真正法治的伤害，是法治文明的污点。而我国的法治建设则正好与之相反，是以人民为中心的法治，是为最广大人民群众根本利益服务的法治，具有鲜明的人民性。在这里，每一个人既是法治的被治理者，又是法治建设的积极参与者。每一个人都充分享受法定的权利，又都在履行应当履行的法定义务，形成了一种人人为法治、法治为人人的崭新局面。可见，中国特色社会主义法治是迥异于西方法治的新模式，是能够保证人民真正当家作主的法治，是中国人民选择和探索的光明大道。总之，中国革命、建设、改革的实践可以表明，中国特色社会主义法治建设经得起历史的考验，符合最广大人民群众的根本利益。

第三，从发展基础来看，始终不渝地强调符合中国实际情况，是中国法治现代化的实践特性。马克思主义哲学基本原理告诉我们，世界在运动中发展，而发展中的事物，有普遍性的一面，也有特殊性的一面。想问题办事情，既要看到世界的普遍性，也要考虑各地区的特殊性。只有深刻考虑了普遍性和特殊性的关系，从实际情况出发，牢牢地把握住了事物运动的基本规律，才有可能取得成功。法治是国家治理规律性的体现，但是各个国家的情况有所不同，因而实现法治的方式也应当有所区别。近代以来，中国所面临的问题和必须解决的问题，都是西方国家所没有遇到过的，也是西方法治实践中不曾出现、西方法治理论无法解释的。正如习近平总书记所指出的："各国国情不同，每个国家的政治制度都是独特的，都是由这个国家的人民决定的，都是在这个国家历史传承、文化传统、经济社会发展的基础上长期发展、渐进改进、内生性演化的结果。"① 西方资本主义法治，归根结底都是维护资产阶级利益的法治，但其之所以能够取得一定建设成就，是因为符合特定历史条件下西方国家法治建设的实际情况。然而，这种经验也恰恰表明，西方的法治路径脱离不了西方社会经济发展的历史阶段，脱离不了背后的人文、历史、文化等地域因素。它们的发展经验尽管可以为我们提供一定

---

① 习近平：《论坚持全面依法治国》，中央文献出版社 2020 年版，第 78 页。

的借鉴，但不能简单地套用于我国的法治实践。因此，中国特色社会主义法治建设一定要与中国的现代化同步，一定要符合中国的国情，一定要走中国法治现代化之路。

第四，从驱动力量来看，始终不渝地强调通过自上而下与自下而上双向互动，是中国法治现代化的动力源泉。中国法治现代化的驱动力量，既有自上而下的推动，也有自下而上的推动。通过对已经实现现代化国家的发展历程进行深入比较分析，可以发现，世界范围内的法治现代化推进方式可概括为三种类型：一是政府对法治的推动作用相对较小的模式，以英国、美国、法国等西方国家为代表；二是政府对法治的推动作用很大的模式，以新加坡、韩国、日本等国家为代表；三是中国式的自上而下、自下而上双向互动地推进法治化。换言之，从政治制度来看，任何国家制度的形成和发展，都既有历史的逻辑演绎，也有体制机制建构的经验积累；既有人类自身的理性建构，也有国家治理意识的不断浸染。因此，通过制度承载出来的法治文明和法治意识也是多元因素综合作用的结果，而不是一蹴而就的过程，更不是简单复制的过程，法治的规律性决定了其会在不同的国家呈现出具体的运行形态。比如，法律需要有特定的国家机关颁布和实施，需要有特定的司法机关适用法律。但是，各个国家的权力运行机制与机构设置并不相同，不同国家、不同民族的人民对法治的理解和观念也不可能完全一致。受到特定历史发展阶段、经济社会文化差异、民俗习惯区别等因素的影响，每一个国家的法治发展程度必然有阶段性、地域性，进而形成自身的特点。换言之，"法律调节范围受该国的政策、宗教、道德等其他社会规范的影响"[1]。因此，中国共产党的法治自觉连同中国人民的法治需要，一起构成了中国法治现代化的"内燃机"，成为法治中国建设的驱动力。

二、中国法治现代化的主要意义

世界上没有两片完全相同的树叶，也不会有、不应当有完全相同的两个法治发展模式。中国法治现代化站在中国立场发展出了法治建设的一条新路，是对人类法治文明的不断承继和扬弃，是对世界法治文明的重大贡献。因此，

---

[1]　顾培东：《世界法治模式不会定于一尊》，载《人民日报》2017年12月26日，第7版。

评价中国法治现代化必须立足于中国，放眼于世界，从中国发展的实际情况出发，深刻阐述其对世界文明史的智慧贡献。中国法治现代化奠基于中国的制度环境和中国人民的实际需要，是中国共产党带领中国人民在社会主义现代化建设的实践中选择的历史结果，具有十分重要的理论意义和实践意义。

第一，中国法治现代化是推进中国式现代化的重要制度动力。中国式现代化是现代化的新道路，是中国共产党带领中国人民走出的新道路，具有鲜明的时代特征和中国特色。中国式现代化不仅是物质层面的现代化，也是精神层面的现代化；不仅是器物层面的现代化，也是制度层面的现代化。因此，社会主义现代化是全方位的、综合发展的现代化，是推进中华民族伟大复兴的现代化。一方面，从具体构成来看，中国法治现代化一直都是中国式现代化的重要组成部分，是国家治理体系和治理能力现代化对当代中国提出的必然要求。中国特色社会主义法治并不是一个封闭的体系，它必须围绕中国特色社会主义事业总体布局，并与我国社会主义建设的各项事业紧密结合。同时，中国特色社会主义法治又是一个不断发展完善的体系，在发展中不断回应各行各业和人民群众对法治的诉求，不断规范公权力的行使，促进和保障社会主义现代化建设的顺利推进。中国法治现代化集中反映了党中央对法治认识的新高度，不仅把握了法治的规律性，具有鲜明的时代性，而且也体现了法治发展模式的原创性。另一方面，从动力源泉来看，中国法治现代化是推进中国式现代化的重要力量，既保证中国式现代化沿着正确的方向不断前进，也保证中国式现代化的成果始终造福人民。人类社会发展的经验告诉我们，良好的制度是保证国家发展、维护社会秩序稳定的根本方法，也是经济社会发展的重要动力。一旦社会秩序脱离了制度的规制，经济也不可能平稳有序发展。历史与现实的实践表明，不着力推进国家治理现代化、实现制度现代化，其他现代化不可能持久。从本质意义上，国家治理现代化的实质是制度现代化。① 在制度现代化的推进过程当中，法治是保证制度现代化具有恒久性的"密码"。法治是最重要、最根本的国家治理方式，而制度是法治建设的核心要素。因此，法治建设与制度建设从来就不是割裂的，二者相辅相成，制度的完善必然包含法治的完善，法治的进步也一定会促进制

---

① 参见包心鉴：《制度现代化：国家治理现代化的实质与指向》，载《社会科学研究》2015 年第 2 期。

度的健全。从这个层面来说，中国法治现代化为中国式现代化提供了制度可能，并与其他层面的现代化一起，为推进中华民族伟大复兴提供了充足的动力。

第二，中国法治现代化创造了新的法治文明发展模式，构建了人类法律文明新形态。中国法治现代化是基于中国的法治与现代化的深刻融合，是中国共产党带领中国人民实践法治的新形态。长期以来，一些人有一种误解，认为西方国家进入现代化的时间较早，法治的发展程度较高，因此在部分人的心目中，法治的发展模式也似乎只有西方一种模式。这种亦步亦趋跟随西方法治发展模式的观点完全脱离了中国经济社会发展的实际情况和法治实践的现实问题，误人不浅。1840 年鸦片战争以后，中华民族遭遇了巨大的危机，早期中国人民救国救民的重要方式之一就是模仿西方。从早期的洋务运动，到戊戌变法，再到辛亥革命推翻封建帝制，都可以看到模仿西方法治发展模式的影子。但历史已经雄辩地证明，这些模仿式的改革或革命，从根本上说都是失败的，而其根源就在于把学习西方的法治模式当成了真理，没有结合中国的具体国情，也没有认真探索中国的实际需要，更没有真正读懂中国。一切模仿都是简单的重复，既不能真正悟透原理，也没办法把握本质。"橘生淮南则为橘，橘生淮北则为枳。"是"橘"还是"枳"，一定要看土壤、气候与相应的环境氛围。法治建设也是如此，绝不是简单地抄写几款条文、复制几个制度，就能够实现法治。历史的滚滚长河经过大浪淘沙，会淘走不符合基本国情的制度，留下契合时代需要的制度。因此，中国共产党带领中国人民走出的中国法治现代化的道路，是经过历史和实践检验后大浪淘沙的结果。回顾中国共产党带领中国人民实践中国法治现代化的历程，可以毫不犹豫地说，中国法治现代化才是真正符合中国人民实际需要的现代化，才是中国人民历史抉择和现实选择的结果。中国法治现代化既是后发国家的法治现代化模式，又是契合中国国情的法治现代化模式。我们既遵循世界各国实现法治现代化的一般规律，也突出我国的历史传承、文化积淀和实践检验，中国法治现代化是具有中国特色、中国风格、中国气派的法治现代化。

第三，中国法治现代化是后发国家守正创新发展法治文明的典型样本。从历史发展来看，由于生产力发展水平的历史局限，当西方国家先后开始工业革命、进入工业时代、开启轰轰烈烈工业大生产的时候，中国人民还没有真正地认识世界。因此，中国的现代化一开始并不是一种主动选择，而是在落后"挨打"之后"被迫拉入"了现代化的历史进程。那么，后发国家是不是就必须走西方道路，是不是必须复制西方样本？答案当然是否定的。起步晚并不意味着发展就慢，而发展快也不一定就是他人必须复制的样本。中国共产党一开始就独立自主地运用正确的现代化理论指导中国开展现代化实践，并在短短几十年内取得了举世瞩目的成就。中国的现代化并没有复制西方国家的现代化理论，而是将马克思主义基本原理同中国具体实际相结合、同中华优秀传统文化相结合，走出了中国式现代化道路。中国的现代化历程已经强有力地证明了，后发国家并非只有按照西方国家的发展模式才能取得现代化建设的成就。后发国家完全可以在尊重客观规律的基础上，摸索出一条符合本国国情的新路。那种脱离本国实际，迷信西方理论，简单复制西方的法治发展方式，曾在亚非拉国家屡见不鲜，但在西式"民主"与"法治"大旗下所呈现的却是内战的泥潭、混乱的社会秩序和苦难的人民。酿造这种"苦酒"的根本原因就是简单地复制西方经验和西方模式，脱离了本国实际，导致了理想与现实的背反。正反两方面的经验教训告诉我们，国家的法治发展必须与人民的实际需要相结合，必须走独立自主的创新发展道路，而不可以生搬硬套、简单模仿复制。任何亦步亦趋的模仿都容易成为邯郸学步而徒增笑柄。所以，中国法治现代化是中国共产党守正创新的理论成果，是中国共产党带领中国人民创造出来的迈向现代化、实现跨越式发展的经典样板，是值得深入研究和不断发展的原创性概念，是中国经验、中国智慧在法治领域的集中体现。

第四，中国法治现代化充分彰显了中国法治文明的世界贡献。长期以来，西方国家通过各种途径极力鼓吹西方法治价值观和法治发展路径，并将跟随这种模式的国家和地区视为同一阵营，而将不遵从者视为异己极力排斥。在西方国家有目的的扶持下，极少数国家和地区运用西方模式取得了一定程度的成功，从而被西方树立为所谓的"标杆"。这就让一些人产生了误解，认为法治发展只有西方一种模式。在这种敌对思维和"自己人思维"的影响下，西方国家越来越倾向于通过以是否践行西方法治价值观、是否遵从西方法治发展模式来作为评判法治发展水平和程度的唯一标准。虽然近代以来，中国人民也曾经学习过西方法学，熟读过西方法学的经典，甚至也曾试图模仿、移植过西方国家的一些制度，但这都只为中国法治发展奠定了一些基础，甚至是深刻的教训。盲目学习西方的法治观念或者制度，并没有从根本上解决近代中国的救亡图存问题，也不能从根本上解决当代中国面临的发展问题。中国法治现代化充分表明，在西方法治发展模式之外，一种新兴的法治发展模式正在深入实践，而且取得了累累硕果。对中国法治现代化的总结和凝练，既是对如何才能更好地走自己法治发展道路的反思，也是丰富人类法治文明的新理论。中国法治现代化向世界表明了中国法治发展有自己的模式，有自己的方法。从模式上看，中国法治现代化是坚持中国共产党领导的法治现代化，这是与西方法治发展模式的根本区别所在。从方法上看，中国法治现代化坚持整体主义进路，强调以人民为中心，这与西方国家的个人主义进路截然相反。中国法治现代化作为丰富世界法治文明的实践样态，破除了西方法治"中心论""唯一论"的理论"神话"，为其他国家结合自身国情走独立自主、守正创新的法治发展道路树立了榜样。

三、中国法治现代化的核心内容

中国法治现代化作为中国式现代化的重要组成部分，必须根据法治发展的基本规律，遵循中国式现代化的本质要求。基于中国式现代化的本质要求，中国法治现代化应当将坚持中国共产党的领导走中国特色社会主义道路，在人口规模巨大的国家推进法治现代化，推进全体人民共同富裕的实现，协调推进物质文明和精神文明共同发展，助推人与自然和谐共生，以及促进世界和平发展等作为核心内容。

（一）中国法治现代化是中国共产党领导走中国特色社会主义道路的法治现代化

中国法治现代化的根本特征是坚持中国共产党的领导，并坚持走中国特色社会主义道路。说一千道一万，离开了中国共产党的领导，中国法治现代化不可能实现；离开了中国特色社会主义道路，中国法治现代化就失去了灵魂。习近平总书记指出："中国特色社会主义法治道路本质上是中国特色社会主义道路在法治领域的具体体现。"[①] 中国法治现代化坚持走中国共产党

---

① 习近平：《论坚持全面依法治国》，中央文献出版社 2020 年版，第 2 页。

领导的中国特色社会主义道路，具有历史必然性和现实逻辑性。从历史进程来看，中国法治现代化走中国共产党领导的中国特色社会主义道路是历史的选择。无论是太平天国起义，还是洋务运动，无论是戊戌变法，还是辛亥革命，都没有从根本上改变近代中国人民受欺辱受压迫的命运。也有部分仁人志士试图通过法制建设来改造中国，但依然没有成功。这说明，资本主义那一套"三权分立""君主立宪"的方式在中国走不通。历史上这些不同形式的探索失败的根本原因，就是没有找到一条正确的道路。中国共产党领导中国人民走出了中国特色社会主义道路，这才是从根本上符合中国实际、契合人民需要的道路。中国特色社会主义道路具体在法治领域就是走出了中国特色社会主义法治道路，这不仅是一条为中国人民谋幸福、为中华民族谋复兴的道路，也是一条与资本主义法治完全不同的道路。

从现实逻辑来看，中国法治现代化走中国共产党领导的中国特色社会主义道路符合人民的需要。中国共产党是一个始终全心全意为人民服务的政党，中国共产党所做的一切，都是为了让人民过上幸福的生活。习近平总书记指出："中国共产党始终代表最广大人民根本利益，与人民休戚与共、生死相依，没有任何自己特殊的利益，从来不代表任何利益集团、任何权势团体、任何特权阶层的利益。"[①] 因此，中国法治现代化之所以能够取得成功，是因为中国共产党领导的中国特色社会主义建设始终把人民利益放在首位，能够将法治建设与人民的需要结合在一起，能够将人民中心理念与法治理念融合在一起，从而开辟法治新境界。从陕甘宁边区形成的"马锡五审判方式"，将法庭开在田间地头，到新时代的"枫桥经验"，发动和依靠群众，坚持矛盾不上交，都充分表明了中国共产党领导建设的法治是全心全意维护人民利益的法治。历史沧海桑田，时代一直发展，但是中国共产党运用法治为人民服务的初心宗旨始终不变，法治为民、立法为民、司法为民的价值追求始终不变。

（二）中国法治现代化是推进人口规模巨大国家发展的法治现代化

人口现象是社会的根本现象。脱离了人的语境，一切社会的运作都不可能存在。人口问题是社会的根本问题，法治必须在人口问题的解决当中实现

---

① 习近平：《习近平谈治国理政》（第 4 卷），外文出版社 2022 年版，第 9 页。

社会安定和国家长治久安。孟德斯鸠曾认为法的精神存在于万事万物可能发生的联系当中，因而法的发展变化必须考虑各种可能的因素。站在人类本身的立场，孟德斯鸠就曾说："人类的繁衍会面临无数障碍，诸如思想方法、性格、感情、奇思异想……所带来的尴尬。"① 这是因为，人类的存在是法律的基础，而法律又与人类本身的气质息息相关。所以，法治既应当关注人本身的问题，又应当关注人口的数量问题。法治建设必定是在具体的语境和场景中展开的，必定与一定的国情相联系，而人口数量巨大就是我国所有国情因素构成之中最基本的国情之一。中国法治现代化的推进语境是中国，是在中国的 14 亿多人口当中展开，这是中国法治现代化面临的最大国情。

从需求的角度看，中国法治现代化必须处理好人口规模巨大面临的治理难度巨大的问题。这也是西方国家法治建设所不曾经历的现实问题，更是西方法学理论无法阐释的基础问题。不断推进中国式现代化，就是不断推进中国 14 亿多人口的现代化，其艰巨性前所未有，其困难度也前所未有。人口基数越大，人们的需要越多，社会矛盾也就越有可能增多，与此相关的国家和社会治理面临的难题就会越多，难度也就相应地会呈几何级数增长。这是因为，人口越多，人们之间的交往就越多，"社会空间"就会越拥挤，各种社会关系就会越复杂，各种基于"社会空间"拥挤而带来的社会问题就会不断挑战治理秩序。中国法治现代化面临人口规模巨大的压力，要不断解决发展过程中面临的各种难题，把法治与人口数量转化为共赢关系，为实现中华民族伟大复兴夯实基础。

从资源的角度看，中国法治现代化要处理好社会资源平等合理分配的巨大难题。尽管中国地大物博、物产丰富，但一旦置于 14 亿多人口的具体语境当中，各种资源的平均数量就会急剧下降，资源分配的难题也就愈发凸显。"国家治理资源总量的有限性与超大规模社会对国家治理大规模需求之间的矛盾"②，也深刻影响法治建设的进程。可供分配的资源相对有限所产生的资源分配难题，不仅是社会治理中的问题，同样也是法治建设过程中不能回避的问题。我国的法治建设坚持以人民为中心，具体落实在各种法治实践中，落实在具体的个案中。其中，最直接的体现就是每一个人的合法利益

---

① 孟德斯鸠：《论法的精神》（上卷），商务印书馆 2009 年版，第 438 页。

② 郑智航：《超大型国家治理中的地方法治试验及其制度约束》，载《法学评论》2020 年第 1 期。

应当得到维护，每一个人的具体权利应当得到有效实现。习近平总书记提出"努力让人民群众在每一个司法案件中感受到公平正义"①，就是要求在中国法治现代化的进程中，法律必须在人口规模巨大的基本国情下有效地维护和实现每一个人的合法权益。

（三）中国法治现代化是坚持推进全体人民共同富裕的法治现代化

习近平总书记指出："共同富裕是社会主义的本质要求，是中国式现代化的重要特征。"② 通过法治推进实现共同富裕，运用法治保障共同富裕的成果惠及全体人民，是中国法治现代化的重要使命。实现共同富裕和推进中国法治现代化的发展，二者相辅相成，统一于中国特色社会主义建设的历史进程当中。

从制度安排角度看，中国法治现代化要为推进共同富裕奠定制度基础。制度的力量在于长期性、公平性和稳定性。系统的制度，可以保证社会的长期安定，持续促进经济社会的发展。有效的制度安排，可以顺畅衔接人民意志与国家主张，可以及时解决社会发展中的各种问题，可以及时将人民的愿望转化为发展的动力，可以有效团结广大人民，不断迈向共同富裕。中国法治现代化朝着共同富裕的目标，作出了诸多制度安排，并用宪法法律方式予以明确。比如：在基本政治制度方面，强调人民民主专政，强调人民当家作主是社会主义民主政治的本质和核心；在基本经济制度方面，强调公有制为主体，多种所有制经济共同发展；在基本分配制度方面，强调按劳分配为主体，多种分配方式并存，正确处理公平与效率的关系，不断理顺初次分配、再分配和第三次分配的关系。当然，由于实现共同富裕目标是一个过程，不是一件一蹴而就的事情，所以需要法治建设及时跟进，不断作出制度安排，不断调整制度构造，使得法治成为推进共同富裕的动力和保障。

从价值功能角度看，要通过不断推进共同富裕来推动中国法治现代化的发展。共同富裕的推进过程，是生产力不断发展的过程，是经济社会不断变化的过程，法治建设也应当因时而动，因机而变。因此，法治发展也是变化的，而不是一成不变的。特别是在世界百年未有之大变局背景下，全球竞争日趋激烈。国与国之间的竞争是综合实力的竞争，不仅包括经济实力的竞

---

① 习近平：《习近平谈治国理政》（第4卷），外文出版社2022年版，第295页。
② 习近平：《习近平谈治国理政》（第4卷），外文出版社2022年版，第142页。

争、科技实力的竞争，还包括文化软实力的竞争，其中制度竞争是要义。制度是法治建设成果的重要显现，是国家文明彰显的要点，是国家治理体系和治理能力优劣的重要指标。要通过不断推进法治建设，建构最有竞争力的法律制度，既回应经济社会的发展变化，又能够不断推动经济社会的发展，形成经济社会发展与制度变革的良性互动。总之，在中国共产党的领导下，中国人民正在阔步迈向共同富裕，而共同富裕进程的不断加速，又充分彰显了社会主义制度的优越性，彰显了社会主义法治的勃勃生机。

（四）中国法治现代化是协调推进物质文明和精神文明共同发展的法治现代化

以中国式现代化推进中华民族伟大复兴，建成富强民主文明和谐美丽的社会主义现代化强国，就要推进物质文明和精神文明共同发展。中国法治现代化是物质文明和精神文明协调发展的法律基石，而推动物质文明和精神文明的协调发展，又为不断推动法治建设夯实了物质和精神基础。

从发展的路径看，通过中国法治现代化推进物质文明和精神文明协调发展，是中国式现代化建设的必然要求。习近平总书记指出："新中国成立 70 多年来，我国之所以创造出经济快速发展、社会长期稳定'两大奇迹'，同我们不断推进社会主义法治建设有着十分紧密的关系。"① 由此可见，将法治作为国家建设的重要方法，是新中国成立 70 多年来的宝贵经验，是推动物质文明和精神文明共同发展的重要基础，是中国共产党治国理政的重要路径。一方面，物质文明的发展是现代化的基础，是法治调整的对象之一，同时也需要法治不断驱动物质文明发展；另一方面，精神文明可以与物质文明发展同步，又能成为物质文明发展的重要精神支柱和支撑力量。但是精神文明不会自动发展，它需要有物质文明作为基础，并需要法治不断引领和促进。

从发展的方式看，要运用法治思维和法治方式将协调推进物质文明和精神文明共同发展的时代任务，落实在全面推进依法治国的具体实践当中，不断解决现代化发展过程中人民日益增长的美好生活需要和不平衡不充分的发展之间的矛盾。法治思维和法治方式是协调推进物质文明和精神文明共同发展的重要方式，是在物质文明极大丰富的基础上，通过不断完善法律制度和

---

① 习近平：《习近平谈治国理政》（第 4 卷），外文出版社 2022 年版，第 292 页。

提供充分制度供给的条件下，协调推进精神文明永不褪色，永葆健康的法治姿态。要不断深入推进依法治国和以德治国，既通过规则解决底线问题，又通过制度实现全民道德素养的不断提升。特别是要注意通过切实可行的制度，将社会主义核心价值观贯彻到经济社会发展的全过程、各方面，贯彻到立法、执法、司法、普法和守法各领域，为物质文明发展奠定丰厚的精神基础。要通过法治方式不断满足人民群众对公平正义的需求，并落实在国家治理的各方面、人民生活的各角落，从而反哺物质文明和精神文明协调发展。

（五）中国法治现代化是助推人与自然和谐共生的法治现代化

大自然是人类生活的基础，是人类经济社会发展的基本条件。中国式现代化，必定是为中国人民谋幸福的现代化，必定是为中华民族谋复兴的现代化。中华民族的伟大复兴，中国人民的幸福生活，一定奠基于健康良好的生态环境。在中国式现代化发展过程当中，一定要处理好人与自然的关系，为中国式现代化奠定生态文明基础。党的二十大报告指出："人与自然是生命共同体。"① 中国式现代化坚决反对以牺牲自然为代价的现代化，坚决反对向大自然无度索取、掠夺性开发的现代化。要通过中国法治现代化正确处理人与自然的关系，建设美丽中国。

从发展的理念看，要将人与自然和谐共生的理念融入生态法治建设的过程当中，不断提升生态文明的发展水平，助推中国法治现代化建设。人类的生存依赖于自然，同时人类本身也是大自然的重要组成部分。所以，人与自然应当是相辅相成、相得益彰的关系。从人类的生活来看，人类的生活资料和生存资源首先来源于自然，同时受到自然的制约。从人类持续发展的角度来看，人与自然和谐共生是尊重自然和顺应自然的体现，是人类进行改造自然活动时，必须遵循的基本理念。这一理念源自历史实践和现实教训，对于中国式现代化的发展有着重要指导意义，应当将其视为当前以及今后经济社会发展的重要理念之一，贯彻到法治建设的各个过程和环节当中。

从发展的方式看，要用法治将人与自然和谐共生理念落实在生态文明建设的全过程和各方面，落实在生态环境保护的立法、执法、司法和守法各环节。中国式现代化是物质文明、政治文明、精神文明、社会文明、生态文明

---

① 习近平：《高举中国特色社会主义伟大旗帜 为全面建设社会主义现代化国家而团结奋斗——在中国共产党第二十次全国代表大会上的报告》，人民出版社 2022 年版，第 23 页。

协调发展和全面提升的现代化。生态文明是人们建设美好家园而保护和建设生态环境的美好追求，贯穿于经济社会发展的全过程。保护生态环境，促进生态文明健康发展，最根本的方式就是法治。要用最严格、最有效的法律机制来保护生态环境，保护人类的生态家园。要通过现代化的法律制度安排，构建全方位的生态文明法律体系。要不断推进严格执法和公正司法，实现生态文明建设的落地生根。

（六）中国法治现代化是促进世界和平发展的法治现代化

党的二十大报告指出："中国式现代化是走和平发展道路的现代化。我国不走一些国家通过战争、殖民、掠夺等方式实现现代化的老路，那种损人利己、充满血腥罪恶的老路给广大发展中国家人民带来深重苦难。"① 而"我们过去没有，今后也不会侵略、欺负他人，不会称王称霸"②。由此可见，中国式现代化是走和平发展道路的现代化，是将中华优秀传统文化（如"大道之行，天下为公"等思想）与当代中国发展紧密融合的现代化。通过法治保障和平成果惠及全人类，是中国法治现代化的重要内容。中国法治现代化是中国共产党带领中国人民同其他各国人民平等发展的现代化，是不断推动建设人类命运共同体的现代化。

从发展路径来看，中国法治现代化强调中国共产党带领中国人民同其他各国人民平等发展。尽管当今世界国家众多，民族林立，但和平与发展仍然是大多数国家和人民的共同追求，建构维护和保障和平发展的国际法秩序，不仅符合各国的利益，而且契合各国人民的期盼。任何将本国的发展建立在剥削、奴役他国之上的做法，都要受到历史的唾弃，更要受到法律的规制。尊重他国独立发展、自主发展、平等发展，就是尊重国际法治原则，就是走国际善治之路。任何强行将本国意志凌驾于他国之上，任何以霸权主义、殖民主义的方式强制输出所谓"普世价值"的行径，都是对他国主权的践踏，更是对国际法秩序的破坏。中国法治现代化不仅反对倚强凌弱，同时也绝不将自己的意志强加给其他任何一个国家。中国法治现代化强调维护国际和平，尊重联合国宪章，尊重每一个主权国家参与国际事务的权利，尊重主权

---

① 习近平：《高举中国特色社会主义伟大旗帜 为全面建设社会主义现代化国家而团结奋斗——在中国共产党第二十次全国代表大会上的报告》，人民出版社 2022 年版，第 23 页。
② 习近平：《习近平谈治国理政》（第 4 卷），外文出版社 2022 年版，第 470 页。

国家平等友好协商国际规则。

从发展目标来看，中国法治现代化是强调推动建设人类命运共同体的法治现代化。人类命运共同体深刻地揭示了人类文明的发展趋势，既表明了中国人民深刻认识国际关系的理论水准，也表达了中国人民对世界和平的追求。中国法治现代化以"天下大同"的宽广胸襟，将中国发展法治的路径经验与国际关系结合起来，为国际法治发展注入了新鲜血液，是越来越多地汇聚了世界法治的强大音符。中国法治现代化通过构建人类命运共同体理念，致力于建构新型国际关系，致力于国际关系法治化、民主化建设，致力于全球共建共享治理观念的实践，积极推动变革国际法治中的不合理制度，致力于尽可能消除国家间的武装冲突，推进全球治理体系向更加公正合理的方向发展。

四、中国法治现代化的实践要求

中国法治现代化既是对中国共产党带领中国人民实践中国特色社会主义法治的理论总结，也是带领中国人民走独立自主发展道路的深刻写照。在不断推进中国式现代化的进程中，不断实践中国法治现代化，必须遵循习近平法治思想，通过法治引领、保障和促进高质量发展，全面发展全过程人民民主，不断凝聚推动中国式现代化发展的法治理念和法治精神。

第一，深入实践中国法治现代化要求深入贯彻落实习近平法治思想。习近平法治思想是习近平新时代中国特色社会主义思想的重要组成部分，是中国法治现代化的根本遵循和行动指南，是顺应中华民族伟大复兴时代要求而生的重大理论创新成果。"习近平法治思想凝聚了法治建设的中国经验和中国智慧，提出了一整套有别于西方法治模式、西方法治理论的新理念新思想新战略，为发展中国家走向现代化提供了全新选择，为人类政治文明进步作出了中国贡献，为全球治理体系变革提供了中国方案。"① 习近平法治思想坚持以人民为中心，全面回答了当代中国的法治发展问题，创新性地提出了中国法治现代化的发展道路，凝聚了法治共识，形成了法治价值，创造了新型法治理论。在推进中国法治现代化建设的过程中，需要持续深入

---

① 王晨：《深入学习研究习近平法治思想原创性贡献 为加快建设社会主义法治国家而努力奋斗——在深入学习研究阐释习近平法治思想研讨会上的讲话》，载《中国法学》2022 年第 4 期。

践行习近平法治思想，并将其贯彻落实到全面依法治国的全过程、各阶段。

第二，深入实践中国法治现代化要求通过法治不断引领、保障和促进当代中国的高质量发展。贯彻新发展理念，实现高质量发展，就必须坚持法治的引领。既要解决法治发展过程中的一些突出问题、重大问题，也要通过法治来解决经济社会发展过程中面临的一些突出问题、重大问题。整体而言，我们需要有高质量的立法、高质量的执法、高质量的司法，从而促进高质量的发展；我们也需要通过高质量发展解决立法、执法、司法过程中的一些问题，将以人民为中心的发展思想贯彻到高质量发展的全过程。首先，从立法层面来看，促进高质量发展，既需要将新发展理念作为立法理念贯彻到立法工作当中去，也要能够在具体的立法条文当中得到具体显现。在经济建设领域，要通过立法保障高新科技等迅速有序发展，为高质量发展激活"动力引擎"。在生态文明建设领域，要通过立法促进可持续发展推进美丽中国建设，为高质量发展奠定"绿色底气"。在精神文明建设领域，要通过立法不断提升全社会的文明程度，为高质量发展树立"道德防线"。在民生保障领域，要通过立法回应人民美好生活需要，为推动高质量发展凝心聚力。其次，从执法层面来看，要规范执法行为，提升执法温度，以高质量执法促进高质量发展。比如，在执法方式上，要避免简单粗暴的"一罚了之"，防止"以罚谋利"。要避免机械执法，也要避免过度执法，从而为高质量发展建构规范统一、高效有序以及公平竞争的良好环境。最后，从司法层面来看，要将司法为民贯彻于高质量发展的始终。党的二十大报告提出了"公正司法是维护社会公平正义的最后一道防线"①，而这也是高质量发展的根本防线。从法院角度看，实现司法与高质量发展的互动，既要建立系列制度促进法官高效办案有效办案，也要建立完善的保证法官独立办案的制度环境，比如深化司法公开、提升司法效率、促进司法公平等目标的实现，都需要有严格的制度体系来保障。从法官的角度看，实现司法与高质量发展的互动，需要法官从根本上树立依法司法、公正司法的理念，需要掌握实现依法司法、公正司法的法律方法，需要掌握讲事实摆道理的说理方法，从而把司法为民贯彻落实

---

① 习近平：《高举中国特色社会主义伟大旗帜 为全面建设社会主义现代化国家而团结奋斗——在中国共产党第二十次全国代表大会上的报告》，人民出版社 2022 年版，第 42 页。

在具体的司法案件当中。

第三，深入实践中国法治现代化要求全面发展全过程人民民主。中国共产党领导的社会主义中国发展的全过程人民民主是"全链条、全方位、全覆盖的民主"①，是贯穿于国家政治生活和社会生活的人民民主。从真实程度来看，全过程人民民主揭开了西方民主的虚伪面纱，坚决抵制将金钱作为民主的"标准"，不断推进民主的真实性和获得感，从基层抓起，从小事做起，保证每一个中国人都真正享有当家作主的地位。从持续时间来看，全过程人民民主坚决反对浮光掠影式的、昙花一现式的"短命民主"，不断加强民主的制度建设，不断推进民主的长期性、实效性，保证民主不会因人而异、因事而异。从实现范围来看，全过程人民民主坚决抵制"有限度"的民主，强调民主在各行业、各领域普遍存在，大到治国理政，小到村组议事，人民群众都能参与其中，既可以献计献策，又可以畅所欲言，既可以针砭时弊，又可以激浊扬清。从实现方式来看，全过程人民民主坚决反对霸权主义式的趾高气扬，强调全面协商；人民群众通过协商民主，不断减少矛盾，凝聚共识，从而整合社会关系，促进社会和谐，扩大公民的政治参与，将制度效能和民主效能紧密结合。从实现流程来看，全过程人民民主构造的是一种"全面过程"的民主。与西式民主的虚幻性不同，全过程人民民主是一种全过程的真实民主，它保证民主选举、民意听取前的民主，让人民知道，让人民参与，让人民准备，让人民监督。全过程人民民主保证民主选举、民意听取过程中的民主，保证人民群众能够讲真话、讲实话，听得到民众声音，能够反映真实问题。全过程人民民主更保证民主选举后、意见听取后的民主，体现在具体实施层面就是，选举后能够有效治理复杂局面，能够推进各个方面的工作，反映的问题能够得到回复，能够从根本上保障人民的利益。全过程人民民主构造的是一种逻辑上、过程上都实现闭环的民主，是民主流程在中国的创新性再造，是社会主义民主的实质体现。总之，中国法治现代化要求在政治生活、社会生活中全面贯彻这种真实、广泛和持续的民主，充分凸显社会主义的制度优势，充分展现中国法治现代化的民主魅力。

---

① 习近平：《习近平谈治国理政》（第 4 卷），外文出版社 2022 年版，第 261 页。

　　第四，深入实践中国法治现代化要求不断凝聚推动中国式现代化发展的法治理念和法治精神。一个国家法治发展的深沉力量，是这个国家的国民蕴含着的精神理念和价值信仰。"人类社会发展的历史表明，对一个民族、一个国家来说，最持久、最深层的力量是全社会共同认可的核心价值观。核心价值观，承载着一个民族、一个国家的精神追求，体现着一个社会评判是非曲直的价值标准。"① 在中国式现代化的发展过程中，人的现代化至关重要。在中国法治现代化的过程中，人的法治理念和精神信仰的现代化，也关乎法治建设的成败。要通过不断实践中国式现代化，将社会主义核心价值观凝聚成中华民族不变的核心信仰和法治灵魂，凝聚成始终与中国法治现代化的发展相一致的精神底蕴，成就中国特色社会主义的伟大事业。深入实践中国法治现代化，凝聚中华民族的法治精神，需要持续深入地将社会主义核心价值观入法入规，充分实现社会主义法治建设的内在逻辑与价值导向的有机统一。

　　首先，推进中国法治现代化，就要将社会主义核心价值观融入立法、执法、司法、普法和守法全过程和各环节。在立法方面，要将具有正能量的行为作为法律鼓励的行为去弘扬，从而树标本立典型，充分发挥社会主义核心价值观的立法引领作用。比如，要完善信用法治建设，将社会诚信作为社会主义精神文明的重要内容以制度化法治化的方式固定下来，成为人们的普遍行为方式。要以完善的激励制度鼓励见义勇为，实现中华优秀传统文化的现代弘扬。要将尊崇英雄、志愿服务、勤劳节俭、孝亲敬老等文明行为在法律中得到充分体现，让制度鼓励好人好事，从而带动良好社会风尚的形成。在司法方面，要建立社会主义核心价值观融入司法裁判的制度。将社会主义核心价值观与社会主义法治建设深度融合，是实现依法治国和以德治国相统一的重要路径，是中国法治现代化的重要内容。从司法裁判的内容来看，法官要在事实裁判和法律适用方面自觉运用社会主义核心价值观。从司法裁判的方法来看，法官要能够合理运用价值判断，辨法析理，阐清道理、情理、法理，实现裁判结果的情理法相融。此外，执法、普法和守法过程中，也要全面贯彻融合社会主义核心价值观，浇筑法治的价值底色。

────────

　　①　习近平：《习近平谈治国理政》，外文出版社 2014 年版，第 168 页。

其次，推进中国法治现代化，就要将社会主义核心价值观融入法治国家、法治政府和法治社会建设全过程和各环节。法治国家建设，既是规范建设的过程，也是精神引领的过程。法治国家建设，不仅需要法律作为治理手段，也需要价值观引领作为内在动力。法治政府建设，要贯彻推进社会主义核心价值观的价值培育。法治社会建设，要培养法治精神，培育法治文化，浇筑法治理念。总之，只有在法治国家、法治政府和法治社会整体推进过程中融入社会主义核心价值观，才能使社会主义核心价值观深蕴每一个公民内心深处。

最后，推进中国法治现代化，就要将社会主义核心价值观贯彻落实到依法治国、依法执政和依法行政的全过程和各环节。依法治国、依法执政和依法行政的有机统一，既是规则的统一，也是价值的统一。党的政策主张、路线方针，深蕴价值理念，要及时转换成法律，并得到有效执行。总之，中国法治现代化要贯彻社会主义核心价值观，实现新时代的良法善治。

第五，深入实践中国法治现代化要求不断对中华优秀传统法律文化进行传承发展，厚植中国特色社会主义法治建设的文化底蕴。党的二十大报告指出："弘扬社会主义法治精神，传承中华优秀传统法律文化，引导全体人民做社会主义法治的忠实崇尚者、自觉遵守者、坚定捍卫者。"[①] 新时代深入推进中国法治现代化，就要按照党的二十大报告的要求，将中华优秀传统法律文化进行创造性转化和创新性发展，使之更好服务法治中国建设。

首先，从法治建设的源流来看，中华优秀传统法律文化是中华优秀传统文化的重要组成部分，是中国法治现代化的重要思想渊源。我国自古就重视法制建设，创造了丰富的法治文明。中华法系源远流长，其思想特色是儒法合流，强调外在规则与内在价值的有机统一。中国法治现代化继承中华优秀传统法律文化，就是要在法律原则、法律规则以及法治理念建设的过程中不断吸收其精华，使得当代中国的法律实现历史与现实的有机统一。

其次，从法治建设的内容来看，中华优秀传统法律文化是中华文明的重要组成部分，是中国法治现代化的重要历史资源。中华优秀传统法律文化是在中国历史实践过程中产生的文明，特别是那些在中华文明史中长期

---

① 习近平：《高举中国特色社会主义伟大旗帜 为全面建设社会主义现代化国家而团结奋斗——在中国共产党第二十次全国代表大会上的报告》，人民出版社 2022 年版，第 42 页。

存在的优秀传统法律文化，能够为当代中国发展建设提供丰富的思想启迪。

最后，从法治建设的路径来看，深挖本土法治资源承继中华优秀传统法律文化，是中国法治现代化的现实要求。承继中华优秀传统文化是一个主动和被动相统一的逻辑过程。从被动层面来看，每一个中华儿女深受中华优秀传统文化影响，带有浓厚的历史烙印，中国法治现代化建设不能脱离这一历史文化传统；从主动层面来看，中华优秀传统法律文化内容丰富，但是具体哪些优秀传统法律文化与社会主义能够深刻融合，能够共同服务于中国法治现代化，需要不断深挖。

五、结语

中国法治现代化既是对中国法治发展历史的全面总结，也是对中国未来法治发展的谋篇布局。从历史传承的角度来看，中国法治现代化承继了中华优秀传统法治文化的基因；从文明互鉴的角度来看，中国法治现代化吸收了人类法治文明的发展成果；从经验特色的角度来看，中国法治现代化充分彰显了中国共产党带领中国人民全面推进依法治国的中国特色、中国经验和中国智慧。

法治既是当下的，更应当是未来的。站在中国式现代化发展的立场上看，不断推进中国法治现代化，应当保持三种应有的态度。第一种态度，就是应当从发展的角度来看待中国法治现代化。中国法治现代化是中国共产党带领中国人民在争取民族独立、人民解放的过程中不断探索、思考和实践的结果，是一个动态发展的过程。在这个过程当中，它可能存在一些不完善的地方，但是这不构成从根本上批评它的理由。任何一种法治发展模式，都不可能一开始就尽善尽美，要允许中国法治现代化根据中国的实际情况和发展情况，不断地去改进和完善，从而不断超越和发展。第二种态度，就是应当从系统的角度来看待中国法治现代化。换言之，就是要将中国法治现代化嵌入具体的语境和时代背景当中去考量，将它作为中国式现代化不可分割的一部分。中国法治现代化的具体构成和建构方案，也应当从中国式现代化的具体实践出发，从而形成相互促进、融合发展的应然态势。第三种态度，就是应当从方法的角度来看待中国法治现代化。中国法治现代化既回应了中国的实践问题，也形成了中国的法治发展理论。所以，它是中国问题的解决方法，是中国法治问题的解决方法，是中国人民超越模仿或者仿效阶段的生动体现，是中国人民解决中国问题的具体方案。从更为宏观的意义上说，中国法治现代化是中国共产党领导中国人民发展中国法治的智慧总结，是法治本体论、价值论和方法论相统一的展现。

论中国法治现代化的特色、标志与方法

范进学[*]

党的二十大报告明确提出了"中国式现代化"这一重大政治命题，该命题具有极其丰富、深刻的内涵。"式"之基本含义为样式、模式，"中国式"则意味着中国样式或中国模式，中国式现代化不仅意味着中国的现代化是一种不同于美国式、英国式等西方式的现代化，而且意味着一种人类文明新形态的中国模式的现代化——根据本国国情并依靠本国人民的力量在发展中国家实现现代化。中国式现代化是一种可借鉴、可推广的现代化，它为人类实现现代化提供了新的参考模式。中国式现代化绝不是一种空泛的现代化，它包含政治、经济、社会、文化、生态、国防等各主要领域的全面现代化，只有各领域的全面现代化，才构成中国式现代化的基本内涵与整体全貌。在此意义上，中国政治现代化与法治现代化都是中国式现代化的重要维度。政治现代化一般涉及权威的合理性、结构的分离和政治参与的扩大等三个方面[①]，中国政治现代化在上述三个方面都有独特的理论与实践[②]。无论是权威的合理性、结构的分离还是政治参与的扩大，都必然涉及宪法、权力制约与民主参与等与法治息息相关的问题，因此，中国法治现代化是中国政治现代化的应有之义。对中国法治现代化可以有不同的研究进路，笔者选取了中

---

* 本文原载于《法律科学（西北政法大学学报）》2023 年第 3 期，本文系教育部哲学社会科学研究重大课题攻关项目"加强宪法实施、教育和监督研究"（项目批准号：18JZD036）的研究成果。作者系上海交通大学特聘教授，博士生导师。

① 参见亨廷顿：《变化社会中的政治秩序》，生活·读书·新知三联书店 1989 年版，第 87 页。

② 关于中国政治现代化的命题，笔者另撰文阐释，在此不再展开讨论。

国法治现代化的共性与中国特色、主要标志、实现中国式现代化的法治方法等三个核心问题进行讨论。

一、中国法治现代化的共性与中国特色

2021 年，习近平总书记在庆祝中国共产党成立一百周年大会上提出了"中国式现代化新道路"的政治理论新命题，党的二十大报告提出的"中国式现代化"就是上述命题的进一步概括与提炼。中国法治现代化作为中国式现代化与具有中国特色的政治现代化的应有之义，是中国共产党领导的社会主义法治现代化，既具有各国法治现代化的共同特征，更具有基于中国国情的中国特色。[①]

（一）中国法治现代化的世界共性

中国法治现代化不是凭空而来，它是将世界各国法治现代化普遍经验与中国社会主义法治实践相结合的产物，是继承中华优秀传统法律文化、借鉴世界优秀法治文明成果的充分体现。自古希腊亚里士多德关于"法治"的理论发轫，西方法治经中世纪基督教浸淫而成的法律至上法治观，文艺复兴时期人文精神熏陶的法治理论，近代启蒙运动经洛克、孟德斯鸠等人的权力分立的法治理论，再至美国建国时期汉密尔顿、麦迪逊、杰弗逊等联邦党人的权力分立与制衡的法治理论，最后至现代庞德、拉兹等人的法治理论，西方法治理论与传统延绵数千年，最终形成了法律至上、权力分立制衡、政权的合法性等法治的核心理论。这套法治理论影响了整个世界的法治理论与实践。法治的字面含义就是"法律的统治"，从广义上看，它意味着任何人都必须接受法律的统治，遵守法律，服从法律，以法律规则取代个人的临时意志；从狭义上说，法治的理念与精神在于政府受法律的统治并服从法律。可以说，无论哪个国家，追求法治的精神与原则都是相同的，都强调法律至上，并通过法治限制和约束国家公权力，以公正地尊重和保障公民的权利和自由，提供使人类精神能够自由而多样发展的条件，推动社会进步与人类文明的发展。可见，法治是全世界各国普遍认同的理想与价值。对于中国而言，法治也是国家治理的不二选择。在建设法治的过程中，中国同样深受西

---

① 参见习近平：《高举中国特色社会主义伟大旗帜 为全面建设社会主义现代化国家而团结奋斗——在中国共产党第二十次全国代表大会上的讲话》，人民出版社 2022 年版，第 22 页。

方法治理论的影响，不仅接受了"法治"理念，而且还把"法治"作为社会主义核心价值观的内容之一。1999 年修改宪法时将"实行依法治国，建设社会主义法治国家"载入宪法条文，法治成为治国理政的基本方略。中国法治具有极大的开放包容性，注重对人类法治文明优秀成果的吸纳与借鉴。"中华民族是一个兼容并蓄、海纳百川的民族，在漫长历史进程中，不断学习他人的好东西，把他人的好东西化成我们自己的东西，这才形成我们的民族特色。"① 在建设法治中国过程中，"坚持从我国实际出发，不等于关起门来搞法治。法治是人类文明的重要成果之一，法治的精髓和要旨对于各国国家治理和社会治理具有普遍意义，我们要学习借鉴世界上优秀的法治文明成果"②。2017 年 9 月 26 日，习近平主席在北京举行的国际刑警组织第八十六届全体大会开幕式上发表主旨演讲再次指出："法治是人类政治文明的重要成果，是现代社会治理的基本手段。"③ 2018 年 2 月 24 日，习近平总书记在中共十九届政治局第四次集体学习时指出："现代意义上的宪法是西方先搞起来的，是资产阶级革命的产物。"④ 因此，中国法治现代化建设并非拒绝和排斥西方法治文明成果，而是坚持以我为主、为我所用的原则，在"借鉴国外法治有益成果"⑤ 的基础上，推进中国的法治。

党的十八大以来，习近平总书记在其讲话、报告、会谈中多次引用外国思想史的经典人物及其思想名言或学说阐明法治精神，这亦足以说明法治精神具有普遍性，是人类的共同价值追求。如，2014 年 1 月 7 日，在中央政法工作会议上的讲话中，习近平总书记针对公正司法问题引用了英国哲学家培根在《论司法》中的一句名言："一次不公正的裁判，其恶果甚至超过十次犯罪。因为犯罪虽是无视法律——好比污染了水流，而不公正的审判则毁坏

---

① 习近平：《完善和发展中国特色社会主义制度 推进国家治理体系和治理能力现代化》，载《人民日报》2014 年 2 月 18 日，第 1 版。

② 习近平：《加快建设社会主义法治国家》，载习近平：《论坚持全面依法治国》，中央文献出版社2020 年版，第 111 页。

③ 习近平：《坚持法治精神，实现公平正义》，载习近平：《论坚持全面依法治国》，中央文献出版社 2020 年版，第 183 页。

④ 习近平：《关于我国宪法和推进全面依法治国》，载习近平：《论坚持全面依法治国》，中央文献出版社 2020 年版，第 213 页。

⑤ 习近平：《以科学理论指导全面依法治国各项工作》，载习近平：《论坚持全面依法治国》，中央文献出版社 2020 年版，第 3 页。

法律——好比污染了水源。"① 针对信仰法律问题，习近平总书记引用了法国思想家卢梭在《社会契约论》中的一句名言："一切法律中最重要的法律，既不是刻在大理石上，也不是刻在铜表上，而是铭刻在公民的内心里。"②2014 年 12 月 26 日，习近平在中央军委扩大会议上发表讲话时借用了美国法学家伯尔曼在《法律与宗教》中的名言："法律必须被信奉，否则形同虚设"，并将之引申为："法律必须被遵守，法治必须被信仰，否则就形同虚设了。"③ 2014 年 10 月 20 日，习近平总书记在中共十八届四中全会上所作的《关于〈中共中央关于全面推进依法治国若干重大问题的决定〉的说明》再次引用了培根的上述名言。④ 2017 年 5 月 3 日，习近平总书记在中国政法大学座谈会上再次引用了卢梭的上述名言。⑤ 2018 年 8 月 24 日，在中央全面依法治国委员会第一次会议上，习近平总书记在谈到法律的作用时引用了德国法学家耶林的名言："罗马帝国三次征服世界，第一次靠武力，第二次靠宗教，第三次靠法律，武力因罗马帝国灭亡而消亡，宗教随民众思想觉悟的提高、科学的发展而缩小了影响，惟有法律征服世界是最为持久的征服。"⑥2013 年 1 月 22 日，习近平总书记在第十八届中纪委第二次全体会议上针对权力监督问题引用了英国思想家阿克顿勋爵的名言"权力导致腐败，绝对权力导致绝对腐败"⑦。可见，上述西方思想家们关于司法公正、法治信仰、权力监督等的法治理念，对于我国国家和社会治理仍具有借鉴意义。中国法治现代化正是在借鉴各国法治现代化的优秀法治文明成果基础上确立、形成

---

① 习近平：《严格执法，公正司法》，载习近平：《论坚持全面依法治国》，中央文献出版社 2020 年版，第 46 页。

② 习近平：《严格执法，公正司法》，载习近平：《论坚持全面依法治国》，中央文献出版社 2020 年版，第 50 页。

③ 习近平：《提高国防和军队建设法治化水平》，载习近平：《论坚持全面依法治国》，中央文献出版社 2020 年版，第 131 页。

④ 参见习近平：《关于〈中共中央关于全面推进依法治国若干重大问题的决定〉的说明》，载习近平：《论坚持全面依法治国》，中央文献出版社 2020 年版，第 98 页。

⑤ 参见习近平：《全面做好法治人才培养工作》，载习近平：《论坚持全面依法治国》，中央文献出版社 2020 年版，第 180 页。

⑥ 习近平：《在中央全面依法治国委员会第一次会议上的讲话》，载习近平：《论坚持全面依法治国》，中央文献出版社 2020 年版，第 226 页。

⑦ 习近平：《在第十八届中央纪律检查委员会第二次全体会议上的讲话》，载中央党的群众路线教育实践活动领导小组办公室编：《党的群众路线教育实践活动学习文件选编》，党建读物出版社 2013 年版，第 82 页。

和发展起来的，具有极大的包容性与开放性，它从未拒绝世界各国法治现代化进程中积累的优秀的法治文明成果，而是将之作为自己发展的养料，并在此基础上，创造出了人类法治文明新形态。

那么，中国法治现代化与各国法治现代化所具有的共同特征是什么？习近平总书记曾指出："法治和人治问题是人类政治文明史上的一个基本问题，也是各国在实现现代化过程中必须面对和解决的一个重大问题。综观世界近现代史，凡是顺利实现现代化的国家，没有一个不是较好解决了法治和人治问题的。"[①] 基于此，习近平总书记得出了一个非常明确而肯定的论断，即"一个现代化国家必然是法治国家"[②]。习近平法治思想的这一哲理命题深刻阐释了国家现代化与法治之间的内在逻辑规律，即任何一个实现现代化的法治国家必然要遵循法治的普遍原理、原则、精神与方法。习近平法治思想将法治国家的基本特征概括为以下方面：宪法法律至上、法律面前人人平等、公平正义、权力限制与监督、法律程序正当、保障人民权益等法治精神与原则。

（1）宪法法律至上。宪法法律至上是指宪法法律在所有社会规则体系中具有最高的权威性与最高的法效力，其他一切规范性文件都不得同宪法法律相抵触，人人受宪法法律的统治支配，当人的意志与宪法法律发生矛盾时，以宪法法律为准绳。一言以蔽之，宪法法律居于绝对至上或支配的地位，一切行为以宪法法律为标准，实现法的统治而不是人的统治。宪法法律至上是法治的精髓，它排斥的是人的恣意妄为。法治最核心的意义在于约束所有公权力，如果权力掌控者在宪法法律规则之外行使权力，那么宪法法律的效力与权威会失去，宪法法律的存在就是不必要的。因此，厉行法治就必须形成和树立宪法法律的至上权威。宪法法律至上包括两层含义：一是宪法至上，二是法律至上。首先是宪法是至高无上的，具有最高的法律效力，是基础规范，其最高效力来自全体人民的授权。我国《宪法》序言指出，宪法"具有最高的法律效力"；《宪法》第5条明确规定："一切法律、行政法规和地方

──────────

① 中共中央文献研究室编：《习近平关于全面依法治国论述摘编》，中央文献出版社 2015 年版，第12 页。

② 习近平：《提高国防和军队建设法治化水平》，载习近平：《论坚持全面依法治国》中央文献出版社 2020 年版，第 130 页。

性法规都不得同宪法相抵触。"这在宪法文本上确立了宪法自身最高的效力和地位。我国《立法法》第 98 条规定："宪法具有最高的法律效力，一切法律、行政法规、地方性法规、自治条例和单行条例、规章都不得同宪法相抵触。"可见，宪法至上是法律至上的前提。习近平总书记在纪念现行宪法公布施行 30 周年大会上发表讲话指出："宪法是国家的根本法，是治国安邦的总章程，具有最高的法律地位、法律权威、法律效力，具有根本性、全局性、稳定性、长期性。"① 因而他要求"在全社会形成宪法至上"的良好氛围。② 2015 年 2 月，习近平总书记在省部级主要领导干部学习贯彻党的十八届四中全会精神全面推进依法治国专题研讨班上发表讲话要求每个领导干部要牢固树立宪法法律至上的法治观念，尊崇法治，敬畏法律。③ 宪法法律至上是各国法治现代化首要的共同特征。法治的核心意义在于法律的统治，它意味着所有人的行为是否合法都必须以宪法法律为最高评判标准，人的意志必须服从宪法法律；人治退场，法治才能登场。假如没有宪法法律至上，就不可能存在法治。成文法背景下，人治式的法令、命令也可能出现。因此，基于宪法法律至上理念，各国普遍设立了司法审查或合宪性审查制度，以此制度确保宪法法律至上法治原则的实现。

（2）法律面前人人平等。宪法法律一旦制定出来并发生法律效力之后，任何组织或个人都必须遵守宪法法律；法律之下，人人平等；规则面前一律平等，没有例外。英国宪法学家戴雪提出法治的三要素之一就是"法律平等"，他主张，在一国境内，不但无一人在法律之上，而且每一人，不论为贵为贱，为富为贫，须受命于国内所有普通法律，并须安居于普通法院的管辖之下。④ 法律面前人人平等强调的是法律上的公平，强调规则平等、权利平等、机会平等，它是"一个所有人都有权赞同并参与其中管理的社会"的

---

① 习近平：《在首都各界纪念现行宪法公布施行三十周年大会上的讲话》，载中共中央文献研究室编：《十八大以来重要文献选编》（上），中央文献出版社 2014 年版，第 88 页。

② 参见中共中央文献研究室编：《习近平关于全面依法治国论述摘编》，中央文献出版社 2015 年版，第 88 页。

③ 参见中共中央文献研究室编：《习近平关于全面依法治国论述摘编》，中央文献出版社 2015 年版，第 121 页。

④ 参见戴雪：《英宪精义》，中国法制出版社 2001 年版，第 237 页。

规则运行状态①；它反对的是权利歧视、等级制度、特权社会，倡导的是人与人之间的平等、公民之间的平等；不能一部分人享有权利，另一部分人却没有权利，只有部分人享有权利和平等的制度，是特权制度。《世界人权宣言》宣称："人人生而自由，在尊严和权利上一律平等。"勒鲁曾说："我们宣告平等自由，因为我们是人。"② 人人平等，是权利政治的前提，没有人人平等，就无权利可言。所以，权利平等是法律面前平等的核心价值。这种权利是一种法律所确认的权利，是人人皆享有的一视同仁的普遍权利，是一种资格权利的平等。法律无法保证人的实质意义上的权利平等，因为人的先定社会地位注定是不平等的，先定社会地位是由权力、财富、家庭出身等因素决定的。有思想家讥讽说："公平生来就是使每个人各得其所：对富人来说，得到满足；对穷人来说，得到贫穷。"③ 然而，对法律而言，无法做到真正的绝对的实质平等，因为法律不能强制性地要求绝对的平均，否则法律就会走向另一种专制。任何立法活动都是立法者们利益妥协与博弈的结果，任何社会群体皆有不同的利益诉求，法律不太可能一刀切地分配利益与资源蛋糕；立法者的讨价还价，才导致"法律"的出台，这样的"法律"一经出现，就对社会所有人具有普遍、平等的法律拘束力；人人在"法律规则"面前是平等的，不能再在"法律"面前讨价还价。所以，规则平等是法律面前人人平等的首要价值，规则平等注重的是法律形式意义上的平等。法治的核心价值就是法律面前人人平等的形式价值，如果没有形式意义的法治，就无法实现实质意义上的法治。可见，平等是法治的基本要求和法治的应有之义。习近平总书记指出："平等是社会主义法律的基本属性，是社会主义法治的基本要求"；法律面前人人平等"必须体现在立法、执法、司法、守法各个方面。任何组织和个人都必须尊重宪法法律权威，都必须在宪法法律范围内活动，都必须依照宪法法律行使权力或权利、履行职责或义务，都不得有超越宪法法律的特权。任何人违反宪法法律都要受到追究，绝不允许任何

---

① 参见卡利尼克斯：《平等》，江苏人民出版社 2003 年版，第 26 页。

② 勒鲁：《论平等》，商务印书馆 1988 年版，第 70 页。

③ 斯坦、香德：《西方社会的法律价值》，中国法制出版社 2004 年版，第 31 页。

人以任何借口任何形式以言代法、以权压法、徇私枉法"①。法治的核心精神就是制约权力、拒绝法外特权。这也是各国法治现代化进程中必须解决的人治与法治的问题，只有实行法治，方能避免人治出现的危险。因此，法治的精神就是法律面前人人平等，这也是法治现代化国家的普遍共识与基本法治理念。

（3）公平正义。"公平是指处理事情合情合理，不偏袒哪一方；正义是指公正，公平正直，没有偏私。公平正义朴素的含义包括惩恶扬善、是非分明、办事公道、态度公允、利益平衡、多寡相均等内容。"② 公平与正义的基本含义是相通的，公平是正义的基础和核心。从柏拉图关于"正义就是给每个人以适当其份的报答"③、亚里士多德关于分配正义与矫正正义的公正阐释，到古罗马的乌尔比安提出并为查士丁尼《法学阶梯》所采纳的"正义是给予每一个人他应得部分的持久永恒的愿望"的申明④，以及西塞罗关于正义是"使每个人获得其应得的东西的人类精神趋向"⑤，中经中世纪阿奎那关于正义是"把各人应得的东西归于各人"⑥，再到 19 世纪穆勒关于"每个人得到他应得的东西为公道，也公认每个人得到他不应得的福利或遭受他不应得的祸害为不公道"⑦ 的主张，最后到当代伦理学家麦金太尔关于"正义是给每个人——包括给予者本人——应得的部分"⑧ 的肯定，公平正义的基本含义即"应得"的理念一直贯穿人类思想史的历史长河。应得的正义就是正当的正义。公平正义正是社会主义法治建设的根本目标，法治建设的目的就在于保障人人应得的权利与自由获得实现，亦即公平正义的理念与价值的实现，因此，公平正义的精神贯穿社会主义法治建设的全过程。从法治的整个过程看，立法就是公平地分配人们的权利和义务，尽可能做到公平分配；执法则是实施公平正义；守法是服从公平正义；司法是救济公平正义、矫正

---

① 习近平：《加快建设社会主义法治国家》，载习近平：《习近平谈治国理政》（第 2 卷），外文出版社 2017 年版，第 115 页。

② 中共中央政法委员会编：《社会主义法治理念读本》，中国长安出版社 2009 年版，第 84 页。

③ 柏拉图：《理想国》，商务印书馆 2002 年版，第 7 页。

④ See D. G. Cracknell, C. H. Wilson, Origins and Influence of Roman Law, The HLT Group Ltd, 1990, p. 44.

⑤ 博登海默：《法理学：法哲学与法律方法》，中国政法大学出版社 1999 年版，第 265 页。

⑥ 《阿奎那政治著作选》，商务印书馆 1963 年版，第 139 页。

⑦ 穆勒：《功利主义》，商务印书馆 1957 年版，第 48 页。

⑧ 麦金太尔：《谁之正义？何种合理性？》，当代中国出版社 1996 年版，第 56 页。

公平正义。法治的全过程就是公平正义价值实现的过程。公平正义是衡量法治好坏的价值尺度，法治如果不以公平正义的实现为价值目标，就不是真正意义上的法治。因此，公平正义是社会主义法治的生命线，也是中国特色社会主义的内在要求。习近平总书记指出："公正是法治的生命线。公平正义是我们党追求的一个非常崇高的价值，全心全意为人民服务的宗旨决定了我们必须追求公平正义，保护人民权益、伸张正义。全面依法治国，必须紧紧围绕保障和促进社会公平正义来进行。"① 他要求以促进社会公平正义为标准来审视各方面体制机制和政策规定，哪里有不符合促进社会公平正义的问题，哪里就需要改革；哪个领域哪个环节问题突出，哪个领域哪个环节就是改革的点，从而使我们的制度安排更好地体现社会主义公平正义原则。② 应当说，公平正义一直是法治所追求的终极价值与理想，甚至可以说，法治的灵魂就是公平正义，因此，公平正义是世界各国法治现代化的必然要求与共同特征。

（4）权力限制与监督。一部人类政治法律史，就是一部人类探索规制权力的历史。孟德斯鸠早已揭示了人类社会关于权力的经验规律，这就是"一切有权力的人都容易滥用权力，这是万古不易的一条经验。有权力的人们使用权力一直到遇有界限的地方才休止"③。罗素亦深刻指出，"在人类的欲望中，居首位的是权力欲和荣誉欲"，而"这类欲望永无休止和满足，只有在上帝的无垠境界里才能得以安息"④。阿克顿勋爵的名言——权力导致腐败，绝对权力导致绝对腐败⑤——更广为人知。因此，防止权力发生蜕变和腐败，使权力始终在清廉的轨道上运行，会面临巨大挑战。在中国，既要保持中国共产党长期的执政地位，又要防止权力腐败，打破权力"腐败魔咒"的关键就是实行法治。法治的基本功能就是以规则限制权力、约束权力，使权力在法治的轨道上运行。人类为什么对权力进行限制与监督？其中的法治原

---

① 中共中央文献研究室编：《习近平关于全面依法治国论述摘编》，中央文献出版社 2015 年版，第38 页。

② 参见习近平：《切实把思想统一到党的十八届三中全会精神上来》，载习近平：《习近平谈治国理政》（第 1 卷），外文出版社 2018 年版，第 97 页。

③ 孟德斯鸠：《论法的精神》（上册），商务印书馆 1987 年版，第 154 页。

④ 罗素：《权力论》，东方出版社 1988 年版，第 3 页。

⑤ 阿克顿：《自由与权力》，商务印书馆 2001 年版，第 342 页。

理何在？习近平总书记对此做了深刻阐述，他指出："权力是一把'双刃剑'，在法治轨道上行使可以造福人民，在法律之外行使则必然祸害国家和人民。把权力关进制度的笼子里，就是要依法设定权力、规范权力、制约权力、监督权力。"① 基于绝对权力导致绝对腐败的权力运行规律，习近平总书记提出权力必须接受监督与限制的法治思想，这就是要健全权力运行制约和监督体系，让人民监督权力，确保国家机关按照法定权限和程序行使权力，任何人都没有法律之外的绝对权力；同时，要善于用法治思维和法治方式反对腐败，把权力关进制度的笼子里，形成不敢腐的惩戒机制、不能腐的防范机制、不易腐的保障机制。② 法治的核心就在于限制权力、约束权力、监督权力，给权力设置其运行的法律程序，使权力按照法律程序在法治轨道上运行，因此，权力限制与监督是各国法治现代化之通义。

（5）法律程序正当。法律上的程序正当是指立法、行政和司法机关在从事法律活动时必须严格遵守法律规定的程序。立法、执法和司法都涉及程序问题，如何理解、把握和判断程序正当呢？按照一般原理，程序正当的要求是：第一，合乎法律的规定。判断程序正当与否的一个最直接的方法就是看法律规定的程序是否被严格执行。只要相关机关严格按照法律规定的程序做了，就可以判断其行为实现的程序是正当的，否则，就是违法的，从而是不正当的。第二，自己不能做自己的法官，任何人不得成为自我案件的裁判者。自己的事情自己处理，或与自己有利害关系的事务自己处理，无法让人相信结果的中立和客观。所以，只有自己不做自己的法官，才能保持客观中立的立场，保证程序的公平性，从而实现正义。第三，相似的情况相似对待。如果程序是正当的，则必然对相似的情况作出相似的处理。法律正当程序决定了法治与人治的分野。习近平总书记明确指出："守法律、重程序，这是法治的第一位要求。"③ 法律之治的核心就是遵循法定程序，程序是开启公权力运行的钥匙，因而

---

① 习近平：《领导干部要做尊法学法守法用法的模范》，载习近平：《习近平谈治国理政》（第2卷），外文出版社2017年版，第128-129页。

② 参见习近平：《在第十八届中央纪律检查委员会第二次全体会议上的讲话》，载中央党的群众路线教育实践活动领导小组办公室编：《党的群众路线教育实践活动学习文件选编》，党建读物出版社2013年版，第82页。

③ 习近平：《各级领导干部要做尊法学法守法用法的模范》，载习近平：《论坚持全面依法治国》，中央文献出版社2020年版，第141页。

习近平总书记要求权力行使者牢记职权法定，明白权力的界线，做到"法定职责必须为、法无授权不可为"①，从而"确保国家机关按照法定权限和程序行使权力"②。法治的关键在于权力行使者须遵循法律程序，依法办事实际上就是依法律程序办事，这是法治现代化的基本要义。

（6）保障人民权益。法治的最终目的是保障人民权益和公民权利自由，由此决定了法治的目的必须以保障人民权益为鹄。习近平总书记指出，检验我们一切工作成效之一的最终标准就是要看"人民权益是否真正得到了保障"③，"我们要依法保障全体公民享有广泛的权利，保障公民的人身权、财产权、基本政治权利等各项权利不受侵犯，保证公民的经济、文化、社会等各方面权利得到落实，努力维护最广大人民根本利益，保障人民群众对美好生活的向往和追求"④。在中央全面依法治国工作会议上，习近平总书记指出："推进全面依法治国，根本目的是依法保障人民权益。"⑤ 通过法治，保障人民权益与公民权利实现，是各国法治现代化的共同特征，否则法治就失去其存在的意义与价值。

（二）中国法治现代化的中国特色

法治作为世界各国治理的基本方式与共同价值虽获得了全球性认可，然而，每一个国家必须基于自身的国情、文化特点与法律传统，找到自身的法治发展道路。中国法治现代化突出和强调的是"中国模式"，中国模式表征着中国法治现代化除了具有世界各国法治现代化所具有的共性外，还必须具有奠基于中国国情、社会主义法治实践、中华优秀传统法律文化的中国样式与中国元素，而这一中国样式与中国元素则集中体现于坚持中国特色社会主义法治道路。中国特色社会主义法治道路在 2014 年《中共中央关于全面推

---

① 中共中央文献研究室编：《习近平关于全面依法治国论述摘编》，中央文献出版社 2015 年版，第125 页。

② 习近平：《把权力关进制度的笼子里》，载习近平：《习近平谈治国理政》（第 1 卷），外文出版社 2018 年版，第 388 页。

③ 习近平：《坚持和运用好毛泽东思想活的灵魂》，载习近平：《习近平谈治国理政》（第 1 卷），外文出版社 2018 年版，第 28 页。

④ 习近平：《在首都各界纪念现行宪法公布施行三十周年大会上的讲话》，载习近平：《习近平谈治国理政》（第 1 卷），外文出版社 2018 年版，第 141 页。

⑤ 习近平：《以科学理论指导全面依法治国各项工作》，载习近平：《论坚持全面依法治国》，中央文献出版社 2020 年版，第 2 页。

进依法治国若干重大问题的决定》中首先被提出，其核心要义包括三个方面：坚持党的领导、坚持中国特色社会主义制度、贯彻中国特色社会主义法治理论。中国法治建设为什么必须走中国特色社会主义法治道路？一直以来，针对这一重大政治问题，很少有人说清楚。习近平总书记在省部级主要领导干部学习贯彻党的十八届四中全会精神全面推进依法治国专题研讨班上发表讲话，深刻阐明了其中的理论逻辑与实践逻辑。事实上，法治与政治二者密切关联，法治背后蕴藏着政治理论与政治逻辑，法治是政治的载体与体现。习近平总书记明确指出，"没有脱离政治的法治"，"每一种法治形态背后都有一套政治理论，每一种法治模式当中都有一种政治逻辑，每一条法治道路底下都有一种政治立场"；因此，"中国特色社会主义法治道路，本质上是中国特色社会主义道路在法治领域的具体体现"，"中国特色社会主义法治理论，本质上是中国特色社会主义理论体系在法治问题上的理论成果"，"中国特色社会主义法治体系，本质上是中国特色社会主义制度的法律表现形式"①。因此，坚持中国特色社会主义法治道路实际上就是坚持走中国特色社会主义道路，而坚持中国特色社会主义道路是党和国家必须牢牢把握的重大原则，中国人民既不走封闭僵化的老路，也不走改旗易帜的邪路，只能走中国特色社会主义道路，这条道路被全体中国人民载入了国家的根本法《宪法》之中，即"沿着中国特色社会主义道路，集中力量进行社会主义现代化建设"是国家的根本任务。所以，坚持中国特色社会主义法治道路是一个事关前途和命运的根本方向性问题，全面依法治国必须走对路。习近平总书记指出，党的十八届四中全会决定有一条贯穿全篇的红线，这就是坚持和拓展中国特色社会主义法治道路。"中国特色社会主义法治道路是一个管总的东西。具体讲我国法治建设的成就，大大小小可以列举出十几条、几十条，但归结起来就是开辟了中国特色社会主义法治道路这一条。"② 可见，中国特色社会主义法治道路对于中国法治现代化建设具有根本性、方向性、引领性、旗帜性的价值与功能。对此，习近平总书记坚毅并肯定地指出，必须向国内外鲜明宣示我

---

① 参见中共中央文献研究室编：《习近平关于全面依法治国论述摘编》，中央文献出版社 2015 年版，第 34—35 页。

② 中共中央文献研究室编：《习近平关于全面依法治国论述摘编》，中央文献出版社 2015 年版，第 26 页。

们将坚定不移走中国特色社会主义法治道路。中国特色社会主义法治道路，是社会主义法治建设成就和经验的集中体现，是建设社会主义法治国家的唯一正确道路。在走什么样的法治道路问题上，必须向全社会释放正确而明确的信号，指明全面推进依法治国的正确方向，统一全党全国各族人民的认识和行动。毫无疑问，中国法治现代化的本质要求是坚持中国共产党领导下的中国特色社会主义法治现代化，是创造人类法治文明新形态的现代化。只要不走中国特色社会主义道路，中国法治现代化就会失去中国样式，就不是具有中国特色的法治现代化，就很有可能走上改旗易帜的邪路，因此，中国法治现代化必须从中国国情和实际出发，走适合自己的法治道路，绝不能照搬别国模式和做法。走中国特色社会主义法治道路是中国法治现代化的必然选择，别无他途。

既然中国法治现代化必然走中国特色社会主义法治道路，那么坚持党的领导、坚持社会主义制度、贯彻中国特色社会主义法治理论就是中国法治现代化的应有之义。

（1）中国法治现代化必须坚持党的领导。中国法治现代化坚持党的领导，必须首先解决好党的领导与法治之间的辩证关系。习近平总书记指出："关于党的领导和法治关系问题，我反复讲过"[1]，其中的辩证关系就是：党的领导和社会主义法治是一致的，党的领导必须依靠社会主义法治，将党的领导制度化、法治化；而党的领导是社会主义法治的根本要求，社会主义法治必须坚持党的领导，在党的领导下推进社会主义法治。党的十八届四中全会明确强调："党的领导是中国特色社会主义最本质的特征，是社会主义法治最根本的保证。把党的领导贯彻到依法治国全过程和各方面，是我国社会主义法治建设的一条基本经验。"习近平总书记指出："这一论断抓住了党和法关系的要害。"[2] 因为，党和法的关系是政治和法治关系的集中反映。习近平总书记深刻指出："党的领导是中国特色社会主义法治之魂，是我们的法治同西方资本主义国家的法治最大的区别。"[3] 2018 年修改宪法时，在

---

① 习近平：《在中央全面依法治国委员会第一次会议上的讲话》，载习近平：《论坚持全面依法治国》，中央文献出版社 2020 年版，第 223 页。

② 中共中央文献研究室编：《习近平关于全面依法治国论述摘编》，中央文献出版社 2015 年版，第 34 页。

③ 中共中央文献研究室编：《习近平关于全面依法治国论述摘编》，中央文献出版社 2015 年版，第 35 页。

宪法序言确定党的领导地位的基础上又在总纲第一条关于国体条款中规定了中国共产党领导是中国特色社会主义最本质的特征，从而使党的领导宪法化、制度化与法治化，强化了党总揽全局、协调各方的领导地位，并把党的领导贯彻到全面依法治国全过程和各方面。习近平总书记强调指出："我们全面推进依法治国，绝不是要虚化、弱化甚至动摇、否定党的领导，而是为了进一步巩固党的执政地位、改善党的执政方式、提高党的执政能力，保证党和国家长治久安。"① 因此，中国法治现代化必须是中国共产党领导下的法治现代化，必须坚持宪法确定的中国共产党领导地位不动摇。

（2）中国法治现代化必须坚持社会主义制度。约 17 000 字的现行宪法文本，提及"社会主义"一词高达 50 次；"社会主义"处处彰显在宪法指导思想、国家根本任务、国体、政体、根本制度、基本制度和重要制度之中。社会主义制度作为宪法上确定的国家根本制度，是一个严密完整的科学制度体系，其中起四梁八柱作用的是根本制度、基本制度、重要制度。所有上述制度都在我国宪法中作了确定性安排。宪法关于国体的规定是，中华人民共和国是工人阶级领导的、以工农联盟为基础的人民民主专政的社会主义国家；宪法关于政体的规定是，人民行使国家权力的机关是全国人民代表大会和地方各级人民代表大会；宪法规定我国的根本制度是社会主义制度；宪法确立的经济制度是社会主义经济制度，国家实行的经济体制是社会主义市场经济，社会主义的公共财产神圣不可侵犯；国家发展的文化教育事业是社会主义的文化教育事业，加强的精神文明是社会主义精神文明，国家倡导的核心价值观是社会主义核心价值观；宪法规定要不断完善社会主义的各项制度，发展社会主义市场经济，发展社会主义民主，健全社会主义法治。因此，习近平总书记指出："我们无论是编制发展规划、推进法治建设、制定政策措施，还是部署各项工作，都要遵照这些制度，不能有任何偏差。"② 所以，法治国家与法治中国建设都必须遵循中国特色社会主义制度；走什么样的法治道路、建设什么样的法治体系，也是由国家的根本制度决定的，中

---

① 中共中央文献研究室编：《习近平关于全面依法治国论述摘编》，中央文献出版社 2015 年版，第 35－36 页。

② 习近平：《坚持和完善中国特色社会主义制度、推进国家治理体系和治理能力现代化》，载习近平：《习近平谈治国理政》（第 3 卷），外文出版社 2020 年版，第 126 页。

国特色社会主义制度决定了我国法治建设必然选择走社会主义法治道路。习近平总书记指出："我国社会主义制度保证了人民当家作主的主体地位，也保证了人民在全面推进依法治国中的主体地位。这是我们的制度优势，也是中国特色社会主义法治区别于资本主义法治的根本所在。"① 因此，中国法治现代化是坚持社会主义制度的现代化，中国法治现代化必须坚持中国特色社会主义道路这一重大原则。

　　（3）中国法治现代化必须贯彻中国特色社会主义法治理论。由于中国特色社会主义法治理论本质上是中国特色社会主义理论在法治问题上的理论成果，而中国特色社会主义理论包括邓小平理论、"三个代表"重要思想、科学发展观、习近平新时代中国特色社会主义思想，它们不仅是党的指导思想，而且是我国宪法上确定的国家指导思想。尤其是作为习近平新时代中国特色社会主义思想重要组成部分的习近平法治思想，是马克思主义法治理论中国化的最新成果，是全面依法治国的根本遵循和行动指南。中国特色社会主义法治理论本质上不仅是中国特色社会主义理论在法治问题上的理论成果，而且是习近平法治思想的直接理论成果，因此，中国法治现代化必须首先贯彻习近平法治思想，并把习近平法治思想作为根本遵循和行动指南。

　　总之，无论是党的领导、社会主义制度还是中国特色社会主义法治理论，都是中国特色社会主义法治道路的核心要义，而党的领导、社会主义制度和中国特色社会主义理论体系特别是习近平新时代中国特色社会主义思想均已被载入宪法，并成为我国宪法所确立的基本原则和指导思想。因此，中国法治现代化坚持中国特色社会主义法治道路、坚持宪法确定的党的领导地位和社会主义制度、贯彻中国特色社会主义法治理论和习近平法治思想，就是遵守和贯彻实施我国宪法，因而"任何人以任何借口否定中国共产党领导和我国社会主义制度，都是错误的、有害的，都是违反宪法的，都是绝对不能接受的"②。

---

　　① 中共中央文献研究室编：《习近平关于全面依法治国论述摘编》，中央文献出版社 2015 年版，第 28 页。

　　② 中共中央文献研究室编：《习近平关于全面依法治国论述摘编》，中央文献出版社 2015 年版，第 36－37 页。

二、中国法治现代化的主要标志

凡是实现法治现代化的国家，均有其标志性的特征。如有学者将美国法治（制）现代化的标志概括为司法中心主义，认为司法中心主义是美国法治现代化模式的重要特征。[①] 有学者将英国法治（制）现代化的主要特征归纳为普通法和衡平法、议会至上原则、分权原则、法治原则和遵循先例原则等[②]；有学者将法国的法治（制）现代化的主要标志性特征总结为《人权宣言》《法国民法典》和其他"拿破仑诸法典"以及由此其确立的法律面前人人平等、私有财产神圣不可侵犯、罪刑法定、无罪推定、法律不溯及既往等法律原则和精神。[③] 中国法治现代化相较于美国法治现代化、英国法治现代化抑或法国法治现代化，其显著标志性特征是什么？这是一个极其重要的学术问题，我们必须结合中国特色、实践特色、时代特色，在总结党领导人民全面依法治国、厉行法治成功经验基础上，围绕法治中国建设，凝练、概括与总结以彰显中国法治现代化的主要标志。当然，这是一个见仁见智的学术问题。笔者抛砖引玉，将中国法治现代化的主要标志性特征归纳为以下三个方面：

（1）社会主义法治国家、法治政府、法治社会的建成。在我国，"建设社会主义法治国家"是 2004 年修改宪法时确立的法治目标。"法治国家、法治政府、法治社会一体建设"作为法治中国的战略思想，是习近平总书记在 2012 年 12 月 4 日首都各界纪念现行宪法公布施行 30 周年大会上第一次提出来的；2013 年 2 月 23 日习近平总书记在十八届中共中央政治局第四次集体学习时再次重申；党的十八届三中全会重申"建设社会主义法治国家"这一法治目标，并提出法治国家、法治政府、法治社会一体建设的历史使命；党的十八届四中全会通过的《中共中央关于全面推进依法治国若干重大问题的决定》将全面推进依法治国的总目标确定为建设中国特色社会主义法治体

[①] 参见季金华：《美国法制现代化的模式特征及其对当代中国的影响》，载《外国法制史研究》2008 年，第 376 页。

[②] 参见杨丹：《英国法制现代化的历史进程及其模式特征》，载《法制现代化研究》2006 年，第 226 页。

[③] 参见程乃胜：《论法国法制现代化的历史基础》，载《法制现代化研究》2007 年，第 272 页。

系、建设社会主义法治国家，同时重申法治国家、法治政府、法治社会一体建设。在党的十九大上，全面推进依法治国的总目标以及法治国家、法治政府、法治社会一体建设成为习近平新时代中国特色社会主义思想和基本方略的重要组成部分。党的二十大报告将建设中国特色社会主义法治体系、建设社会主义法治国家作为中国式现代化的总体目标，提出到 2035 年"基本建成法治国家、法治政府、法治社会"，进而到 21 世纪中叶建成法治国家、法治政府、法治社会。值得注意的是，法治国家、法治政府、法治社会一体建设是各有侧重、相辅相成的。习近平总书记将三者之间的关系定位为："法治国家是法治建设的目标，法治政府是建设法治国家的主体，法治社会是构筑法治国家的基础。"① 可见，建成社会主义法治国家虽是中国法治现代化的目标，然而这一目标如果离开了法治政府这一主体，法治国家难以实现；法治社会作为法治国家的基础，没有民众的法治意识、法治思维、法治精神乃至法治信仰，也不可能建成。正是基于三者相辅相成、相互依存的关系，党中央才把三者作为一个整体予以建设，只有三者的总体实现，宪法所确定的建设社会主义法治国家这一目标才能最终达成。仅仅从"法治国家"这一目标分析，法治国家建设就包括"法治政府"与"法治社会"建设。因为法治国家中的"国家"一词在宪法文本（目录、章节标题、正文）中共出现了151 次；宪法文本中的"国家"一词最常用的用法就是表示整个统一的政治实体，即主权意义上的国家，此外，还有与社会相对意义上的"国家"以及与地方相对意义上的"国家"含义。② 从宪法字义与目的解释方法来看，《宪法》第 5 条第 1 款中的"法治国家"之中的"国家"必然是在国家主权意义上使用的，而主权意义上的国家包括三大要素：领土、人口与政权组织。人口的组成就是广大人民群众，政权组织在我国就是执政党及其领导人民成立的政府。不言而喻，法治国家中的"国家"，是一个包括政府、社会在内的属概念，在此意义上，宪法文本中的"法治国家"已经包含着"法治政府"与"法治社

---

① 习近平：《坚持以全面依法治国新理念新思想新战略为指导，坚定不移走中国特色社会主义法治道路》，载中共中央党史和文献研究院编：《十九大以来重要文献选编》（上），中央文献出版社 2019 年版，第 622 页。

② 参见韩大元：《简论法治中国与法治国家的关系》，载《法制与社会发展》2013 年第 5 期，第 10 页。

会"。换言之，法治政府与法治社会的建设就是法治国家建设的核心内容，因此，法治国家包含着法治政府、法治社会等标志性的目的指标与内涵。[①] 可见，中国法治现代化的首要标志应是法治国家、法治政府、法治社会的建成。

（2）构建和完善集中统一、权威高效的中国特色权力监督与制约机制。从监督角度来看，一部人类政治法律史，就是一部人类探索规制权力的历史。因此，防止权力发生蜕变和腐败，使权力始终在法治轨道上运行，是一个巨大的挑战。在中国，既要保持中国共产党长期的执政地位，又要防止权力腐败，打破权力"腐败魔咒"，其关键就是实行法治，这亦是习近平法治思想提出的基本要求。习近平总书记清醒地认识到："权力不论大小，只要不受制约和监督，都可能被滥用。"[②] 因此，2012 年 12 月 4 日，中共中央政治局会议讨论制定了《关于改进工作作风、密切联系群众的八项规定》，从而拉开了全面从严治党的序幕。2013 年 1 月 22 日，习近平总书记在十八届中央纪委第二次全体会议上发表了讲话，这篇讲话不啻是一篇中国式法治反腐的"宣言书"。习近平总书记指出："要加强对权力运行的制约和监督，把权力关进制度的笼子里，形成不敢腐的惩戒机制、不能腐的防范机制、不易腐的保障机制。各级领导干部都要牢记，任何人都没有法律之外的绝对权力，任何人行使权力都必须为人民服务、对人民负责并自觉接受人民监督。"[③] 习近平总书记关于"把权力关进制度的笼子里"的警世名言，成为习近平法治思想关于权力监督与制约法治理念的核心和关键，成为以法治思维与法治方式反腐的制度灵魂。而如何建立健全预防和惩治腐败制度体系、建构完备的权力制约与监督制度机制成为党和国家的战略和顶层设计的根本问题。对所有行使公权力人员的权力监督与制约是现代民主的基本要求，也是依法执政、依宪执政的基本要求。我国通过国家监察体制改革，设置国家监察机构，构建了党对反腐败工作的集中统一领导，形成了权威高效的中国

[①]　参见范进学：《"法治中国"：世界意义与理论逻辑》，载《法学》2018 年第 3 期，第 10 页。

[②]　中共中央文献研究室编：《习近平关于全面依法治国论述摘编》，中央文献出版社 2015 年版，第 59 页。

[③]　习近平：《把权力关进制度的笼子里》，载习近平：《习近平谈治国理政》（第 1 卷），外文出版社 2018 年版，第 388 页。

特色国家监察体制，从而实现了对所有行使公权力的公职人员进行监督与制约。监察委作为专门的反腐败工作机构与党的纪委合署办公，纪委监委对所有行使公权力的党员干部、公职人员进行监督，对违纪的进行查处，对涉嫌违法犯罪的行为进行调查处置，这是坚持党管干部原则、加强党的领导的重要体现，是完善坚持党的全面领导体制机制的重要举措。① 因此，只有在党的领导下，才能整合全国反腐败的力量，形成集中统一、高效权威的权力监督制约制度。这是中国法治化的重要标志，因为它是把党内监督与国家监察监督合二为一的监察监督机构，是具有中国特色的权力监督制度，体现了党最彻底反腐败的自我革命②的有效机制，其最鲜明的特色在于，它集人民监督与自我革命为一体的制度制约机制，通过人民民主监督与党的自我革命，确保党和国家跳出治乱兴衰的历史周期率，保障党和国家长治久安、人民幸福安康。

（3）建构和完善党和国家二元并存的合宪性审查制度。法治现代化的一个重要标志是保障所有规范性文件均合乎宪法的规定、宪法原则和宪法精神，而实现这一目标的制度在西方通常被称为"司法审查"或"违宪审查"。西方国家的合宪性审查是权力分立与制衡的必然结果。在西方国家，存在美国式的普通法院或欧洲式的特别法院，如德国式的宪法法院、法国式的宪法委员会等进行的合宪性审查制度。由于西方国家的政党是竞争性政党，它们通过定期选举而轮流执政，所以无法形成各个政党统一的宪法审查制度，所有政党的政策与规范性文件须接受国家的宪法审查，从而形成了西方国家一元式的宪法审查体制与机制。这种一元式宪法审查体制与机制与我国宪制是相背离的。我国是中国共产党领导下的社会主义国家，中国式现代化与中国法治现代化都将坚持党的领导作为重大政治原则，我国事实上已经建构了国家层面与执政党层面二元并存的合宪性审查制度。在我国，维护社会主义法制的统一和尊严的宪法监督制度是中国式的"合宪性审查"制度。这一制度不同于西方式司法审查制度，其特色主要有两点：一是我国确立的宪法监督

---

① 参见中共中央纪律检查委员会法规室、中华人民共和国国家监察委员会法规室编：《〈中华人民共和国监察法〉释义》，中国方正出版社 2018 年版，第 58 页。

② 参见习近平：《高举中国特色社会主义伟大旗帜 为全面建设社会主义现代化国家而团结奋斗——在中国共产党第二十次全国代表大会上的讲话》，人民出版社 2022 年版，第 14 页。

制度遵循民主集中制原则，由国家最高权力机关的常设机关即全国人大常委会作为合宪性审查主体，这与美国式、法国式或德国式的合宪性审查制度存在本质差异；二是我国合宪性审查制度是由国家层面的合宪性审查制度与政党层面的合宪性审查制度共同构成的，国家层面的合宪性审查解决的是包括法律法规在内的规范性文件是否与宪法相抵触的问题，政党层面的合宪性审查解决的是党内法规和规范性文件是否与宪法法律相一致的问题。虽然两套合宪性审查制度的审查主体与审查对象存在差异，但都是出于解决并处理规范性文件是否同宪法相一致的问题，因而两套合宪性审查制度可以并存且各自独立，但又相互衔接、相互配合，共同构成中国特色合宪性审查制度不可或缺的内容，是具有中国特色与中国风格的合宪性审查制度。①

三、实现中国式现代化的法治方法

党的二十大报告提出，以中国式现代化全面推进中华民族伟大复兴的历史使命，到 2035 年基本实现中国式现代化，到 21 世纪中叶最终实现中国式现代化。中国式现代化的实现伴随着法治现代化的实现，没有法治这一方法作保障，中国式现代化就难以实现。因此，党的二十大报告在提出坚持全面依法治国基本方略的基础上，又提出了两种法治方法：一是在法治轨道上全面建设社会主义现代化国家，二是全面推进国家各方面工作法治化。

（一）全面依法治国是实现中国式现代化的总方法论

全面依法治国是党的十八大报告首先提出来的，并被纳入了"四个全面"战略布局。② 针对全面依法治国，党的历史上书写了四个"第一次"：党中央第一次召开中央全会即十八届四中全会专门研究部署全面依法治国，作出关于全面推进依法治国若干重大问题的决定；党中央第一次组建中央全面依法治国委员会，从全局和战略高度对全面依法治国作出一系列重大决策部署；党中央第一次召开中央全面依法治国工作会议，形成了习近平法治思

① 参见范进学：《论中国合宪性审查制度的特色与风格》，载《政法论丛》2018 年第 3 期，第 11 页。
② 2014 年 12 月 13—14 日，习近平在江苏考察工作时首次提出了"四个全面"，即全面建成小康社会、全面深化改革、全面推进依法治国、全面从严治党；《中华人民共和国国民经济和社会发展第十四个五年规划和 2035 年远景目标纲要》提出了新的"四个全面"，即全面建设社会主义现代化国家、全面深化改革、全面依法治国、全面从严治党。

想；党中央第一次在党的代表大会报告（二十大报告）中以专题的方式将全面依法治国与法治中国建设列入其中。可见，党中央对全面依法治国的关心与重视在党史、新中国史、改革开放史、社会主义发展史、中华民族发展史上都是前所未有的，开辟了执政党高度重视法治建设的先河，创造了执政党高度重视法治建设的历史。

（1）全面依法治国是"四个全面"战略布局的重要内容和组成部分。党的十八大以来，党中央从坚持和发展中国特色社会主义全局出发，提出并形成了全面建设社会主义现代化国家、全面深化改革、全面依法治国、全面从严治党的战略布局；其内在的逻辑关系是，以全面深化改革、全面依法治国与全面从严治党这三大战略举措来保障全面建设社会主义现代化国家这一战略目标的实现。尽管每一种战略举措对于战略目标的实现都具有重大意义，但全面依法治国这一举措则构成各个战略目标得以实现最为基本的前提，因为全面深化改革与全面从严治党这两项战略举措也需要依赖法治进行。可见全面依法治国之于全面建设社会主义现代化国家具有重大战略意义。若"不全面依法治国，国家生活和社会生活就不能有序运行，就难以实现社会和谐稳定"[1]；同时，"没有全面依法治国，我们就治不好国、理不好政，我们的战略布局就会落空"[2]。可见，全面依法治国之于其他三个"全面"尤其是全面建设社会主义现代化国家具有重大战略意义。

（2）全面推进依法治国关乎中华民族伟大复兴与党和国家的长治久安。习近平总书记在党的十八届四中全会第二次全体会议上指出："全面推进依法治国，是着眼于实现中华民族伟大复兴中国梦、实现党和国家长治久安的长远考虑。对全面推进依法治国作出部署，既是立足于解决我国改革发展稳定中的矛盾和问题的现实考量，也是着眼于长远的战略谋划……如何跳出'历史周期率'、实现长期执政？如何实现党和国家长治久安？这些都是需要我们深入思考的重大问题。"[3] 因此，习近平总书记指出："我们提出全面推

① 中共中央文献研究室编：《习近平关于全面依法治国论述摘编》，中央文献出版社 2015 年版，第 14 - 15 页。

② 中共中央文献研究室编：《习近平关于全面依法治国论述摘编》，中央文献出版社 2015 年版，第 15 页。

③ 中共中央文献研究室编：《习近平关于全面依法治国论述摘编》，中央文献出版社 2015 年版，第 11 - 12 页。

进依法治国，坚定不移厉行法治，一个重要意图就是为子孙万代计、为长远发展谋。"① 习近平总书记的思考不是仅仅着眼于眼前，而是深谋远虑，着眼于未来、着眼于子孙后代，着眼于实现《宪法》提出的目标即"把我国建设成为富强民主文明和谐美丽的社会主义现代化强国，实现中华民族伟大复兴"，着眼于真正解决历史上一直存在而未能解决的"人治和法治"的问题，从制度上跳出历史周期率的支配，最终实现党和国家长治久安。这才是全面依法治国的根本使命所在。因此，习近平总书记在党的二十大报告中再次明确指出："全面依法治国是国家治理的一场深刻革命，关系党执政兴国，关系人民幸福安康，关系党和国家长治久安。"②

(二) 在法治轨道上全面建设社会主义现代化国家

党的二十大报告提出"在法治轨道上全面建设社会主义现代化国家"的重大战略思想和科学命题，蕴含着习近平新时代中国特色社会主义思想的"法治轨道理论"，揭示了法治与现代化、法治轨道与全面建设社会主义现代化国家的内在逻辑，体现了我们党对社会主义现代化国家建设规律、中国式现代化发展规律、中华民族伟大复兴历史规律的科学把握和正确认识，展现了马克思主义现代化理论中国化时代化新境界。③ 在法治轨道上全面建设社会主义现代化国家首先是强调法治在全面建设社会主义现代化国家中的作用与功能。习近平总书记指出："用法律的准绳去衡量、规范、引导社会生活，这就是法治。"④ 法治的核心要义就是法律的统治，即用法律作为准绳和尺度规制人们的行为。法治包含着规范之治、程序之治与制度之治三重基本要义。法律规范是法律构成的基本要素，它既包括规则，也包括原则规范。建设作为全面依法治国总目标之一的社会主义法治体系，首先就是要形成完备的法律规范体系，完善以宪法为统帅的中国特色社会主义法律体系。法治的

①　中共中央文献研究室编：《习近平关于全面依法治国论述摘编》，中央文献出版社 2015 年版，第 12 - 13 页。

②　习近平：《高举中国特色社会主义伟大旗帜 为全面建设社会主义现代化国家而团结奋斗——在中国共产党第二十次全国代表大会上的讲话》，人民出版社 2022 年版，第 40 页。

③　参见张文显：《论在法治轨道上全面建设社会主义现代化国家》，载《中国法律评论》2023 年第 1 期，第 1 页。

④　中共中央文献研究室编：《习近平关于全面依法治国论述摘编》，中央文献出版社 2015 年版，第 9 页。

基本含义是法律规范之治，规范之治说到底就是遵守法律，依法办事，因为，"法律是治国理政最大最重要的规矩"①。法律程序规定了人们从事法律行为所必须依据的法定的时间和空间上的步骤和方式。程序抑制并控制人的任性，使人们不会脱离法治的轨道。制度有"要求大家共同遵守的办事规程或行动准则"的意思。② 制度是人类相互交往的规则规范，其关键功能是增进社会秩序。一项规则规范的确立就意味着一项制度的确立，因此，制度与规则往往具有同一个含义，法律规范体系就是制度体系。正是在该意义上，习近平总书记指出：国家治理体系是在党领导下管理国家的制度体系，包括经济、政治、文化、社会、生态文明和党的建设等各领域体制机制、法律法规安排，也就是一整套紧密相连、相互协调的国家制度。③ 由于制度是关系党和国家事业发展的根本性、全局性、稳定性、长期性问题，所以制度稳则国家稳；"真正实现社会和谐稳定、国家长治久安，还是要靠制度"④。在法治轨道上全面建设社会主义现代化国家，还意味着应以法治的方法推进建设社会主义现代化国家的各方面工作，包括政治、经济、社会、文化、生态、国防、外交等全面现代化的各维度工作。这是全面建设社会主义现代化国家的内在要求和必然逻辑。法治作为治国理政的重要方式与方法，是为全面建设社会主义现代化国家各项事业服务的，是为社会主义政治、经济、文化、社会、外交、国防等各方面现代化建设提供价值引领、规范规制和权利保障的，并发挥着固根本、稳预期、利长远的保障作用。运用法治的方法全面建设社会主义现代化国家具体包括十大方面内容：第一，以法治着力推动我国高质量发展；第二，以法治方式实施科教兴国战略；第三，以法治方式发展全过程人民民主，依法保障人民当家作主；第四，以法治方式推进文化建设，提高全社会法治文明程度；第五，以法治方式增进民生福祉，实现共同

---

① 中共中央文献研究室编：《习近平关于全面依法治国论述摘编》，中央文献出版社 2015 年版，第 12 页。

② 参见中国社会科学院语言研究所词典编辑室编：《现代汉语词典》，商务印书馆 2016 年版，第 1689 页。

③ 参见习近平：《切实把思想统一到党的十八届三中全会精神上来》，载习近平：《习近平谈治国理政》（第 1 卷），外文出版社 2018 年版，第 91 页。

④ 习近平：《切实把思想统一到党的十八届三中全会精神上来》，载习近平：《习近平谈治国理政》（第 1 卷），外文出版社 2018 年版，第 91－92 页。

富裕；第六，以法治方式推进绿色发展，建设生态法治文明；第七，以法治方式推进国家安全体系和能力现代化；第八，以法治方式实现国防和军队现代化；第九，以法治方式坚持和完善"一国两制"，推进祖国统一；第十，以法治方式从严治党。上述十个方面内容构成了在法治轨道上全面建设社会主义现代化国家的基本内涵。

（三）全面推进国家各方面工作法治化

"实现国家各项工作法治化"的目标是 2007 年党的十七大首次提出来的，党的十八大报告对此作了重申。党的二十大报告进一步提出"全面推进国家各方面工作法治化"。何谓"国家各方面工作法治化"？张文显教授认为："国家各方面工作法治化"就是把国家各方面工作纳入法治轨道，坚持以法治的理念、法治的思维、法治的程序、法治的方式、法治的机制开展工作，坚持依法执政、依法立法、依法行政、依规依法监察、依法公正司法，坚持法定职责必须为、法无授权不可为，在国家工作的各个方面各个环节都增强合宪性合法性、减少违法性违规性。① 这一界定实际上是将"制度法治化"与"工作法治化"都纳入"国家各方面工作法治化"。不过，"国家各方面工作法治化"与"在法治轨道上全面建设社会主义现代化国家"意义虽相近，但侧重点确有不同。"法治轨道"强调宏观上的基本制度法治化；而"工作法治化"强调微观上的工作机制与工作方式的法治化，突出将国家各项工作机制法治化，并在各方面工作中具体运用法治思维、法治方式、法治程序、法治精神思考问题、处理问题和解决问题，依法办事。（1）各方面工作机制法治化意味着各项工作应被纳入法治轨道，依法进行。就党和国家机关而言，就应当依法执政、依法立法、依法行政、依法监察、依法司法、依法治军；就各民主党派、社会团体、企事业组织、公民个人而言，都应当遵守宪法和法律，在宪法和法律范围内活动，依法办事。（2）各方面工作方式的法治化则意味着以法治思维、法治方式解决问题，运用法律程序维护自己的正当权益。法治思维是一种运用法治观念、精神、目的、原则，思考、判断、解决问题的思维活动。人们在观察、思考、分析、解决、处理问题时，往往会遇到各种因素影响，如可能会受到权力意志、道德、情感、人际关系等多重因素的影响，然而，只有始终把法律规则放在最高位置上予以考量，

---

① 参见张文显：《全面推进国家各方面工作法治化》，载《法制与社会发展》2022 年第 6 期，扉页。

才表明行为主体有法治思维的意识，才意味着行为主体以法律规则为最高的判断标准，不受法律规则之外因素的影响，进而才能作出理性判断。这是法治思维与人治思维之根本差别所在。

四、结语

中国法治现代化作为中国式现代化的重要维度是人类法治文明的一种新形态。然而，中国法治现代化绝非凭空创造出来的，而是奠基于中华优秀传统法律文化、中国自身的法治实践尤其是中华人民共和国成立以来的社会主义法治实践、中国特色社会主义法治实践，并借鉴世界法治文明优秀成果而形成、发展起来的，它既具有世界各国法治现代化的共同特征，又具有中国特色、中国风格、中国样式的显著特征，这一显著特征就是坚持中国特色社会主义法治道路。正是这一显著特征决定了中国法治现代化与西方法治现代化本质特征的不同。而表征中国法治现代化的主要标志是建成社会主义法治国家、法治政府、法治社会，集中统一权威高效的中国特色权力监督与制约机制，以及党和国家二元并存的合宪性审查制度。实现中国式现代化的是中国共产党作为执政党执政的重大奋斗目标，而中国式现代化的实现必然需要伴随法治现代化的实现，没有法治这一方法作保障，中国式现代化就难以真正实现。全面依法治国是中国式现代化实现的总方法论，在此基础上，需要遵循两种法治方法：一是在法治轨道上全面建设社会主义现代化国家；二是全面推进国家各方面工作法治化。两种方法各有侧重，"法治轨道"强调宏观基本制度法治化；而"工作法治化"强调微观工作机制与工作方式的法治化，突出将国家各项工作机制法治化。只有实现全领域制度法治化与各方面工作法治化，才能真正保障中国式现代化的顺利实现，而中国式现代化的实现必然意味着中国法治现代化的最终实现。

立足中国式现代化的法治理论创新

支振锋[*]

党的二十大报告在第七部分第一次以单独一个部分，从"关系党执政兴国，关系人民幸福安康，关系党和国家长治久安"的战略和全局高度，专章对"坚持全面依法治国，推进法治中国建设"进行布局，彰显了走中国特色社会主义法治道路的坚强决心，不仅为建设更广幅度、更深层次、更高质量的中国法治提供了更大信心，也拨开了笼罩在人类法治道路上的层层迷雾。正如党中央始终强调的，法律是治国之重器，法治是国家治理体系和治理能力的重要依托。依法治国是坚持和发展中国特色社会主义的本质要求和重要保障，是实现国家治理体系和治理能力现代化的必然要求。中国共产党领导人民进行法治建设的历程，既是在中国这片有着深厚优秀传统法律文化的大地上进行法治建设的生动实践，也是党和人民对法治建设一般规律与中国法治实际相结合进行的理论探索。因此，党的二十大报告明确指出："中国式现代化为人类实现现代化提供了新的选择"，"必须更好发挥法治固根本、稳预期、利长远的保障作用，在法治轨道上全面建设社会主义现代化国家"①。可见，中国式的现代化与法治化有机融合对于全面建成社会主义现代化强国具有无比重要的促进与保障作用。历史没有终结，发展道路并不唯一，我们需要从党领导人民进行中国特色社会主义法治建设的历史进程、生动实践和

＊ 本文的缩略版发表在《经济导刊》2022 年第 12 期，作者系中国社会科学院法学研究所研究员、博士生导师，中组部国家万人计划哲学社会科学领军人才，中宣部文化名家暨"四个一批"人才。

① 习近平：《高举中国特色社会主义伟大旗帜 为全面建设社会主义现代化国家而团结奋斗——在中国共产党第二十次全国代表大会上的报告》，载《人民日报》2022 年 10 月 26 日，第 1 版。

成功经验中汲取智慧、提炼理论，创新法治建设的中国理论，从而突破西方的法治话语霸权和理论围剿。

一、清醒认识西方法治的话语霸权

中华民族的法治实践，是中国法治理论最重要的土壤。法律学人则是发现和提炼法治理论的重要力量。但很大程度上，作为西法东渐的产物，无论是在中国，还是在第三世界，"西方"都是法学研究无法绕过的高山。对国外尤其是欧美等西方国家法律制度与理论的学习、借鉴、模仿与移植，在法治实践和法学教育及理论研究中，扮演着重要角色。在相当长的一段时间内，对西方法学理论与制度无比推崇，其甚至成为我国法学教育和研究中的主流话语。

回顾历史不难发现，当西方资本主义携带着工业文明所创造的现代化向中国的传统农耕文明进发时，封建专制制度及其话语体系逐步走向瓦解崩塌。从晚清的变法修律，到民国的"六法全书"，西方法治是近代中国法治历史进程中的重要参照或样板。[①] 西方法学理论与制度，不仅改变了近代中国法治发展从古代到近代的发展轨迹，其概念、术语、理论和制度框架，已经在实际上取代了中国传统的法治话语。

而现代法治的本质恰恰是工业法治。由于种种历史的契机，西方率先在人类历史上进行工业革命，也相应较早进行了法治在内各领域的现代化建设。一方面，西式法治客观上推动了对政府权力的限制，较好保障了公民权利，促进了经济增长，创造了人类法治文明的一种重要模式；另一方面，一些美西方国家也凭借其在现代法治上的先发优势，试图将其法治的特殊经验上升为人类的普遍道路，致使其他发展中国家生成智力依附，以至于放弃从本国实际情况出发，而是用西方话语叙述本国的事情，用西方的理论剪裁本国的实际。[②] 因此西式法治模式的话语霸权便被构建起来了。

西式法治的核心制度是宪政民主、三权分立与司法独立。这套制度的价值理念是基督教普遍主义神学，理论基础是社会契约论，实践上强调以法院

---

① 参见支振锋：《以理论创新提升法学研究的话语权》，载《西南政法大学学报》2022年第1期，第3-8页。

② 参见张康之：《西方话语霸权与本土化》，载《青年记者》2015年第8期，第1页。

为中心的司法独立，重视通过在程序中进行对抗与制约来实现对公权力的限制和对公民权利的保障。① 应该说，比起强调贵族特权、酷刑屡禁不绝的传统社会，西式现代法治有其巨大的历史进步性，为人民提供了更大的安全感。但问题在于，这种法治模式是西方政治传统、宗教理念、资本利益等具体历史与实践结合的产物，具有鲜明的西方特色，并不是普遍适用的真理。

西式法治话语霸权构建是特定历史阶段下的产物。西式法治强调制约和对抗，重视以限制公权力来保障公民权利，以对抗制的程序正义来保障实质正义，虽然付出了较高的财政成本，在一定程度上提高了权利保障水平，促进了社会稳定和经济社会发展，但它仍不能做到它所承诺的人人平等。随着西方列强的全球殖民与掠夺，特别是二战之后西方发展优势在全球治理体系上的进一步巩固，以及美西方对发展中国家和地区开展的所谓法治援助和以科学、中立、专业形式进行的种种法治指数评估②，最终在全球构建起了西方法治强大的话语霸权。在相当长一段时间，这种试图超越特定历史文化传统的虚无主义与制度决定论的西式法治，一度成为具有全球垄断性的制度与话语。作为人类政治与法律文明的优秀遗产，学习、借鉴和吸收西方法治文明中的有益成分，是我们必然的选择，我们应该具有这样开放的胸怀。同时，我们需要以理论来解释中国丰富多样且动态的法治实践，也需要为人类作出属于我们中华民族的法政文明贡献。

二、中国法治现代化展现了人类法治的另一种可能

党的二十大报告重申，"全面依法治国是国家治理的一场深刻革命"，强调必须更好发挥法治固根本、稳预期、利长远的保障作用，在法治轨道上全面建设社会主义现代化国家。经过新中国 70 多年的努力，特别是党的十八大以来，中国法治现代化蹄疾步稳，取得了历史性成就，越来越彰显出鲜明的理论品格。

中国法治现代化所展现出来的新体系，就是中国特色社会主义法治体

---

① 参见朱景文：《西方法治模式和中国法治道路》，载《人民论坛·学术前沿》2022 年第 2 期，第 40-47 页。

② 参见张琼：《法治评估的技术路径与价值偏差——从对"世界正义工程"法治指数的审视切入》，载《环球法律评论》2018 年第 3 期，第 171-192 页。

系，是中国法治现代化的新创造。在党的十八届四中全会上，习近平总书记深刻阐述了建设中国特色社会主义法治体系必须坚持的正确方向和重要原则，这就是"坚持党的领导，坚持中国特色社会主义制度，贯彻中国特色社会主义法治理论"。"这三个方面实质上是中国特色社会主义法治道路的核心要义，规定和确保了中国特色社会主义法治体系的制度属性和前进方向。"① 在十九届中央政治局第三十五次集体学习会上，习近平总书记再次指出，要坚持法治体系建设正确方向，牢牢把握中国特色社会主义这个定性，坚定不移走中国特色社会主义法治道路。"具体讲就是要坚持党的领导，坚持中国特色社会主义制度，贯彻中国特色社会主义法治理论。"② "要始终坚持以人民为中心，坚持法治为了人民、依靠人民、造福人民、保护人民，把体现人民利益、反映人民愿望、维护人民权益、增进人民福祉落实到法治体系建设全过程。"③ 他还强调："在坚持党的全面领导、保证人民当家作主等重大问题上做到头脑特别清晰、立场特别坚定。""我们要建设的中国特色社会主义法治体系，必须是扎根中国文化、立足中国国情、解决中国问题的法治体系，不能被西方错误思潮所误导。"④ 因此，在全面建设社会主义现代化国家新征程上，坚定不移走中国特色社会主义法治道路，准确理解习近平总书记提出的重要政治方向及其原则方针，我们就能发现人类法治的另一种可能。

（一）坚持党的领导，强化分工制约的制度模式

坚持党的领导是中国特色社会主义法治体系建设的根本保证。习近平总书记强调，"党和法治的关系是法治建设的核心问题。全面推进依法治国这件大事能不能办好，最关键的是方向是不是正确、政治保证是不是坚强有力"⑤。中国共产党的领导，是人民的选择、历史的选择，在法治领域亦不例外，这是中国法治与美西方法治的根本区别所在。正如习近平总书记所指出的："全党同志必须牢记，党的领导是我国社会主义法治之魂，是我国法

① 习近平：《习近平关于全面依法治国论述摘编》，中央文献出版社 2015 年版，第 23 页。
② 习近平：《习近平著作选读》（第 2 卷），人民出版社 2023 年版，第 569 页。
③ 习近平：《习近平著作选读》（第 2 卷），人民出版社 2023 年版，第 569 页。
④ 习近平：《习近平著作选读》（第 2 卷），人民出版社 2023 年版，第 569 页。
⑤ 习近平：《习近平关于全面依法治国论述摘编》，中央文献出版社 2015 年版，第 23 页。

治同西方资本主义国家法治最大的区别。离开了党的领导，全面依法治国就难以有效推进，社会主义法治国家就建不起来。"①

回顾历史不难发现，中国共产党历来重视领导法治建设，不仅在思想上率先垂范，而且在实践中注重法律效果和社会效果相统一。土地革命战争时期，党就领导人民制定和颁布了宪法、土地法等，依法保护了农民阶级的权利。在陕北建立革命根据地时，党领导边区人民也制定了一系列法律法规和政策文件，为新中国制定相关法律奠定了一定基础。同时，党还领导创建了高等法庭以及地方法庭，依法为边区人民解纷止争，形成了著名的"马锡五审判方式"。新中国成立以后，尤其在改革开放以来，党领导人民将建设社会主义法治国家写入党章和宪法，并取得了巨大成就。党的十八大以来，以习近平同志为核心的党中央从全局和战略高度定位法治、布局法治、厉行法治，对全面依法治国作出一系列重大决策部署，创造性提出了关于全面依法治国的一系列新理念新思想新战略，形成了习近平法治思想。党中央把全面依法治国纳入"四个全面"战略布局予以有力推进，完善党领导立法、保证执法、支持司法、带头守法制度。具体表现为：党中央对全面依法治国集中统一领导，通过党的全国代表大会讨论决定法治建设的重大问题，以中央全会形式研究决定法治建设重大问题，中央全面依法治国委员会专题研究决定全面依法治国重大事项，以中央工作会议形式专题研究部署法治建设等重要工作。而党的地方委员会则在本地方法治建设中发挥领导核心作用，对该地法治建设实行全面领导。地方各级党委法治建设机构负责对本地区法治建设的牵头抓总与督促落实。以此，强化党对全面依法治国的战略谋划和顶层设计，强化党对法治建设和法治改革的全面领导，党运用法治方式领导和治理国家的能力显著增强。

而作为马克思主义权力监督理论与中国特色社会主义宪法实践相结合的产物，国家权力分工与制约成为不断被强化的制度模式。回溯 1954 年《宪法》、1982 年《宪法》都有关于国家权力分工作为确定国家机关职权的规定。党的十八大也明确提出权力制约与监督的主张，提出健全权力运行制约和监督体系。党的十九大报告将权力制约与监督作为党和国家监督体系的核

---

① 习近平：《习近平谈治国理政》（第 4 卷），外文出版社 2022 年版，第 288 页。

心范畴。在宪法实践中通过两重角度发展了权力分工与制约原理。一方面，全国人大修改《宪法》并制定《监察法》，创设监察权，构建监察委员会，将人民代表大会制度下的"一府两院"分工体制发展到"一府一委两院"分工体制，并且将制约作为建构监察机关与司法机关、行政执法机关相互关系的准则；另一方面，将政治实践中形成的决策权、执行权、监督权的分工与制约作为法定的国家机关内部划分事权的原则。可见，当代法治实践的创新与发展，不断强化了分工制约在规范公权力中的重要地位，丰富了国家权力分工与制约的规范内涵。

（二）以法治作为治国理政基本方式的科学理念

法治是实现现代化的必要条件。法治兴则国家兴，法治衰则国家乱。习近平总书记指出，"人类社会发展的事实证明，依法治理是最可靠、最稳定的治理"[1]。什么时候重视法治、法治昌明，什么时候就国泰民安；什么时候忽视法治、法治松弛，什么时候就国乱民怨。[2] 治国理政须臾离不开法治，这是因为，治国理政的关键是要立规矩、讲规矩、守规矩。法律是治国之重器，是治国理政最大最重要的规矩。中国特色社会主义实践向前推进一步，法治建设就要跟进一步。一方面来看，由于法治具有全局性、稳定性和长期性，能够保持国家的治理理念和路线方针的连续性、稳定性，不因领导人的改变而改变，不因领导人的看法和注意力的改变而改变，实现国家生活和社会生活的制度化规范化，确保党和国家长治久安、社会和谐有序、人民安居乐业。同时，一个现代化国家最为显著的标志也是法治。纵观近代以来的人类政治文明发展史，也只有当法治不断进步的时候，人类政治文明才是不断走向进步的。正如习近平总书记所指出的，"法治是人类政治文明的重要成果"[3]。现代化是人类文明发展进程中的一场深刻变革，反映出国家治理理念和体制乃至国家治理目标的革命性飞跃。另一方面，法治还是一个国家发展的重要保障。[4] 面对全面建设社会主义现代化国家的重大战略任务，人民群众在物质

---

① 习近平：《习近平谈治国理政》（第2卷），外文出版社2017年版，第424页。
② 参见彭中礼：《中国式法治现代化的法理意蕴》，载《求索》2023年第3期，第145－157页。
③ 习近平：《论坚持全面依法治国》，中央文献出版社2020年版，第183页。
④ 参见公丕祥：《习近平法治思想与中国式法治现代化》，载《法学家》2022年第5期，第1－14、191页。

生活条件不断改善的同时，对于法治建设的期待越来越高，对于公平正义的诉求越来越强烈。为使我国社会在深刻变革中既生机勃勃又井然有序，实现经济发展、政治清明、文化繁荣、社会公正、生态优良，必须更好发挥法治的保障作用。正如习近平总书记所说，"筑法治之基、行法治之力、积法治之势，促进各方面制度更加成熟更加定型，为党和国家事业发展提供长期性的制度保障"①，为现代化国家建设营造公正规范有序的法治环境。

　　进入新时代新征程，中国式现代化对法治的要求越来越高，全面依法治国在党和国家工作全局中的地位更加突出。这就意味着必须着眼于全面建设社会主义现代化国家、实现中华民族第二个百年奋斗目标的大局，用更高质量的法治引领和促进中国式现代化建设，在法治轨道上推进国家治理体系和治理能力现代化，为党和国家事业发展提供根本性、全局性、长期性的制度保障，确保我国社会在深刻变革中既生机勃勃又井然有序。

（三）以人民为中心是中国法治现代化的鲜明属性

　　"我国社会主义制度保证了人民当家作主的主体地位，也保证了人民在全面推进依法治国中的主体地位。这是我们的制度优势，也是中国特色社会主义法治区别于资本主义法治的根本所在"②。党的二十大报告论述了以人民为中心的意涵："维护人民根本利益，增进民生福祉，不断实现发展为了人民、发展依靠人民、发展成果由人民共享，让现代化建设成果更多更公平惠及全体人民。"③ 由此可见，以人民为中心就是中国法治现代化的根本价值判准，正如习近平总书记强调的，"全面依法治国最广泛、最深厚的基础是人民"④，"要始终坚持以人民为中心，坚持法治为了人民、依靠人民、造福人民、保护人民，把体现人民利益、反映人民愿望、维护人民权益、增进人民福祉落实到法治体系建设全过程"⑤。由此所开创的人民立场法治架构

---

　　① 习近平：《论坚持全面依法治国》，中央文献出版社 2020 年版，第 3 页。

　　② 习近平：《论坚持全面依法治国》，中央文献出版社 2020 年版，第 107 页。

　　③ 习近平：《高举中国特色社会主义伟大旗帜 为全面建设社会主义现代化国家而团结奋斗——在中国共产党第二十次全国代表大会上的报告》，载《人民日报》2022 年 10 月 26 日，第 1 版。

　　④ 《习近平在中央全面依法治国工作会议上发表重要讲话》，https://www.gov.cn/xinwen/2020-11/17/content_5562085.html。

　　⑤ 习近平：《坚持走中国特色社会主义法治道路 更好推进中国特色社会主义法治体系建设》，载《求是》2022 年第 4 期。

正是法治的重要任务。①

学者们总在阐述良法善治，其落脚点在于善治。通过法治实现法的"正确性"，即良法。民之所向，政之所行，我国用"人民性"就给出了"中国善治"的方案。一方面不仅要关注公民个体的正当权利，另一方面更要保障集体的人民利益，实现人民对美好生活的向往。因此，在法治现代化进程中，要把落实尊重和保障人权的宪法原则作为一项重要任务，把人权保障贯彻到法治体系的各个环节各个层面，不断提高生存权、发展权水平，切实有效保护人身权、人格权、财产权、环境权利、数字权利等，努力促进经济权利、社会权利、文化权利和公民权利、政治权利全面协调发展，推动全体人民共同富裕、共同发展，努力增强人民的获得感、幸福感、安全感、尊严感、公平感，进而推动社会主义法治从"有法可依"向"良法善治"的跨越，创造一个长治久安、公平正义、和谐稳定的法治环境。

（四）社会主义是中国法治现代化的基本导向

中国特色社会主义制度是中国特色社会主义法治体系的根本制度基础，中国特色社会主义法治体系是中国特色社会主义制度的重要组成部分。从二者的内在逻辑关系来看，推进中国法治现代化建设，必须体现中国特色社会主义制度本色。

新中国成立 70 多年特别是改革开放 40 多年以来，中国共产党人开拓奋进，创制出具有中国特色的社会主义国家政治制度与法律制度。正如习近平总书记所指出的："以什么样的思路来谋划和推进中国社会主义民主政治建设，在国家政治生活中具有管根本、管全局、管长远的作用。古今中外，由于政治发展道路选择错误而导致社会动荡、国家分裂、人亡政息的例子比比皆是。中国是一个发展中大国，坚持正确的政治发展道路更是关系根本、关系全局的重大问题。"② 从宪法层面讲，"社会主义"则处处凸显在宪法指导思想、国体、政体、根本制度、基本制度以及其他重要制度之中。社会主义制度作为我国根本政治制度和严密完整的科学制度体系，在我国宪法中也具有明确的部署。因此，习近平总书记强调："我们无论是编制发展规划、推

---

① 参见韩强：《在法治轨道上推进中国式现代化》，载《中国社会科学报》2022 年 12 月 7 日。

② 中共中央文献研究室编：《习近平关于社会主义政治建设论述摘编》，中央文献出版社 2017 年版，第 10 页。

进法治建设、制定政策措施，还是部署各项工作，都要遵照这些制度，不能有任何偏差。"① "在一个国家的各种制度中，政治制度处于关键环节。所以，坚定中国特色社会主义制度自信，首先要坚定对中国特色社会主义政治制度的自信，增强走中国特色社会主义政治发展道路的信心和决心。"② 所以，中国法治现代化是坚持社会主义制度的现代化。

在推进全面建设社会主义现代化国家新征程上推进中国法治现代化，还要更加科学把握中国特色社会主义制度体系与法治体系的辩证关系，牢牢抓紧法治体系建设，加快建立健全国家治理急需的制度，并强化其执行力，使各项制度的显著优势更好转化为国家治理效能。此外，中国特色社会主义制度的本色还决定了坚持中国共产党全面领导、长期执政的宪法地位，不走多党竞争和轮流坐庄的错路。坚持人民民主专政的国体，确保了人民当家作主，决不允许任何组织和个人、任何政治势力破坏社会主义制度。只有这样，才能把中国法治现代化建设成为捍卫党的领导、保卫人民民主专政的铜墙铁壁，建设成为发展全过程人民民主的制度平台。

（五）贯彻中国特色社会主义法治理论

中国特色社会主义法治理论是对中国社会主义法治实践经验的科学总结和理论表达，习近平总书记指出："推进全面依法治国是国家治理的一场深刻变革，必须以科学理论为指导，加强理论思维，从理论上回答为什么要全面依法治国、怎样全面依法治国这个重大时代课题，不断从理论和实践的结合上取得新成果，总结好、运用好党关于新时代加强法治建设的思想理论成果，更好指导全面依法治国各项工作。"③ 他还指出："全面推进依法治国，法治理论是重要引领。没有正确的法治理论引领，就不可能有正确的法治实践。"④ 习近平总书记的重要论述深刻阐明了法治理论与法治实践的关系，科学表达了党关于新时代加强法治建设的思想理论对于全面依法治国、建设中国特色社会主义法治体系的指导和引领作用。

---

① 习近平：《习近平谈治国理政》（第 3 卷），外文出版社 2020 年版，第 126 页。
② 中共中央文献研究室编：《十八大以来重要文献选编》（中），中央文献出版社 2016 年版，第62 页。
③ 习近平：《习近平谈治国理政》（第 4 卷），外文出版社 2022 年版，第 299 页。
④ 习近平：《论坚持全面依法治国》，中央文献出版社 2020 年版，第 175 页。

在法治现代化征程上，贯彻中国特色社会主义法治理论首先就是要贯彻习近平法治思想。习近平法治思想形成于坚持和发展中国特色社会主义新时代，创新于全面建设社会主义现代化国家、全面推进中华民族伟大复兴新征程，是新时代中国特色社会主义法治思想，也是中国法治现代化的理论表达。通过科学的理论思维、深邃的历史眼光和宽广的世界视野，习近平法治思想从历史和现实相贯通、国际和国内相关联、理论和实际相结合上深刻回答了新时代为什么实行全面依法治国、怎样实行全面依法治国等一系列重大问题，凝聚了当代中国思想界关于法治文明独特的理论思考，为人类法治文明思想宝库增添了丰富的中国元素。在习近平法治思想的指导下，立足中国法治现代化的本土实践"富矿"，我们就有可能出现并创新法治的中国理论，提升法治理论的国际话语权。

（六）从中国国情出发的法治现代化

国情是一国现代化发展的基本出发点，同样，要想成功地发展法治现代化，就必须根据本国自身的国情找到符合实际的发展道路。正如毛泽东同志所指出的："中国社会的性质，亦即中国的特殊的国情，这是解决中国一切革命问题的最基本的根据。"[1] 同样的观点在今天依旧适用。作为当今世界上疆域广袤、人口规模庞大、历史悠久的国家之一，我国的国情实际极为复杂。因此，我国所探寻的法治现代化道路，绝不可能照搬书本上的现成理论，也不能照抄国外经验，只能从中国国情出发，探索并创新法治现代化战略，从而拓展发展中国家迈向法治现代化的新路径，打破西方法治发展理论和实践的禁锢。

第一，疆域广袤。在疆域辽阔的国家，中央与地方的关系问题就会成为一个重要问题。国土广袤的国家，由于区域间发展不平衡，使得中央和地方的关系的处理变得较为复杂，在放权与控权之间左右摇摆。因此，从法治层面，科学处理中央和地方的关系，就要充分调动中央和地方"两个积极性"[2]。一方面，要保证法治的统一，不断提升中央与地方之间关系的法治化水平；另一方面，也要考虑地方的实际情况和不同地方的特殊性。

---

[1]　毛泽东：《毛泽东选集》（第 2 卷），人民出版社 1991 年版，第 646 页。
[2]　郑毅：《论中央与地方关系中的"积极性"与"主动性"原则——基于我国〈宪法〉第 3 条第 4 款的考察》，载《政治与法律》2019 年第 3 期，第 58－76 页。

第二，人口规模庞大。我国人口众多，在推进实现现代化的道路上，其艰巨性和复杂性自然不言而喻，最显而易见的便是"资源"的相对紧张。在积极保障公民权利的社会里，任何一个权利主体都势必会与其他权利主体发生摩擦与利益冲突，因此，资源有限，而权利拥有者却很多，任一权利主体都可能为其他权利主体行使权利设置障碍，但又都无法完全排除其他权利人的干扰，最终，由于权利和控制过于零散，资源难以实现有效整合而被迫闲置。① 在这般国情下，对于调和不同权利主体间矛盾的法律制度安排，我国司法制度更提倡调解及和解。如坚持和发展新时代"枫桥经验"，充分发挥人民调解的良好作用，并不断完善人民调解、行政调解以及司法调解的联动工作体系，整合基层矛盾纠纷化解资源和力量，充分发挥非诉纠纷解决机制作用。

第三，中华文明历史悠久。法治现代化是人类法律文明价值体系的一场深刻变革，是从传统法制走向现代法治的历史性的转型发展过程，但是这并不意味着本国优秀传统法律文化的彻底中断。中华优秀传统法律文化源远流长，积淀在每个现代中国人的心灵深处，外现于人的各种行为方式和人际关系之中，并物化在我国的社会制度、规范以及其他物质和精神产品里。诚如萨维尼所言："只有通过历史，才能与民族的初始状态保持生动的联系，而丧失了这一联系，也就丧失了每一民族的精神生活中最为宝贵的部分。"② 可见，历史不仅记录民族和国家的过往，也是理论创新的源泉。自觉承继优秀的传统法律文化，是对民族过往的认同，更是以此为基础，实现面向未来的理论创新。因此，对中国法治现代化的理解，不能忽视中华优秀传统法律文化同样也是中华民族宝贵的精神财富，对今天法治现代化建设有着深远的影响。

中国文化源远流长，中华文明博大精深。只有全面深入了解中华文明的历史，才能更有效地推动中华优秀传统文化创造性转化、创新性发展。中国是世界上唯一一个文明发展没有中断的国家，自古以来，我国形成了世界法制史上独树一帜的中华法系，积淀了深厚的法律文化。这从根本上决定了中

---

① 参见陈柏峰、林辉煌：《农田水利的"反公地悲剧"研究——以湖北高阳镇为例》，载《人文杂志》2011 年第 6 期，第 144－153 页。

② 萨维尼：《论立法与法学的当代使命》，中国法制出版社 2001 年版，第 87 页。

华民族必然走自己的路，如果不从源远流长的历史中连续性地认识中国、了解中国，就不可能理解古代中国，也不可能理解现代中国，更不可能理解未来的中华文明。此外，中华文明的统一性，从根本上决定了中华民族各民族文化间的相互交融，即使遭遇重大挫折也牢固凝聚，造就了国土不可分、国家不可乱、民族不可散、文明不可断的共同信念，使得国家统一成为中国核心利益的核心。当然，中华文明的包容性，还体现出中华文化对世界文明兼收并蓄的开放胸怀。因此，在实践中国法治现代化过程中就要不断对中华优秀传统法律文化进行传承发展，厚植中国特色社会主义法治建设的文化底蕴。正如党的二十大报告所指出的："弘扬社会主义法治精神，传承中华优秀传统法律文化，引导全体人民做社会主义法治的忠实崇尚者、自觉遵守者、坚定捍卫者。"

马克思曾说："社会不是以法律为基础的。那是法学家们的幻想。相反地，法律应该以社会为基础。"① 由此可见，法治的现代化必须体现出国家和社会生活具体情况的深刻变革，它体现出我国国家现代化历史进程中的运动方向。诚如前所述，近代以来，中国社会在西方现代化冲击下，被迫开启了探寻现代化道路的历史征程。中国不仅失去了追赶西方现代化的历史契机，甚至丧失了国家主权与民族独立。直到俄国十月革命的一声炮响，给中国人民送来了马克思列宁主义，中国共产党应运而生，中国社会才发生了根本性的变化。中国共产党自从登上中国历史舞台，一个多世纪以来，在推进中国革命、建设、改革的伟大实践中，万分重视法治建设，根据国情实际孜孜探索适合自己的法治发展道路。正如习近平总书记所指出的："新中国成立初期，我们党在废除旧法统的同时，积极运用新民主主义革命时期根据地法制建设的成功经验，抓紧建设社会主义法治，初步奠定了社会主义法治的基础。"② 在西方现代化资本主义道路与社会主义现代化道路之间，中国人民和中国历史选择在中国共产党领导下、在社会主义制度指导下、在马克思主义理论指导下、在中国人民共同参与下，开启社会主义法治现代化道路建设的历史征程。"法治现代化"不仅成为我国的发展道路，而且还被赋予

---

① 马克思、恩格斯：《马克思恩格斯全集》（第 6 卷），人民出版社 1961 年版，第 291 - 292 页。

② 中共中央文献研究室编：《习近平关于全面依法治国论述摘编》，中央文献出版社 2015 年版，第 8 页。

"社会主义"属性，1954 年 9 月召开的一届全国人大一次会议通过了《中华人民共和国宪法》（"五四宪法"），在《中国人民政治协商会议共同纲领》的基础上，用国家根本大法的形式把人民民主和社会主义原则固定下来，为社会主义制度在中国的全面确立奠定了根本法基础。党的十一届三中全会以来，中国共产党始终领导着这场中国法治现代化新道路的伟大社会革命全局并且主导着中国法治现代化新道路的运动方向，提出社会主义民主制度化、法律化的重大法治方针，把依法治国确定为党领导人民治理国家的基本方略，把依法执政确定为党治国理政的基本方式，中国法治现代化取得了历史性进步。正如习近平总书记所说："进入改革开放历史新时期，我们党提出'有法可依、有法必依、执法必严、违法必究'的方针，强调依法治国是党领导人民治理国家的基本方略、依法执政是党治国理政的基本方式，不断推进社会主义法治建设"①。自党的十八大以来，法治在国家现代化进程中的地位更加突出。以习近平同志为核心的党中央从坚持和发展中国特色社会主义、确保党和国家长治久安的战略高度，深入总结我国社会主义法治建设的成功经验和深刻教训，站在中国法治现代化新道路的战略全局上，统筹谋划全面推进依法治国、加快建设法治中国的法治工程方案，从而创新性地勾勒出法治建设的"中国理论"新图景。这即是习近平总书记的深刻总结："只有传承中华优秀传统法律文化，从我国革命、建设、改革的实践中探索适合自己的法治道路，同时借鉴国外法治有益成果，才能为全面建设社会主义现代化国家、实现中华民族伟大复兴夯实法治基础。"②

三、创新法治建设的"中国理论"

党的二十大报告充分彰显了把我国建成社会主义现代化强国的强大决心，擘画了深入推进全面依法治国的宏伟蓝图。踏上新征程，创新发挥法治对建设中国法治现代化国家的引领、促进、规范和保障作用，就必须在更高起点、更高水平上统筹推进法律规范体系、法治实施体系、法治监督体系、法治保障体系、党内法规体系建设，努力形成完备的法律规范体系、高效的

---

① 中共中央党史和文献研究院编：《全面建成小康社会重要文献选编》（下），人民出版社 2022 年版，第 1239 页。

② 习近平：《习近平谈治国理政》（第 4 卷），外文出版社 2022 年版，第 290 页。

法治实施体系、严密的法治监督体系、有力的法治保障体系和完善的党内法规体系，这是中国法治现代化道路具有原创性和时代性的法理命题，为人类法治文明贡献了中国智慧。

（一）优化法律规范体系，完善以宪法为核心的中国特色社会主义法律体系

良法是善治的前提。科学完备、统一权威的法律规范体系，是推动中国法治现代化进程的制度基础。特别在进入改革开放和社会主义现代化建设新时期之后，中国共产党提出"有法可依、有法必依、执法必严、违法必究"的方针。党的十八大以来，党中央明确提出全面依法治国，并将其纳入"四个全面"战略布局予以有力推进。经过长期努力，中国特色社会主义法律体系已经形成，国家和社会生活各方面总体上实现了有法可依，这是我国取得的重大成就，也是实现法治现代化的新起点。但是，法律体系的形成并不意味着法律规范体系的完备。"实践是法律的基础，法律要随着实践发展而发展"①，这就需要在坚持和完善已经建立起来并经过实践检验有效的根本制度、基本制度以及重要制度的前提下，坚持从我国国情出发，聚焦法律制度的空白点和矛盾点，继续加强制度创新，加快建立健全国家治理急需的制度。

第一，必须以宪法为最高法律规范，完善以宪法为核心的中国特色社会主义法律体系。这就需要把宪法建设和宪法工作放在首位，与时俱进地完善宪法，在保证宪法连续性、稳定性、权威性的前提下，推动宪法不断适应新形势，并永葆生机活力。因此，要健全保证宪法全面实施的制度体系，维护宪法权威，更好发挥宪法在治国理政中的重要作用。

第二，必须加强重点及新兴领域立法，及时反映党和国家事业发展要求、人民群众关切期待。对涉及全面深化改革、推动经济发展、保障人民生活、维护国家安全的法律要及时制定、及时修改。依法保障公民权利，加快完善体现权利公平、机会公平、规则公平的法律制度，保障公民人身权、财产权、基本政治权利等各项权利不受侵犯，保障公民经济、文化、社会等各方面权利得到落实。此外，新技术、新应用的快速发展，催生出了一系列新

---

① 张文显：《论中国式法治现代化新道路》，载《中国法学》2022年第1期，第5—31页。

业态，但相关法律规范还存在空白。人工智能等新兴领域在法律、安全、就业、伦理和政府治理等方面提出了许多新课题。要处理好这些问题，不仅要大力培育新技术、新应用，而且要积极利用法律法规和标准规范引导新技术应用。要及时跟进研究数字经济、互联网金融、人工智能、大数据、云计算等相关信息技术领域立法工作，抓紧补齐法律短板，以良法善治保障新业态的良性发展。

（二）优化法治实施体系，确保法律法规严格公正实施

天下之事，不难于立法，而难于法之必行。① 法律的有效实施，是实现法治现代化的重点和难点。如果有了法律而不实施，或者得不到有效实施，那么制定再多的法律法规也无济于事。因此，全面推进法治现代化的重点应该是保证法律得到严格有效实施。

第一，加强宪法实施和监督。正如党的二十大报告中所提出的："坚持依法治国首先要坚持依宪治国，坚持依法执政首先要坚持依宪执政，坚持宪法确定的中国共产党领导地位不动摇，坚持宪法确定的人民民主专政的国体和人民代表大会制度的政体不动摇。"作为国家最高权力机关的全国人大，以及其常设机关全国人大常委会要切实担负起宪法监督职责，推进并健全合宪性审查工作。同时，全国人大及其常委会通过的法律和作出的决定决议，也应当确保其符合宪法精神和宪法规定。

第二，构建权责统一、权威高效的依法行政体制。行政机关作为法律法规实施的重要主体，同基层的联系最为紧密，其执法水平直接关系到基层群众对党和政府的信任度、对法治的信心。因此，行政机关要带头严格执法，维护公共利益、人民权益和社会秩序。各级行政机关要严格规范公正文明执法，增强对关乎群众切身利益的重点领域的执法力度。树立建设法治政府的目标，积极转变政府职能，优化政府职责体系和组织结构，提高行政效率和公信力。同时，还需健全行政裁量基准，建立行政机关内部重大决策合法性审查机制，推进科学、民主、依法决策施策。要着力解决执法不规范、不严格、不透明、不文明以及不作为、乱作为等突出问题，建立权责统一、权威高效的依法行政体制。

---

① 参见张居正撰：《张居正奏疏集》（上），潘林编注，华东师范大学出版社 2014 年版，第 232 页。

　　第三，强化公正权威的司法制度。公平正义朴素的含义包括惩恶扬善、是非分明、办事公道、态度公允、利益平衡、多寡相均等内容。① 从实践价值看，公平可视为分配资源或权利的规则，美国政治哲学家沃尔泽就认为，"人类社会是一个分配的社会"②。对于人类进步而言，公平是所有社会规则体系的核心，要运用普遍接受的公平原则和标准，合理地分配各种政治、经济以及社会的权益。当然，正义会成为人类的至善，它为人类评价自身的善恶提供了终极的道德标准。"当亚里士多德称颂正义是政治生活的第一美德时，他所采取的方式足以表明，一个对正义观念缺乏实践上的一致性的共同体，必然也缺乏政治共同体所需的必要基础。"③ 正是因为存在着终极的正义标准，历史才可以最终判断社会或政府的善恶。正如习近平总书记所指出的："公正是法治的生命线。公平正义是我们党追求的一个非常崇高的价值，全心全意为人民服务的宗旨决定了我们必须追求公平正义，保护人民权益、伸张正义。全面依法治国，必须紧紧围绕保障和促进社会公平正义来进行。"④ 而司法公正作为维护社会公平正义的最后一道防线，也是确保法律有效实施，维护法治统一、尊严和权威的重要环节。为此，必须深化司法体制改革，加快建设公正权威的司法制度。所谓公正司法，就是受到侵害的权利一定会得到保护和救济，违法犯罪活动一定要受到制裁和惩罚。如果人民群众通过司法程序不能保证自己的合法权利，那司法就没有公信力，人民群众也不会相信法。⑤ 因此，司法机关要围绕让人民群众在每一个司法案件中都感受到公平正义的目标来改进工作，切实提高司法的社会公信力。由此，法治中国建设迈出坚实步伐，公平正义得到更好维护和实现。此外，要以优化司法职权配置为重点，健全司法权力分工负责、相互配合、相互制约的制度安排，各级党组织和领导干部要旗帜鲜明支持司法机关依法独立行使职权，绝不容许利用职权干预司法或暗箱操作，坚决遏制司法腐败。

---

① 参见中共中央政法委员会：《社会主义法治理念读本》，中国长安出版社 2009 年版，第 84 页。

② 沃尔泽：《正义诸领域——为多元主义与平等一辩》，译林出版社 2002 年版，第 1 页。

③ 麦金太尔：《追寻美德：伦理理论研究》，译林出版社 2003 年版，第 310 页。

④ 中共中央党史和文献研究院编：《习近平关于尊重和保障人权论述摘编》，中央文献出版社 2021 年版，第 145 页。

⑤ 参见中共中央文献研究室编：《习近平关于全面依法治国论述摘编》，中央文献出版社 2015 年版，第 67 页。

第四，健全全民普法和法治宣传教育制度。法律要发挥作用，还需要全社会信仰法律，逐步树立法律的权威。同时，全民守法，还需要任何组织或个人都必须在宪法和法律范围内活动，任何公民、社会组织和国家机关都要以宪法和法律为行为准则，依照宪法和法律行使权利或权力、履行义务或职责。因此，推进全民守法，要引导全体人民，有问题依靠法律来解决，使群众确信凡是合法的诉求，通过法律程序都能得到合理的解决。此外，要健全公民和组织守法信用记录制度，完善守法诚信褒奖机制和违法失信行为惩戒机制，让违法失德者寸步难行，从而使尊法学法守法用法成为全体人民的共同追求和自觉行动。

（三）优化法治监督体系，确保权力在法治轨道上运行

权力往往具有两面性：一方面，没有足够的权力则无法完成相应的任务和职责；另一方面，权力过大、过于集中，则会产生自我腐败的隐患。因此，洛克在《政府论》下篇中谈道："对人类的弱点来说，权力的诱惑是太大了。"[①] 英国人阿克顿亦指出："权力导致腐败，绝对权力导致绝对腐败。"[②] 这句话一针见血地表达出权力运行的规律，这意味着越是位高权重者越应该加以制约和监督，并且这种制约与监督的强度应当同其本身的权力体量相适应。而法治的核心就在于限制权力、约束权力、监督权力，给权力设置其运行的法律程序，使权力按照法律程序在法治轨道上运行。在中国，既要保持党长期的执政地位，又要防止权力滋生腐败，从而打破"腐败魔咒"的重中之重就是要实行法治。

第一，建设党统一领导、全面覆盖、权威高效的法治监督体系。法治监督体系是党在长期执政条件下实现自我净化、自我完善、自我革新、自我提高的重要制度保障。党的十九届四中全会时就提出健全党统一领导、全面覆盖、权威高效的监督体系。首先，党统一领导是健全党和国家监督体系的根本保障。坚持党的领导，最根本的是坚持党中央权威和集中统一领导。中国共产党是中国特色社会主义的领导核心，是中国特色社会主义制度的最大优势，是做好党和国家各项工作的根本保证。坚持和完善党和国家监督体系，必须加强党的统一领导，充分发挥党总揽全局、协调各方的领导核心作用。

---

① 洛克：《政府论》（下篇），商务印书馆1964年版，第96页。
② 阿克顿：《自由与权利——阿克顿勋爵论说文集》，商务印书馆2001年版，第342页。

其次，全面覆盖是健全党和国家监督体系的基本要求。全面覆盖意味着对所有党员干部和行使公权力的国家公职人员的监督全面覆盖，对权力运行和约束的全面覆盖。习近平总书记指出，自我监督是世界性难题，是国家治理的"哥德巴赫猜想"，我们要通过行动回答"窑洞之问"，练就中国共产党人自我净化的"绝世武功"。①增强党自我净化能力，要把党内监督同国家机关监督、民主监督、司法监督、群众监督、舆论监督贯通起来，增强监督合力和实效。最后，权威高效是健全党和国家监督体系的目标追求。落实党内监督以及各级党组织监督责任，要重点加强对高级干部以及各级主要领导干部的监督，并完善领导班子内部监督制度，这需要强化政治监督，加强对党的理论和路线方针政策以及重大决策部署贯彻落实情况的监督检查。此外，为推进纪检监察工作规范化、法治化，还要加强上级纪委监委对下级纪委监委的领导，完善派驻监督体制机制等。

第二，健全权力运行的制约监督体系。建设严密的法治监督体系，推进对法治工作的全面监督，必须健全权力运行的制约监督体系，加强对权力运行的制约和监督，把权力关进制度的笼子里，做到有权必有责、用权受监督、违法必追究，保证行政权、监察权、检察权、审判权得到依法正确行使。一方面要加强对执法权的监督。排除对执法活动的非法干预，坚决防止和克服执法工作中的利益驱动，坚决惩治腐败现象。加大对执法不作为、乱作为、选择性执法、逐利执法等有关责任人的追责力度，落实行政执法责任制和责任追究制度。另一方面要加强对监察权的监督。虽然集多部门反腐职能大权于一身的国家监察委员会应运而生，促使着反腐败工作更加法治化，也使得"一府一委两院"的分工制约体系更加明确，使得任何人都没有法律之外的绝对权力氛围已然形成，但习近平总书记高瞻远瞩地指出："监察权是把双刃剑，也要关进制度的笼子，自觉接受党和人民监督，行使权力必须十分谨慎，严格依纪依法。""坚决不能滥用职权、以权谋私，特别是不能搞选择性监督、随意执纪调查、任性问责处置。"②此外，对于司法权的监督也亟须进一步强化。需要健全对法官、检察官办案的制约和监督制度，促进

①　参见张志明：《实现党的自我革命与人民监督的结合》，https：//m. gmw.cn/baijia/2022－07/02/35855354.html.

②　习近平：《论坚持全面依法治国》，中央文献出版社 2020 年版，第 244 页。

司法公正。坚决防止执法不严、司法不公甚至执法犯法。

（四）优化法治保障体系，确保全面依法治国行稳致远

法治保障体系在中国特色社会主义法治体系中具有基础性地位。[①] 如果没有一系列的保障条件，全面依法治国就难以实现。因此，完善有力的法治保障对全面推进依法治国至关重要。

第一，强化政治保障。全面推进依法治国这件大事能不能办好，最关键的是政治保证是不是坚强有力。党的领导是中国特色社会主义最本质的特征，是社会主义法治最根本的保证。中国法治现代化建设，必须切实加强和改进党对全面依法治国的领导，完善党领导立法、保证执法、支持司法、带头守法制度，为全面依法治国提供坚强有力的政治和组织保障。

第二，强化法治队伍建设。于法治现代化而言，德才兼备的高素质法治工作队伍、法律服务队伍和法学专家队伍建设至关重要。法治工作队伍必须按照政治过硬、业务过硬、责任过硬、纪律过硬、作风过硬的要求，教育和引导立法、执法、监察、司法等法治工作者树立社会主义法治理念，恪守职业道德，做到忠于党、忠于国家、忠于人民、忠于法律。法律服务队伍也是依法治国的重要力量，要大力加强法律服务队伍思想政治、职业道德和专业素养建设。正如习近平总书记所指出的："律师队伍是依法治国的一支重要力量，要大力加强律师队伍思想政治建设，把拥护中国共产党领导、拥护社会主义法治作为律师从业的基本要求。"[②] 法学专家队伍建设则要处理好法学理论和实践之间的关系。要打破高校和社会之间的体制壁垒，加强不同高校与地方企业、律所等之间的合作。社会具体工作部门可以选派理论水平较高的专家到高校任教，把社会主义法治国家建设实践的生动案例带进课堂教学中，更好地把法学理论和司法实践结合起来。

第三，加强科技和信息化保障，通过大数据、人工智能等科技手段，全面建设"智慧法治"。这需要优化和整合法治领域的各类信息，通过大数据分析，为立法中的重大事项提供统计分析和决策依据。还需要加快推进云政务服务，将政务服务重点领域和高频事项实现一网通办。还需要遵循司法规

---

① 参见马怀德：《坚持建设中国特色社会主义法治体系》，http://opinion.people.com.cn/GB/n1/2021/0303/c1003-32040845.html? ivk_sa=1024320u。

② 习近平：《习近平谈治国理政》（第 2 卷），外文出版社 2017 年版，第 123 页。

律，把深化司法体制改革和现代科技应用结合起来，完善"互联网＋"诉讼模式，建设高效简约、智慧精准的现代化诉讼服务机制。

（五）优化党内法规体系，推进党的建设制度化、规范化

"治国必先治党，治党务必从严，从严必依法度。"① 只有依规治党深入党心，依法治国才能深入民心。经过长期努力，自党的十八大以来，中国共产党形成了比较完善的党内法规体系，形成了依法治国和依规治党相辅相成的格局。党的二十大进一步提出"完善党的自我革命制度规范体系"，为党内法规制度体系建设提出了更高标准。

第一，以党章作为根本。党章是党的总章程，是党的根本大法，是管党治党的总依据，是全党必须遵循的总规矩，为党内法规体系建设提供了根本遵循。从效力上看，党章在党内法规体系中处于最高地位，具有最高效力。党章对党的性质和宗旨、指导思想、党员义务和党员权利、党的组织制度、党的纪律等作出了根本性规定。自成立以来，中国共产党在波澜壮阔的奋斗历程中依据党的任务与实践要求先后出台了不同种类、不同范围，以及针对不同调整对象的党内法规，这些党内法规都直接或间接来自党章，自然都要置于党章的统领之下，不能同党章相悖。

第二，完善党的组织及自身建设法规。要健全党的集中统一的组织制度，形成党的中央组织、地方组织、基层组织上下贯通、执行有力的严密体系，实现党的组织和党的工作全覆盖。这就需要强化党中央决策议事协调机构职能作用，完善推动党中央重大决策落实机制，确保令行禁止。此外，坚持党要管党、全面从严治党，不断推进党的自身建设和自我革命，这就需要建立健全以党的政治建设为统领的组织路线，通过健全党管干部、选贤任能制度，规范党内政治生活，严明政治纪律和政治规矩，全面净化党内政治生态，从而不断提高党的建设质量。

第三，党内法规与法律规范的相互协调。党内法规和国家法律是中国特色社会主义法治体系的有机组成部分，在全面从严治党、全面依法治国的双重推进下，党内法规与国家法律体现出高度的契合性，在党内法规体系的建构中实现了互联互通、统筹推进。党内法规和国家法律既是党的主张，也代

---

① 中共中央党史和文献研究院编：《十八大以来重要文献选编》（下），中央文献出版社 2018 年版，第 509 页。

表了人民的意愿，都反映出党的主张和人民意愿的统一，二者相辅相成，相互衔接。一方面，党外事务应当根据法律规范进行调整，但在必要时可以通过制定政策进行调整。党内法规可以规范党内的事物，或者是国家法律暂时没有规定的以及不能在法律规范中明确规定的。甚至在适当的条件下，党内法规可以在党内试行，并在各方面情况完全成熟的时候，将该部分党内法规转化为国家法律。另一方面，在程序衔接上，在制定党内法规的过程中，应加强党的有关部门同人大或政府有关部门的沟通和协调，明确问题的属性，避免在党内法规和国家法律中出现重复交叉。

总之，恰如习近平总书记在中央政治局集体学习时形象地揭示的建设中国特色社会主义法治体系的辩证法意义：在协调推进"四个全面"战略布局的过程中，"我们既要注重总体谋划，又要注重牵住'牛鼻子'"，"既对全面推进依法治国作出系统部署，又强调以中国特色社会主义法治体系为总目标和总抓手"[1]。因此，在推进中国法治现代化进程中，必须抓住建设中国特色社会主义法治体系这个总抓手，在党的领导下，形成完备的法律规范体系、高效的法治实施体系、严密的法治监督体系、有力的法治保障体系、完善的党内法规体系，不断丰富并创新我国自己的法治理论，逐渐在法治理论的国际话语权中占据主动地位。

四、未来前景

习近平总书记在党的二十大报告中指出："我们坚持走中国特色社会主义政治发展道路，全面发展全过程人民民主，社会主义民主政治制度化、规范化、程序化全面推进，人民当家作主更为扎实，全面依法治国总体格局基本形成。"[2] 这一重要论述不仅是对党自十八大以来，通过运用法治作为治国理政的基本方式所取得重大成就的高度概括和总结，也是对作为中国式现代化重要内容的法治现代化实践样态的科学表述。[3] 中国法治现代化作为人

---

① 习近平：《习近平谈治国理政》（第2卷），外文出版社2017年版，第23页。

② 习近平：《高举中国特色社会主义伟大旗帜 为全面建设社会主义现代化国家而团结奋斗——在中国共产党第二十次全国代表大会上的报告》，载《人民日报》2022年10月26日，第1版。

③ 参见莫纪宏：《在法治轨道上全面建设社会主义现代化国家的法理意蕴》，载《广东社会科学》2023年第1期，第5-13、286页。

类法治文明进程中独具特色的新形态，有其未来向度。

（一）国家各方面工作法治化

党的二十大报告中提出"全面推进国家各方面工作法治化"①，由此可见，法治现代化不是单纯要求在某一行业领域施行法治，也不是在某一时期实施法治，而是将法治贯穿于国家各方面工作。这就是以宪法为最高法律规范，完善以宪法为核心的中国特色社会主义法律体系；坚持依法治国、依法执政、依法行政共同推进，法治国家、法治政府、法治社会一体建设。一方面，从法治制度上看，党政机关应依法执政、依法立法、依法行政、依法监察、依法司法。而其他各社会团体、企事业组织，乃至普通公民，则需要遵守宪法和法律，在宪法和法律范围内活动，否则就要承担相对应的法律责任。另一方面，从主体本身行为方式上看，法治化则要求其运用法治思维以及法治方式来应对实践问题，运用法律程序维护自身的合法且正当权益。思维作为人类认知事物和思考问题的方式，其重点在于看待事物的角度和解决问题的目的和方向，法治思维要求主体按照法治的要求去认识、分析和解决问题。伴随我国法治环境的不断改善，未来行为主体的法治意识和权利意识势必会大大提高。

（二）保障实现全体人民共同富裕

党的二十大报告指出"中国式现代化是全体人民共同富裕的现代化"②。由此可见，发展中国式现代化道路的过程，其实就是实现全体人民共同富裕的过程，这为中国式现代化道路的发展提供了内在动力与发展目标，而全面依法治国作为坚持和发展中国特色社会主义的本质要求和重要保障③，其与共同富裕都是中国式现代化的本质要求，中国式现代化必须解决好共同富裕问题，而法治则是实现共同富裕的重要保障。习近平总书记要求："作出更有效的制度安排，使全体人民在共建共享发展中有更多获得感，增强发展动

---

①　习近平：《高举中国特色社会主义伟大旗帜 为全面建设社会主义现代化国家而团结奋斗——在中国共产党第二十次全国代表大会上的报告》，载《人民日报》2022年10月26日，第1版。
②　习近平：《高举中国特色社会主义伟大旗帜 为全面建设社会主义现代化国家而团结奋斗——在中国共产党第二十次全国代表大会上的报告》，载《人民日报》2022年10月26日，第1版。
③　参见习近平：《决胜全面建成小康社会 夺取新时代中国特色社会主义伟大胜利——在中国共产党第十九次全国代表大会上的报告》，人民出版社2017年版，第22页。

力,增进人民团结,朝着共同富裕方向稳步前进。"① 因此,需要巩固和发展社会主义基本经济制度,完善以机会公平、规则公平、权利公平为主体的社会公平法律制度,激励全体人民共同创造社会财富和分享发展成果。也正如习近平总书记所指出的:"共同富裕是中国特色社会主义的本质要求。实现共同富裕的目标,首先要通过全国人民共同奋斗把'蛋糕'做大做好,然后通过合理的制度安排把'蛋糕'切好分好。这是一个长期的历史过程,我们要创造条件、完善制度,稳步朝着这个目标迈进。"② 为实现全体人民共同富裕,我们必须完备共同富裕的法律规范体系、法治实施体系、法治保障体系,以法治护航共同富裕的实现。

(三) 信息革命驱动下的法治现代化

马克思主义认为,经济基础决定上层建筑。每一次产业革命和生产力的突破,都必将带来人类思想体系的突破。农业革命推动人类社会进入第一个轴心时代,孔子、老子成为这个时代的思想代表;工业革命又推动人类进入第二个轴心时代,源自西方古典时代以来的理论创新,将人类的思想和知识体系带入现代。如今,信息革命正将人类思想带入历史上的第三个轴心时代。③ 因此,信息革命带来的法治重构更需要我们认真对待。人工智能、大数据、互联网和云计算,不仅深刻影响了物理世界人们生活和交往的方式,还创造了平行于物理空间的网络空间。互联网在造福人民的同时,也产生了一系列必须引起重视的问题。比如,网络攻击、网络窃密、网络恐怖主义和网络霸权等给全球互联网稳定带来的隐忧,发展不平衡、规则不健全、秩序不合理所导致的网络空间国际秩序紊乱,人工智能武器化给网络空间甚至人类和平带来的威胁,智慧司法给传统司法体制和诉讼机制带来的冲击,社交媒体操纵和舆论干预隐含的政治操纵,新技术新应用新模式在促进产业创新的同时所导致的新型垄断和不正当竞争,重要数据和个人信息的跨境流动,等等。信息技术与产业的发展,正在给传统法治模式带来巨大的颠覆式影

---

① 习近平:《全党必须完整、准确、全面贯彻新发展理念》,载《求是》2022 年第 16 期,第 6 页。
② 习近平:《正确认识和把握我国发展重大理论和实践问题》,载《人民日报》2022 年 5 月 16 日,第 1 版。
③ 参见支振锋:《新时代新格局需要新法治新法学》,载《经济导刊》2020 年第 10 期,第 15 - 17 页。

响。正如工业革命催生了源于西方的现代法治，信息革命也必将因其对社会经济生活的深刻塑造而催生新的法治形态。这是巨大的挑战，但也是值得把握的时代机遇，中国法治现代化正因此而开启网络化数字化智能化的未来法治新图景。

（四）构建人类命运共同体的国际政治经济新秩序

马克思曾说过，"资产阶级使农村屈服于城市的统治"，同时又"使未开化和半开化的国家从属于文明的国家，使农民的民族从属于资产阶级的民族，使东方从属于西方"[①]。诚然，美西方国家试图通过发起法律全球化运动在全世界范围内推行其主导的资本主义经济生产方式和自由主义宪政民主制度。然而，反殖民主义运动和社会主义运动的持续发展和不断胜利，对美西方国家主导下的经济全球化秩序和法律全球化秩序造成了巨大的冲击。越来越多的独立民主国家逐渐意识到，只有积极主动地参与国际政治经济秩序的制定、完善以及实施，才能够有效应对来自在全球化中占据优势地位的资本流通以及政治霸权带来的风险和挑战。习近平总书记指出，推进现代化要"坚持把国家和民族发展放在自己力量的基点上，坚持把中国发展进步的命运牢牢掌握在自己手中"[②]。因此，当前的社会主义中国日渐成为全球治理的贡献者、参与者和引领者，推动了以人类命运共同体为法理理念来重塑当代国际秩序的深刻变革。[③] 在这样的变革背景下，要构建中国式现代化的法治话语体系，必须将话语权牢牢掌握在自己手中，这就需要向全世界讲好中国法治故事，以全人类共同价值为引领，将中国式现代化的法治理念呈现给全世界。因此，坚持面向中国、面向实践的中国式现代化法治理论创新，开启了国际法治话语权的转变，打破西方法治文明被奉为圭臬的历史传统，为广大发展中国家走符合本国国情的法治现代化道路提供了一个全新的思路。

中国特色社会主义法治道路所蕴藏的深厚理论逻辑与巨大实践效能，为其话语体系建构奠定了坚实基础。恰如马克思主义所认为的，物质实践与观

---

① 马克思、恩格斯：《马克思恩格斯选集》（第1卷），人民出版社2012年版，第405页。

② 习近平：《高举中国特色社会主义伟大旗帜 为全面建设社会主义现代化国家而团结奋斗——在中国共产党第二十次全国代表大会上的报告》，载《人民日报》2022年10月26日，第1版。

③ 参见公丕祥：《论中国式法治现代化的本质要求》，载《法律科学（西北政法大学学报）》2023年第3期，第3-23页。

念形态是辩证统一的，建立在物质生活实践基础上的上层观念，必须始终为符合物质实践的基本要求而自我革新。法治现代化实践决定了作为上层观念的法治现代化话语体系，因而法治现代化话语权必须以深刻反映法治现代化实践为己任。由此而言，在世界新变局、科技新革命、国际新格局、中国新时代的宏大而新颖的场景下，中国法学必须"找回"中国，中国法治理论必须植根于自身的法治实践。我们应以法学教育为杠杆、以理论研究为平台、以中国实践为依托，真正提炼出既有中国特色，又反映法治发展规律，而且还对整个人类都具有启发意义的中国法治理论。也唯有如此，我们才能站在人类文明对话的高地，为人类的文明进步贡献中国智慧、提出中国方案、展现中国力量。

社会主要矛盾变化与中国法治模式革新

李拥军*

党的十九届五中全会提出，全面建成小康社会、实现第一个百年奋斗目标之后，我们要乘势而上开启全面建设社会主义现代化国家新征程，向第二个百年奋斗目标进军。① 这标志着中国进入了一个"新发展阶段"。当下中国所处的时代或发展阶段之所以为"新"，是因为社会主要矛盾发生了深刻变化，即人民日益增长的美好生活需要和不平衡不充分的发展之间的矛盾已经成为当下中国社会的主要矛盾。矛盾是推动事物发展的根本动力，社会主要矛盾反映的是社会需求与社会供给之间的关系，它随着社会生产力的发展、生产关系的调整和历史条件的变化而不断变化。社会主要矛盾的变化要求国家在治理方式上进行必要的变革。从某种意义上说，国家治理的本质就在于通过制度性安排解决社会需求和社会供给之间的矛盾。② "法治是人类政治文明的重要成果，是国家治理的理性模式，国家治理向现代转型的过程也是国家治理法治化的过程。"③ 由此，当下中国的国家治理必然以法治方式来实现。依此进路分析，社会主要矛盾变化必然引发当代中国法治模式变革，即围绕着人民日益增长的美好生活需要和不平衡不充分的发展之间的矛盾，中国法治现代化呈现出新的路径和面相。

---

* 本文原载于《学习与探索》2021年第5期，作者系吉林大学法学院教授、博士生导师。

① 参见《深入学习坚决贯彻党的十九届五中全会精神 确保全面建设社会主义现代化国家开好局》，载《人民日报》2021年1月21日，第1版。

② 参见张昱、曾浩：《社会治理治什么?》，载《吉林大学社会科学学报》2015年第5期。

③ 付子堂、池通：《新中国法治话语之变迁：1949—2019》，载《上海政法学院学报（法治论丛）》2020年第3期。

一、社会主要矛盾变化与中国法治生长历程

党的十九大报告指出："中国特色社会主义进入新时代，意味着近代以来久经磨难的中华民族迎来了从站起来、富起来到强起来的伟大飞跃。"中华民族的伟大复兴进程历经了站起来、富起来和强起来三个历史阶段，不同阶段有不同的社会主要矛盾，而面对不同的社会主要矛盾，中国共产党人又肩负着不同的历史任务和使命。

毛泽东同志指出："任何过程如果有多数矛盾存在的话，其中必定有一种是主要的，起着领导的、决定的作用，其他则处于次要和服从的地位。因此，研究任何过程，如果是存在着两个以上矛盾的复杂过程的话，就要用全力找出它的主要矛盾。捉住了这个主要矛盾，一切问题就迎刃而解了。"① 中国近现代史既是多灾多难的，又是波澜壮阔的，它承载了更多的历史事件，侵略、抗争、自强、启蒙、革命、改良、运动，此起彼伏。究其原因就在于，帝国主义对中华民族的侵略、封建主义对人民大众的压迫导致了中国的贫穷落后，中国人民需要救亡图存。因此，帝国主义与中华民族之间的矛盾、封建主义与人民大众之间的矛盾是当时的社会主要矛盾，中国人的努力和抗争都是围绕着这一矛盾展开的。在这一阶段，中国共产党人肩负着使中华民族站起来的历史任务。中华人民共和国的成立标志着这一使命和任务基本完成，这一时期的社会主要矛盾基本解决。民族矛盾和阶级矛盾不可能通过和平的方式解决，只能借助革命、斗争，通过暴力方式来解决。因此，在这一时期，法治还不是社会的主要需求，也不是解决问题的主要手段。虽然当时的革命根据地、陕甘宁边区等地方也颁布了一些有关婚姻、土地等事项的法律法规②，也颁布过带有宪法性质的文件③，但受当时社会主要矛盾的限制，法律治理还不是国家治理的主要方式。

当第一阶段历史任务完成后，社会主要矛盾开始发生变化，民族矛盾、阶级矛盾已不是社会主要矛盾。早在 1949 年 3 月党的七届二中全会上，毛

---

① 毛泽东：《毛泽东选集》（第 1 卷），人民出版社 1991 年版，第 322 页。
② 参见张希坡：《中国婚姻立法史》，人民出版社 2004 年版；孙琬钟主编：《共和国法治从这里启程始——华北人民政府法令研究》，知识产权出版社 2015 年版。
③ 如 1931 年 11 月 7 日中华苏维埃第一次全国代表大会通过的《中华苏维埃共和国宪法大纲》。

泽东同志就提出了新中国成立后我们的主要任务是把我国从落后的农业国建设成为社会主义工业国，明确了对中国社会发展阶段和历史任务的清醒认识。1956 年党的八大又指出，我国国内的主要矛盾是"人民对于建立先进的工业国的要求同落后的农业国的现实之间的矛盾，已经是人民对于经济文化迅速发展的需要同当前经济文化不能满足人民需要的状况之间的矛盾"[1]。这就意味着，要完成这一使命就必须带领人民大力发展生产力，改变中国贫穷落后的状况。然而，由于党的指导方针没能实现顺利转向，"以阶级斗争为纲"被再次提出，导致了工作重心偏离经济建设主题，社会主义建设事业遭受重大损失。

党的十一届三中全会将中国社会的重心由阶级斗争重新转向经济建设，自此中国进入了改革开放和社会主义现代化建设新时期。1981 年，党的十一届六中全会明确提出了当时的社会主要矛盾是"人民日益增长的物质文化需要同落后的社会生产之间的矛盾"[2]。这一判断告诉我们：要满足人民日益增长的物质文化需要，就必须大力发展生产力；要发展生产力就必须改革开放，大力发展社会主义市场经济。"贫穷不是社会主义""社会主义的本质，是解放生产力，发展生产力"[3]。

市场经济是自由经济，因为要使市场对资源配置起作用，市场主体必须先有自由。市场配置实际是市场主体在利益驱动下自由支配各种资源，从而实现社会动态发展的过程。市场经济是平等经济，各种主体一旦进入市场，不论规模与实力大小，也不论是国有、集体、民营或外资，平等交易，公平竞争，一切交易都要在自愿、等价、互惠、互利的条件下进行。市场经济是契约经济，"只有能够自由地支配自身、行动和财产并且彼此处于平等地位的人们才能缔结契约"[4]。契约是商品经济社会人与人最基本的联系方式，是主体权利互易的形式。没有契约，经济关系无法维系，诚实信用无从保证，各种交易无法进行。市场经济是权利经济，它的发展靠的是市场主体的

---

① 中央档案馆、中共中央文献研究室编：《中共中央文件选集》（第 24 册），人民出版社 2013 年版，第 248 页。

② 《中国共产党中央委员会关于建国以来党的若干历史问题的决议》，人民出版社 1981 年版，第 54 页。

③ 邓小平：《邓小平文选》（第 3 卷），人民出版社 1993 年版，第 64、373 页。

④ 马克思、恩格斯：《马克思恩格斯选集》（第 4 卷），人民出版社 1972 年版，第 76 页。

自主活动和对各种资源的自由支配。而自由、平等、契约、权利都需要法律来予以确认和保障，因此市场经济是法治经济。自改革开放以来，中国开始了大规模的立法工作，强调加强社会主义法制建设，做到有法可依、有法必依、执法必严、违法必究。党的十五大提出了依法治国，建设社会主义法治国家的目标。到了 2008 年，中国已经形成了以宪法为核心，以法律为主干，包括行政法规、地方性法规等规范性文件在内的，由七个法律部门、三个层次法律规范构成的社会主义法律体系，在经济、政治、文化、社会生活的各个方面，基本做到了有法可依，为社会主义法治国家建设提供了立法保障。

改革开放 40 多年来，我国社会生产力水平显著提高，很多方面走在世界前列，贫穷落后问题基本得到解决。从社会需求角度看，人民对美好生活的需求从数量向质量转变，对民主、法治、公平、正义、安全、环境等方面的要求日益增长，在教育、工作、收入、社会保障、医疗卫生服务、居住条件等方面也提出了更高的要求；人民面对的不再是食品短缺、营养不良、缺医少药等问题，而是如何提高生活质量、健康标准、安全系数的问题。[①] 当下中国正实践着从富起来到强起来的伟大飞跃，社会主要矛盾已经由"人民日益增长的物质文化需要同落后的社会生产之间的矛盾"转化为"人民日益增长的美好生活需要和不平衡不充分的发展之间的矛盾"。主要矛盾变化要求国家在治理方式上作出必要调整，法律的运作模式也要随之更新，即国家必须要在治理体系和治理能力上实现现代化和法治化。

从站起来、富起来到强起来的伟大飞跃，既是中国社会主要矛盾不断变化的过程，也是中国法治成长并不断走向成熟的过程。面对民族矛盾和阶级矛盾，唯有通过革命才能解决站起来的问题。面对人民日益增长的物质文化需要同落后的社会生产之间的矛盾，唯有通过改革开放，解放和发展生产力，才能解决富起来的问题。面对人民日益增长的美好生活需要和不平衡不充分的发展之间的矛盾，唯有提升国家治理的能力和水平，推进高质量发展，才能解决强起来的问题。这其中，站起来为中国自主发展提供了可能性，进而为法治的萌生创造了环境，富起来需要用法律保驾护航、确认改革成果，而强起来则需要通过法律促进高质量发展，提升社会治理水平，防范

---

① 参见牛先锋、刘冠婵：《辩证把握新时代社会主要矛盾的变与不变》，载《广西社会科学》2019年第 6 期。

社会风险，从而更好地满足人民日益增长的美好生活需要。

二、当代中国社会主要矛盾、结构特征与法治需求之间的内生逻辑

在反思现代性的过程中，西方学界形成了这样的理论，即在现代社会之后还应该有一种社会形态——"后工业社会"①或"超工业社会"②。以德国社会学家贝克和英国社会学家吉登斯为代表的西方学者直接将其表征为"风险社会"。正如吉登斯所言，"现代性总是涉及风险观念"③，工业社会生产时必然也制造风险，但是防范风险还不是当时社会的主题。依贝克的理论分析，风险社会的出现分为两个阶段。在第一阶段，风险系统地产生了影响和自我威胁，但由于工业社会的自我概念占据主导地位，决策产生的威胁成为"残留风险"，不但没有引起应有的注意，反而不断地增值并被"合法化"。在第二阶段，风险开始做大并能支配公众，不明了的和未意料的后果成为历史和社会的主导力量，占据文明的重心位置，进而使原有的工业社会成为"失控的世界"。④于是，一种新的社会形态——风险社会进而产生。

与工业社会相比，风险社会呈现出明显的不同：工业社会以增值社会财富为指归，以效率为基本价值，而风险社会以防范社会风险为指归，以安全为基本价值；工业社会面对的是"我饿"，风险社会面对的是"我怕"⑤；工业社会的工作重心在于发展经济，提升生产力，追求的是人民生活富裕，而风险社会的工作重心则在于保证社会安全，追求的是美好、和谐、健康的生活。两种社会形态最根本的区别在于社会运作方式发生了改变。在传统工业社会，财富生产方式统治着风险生产方式；而在风险社会，这种关系就颠倒了，风险生产和分配方式代替了财富生产和积累方式，并以此作为社会分层和政治分化的标志。⑥也就是说，财富增值和经济发展是传统工业社会人的行为和社会运作的主要目的和方式；但在风险社会，当社会生产力水平和人

---

① 贝尔：《后工业社会的来临》，江西人民出版社2018年版，第48页。
② 托夫勒：《第三次浪潮》，生活·读书·新知三联书店1984年版，第56页。
③ 吉登斯：《失控的世界：全球化如何重塑我们的生活》，江西人民出版社2001年版，第22页。
④ 参见张广利：《当代西方风险社会理论研究》，华东理工大学出版社2019年版，第46-47页。
⑤ 参见贝克：《风险社会》，译林出版社2004年版，第57页。
⑥ 参见王小钢：《贝克的风险社会理论——全球结构中环境法困境和景象》，载邓正来主编：《法律与中国——法学理论前沿论坛》（第6卷），中国政法大学出版社2007年版，第22页。

的生活水平达到一定程度时，防范不明的或无法精确预料的社会风险便成为个人行为与社会运作的主要目的与方式。

风险社会特征与当下中国社会主要矛盾内涵的表达是一致的。首先，改革开放以来，中国人民的物质文化方面需求已经得到满足，社会需要向更高层次的"美好生活"迈进。其次，长期高速发展导致的不平衡不充分问题日益突出，并带来潜在风险，且有逐渐增强的趋势，严重制约着人民美好生活的实现。

作为发展中国家，中国社会有其特殊性。当下中国既不是一个纯粹的以农业文明为主体的传统社会，也不是一个充分发展的工业社会，也还没有完全进入风险社会，在全球化进程中遭遇到如美国学者戴维·哈维所言及的"时空压缩"现象。① 这种现象一方面意味着，中国必须在较短的时间内走完发达国家较长时间所经历的过程；另一方面也意味着，发达国家几百年转变过程中不断出现的矛盾与问题必然要集中压缩到我国几十年时间内且在同一时空条件下出现和解决。② "时空压缩"现象决定了中国在工业化进程还没有充分完成的情况下，就不得不面对风险社会的挑战。这也就意味着，当下的中国同时遭遇了工业社会与风险社会：我们既要继续完成工业社会的目标，又要应付风险社会的各种挑战，实现生态稳定、社会和谐和可持续发展。这一特殊性决定了当下中国社会的基本矛盾必然是人民日益增长的美好生活需要和不平衡不充分的发展之间的矛盾，这一矛盾也意味着中国社会遭遇了一系列应当历时性出现但需要共时性解决的问题。根据风险社会理论，工业社会之后，人类由"第一现代世界"步入"第二现代世界"③，对应到中国，即表明中国进入"新发展阶段"。

满足人民日益增长美好生活的需要，要大力发展生产力，要防范风险，而原有的粗放型发展就隐含着很多风险。此外，社会发展的不平衡和不充分也是人民美好生活实现的制约因素，这种结构性的、地区性的不平衡以及质量和数量上的不充分也制造着各种风险。受这些条件和因素影响，中国必须

---

① 哈维：《后现代的状况——对文化变迁之缘起的探究》，商务印书馆 2003 年版，第 324 页。
② 参见王帆宇、朱炳元：《社会转型的实质与当代中国视野》，载《江苏社会科学》2014 年第 3 期。
③ 参见邓正来：《中国法律哲学当下基本使命的前提性分析——作为历史性条件的世界结构》，载《法学研究》2006 年第 5 期。

要"努力实现更高质量、更有效率、更加公平、更可持续、更为安全的发展"①，"必须把发展质量问题摆在更为突出的位置，着力提升发展质量和效益"②。这种发展必然是一种"不断提高贯彻新发展理念、构建新发展格局能力和水平"的"高质量发展"。③ 中国的发展需要向更优更强看齐，要把中国建成文化强国、教育强国、人才强国、体育强国、健康中国，需要继续做优做强实体经济，"坚定不移建设制造强国、质量强国、网络强国、数字中国，推进产业基础高级化、产业链现代化，提高经济质量效益和核心竞争力"，"广泛形成绿色生产生活方式"，实现"美丽中国建设目标"。④

中国步入新的发展阶段，面对新的社会矛盾，要以新的发展模式和治理方式来应对。具体落实到法律上，就是要实现更高层次的法治现代化，即国家治理体系和治理能力的现代化。国家治理体系是党领导人民管理国家的制度体系，而国家治理能力则是党和国家运用制度管理社会各方面事务的能力。"国家治理体系和治理能力是一个有机整体，相辅相成，有了好的国家治理体系才能提高治理能力，提高国家治理能力才能充分发挥国家治理体系的效能。"⑤ 推进国家治理体系和治理能力现代化，就是要运用法治思维与法律制度治理国家，其目标就是使国家治理体系制度化、科学化、规范化、程序化，进而把中国特色社会主义各种制度优势转变为治理国家的效能。⑥ "无论是国家治理体系的完善，还是国家治理能力的提升，法治都是不可或缺的要件，在法治轨道上推进国家治理体系和治理能力现代化，是国家治理现代化的必由之路。"⑦

实现法治现代化是社会主要矛盾发生变化而对国家治理提出的新要求。

---

① 习近平：《在经济社会领域专家座谈会上的讲话》，载《人民日报》2020年8月25日，第2版。

② 《必须把发展质量问题摆在更为突出的位置——习近平总书记关于推动高质量发展重要论述综述》，载《人民日报》2020年12月17日，第1版。

③ 参见《中共中央关于制定国民经济和社会发展第十四个五年规划和二〇三五年远景目标的建议》，载《人民日报》2020年11月4日，第1版。

④ 参见《中共中央关于制定国民经济和社会发展第十四个五年规划和二〇三五年远景目标的建议》，载《人民日报》2020年11月4日，第1版。

⑤ 习近平：《切实把思想统一到党的十八届三中全会精神上来》，载《人民日报》2014年1月1日，第2版。

⑥ 参见杨海：《风险社会：批判与超越》，人民出版社2017年版，第226页。

⑦ 张文显：《习近平法治思想的理论体系》，载《法制与社会发展》2021年第1期。

这就意味着，国家必须围绕满足人民日益增长的美好生活需要、解决社会发展中的不平衡和不充分问题作出必要的制度安排和治理方式革新。从更微观的层面看，社会基本矛盾变化需要当下中国的法律制度体系以及法治运作方式作出全方位的调整和深刻的变革，而这种调整和变革目标就是实现法治现代化。

三、中国法治模式变革的具体路径

20 世纪以来，确保公民的生活和安全成为国家的目标和任务。[①] 社会主要矛盾决定了实现人民美好生活需要是当下中国发展的总目标。而实现这一目标需要通过推进高质量发展，消除社会发展中的不平衡不充分问题，防范各种风险等路径来实现。由此，在法治现代化目标下，法律应该在激励社会发展、提高发展质量、维护社会公平、保护生态环境、防范社会风险、强化社会合作、维护国家与世界总体安全等方面作出努力。

（一）重塑法律体系格局

如前所述，社会主要矛盾的变化意味着当下中国社会正处于一个以工业化发展模式为主又兼具风险社会某些特征的特殊阶段。在这样的社会背景下，传统工业社会阶段发展生产力的需求并没有改变，而是需要向更优更强方向迈进，因此，崛起并生成于传统工业社会的、以促进效率为目标的、以民商法为主体的财产法体系依然重要（《民法典》的颁布实施恰恰证明了这一点）。但是，因为风险社会某些特征的出现，以防范生态风险为目标的、以环境法、资源法为主体的生态法，以维护社会平衡和公平为目标的、以经济法、劳动法、社会保障法为主体的社会法也同样应该受到重视。这意味着既有的财产法统领天下的格局将被打破，在整个法律体系中，应该形成财产法、生态法、社会法三极并重的格局，即以财产法引领财富增长，助推经济发展；以生态法防范环境风险，维护生态安全；以社会法维护社会公平，实现发展的平衡和充分；以财产法激发社会发展的动力，以生态法、社会法防范和消解由此带来的风险。也就是说，财产法是经济促进法，生态法是生态安全维护法，社会法是公共利益衡平法。如果用中西药联合治疗作比喻，财

---

① 参见杨建顺：《新时代行政法学的使命——人权保障、法治行政与政治文明》，载《上海政法学院学报（法治论丛）》2019 年第 3 期。

产法好比西药，药效强劲，治病救人；生态法、社会法好比中药，调养身体，维护机能平衡，降低西药产生的负效。如果以汽车运行原理作比喻，财产法就像发动机，靠它驱动运行，生态法、社会法就像减震器，用来保障运行安全。三者相得益彰，彼此协调，在财富增长、生态安全、社会公平之间寻找到一个有效的均衡，共同服务于高质量发展和满足人民日益增长的美好生活需要。

（二）提升权利保护的"量"与"质"

马克思说："人们为之奋斗的一切，都同他们的利益有关。"① 追求现实的物质利益是人类最一般、最基础的心理特征和行为规律，是社会发展的动力和源泉。法律对经济发展的促进作用就表现为承认和保护人们的利益，并使之成为一种权利，从而激励人们在法的范围内尽其所能地实现物质利益。改革开放以来中国所取得的成就，很大程度上就是在"刺激人们关心物质利益，把物质利益同个人的学习、工作、生产活动挂钩，确认人们追求物质利益并为之奋斗的正当权利，以使各种资源得以最有效率地配置与利用"的意义上取得的。② 社会主要矛盾的变化决定了当下中国孕育着更多更高的权利需求，对此，需要法律给予必要的回应。

首先，人民日益增长的美好生活需要包含更多更广的权利需求。"美好生活的最低需要是'幼有所育、学有所教、劳有所得、病有所医、老有所养、住有所居、弱有所扶'。除此之外，人民还需要体面而尊严的生活，自由安全的生活等。""人民的美好生活需要必然表现为并且最终归结为权利需求和权利确认。人格权、健康权、平等权、参与权、政治自由等，都是美好生活的权利表达。在法学领域，美好生活的需要和权利本位思想是高度统一的，人民美好生活需要的任何一个方面，都离不开权利。"③ "人民期待个人尊严得到尊重，人格权得到保护，追求长远安宁，更加关注民主法治建设，期待权利受保障，权力受制约。"④

---

① 　马克思、恩格斯：《马克思恩格斯全集》（第 1 卷），人民出版社 1995 年版，第 187 页。
② 　参见张文显主编：《法理学》，高等教育出版社 2007 年版，第 330 页。
③ 　张文显：《新时代社会主要矛盾变化与中国法治现代化》，载《法治现代化研究》2018 年第 4 期。
④ 　陈金钊：《用法治推进社会平衡发展——化解新时代社会主要矛盾的基本方式》，载《社会科学战线》2020 年第 5 期。

其次，高质量发展需要更优质的权利配置。在新的社会主要矛盾下，我们依然要面对发展生产力的需求，依然需要通过产权保护来稳定投资者的信心，加速财产流转，实现财富增值。同时，新的社会主要矛盾的性质又决定了这种发展必须是高质量发展，而高质量发展既需要更优化的权利来推动，又带动了人们对更高层次权利的需求。

因此，当下中国人民的权利需求已不仅仅停留在经济层面，正在向政治、文化、社会、科技、虚拟空间、数字信息、国际交往等领域扩展；同时也不仅仅局限在物质层面，而是向思想、情感、心理、精神层面迈进。人们需要更宽敞的住房、更清洁的环境、更健康的食品、更安全的社会秩序、更自由的表达、更公开透明的信息、更优质便捷的服务、更友好的对待、更有尊严的生活，这些权利需求，要求国家必须秉持以人民为中心的发展思想，通过具体的法律制度予以确认和保护，且保护方式必须从确认消极自由模式向实现积极自由模式转变，而国家也必须从传统的消极义务模式向现代的积极义务模式转型。

（三）健全社会公平公正机制

罗尔斯提出了正义的两个原则：第一个正义原则是"每个人对与所有人所拥有的最广泛的基本自由体系相容的类似自由体系都应有一种平等的权利"（最大自由平等原则）。第二个正义原则是社会经济的不平等都应这样安排，使它们：（1）在与正义的储存原则一致的情况下，适合于最少受惠者的最大利益（差别原则）；（2）依系于机会平等的条件下职务和地位向所有人开放（机会的公正平等原则）。[①] 在罗尔斯的正义理论逻辑中，社会的基本权利资源应该平等分配，这是一个社会正义的基础。在其他权利资源上，分配可以有差别，这种差别分配依据的是职务和地位的不同，但职务和地位必须向全社会开放。差别原则保障了社会发展的动力来源，地位和职务向全社会开放确保了不均等获取权利资源在机会上的公正平等。这两个原则的核心就是要确保"合乎最少受惠者的最大利益"。

当下中国，要满足人民日益增长的美好生活需要，应在基本权利资源分配上保持最大化的均等，如对选举权、受教育权、人格权、环境权、基本医

---

① 参见罗尔斯：《正义论》，中国社会科学出版社 1988 年版，译者前言第 7 - 8 页。

疗权、接受公共服务权等的分配均等，这是坚持"以人民为中心"的题中应有之义。同时，追求高质量发展又需要差别原则为其提供动力来源，如果在所有资源分配上不区分贡献与付出就盲目强调均等，必然会损害人们的创造积极性，满足人民美好生活需要的经济基础必然受到削弱，而这种分配上的差别被接受的前提则是所依据的地位和职务在获得上的机会平等。无论是差别地分配资源还是机会平等地获取职位，都必须保证"合乎最少受惠者的最大利益"。这就在总体上保证了社会的基本正义。由此，在新的社会主要矛盾下，要用差别原则保证社会发展，用机会公正平等原则消除发展中的不平衡不充分因素，要用最大自由平等原则和确保"合乎最少受惠者的最大利益"来实现社会的总体公正，而社会的总体公正是防范各种社会风险进而实现人民美好生活需要的根本保障。

贝克认为，现代社会财富的生产伴随着风险的生产，在财富、权力、知识上占有优势的人们能够更多地获得购买安全的特权，将风险转移给社会中的弱势群体，从而形成"财富在上层聚集，而风险在下层聚集"的现象。[1]因此，风险社会的某些因素进一步强化了社会不公，而这些社会不公又会进一步诱发新的社会风险。所以，在发展的前提下促进社会总体公正对于当下中国尤为重要，对此法律要作出如下努力：

第一，强化弱者保护原则，实现扶贫、捐助、救灾、养老、医疗等事项运作上的法治化，切实保护弱势群体利益。具体来说，要通过法律"健全幼有所育、学有所教、劳有所得、病有所医、老有所养、住有所居、弱有所扶等方面国家基本公共服务制度体系，尽力而为，量力而行，注重加强普惠性、基础性、兜底性民生建设，保障群众基本生活"[2]。"坚持和完善促进男女平等、妇女全面发展的制度机制。完善农村留守儿童和妇女、老年人关爱服务体系，健全残疾人帮扶制度"，"巩固脱贫攻坚成果，建立解决相对贫困的长效机制。加快建立多主体供给、多渠道保障、租购并举的住房制度"[3]。

---

① 参见贝克：《风险社会》，译林出版社 2004 年版，第 36 页。

② 中共中央党史和文献研究院编：《十九大以来重要文献选编》（中），中央文献出版社 2021 年版，第 285 页。

③ 《中共中央关于坚持和完善中国特色社会主义制度 推进国家治理体系和治理能力现代化若干重大问题的决定》，人民出版社 2019 年版，第 27 页。

第二，优化民营经济发展环境。构建亲清政商关系，促进非公有制经济健康发展和非公有制经济人士健康成长，依法平等保护民营企业产权和企业家权益，破除制约民营企业发展的各种壁垒，完善促进中小微企业和个体工商户发展的法律环境和政策体系。① 实施统一的市场准入负面清单制度，清理破除隐性准入壁垒，普遍落实"非禁即入"。② 切实保护私人产权，激发各类市场主体活力，对小微企业减税让利，实现市场主体的多元化，通过扫黑除恶、打击行业垄断、反不正当竞争等举措，实现市场竞争的有序化和公平性。③

第三，加强宏观调控。利用税收、金融等经济手段，通过基础设施投资、就业促进等机制，以制度解决发展中的地域性、结构性不平衡问题。

第四，推进司法体制改革。完善多元纠纷解决机制，建立健全程序法治，实现有案必立、有诉必理，"完善司法管理体制和司法权力运行机制，规范司法行为，加强对司法活动的监督，努力让人民群众在每一个司法案件中感受到公平正义"④。

(四) 强化防控手段在法律实施中的作用

现代社会的风险常常呈现出难以感知、难以预测、不可计算的特征。例如，具有放射性的渗入到空气、水体、土壤中的污染物，快速传播的瘟疫，基因重组技术对人类社会结构的破坏等，这些风险超越人类的感知能力，甚至超越时空，具有极强的隐蔽性。风险出现后，常常引发系统性、不可逆的后果，难以控制。而且从发展趋势看，有些风险具有明显的自反性特征，即现代化和科学技术发展越快、越成功，风险就越多，风险的不确定性就越明显。⑤

对风险的治理通常包括事先防控和事后救济两种方式。从现代社会风险的特征来看，事先防控显得尤为重要。在传统工业社会，危险是以侵犯法益的高度盖然性为前提的，该法益的侵害能够归责于具体的行为人，所以事后

---

① 参见《中共中央关于制定国民经济和社会发展第十四个五年规划和二〇三五年远景目标的建议》，载《人民日报》2020年11月4日，第1版。

② 参见《法治中国建设规划（2020—2025年）》，载《人民日报》2021年1月11日，第1版。

③ 参见习近平：《在民营企业座谈会上的讲话》，载《人民日报》2018年11月2日，第2版。

④ 《中共中央关于全面推进依法治国若干重大问题的决定》，载《求是》2014年第21期。

⑤ 参见赵延东：《解读"风险社会"理论》，载《自然辩证法研究》2007年第6期。

救济是法律主要的调整方式。但在现代风险社会，可归责于个体的侵权行为不能轻易被制止，现代技术在时间上的不可逆转性和空间上的任意性扰乱了法律上的安全管制。事实上，正是针对现代风险对国家职能的挑战，世界范围内更多的国家的行政职能已经扩展到风险防范领域，风险防范原则已经成为公法领域的普遍性原则。① 对于迈向风险社会的当下中国来说，法律有必要将事先防控上升为常规化的调整手段。强化防控在法律实施中的作用意味着国家必须摒弃"先污染，后治理""先放任，后规制"的发展模式，树立防范先于救济、预防高于恢复的立法理念，建立科学的风险评估机制、常态化的风险预防机制、食品安全监控机制、生态安全预警机制，适时启动超前立法，通过做好突发事件的应急管理，对风险源头实施管控，把好风险治理的第一道防线，将风险扼杀在萌芽阶段。

（五）完善风险责任制度体系

现代社会的风险具有隐蔽性、复杂性特征，风险责任的主体难以及时清晰认定，以至于出现贝克所言及的"有组织地不负责任"（organised irresponsibility）的现象，即人们在处理这些风险时总是极力回避责任问题。② 风险责任认定和归结的合理与否对于当下中国社会具有特殊意义。如果归责过于严格，则可能超越主体的承受能力；如果归责过于宽松，则可能导致对待风险防范的不负责任。面对风险社会的挑战，法律必须对责任制度体系进行必要的更新和完善。

首先，对于非人为的自然风险，应该通过风险分担方式来解决，即通过责任保险制度、社会保障制度来分担。这些风险往往超出一国的范围而具有国际性，应该加强国际间的协调与合作，通过共担风险的方式来解决。其次，对于人为的风险，或者说可以人为控制的风险的防范，应该以通过落实具体责任的形式来完成。具体说，在生态环境领域，"建立生态文明建设目标评价考核制度，强化环境保护、自然资源管控、节能减排等约束性指标管理，严格落实企业主体责任和政府监管责任。开展领导干部自然资源资产离任审计。推进生态环境保护综合行政执法，落实中央生态环境保护督察制度。健全生态环境监测和评价制度，完善生态环境公益诉讼制度，落实生态

---

① 参见岳红强：《风险社会视域下危险责任制度研究》，法律出版社 2016 年版，第 260 - 261 页。

② 参见杨雪冬等：《风险社会与秩序重建》，社会科学文献出版社 2006 年版，第 67 - 68 页。

补偿和生态环境损害赔偿制度,实行生态环境损害责任终身追究制"①。在食品安全领域,要在"严"字上下功夫,以严格的监管制度和监管责任,实行"从养殖到餐桌的全程监控",严格设定检测标准,提高基层监督机构的科技水平,并对全过程的相关主体严格追责。② 具体说,就是要在民事领域扩大无过错责任、严格责任、公平责任的适用范围,在刑事领域扩大过错推定责任的适用范围。此外,还需要进一步提升企业的社会责任意识,进而构建一个风险损害赔偿多元化的预防和救济体系。③

四、结语

社会主要矛盾变化决定着社会发展阶段的变迁,而不同的社会发展阶段要有不同的社会治理方式来应对。如果社会治理手段能解决社会主要矛盾,社会就能平稳发展,否则,社会就很可能陷入危机。当下中国已经进入一个以现代性为主但又兼具某些风险社会特征的社会发展阶段,这一阶段的任务有两个,一是继续推进工业化进程,二是防范各种风险,综合起来就是推进高质量发展。社会的高质量发展需要高质量的治理,而高质量的社会治理体现为国家治理体系和治理能力的现代化,其实质就是法治现代化。人民日益增长的美好生活需要和不平衡不充分的发展之间的矛盾是当下中国社会的主要矛盾,它决定着中国法治的基本样态和具体面相。

---

① 《中共中央关于坚持和完善中国特色社会主义制度 推进国家治理体系和治理能力现代化若干重大问题的决定》,人民出版社 2019 年版,第 32 - 33 页。

② 参见田永胜:《风险社会视角下的中国食品安全——以动物性食品为例》,社会科学文献出版社 2014 年版,第 229 - 231 页。

③ 参见岳红强:《风险社会视域下危险责任制度研究》,法律出版社 2016 年版,第 259 页。

人格权编的中国范式与中国式现代化的实现

石佳友[*]

一、引言

党的二十大报告指出，"从现在起，中国共产党的中心任务就是团结带领全国各族人民全面建成社会主义现代化强国、实现第二个百年奋斗目标，以中国式现代化全面推进中华民族伟大复兴"；为此，"必须更好发挥法治固根本、稳预期、利长远的保障作用，在法治轨道上全面建设社会主义现代化国家"。习近平总书记指出，《民法典》是一部具有鲜明中国特色、实践特色、时代特色的民法典，对推进全面依法治国、加快建设社会主义法治国家具有重大意义。[①] 在全面建设社会主义现代化国家的伟大新征程中，《民法典》必将发挥重要作用。

作为我国民事立法的集大成者，《民法典》实现了诸多的重大创新，其中具有高度原创性的人格权编无疑是最为突出的代表。自《民法典》生效实施以来的司法实践也证明，人格权编充分贯彻以人民为中心的发展思想，集中体现了《民法典》的中国特色、实践特色、时代特色，对依法维护人民权益、推动我国人权事业发展、推进国家治理体系和治理能力现代化都产生了

* 本文原载于《中国法学》2023 年第 3 期，本文系 2020 年度国家社科基金重大项目"健全以公平为原则的产权保护制度研究"（项目批准号：20ZDA049）的阶段性成果。作者系中国人民大学法学院教授、民商事法律科学研究中心研究员。

① 参见习近平：《充分认识颁布实施民法典重大意义 依法更好保障人民合法权益》，载《求是》2020 年第 12 期，第 6 页。

显著成效。还应当看到的是，《民法典》设置独立的人格权编是对民法典体系的重大发展，是新时代下人格权保护的"中国范式"，对构建中国民法学的自主知识体系具有标志性意义，可为中国式现代化的实现提供有力的法治保障。

二、人格权编对传统民法范式的超越

在民事权利体系中，人格权具有诸多独特性。人格权是绝对的，不可转让、不得放弃或继承的权利，因为它是内在于人的权利，是所有人都享有的权利。从取得方式来看，人格权并非后天所取得；从客体范围来看，人格权具有高度的不确定性和动态演进性；从行使方式来看，人格权具有严格的属人性，原则上只能由本人行使，不得由他人代理；从保护方式来看，与所有权的保护不同，人格权不存在"确认"或"返还"的问题①；从立法目的来看，人格权所保护的是人在尊严层面的非财产性利益，关注的核心是人的"存在"（being）而非人的"所有"（having）②。概言之，由于人格权在取得方式、客体范围、行使方式、保护方式以及立法目的等诸多方面具有特殊性，所以难以按照传统民事权利的范式对其作出定义。

人格权相对于传统民事权利的上述特殊性，充分体现了以财产权特别是所有权为范式所建构起来的民事权利体系的局限性，而这种局限性在人格权法典化的过程中体现得尤为突出。以德国为例，一个多世纪以前，德国法学界主流观点认为人格权由于其宽泛性和模糊性，难以被有效纳入以所有权为范式所构建起来的主观权利体系。③因此，《德国民法典》最终没有规定人格权制度，而仅规定了姓名权、信用权、贞操权等个别人格权类型；商誉权、肖像权、个人信息保护等其他人格权益则散见于《德国商法典》《艺术作品著作权法》《联邦数据保护法》等不同立法之中；而著名的一般人格权制度则是由司法判决在二战后创设的。按照维亚克尔的论断，德国联邦最高

---

① See Jean-Christophe Saint-Pau, Droits de la personnalité, LexisNexis, 2013, p. 270.

② See Niall R. Whitty & Reinhard Zimmermann, Rights of Personality in Scots Law: Issues and Options, in Niall R. Whitty & Reinhard Zimmermann eds., Rights of Personality in Scots Law, Dundee University Press, 2009, p. 3.

③ See Huw Beverley-Smith, Ansgar Ohly & Agnès Lucas-Schloetter, Privacy, Property and Personality: Civil Law Perspectives on Commercial Appropriation, Cambridge University Press, 2005, p. 96.

法院"违反德意志民法典之精神与文义"所创造的一般人格权是其"冒险与贡献"。在后来的一系列裁判中，德国法院致力于扩大一般人格权的适用范围，"但其同时显示，长期而言，立法的规定是绝对必要的。可惜的是，早已草拟出来的关于个人名誉与人格权保障之法迄今仍无法被立法机关接纳"①。事实上，二战后德国政府曾经考虑过以立法方式来对人格权提供更全面的保护，司法部曾于1959年和1967年分别公布了两部草案，试图将一般人格权纳入《德国民法典》，但由于媒体等政治团体的强烈反对而最终流产。整体而言，近代民法呈现出以财产为中心的"泛财产化"倾向，无论是《法国民法典》还是《德国民法典》都具有浓厚的财产法气息。其突出表征是，传统民法典是以所有权作为主观权利的标准范式和"缺省配置"并围绕所有权的实现这一目的而建构起来的——主体制度是为了确定所有权的归属，合同制度是为了实现所有权的流转和取得，婚姻家庭制度是为了实现所有权的保有，而继承制度是为了实现所有权的传承。以1804年《法国民法典》为例，按照法国学者的论断，《法国民法典》"有174个条文规定继承，194个条文规定婚姻，20个条文规定共有不动产分界；然而，法典对保护姓名的方式却未置一词，对作者和艺术家的非财产性权益亦是如此"②。基于同样的原因，德国法上直到非常晚近才承认非财产损害（精神损害）的赔偿问题。③这一现象背后的深刻原因在于，强调财产权是这一历史时期市场导向的法律科学所关注的中心点。然而，过度强调对财产利益的保护导致传统大陆法系民法在法典化过程中忽视了对人格权益的保护，体现出明显的"重物轻人"特点。

在这样的语境下，传统民法典中的人格权制度呈现出边缘化的特征自然不足为奇。从传统的立法体例来看，人格权要么规定于民法典的人法（民事主体）部分（如加拿大的魁北克省、巴西等），要么主要存在于侵权责任法

---

① 维亚克尔：《近代私法史——以德意志的发展为观察重点》（下），上海三联书店2006年版，第504页。

② Raymond Lindon，Les droits de la personnalité，Dalloz，1974，p. 3.

③ See Basil Markesinis & Hannes Unberath，The German Law of Torts: A Comparative Treatise，Oxford-Portland，2002，p. 418.

的判例之中（如法国、德国等）。① 不过，这两种立法体例模式（民事主体保护模式和侵权法保护模式）均存在一定的局限性。

（一）民事主体保护模式的局限

以民事主体制度保护人格权，主要见于当代一些民法典，其特点在于：人格权的有关规范集中于总则（或人法）部分的民事主体制度。例如，就人格权相关规范，1991 年《魁北克民法典》规定于第一编第二分编（第 10—49 条），2002 年《巴西民法典》规定于第一编第二章（第 11—21 条），2011年《罗马尼亚民法典》规定于第一编第二分编第二章（第 58—81 条），2015年《阿根廷民商法典》规定于第一编第一分编第三章（第 51—61 条）等。据此，我国亦有学者认为"人格权——包括特殊人格权——只能放在民法典的总则部分"②。

毋庸置疑，人格权制度与民事主体制度确实存在内在联系，二者都是对民事主体的"存在"状况的客观描述。但是，人格权制度与民事主体制度仍然存在差别，具有不同的功能定位。与很多人望文生义式的理解不同，人格权中的"人格"并不是指民事主体制度中的"人格"或法律主体资格，而是指特定个人的个性和特征，是个人的个性特质的总和与整体。因此，人格权中的"人格"必定不同于"法律人格"：前者是每一个个人所独有的特质和个别性，而后者是指民事主体享有权利和承担义务的资格；前者是个人所具有的独特个性，而后者是所有人具有的共性。③ 显然，民事主体制度的核心原则是平等，法律应体现对所有民事主体的无差别保护，在方法论上采取一种整体主义视角；而就人格权而言，法律应保护的是每一个个体的独特个性，在方法论上采取的是个体主义的视角。从内涵来看，民事主体制度也与人格权存在差异：民事主体制度是解决参与法律关系的资格问题，以权利能力为核心，权利能力始于出生终于死亡；而人格权对人格利益的保护则可能早于出生（譬如对胚胎和胎儿的保护），也可能晚于死亡（如对遗体和死者

---

① 有论者就指出，在比较法上，人格权法是案例法，由法院针对个案适用法律、创设裁判规则，形成规范体系。参见王泽鉴：《人格权法：法释义学、比较法、案例研究》，北京大学出版社 2013 年版，第 11 页。

② 王夏昊：《论康德的作为先天观念的私法——兼论民法典的体系》，载《世界哲学》2020 年第 1期，第 92 页。

③ See Jean-Michel Bruguière et Bérangère Glaize, Droits de la personnalité, Ellipses, 2015, p. 3.

人格利益的保护等）。出生之前和死亡之后的人格利益保护问题，显然难以为民事主体制度所涵盖，而应属于人格权范畴。众所周知，人的死亡导致其民事权利能力终止，但法律对死者利益的保护并不因人的死亡而消灭；"法律人格的终止并不能掩盖以下事实：人通过死者的遗体而持续存在"①；对遗体及死者人格权利益的保护超出了民事主体制度的范畴。而死者遗体及人格利益的保护，是人格权编的重要内容（第 994 条），因为这涉及对其亲属等生存者的尊严、人道及社会公共道德的保护。此外，一些新型人格权制度也逐渐从民事主体制度或其他制度中独立出来。例如，在瑞士民法上"人有知晓其身世的权利"如今已成为一项新型的人格权，独立于父母与子女关系的亲权制度。② 最为典型地体现民事主体制度与人格权制度差别的是人格要素的商业化利用，由此还出现所谓的"财产性人格权"概念。人格权的财产价值往往立足于权利人的知名度、影响力，而这些是由于外在于主体的因素（媒体报道、公众关注等）而形成的，因此有很大程度的不稳定性，而且个体之间也存在很大的差异性；它们显然不能被认为属于民事主体的范畴，因为此类所谓"财产性人格权"是后天建构的，而民事主体的权利能力则是先天获得的。③ 恰如有论者在早先所指出的，"这既说明人格权问题不只是在受到侵害时才有意义，也说明人格利益与主体不可分离的说法也不完全都是成立的"④。

（二）侵权法保护模式的局限

众所周知，人格权与侵权法存在十分密切的内在关联。从法律史来看，人格权制度脱胎于侵权法。⑤ 不过，如今侵权法保护模式已不再是人格权保护的最佳选择。

---

① Gilles Goubeaux，Traité de droit civil：Les personnes，LGDJ，1989，p. 52.

② See Philippe Meier et Estelle de Luze，Droit civil suisse：Droit des personnes，Articles 11 - 89a CC，Schulthess，2014，p. 277.

③ See Jean-Michel Bruguière，Droit patrimoniaux de la personnalité，Plaidoyer en faveur de leur intégration dans une catégorie des droits de la notoriété，Revue trimestrielle de Droit civil，n°1，2016，p. 10.

④ 薛军：《人格权的两种基本理论模式与中国的人格权立法》，载《法商研究》2004 年第 4 期，第 73 页。

⑤ See Patrice Jourdain，Les droits de la personnalité à la recherche d'un modèle：la responsabilité civile，Gazette du Palais，n°138 - 139，2007，p. 16.

　　首先，人格权作为一项民事权利，无论侵权是否发生，都是独立存在的。人格权的存续和行使与其是否被侵害无关。在侵权发生之前，人格权一直是独立的存在，此时只能受到人格权法的调整，因为侵权法只能在人格权被侵害之后才能介入。换言之，"权利先于诉讼"，在制裁侵权人的侵权诉讼之前，人格权即已存在。即使就侵权诉讼而言，其构成要件之一是损害，而要证明损害的存在，则需要首先确定权利主体是否享有人格权，而这归根结底必须诉诸人格权法：权利并不是诉讼的结果；恰恰相反，它是诉讼的源泉！[①] 另外，人格权与其他权利一样具有积极权能，完全可以独立于一切争议和诉讼来行使，"意志自然是人格权行使的关键标准，这如同其他所有的主观权利一样"[②]。

　　其次，侵权法的诉讼模式存在明显局限，通过侵权法并不能完全有效地保护人格权。侵权诉讼的模式是防御性和事后反应性的，而当代社会生活的复杂性和侵害人格权手段的多样性要求人格权诉讼必须更多地具有预防性功能。有德国学者在对中德两国民法典关于人格权的规定进行全面和深入的比较分析之后认为：中国《民法典》的人格权编非常重视预防，但《德国民法典》仍然主要以赔偿为宗旨。[③] 人格权在当代最为重要的变化之一，就是从"反应性"（reactive）模式转向"预防性"（preventive）模式；人格权保护也从事后（expost）和个别式的保护模式逐渐过渡为事前（exante）和集体性的保护模式。这一现象具有深刻的社会背景：在当代，法律不再是在事后才介入（传统的侵权法模式），而是通过诉诸一系列技术来最大限度地避免或减少对个人领域的侵害行为。"在过去，'人格的自由发展'基本都留给社会和市场，国家仅履行某种'协调功能'；而在今天，法律被赋予了更积极的角色。法律不仅被要求授予权利、对受害人给予救济，而且被要求提供制度性和实质性的条件，以便于基本权利和自由的有效实现。由此，法律不再被禁止干预私法关系，只要对公民人格利益的保护符合比例性原则，法律就

[①]　See Jean-Christophe Saint-Pau, Droits de la personnalité, LexisNexis, 2013, pp. 268 - 269.

[②]　Jean-Christophe Saint-Pau, Droits de la personnalité, LexisNexis, 2013, p. 269.

[③]　参见本尼克、黄麟啸：《德国人格权保护规定的基本原则——与新编纂的〈中华人民共和国民法典〉相比较》，载《中德法学论坛》2021年第2期，第75页。

会给私法主体施加积极义务。"① 基于当代国家的人权保护义务，人格权的立法与司法应当采取积极的预防性措施，以使权利人在实际侵害发生之前能提前采取预防手段，避免侵害的发生。而这一使命显然难以由侵权法胜任。

再次，侵权诉讼与人格权诉讼在要件上存在根本差别，不能相互替代或混同。例如，在瑞士，人格权请求权及相应的防御性诉讼（如停止侵害、排除妨害、确认违法等）由《瑞士民法典》第 28a 条规定，此类诉讼无需证实过错与实际损害；而损害赔偿诉讼则由《瑞士债法典》第 41 条规定，精神损害赔偿由该法典第 49 条规定，此类诉讼要求有过错与损害的存在。在法国，基于《法国民法典》第 9 条（人人都享有私人生活得到保护的权利）的诉讼要件与第 1382 条②一般过错侵权责任诉讼的要件不同，前者不要求过错与损害要件，而后者要求，因而，由侵权责任一般原则吸收《法国民法典》第 9 条诉讼这一主张显然无法成立。③ 由此，法国为隐私权诉讼确立了一种新的诉讼类型：预防性诉讼或者停止侵害的诉讼。该类诉讼无需证实过错，从而使得受害人无需诉诸侵权责任法即可直接获得救济。④ 可见，人格权诉讼与侵权诉讼明显属于不同的类型。正是立足于比较法的上述最新经验，我国《民法典》也对人格权诉讼与侵权诉讼进行了明确的区分：《民法典》侵权责任编对此前《侵权责任法》最大的修改之一就是将后者第二章"责任构成和责任方式"改为"损害赔偿"。这意味着侵权责任回归其损害赔偿的本来属性，集中表现为损害赔偿这一形式；而绝对权请求权（停止侵害、排除妨碍、消除危险等）则剥离给各相应的绝对权分编。《民法典》人格权编专门规定了人格权请求权（第 995 条），在逻辑上实现了人格权编与侵权责任编的分离，使二者各自回归其本来的功能，而不至于出现重叠混淆。⑤

---

① Giorgio Resta, The New Frontiers of Personality Rights and the Problem of Commodification: European and Comparative Perspectives, Tulane European & Civil Law Forum, Vol. 26: 33, p. 39 (2011).

② 为现版本《法国民法典》的第 1240 条，此后不再赘述。

③ See Cass. 1ère civ., 25 févr., 1997, Bull. Civ., n°73; JCP, 1997, II, 22873, note J. Ravanas; Resp. civ. et assur., 1997, comm., n° 1; D. 1997, p. 403, note S. Laulom et somm., p. 289, obs. P. Jourdain, JCP, 1997, I. 4025, n°1, obs. G. Viney.

④ See Patrice Jourdain, Les droits de la personnalité à la recherché d'un modèle: la responsabilité civile, op. cit., p. 54.

⑤ 参见王利明：《论人格权请求权与侵权损害赔偿请求权的分离》，载《中国法学》2019 年第 1 期，第 227 页。

最后，人格权诉讼与侵权诉讼在功能上也存在很大的差异。就人格权诉讼而言，其目的已不仅是审查某一行为的不法性，抽象地去评判某一行为的法效果并确定责任人。实际上，人格权诉讼中法官的主要职责是就不同权利的冲突（如隐私权与表达自由、隐私权与营业自由等）作出裁断，"其导向并不是寻找某种过错或某一责任人，而仅仅是确定每一权利或自由的边界，赔偿只是次要的问题（可能仅是象征性的一元钱）。这其中的方法论与侵权责任诉讼的框架非常不同"①。

综上，在侵权法保护的模式之下，人格权法的发展主要依赖于侵权法判例（如法国与德国当代的人格权保护模式）。这一模式的消极后果在于损害法律的确定性和可预见性——判例法只能针对已经实际发生的具体案例，因此必然是事后反应式、碎片化和高度随机式的，无法以预先建构的方式形成完整的体系，这就难以实现对所有人格权类型的完整保护。恰如有法国学者指出的："侵权法的权利孵化功能会让人误以为侵权法似乎足以保护人格利益。然而，这种观点是站不住脚的。人格在今天的价值是如此的重要，以至于它不能满足于基于《法国民法典》第 1382 条侵权诉讼的零敲碎打方式去保护。"② 较之于这种立足于一般条款的司法判例模式，我国《民法典》设置单独的人格权编，以系统完整的方式全面规定人格权类型的要件、权能、行使方式及效果。这对于法律适用而言，无疑具有完整系统的体系化效应及直接的裁判适用价值，而无需再动辄诉诸具有高度原则性和抽象性的一般条款对可能发生的法律适用偏差形成有效制约。这体现了对民事主体保护模式和侵权法保护模式的超越和扬弃。人格权的独立成编克服了传统模式下立法碎片化的局限，也简化了法律的查询检索和适用，使得司法机关可以用更为全面和系统的方式实现对人格权的保护，可以说是充分发挥了法典化的功用（完备性、体系化、规则简化等）。同时，人格权编所特别注重的预防性功能也突破了侵权法事后救济的局限性，使得人格权的司法保护具有前瞻性，可提前预防损害的发生。从范式转型的角度来看，人格权编在民法典中的确立标志着当代的人格权保护实现了从判例法向法典化的转型、从碎片化向体系化的转型、从救济型模式向预防型模式的转型、从民事权利范式向基本权利

----

① Jean-Christophe Saint-Pau, Droits de la personnalité, LexisNexis, 2013, p. 272.

② Jean-Michel Bruguière et Bérangère Gleize, Droits de la personnalité, Ellipses, 2015, p. 69.

范式的转型。

三、人格权编的中国范式体系

从构成上看，法的体系包括外部体系与内部体系。外部体系确保法律在形式上的逻辑一致，而内部体系则实现法律在价值上的融贯。[①] 外部体系是承载内部体系的载体，而内部体系是外部体系的引领与灵魂。我国《民法典》人格权编通过内部体系和外部体系构建起了完备的中国范式人格权法体系。

（一）中国范式的人格权法内部体系

从内部体系的角度来看，人格权编在此前的《民法通则》《民法总则》等法律的相关条款之基础上实现了重大的价值体系创新，始终以保护人格尊严和人格自由、弘扬社会主义核心价值观为核心，使我国《民法典》真正成为一部对生命健康、生活幸福、人格尊严等各方面权利给予充分保护的民法典。

1. 人格尊严价值优先

《民法典》于第 990 条重申了总则编中的人格尊严，并以其作为具体人格权的基石。基于尊严价值，人格权编确认了人格权不得放弃、转让或者继承（第 992 条），自然人可以无偿捐献其人体细胞、人体组织、人体器官、遗体（第 1006 条），禁止以任何形式买卖人体细胞、人体组织、人体器官、遗体（第 1007 条）等体现禁止人体商业化原则的具体规则。因为，"人体决不能蜕变为一项消费品，一项混杂了物质欲望、资本投资和可转让资源的模糊物品，一项单纯的物。我们的良心、尊严、力量和人类本质都凝聚和体现于我们脆弱的躯体之中"[②]。由此可推导出的结论是，基于尊严原则，不能承认以获取经济利益为目的的商业代孕合同的效力，因为这是对人体的商业化处置。[③] 同样，关于人体胚胎的规定（第 1009 条）意味着民法典并非将人

---

① 参见拉伦茨：《法学方法论》，商务印书馆 2003 年版，第 317、348 页。

② Imogen Goold & Jonathan Herring, Great Debates in Medical Law and Ethics, 2nd ed., Palgrave, 2018, p. 206.

③ 《法国民法典》第 16—17 条及《魁北克民法典》第 541 条均明确规定代孕协议因违反公共政策无效；英国《人类受精和胚胎法》规定商业代孕协议无法律执行效力。See Harleen Kaur, Laws and Policies on Surrogacy, Comparative Insights from India, Springer, 2021, pp. 14 - 15.

体胚胎视为"物",亦非所谓"人格物",而是将其归入"人"的范畴,因为胚胎具有发育成为人的潜质[①],对人体胚胎应排除适用物法的规定。这意味着一方面人体胚胎禁止有偿转让但可以捐献用于科研;另一方面,对多余胚胎的处置不能采取物的抛弃方式,而必须以具有尊严的适当方式对待。

需要特别指出的是,第 1002 条"生命尊严"这一概念在中国民法上的创立有着极其重要的意义,为未来的特别法立法提供了法律依据。其中,"生命"一词既包含具有一般意义上的"(生物)人",也包括植物人、处于脑死亡状态下的人、胚胎及胎儿。因为这些都属于"生命"这一范畴,胚胎及胎儿甚至遗体都属于"生命"的必然延伸。从这个意义上说,"生命尊严"这一概念可扩展适用至胚胎、胎儿、遗体。对于这些特殊的存在,也必须以具有尊严的方式去处理。而且,"生命尊严"的概念包含了"生命质量"的原则,"仅强调保存(患者)生命而忽视了生命质量,会导致违背人的尊严的境遇"[②]。由此,处于临终阶段的患者可以基于维护生命尊严和生命质量而拒绝无意义的痛苦性维生治疗(这样的立法在比较法上已有先例,如1991 年《魁北克民法典》第 13 条第 2 款)。为此,临终患者可以选择在其意识清醒的时候,通过生前预嘱的方式作出此种安排(相关域外立法如 2015 年《阿根廷民商法典》第 60 条)。我国深圳市 2023 年 1 月 1 日起施行的《深圳经济特区医疗条例》第 78 条亦规定了生前预嘱制度,具有重要的里程碑意义。

2. 人格自由发展

人格自由发展是人格权编的基本原则之一。人格自由发展是人格尊严的延伸,基于尊严内涵中的自我决定价值,强调自然人的个性和潜能的充分发展和全面展露。[③] 譬如,人格要素的商业化利用(第 993 条)意味着个人可

---

　　① 参见"沈新南、邵玉妹与刘金法、胡杏仙、南京鼓楼医院冷冻胚胎监管权和处置权纠纷案",江苏省无锡市中级人民法院(2014)锡民终 01235 号民事判决书。

　　② Derya Nur Kayacan, The Right to Die with Dignity: How Far Do Human Rights Extend?, Springer, 2022, p. 53.

　　③ 根据考证,在德国法上人格自由发展的概念属于康德哲学的范畴,后被萨维尼用于其"自治"的相关学说。而萨维尼的学说又影响了基尔克以及《德国民法典》的起草;基尔克在 19 世纪 90 年代曾用这一概念来阐释人格权的相关属性和性质。但有趣的是,德国的人格权学说并未影响 1896 年《德国民法典》的制定,却为 1907 年《瑞士民法典》所吸收(第 28 条)。See Edward J. Eberle, Human Dignity, Privacy, and Personality in German and American Constitutional Law, Utah Law Review, Vol. 4, p. 963 (1997).

以依法自由地许可他人使用其部分人格要素，获取商业价值或扩展其知名度。因为从构成角度来说，人格权包含非财产内容和财产内容，财产利益也是人格权十分重要的组成部分[1]，例如，保护个人身份的财产价值在美国法上被认为是公开权制度的本质目的所在[2]。

3. 弘扬社会主义核心价值观

有国外学者指出，较之于西方文化所强调的个人自决，东方文化往往更重视共同体和成员间的相互关系，个人具有更高程度的文化依存性。[3] 我国传统文化历来重视集体主义、个人对家庭和社会的责任等价值，新时代的社会主义核心价值观，如和谐、敬业、诚信、友善即是对这些优良价值的凝练。人格权编将社会主义核心价值观内化于规范中，并积极弘扬。例如，和谐等价值要求避免片面强调个人主义而导致过度保护人格权、损害公共利益的局面，因此，人格权编特别强调个人利益与公共利益的平衡与协调——既强调保护个人的人格权，也保护他人的合法权利与自由，特别是表达自由。[4] 基于比较法的经验，人格权编规定了比例原则和合理使用等制度。其中，第998条比例性原则的规定可用以处理人格权（如名誉权、隐私权等）与基本权利（如表达自由）的冲突；第999条允许涉及新闻报道、舆论监督等情形中合理使用民事主体的姓名、名称、肖像、个人信息等人格要素；第1020条规定为维护公共利益，制作、使用、公开肖像权人的肖像的合理行为可以不经肖像权人同意。

值得特别指出的是，为更好实现个人利益与公共利益的平衡保护，人格权编多处采用了动态系统论。例如，针对新闻媒体侵权纠纷，第1026条规定，在认定媒体对其报道是否尽到合理核实义务（第1025条第2项，草案原为"合理审查义务"）时，应考虑内容来源的可信度、对明显可能引发争

---

[1]　See Hannes Rosler, Dignitarian Posthumous Personality Rights-An Analysis of U. S. and German Constitutional & Tort Law, Berkeley Journal of International Law, Vol. 26 (1), p. 153, 159 (2008).

[2]　See Robert C. Post & Jennifer E. Rothman, The First Amendment and the Right (s) of Publicity, The Yale Law Journal, Vol. 86, p. 107 (2020).

[3]　See Tom L. Beauchamp, Principlism in Bioethics, in Pedro Serna & José-Antonio Seoane eds., Bioethical Decision Making and Argumentation, Springer, 2016, p. 14.

[4]　显然，人格权保护也是一个宪法上的课题。参见贝尔卡：《基本自由和人权视野下的人格权保护和大众传媒》，载考茨欧、瓦齐莱克主编：《针对大众媒体侵害人格权的保护：各种制度与实践》，中国法制出版社2012年版，第595页。

议的内容是否进行了必要的调查、内容的时限性、内容与公序良俗的关联性、受害人名誉受贬损的可能性、核实能力与核实成本等；该条还删除了草案中行为人的举证义务，以更加利于对言论和表达自由的保护。[①] 同样值得指出的创新是器官捐赠的推定同意制度（第 1006 条），这是一种"选择退出"制度。实证研究显示，大多数人能接受器官捐赠制度，但最终往往只有少数人完成了法律所规定的程序要求，因此，采用推定同意制度可以让更多有意捐献者的意愿得到实现，从而为患者提供更充足的捐献器官，促进社会福祉的提升。

4. 确立代际正义原则

人格权编在保护当代人格权益的同时，还特别关注代际间权益的保护和平衡。例如，人体基因、人类胚胎方面的研究不仅涉及现有世代的利益，更涉及未来世代的利益。在技术的安全性和有效性尚难确定的前提下，基因编辑技术的滥用很可能导致先天畸形的婴儿诞生。考虑到这些婴儿在成年后的生殖能力，人类的基因池在未来可能就此受到不可逆转的污染或破坏。从此角度而言，基因编辑技术的滥用可能将给整个人类带来不可弥补的巨大风险与损害。因此，现有世代不能片面地以满足其生育目的为由损害未来世代的利益。基于此，第 1009 条针对基因编辑婴儿事件作出了严格规定，体现了促进代际正义的深刻内涵及推动生命伦理领域人类命运共同体建设的深远视野。[②]

（二）中国范式的人格权法外部体系

人格权编外部体系的中国范式创新主要表现在以下几方面：

1. 篇章结构安排的中国模式

人格权编在体例编排上的重要创新之一在于"小总则"的设立。如上所述，由于传统民法总则更大程度上其实只是财产法的总则，其"射程"范围有限，因而存在局限性。譬如法律行为制度、意思表示瑕疵、代理及时效制度等，对于人身关系法其实很难简单套用。[③] 因此，需要设立一个人身关系

---

① 参见《民法典颁布后人格权司法保护典型民事案例》，"未超出必要限度的负面评价不构成名誉侵权——物业公司诉业主名誉侵权案"，https://www.court.gov.cn/zixun-xiangqing-354261.html。

② 参见石佳友、贾平等：《人类胚胎基因编辑立法研究》，法律出版社 2022 年，第 2 页。

③ 《德国民法典》的总则本身"实际上也未能满足总则的真正要求"。参见维亚克尔：《近代私法史——以德意志的发展为观察重点》（下），上海三联书店 2006 年版，第 466 页。

的总则，与财产法总则实现逻辑上的并立，改变传统民法典"重物轻人"的倾向。但建立一个人格权的"小总则"在立法技术上难度极大：一方面，人格权本身存在诸多与其他权利不同的特殊性；另一方面，人格权内部的具体类型之间异质性很强，许多具体人格权在性质上既有人格性亦有财产性，且样态上呈现出高度碎片化的图景。此外，还必须考虑实现人格权编与侵权编的有效切分。从这个意义上来说，人格权编的"一般规定"部分是具有高度原创性和科学价值的立法创新。尤其值得肯定的是，"一般规定"通过设置身份权的准用条款（第 1001 条），将人格权"小总则"提升为整个人身关系的总则[①]，从而在传统的财产关系总则之外，成功打造了一个全新的人身关系总则。这是民法体系中人的地位的巨大擢升，体现了新时代下民法典对人文主义价值的重申与弘扬。

就具体人格权的篇章安排，人格权编采取了"物质性人格权—标表型人格权—评价性人格权—自决型人格权"这一具有原创性的科学编排模式。其中，物质性人格权作为人的生存基础，包括生命权、身体权和健康权；标表型人格权是表明主体身份的人格权（比较法上又被称为"身份性人格权"）[②]，包括姓名权、名称权、肖像权；评价性人格权所针对的是社会公众对特定权利主体品格、能力、社会影响等所给予的综合评判，包括名誉权与荣誉权；自决型人格权主要包括隐私权和个人信息保护。值得注意的是，立法者并未按学理通说将三类标表型权利集中规定，而是单独将肖像权设为一章，其原因可能在于肖像权是人格利益商业化利用和许可使用制度的典范，是所谓兼具人格利益与财产利益的"双重属性人格权"。[③] 此外，从各分章内容看，人格权编也与时俱进地增加了相关规定，例如，在肖像权的框架内增设了声音权；在名誉权的框架下增设了信用权；对个人信息保护直接作出了规定，将其明确纳入格权体系，强调个人信息权益的本质在于个人对于其

---

① 参见刘征峰：《民法典中身份关系法律适用的原则与例外》，载《中国法律评论》2022 年第 4 期，第 75 页。

② 参见房绍坤、曹相见：《标表型人格权的构造与人格权商品化批判》，载《中国社会科学》2018 年第 7 期，第 139 页；温世扬：《论"标表型人格权"》，载《政治与法律》2014 年第 4 期，第 64 页。

③ See Jean-Michel Bruguière, Droit patrimoniaux de la personnalité, Plaidoyer en faveur de leur intégration dans une catégorie des droits de la notoriété, Revue trimestrielle de Droit civil, n°1, 2016, p. 8.

身份信息的控制与决定。

2. "具体人格权清单＋一般人格权补充"的确权模式

人格利益的范围具有不确定性，随着社会的发展，新型人格利益不断得到确认，由而呈现出高度的演进性特点。所以，人格权并不存在着"物权法定原则"。在比较法上，人格权立法存在多元主义模式、一元主义模式和折中模式。在最初出现的多元主义模式中，立法者承认不同的具体人格权。在这一模式下，为了确认其他人格权，法院需要采取扩张解释或类推适用机制。采取这一模式的有奥地利、法国、意大利、西班牙、南非等国。后来诞生的一元主义模式将个人置于某种统一的保护范围，对人格权实行更广泛和综合性的保护，由此，人格权随着环境和社会需求的变化，成为不断延伸的"开放性"权利群。德国、瑞士、荷兰等国均采用这一模式，其典型特征是一般人格权的确立，如德国法院确认的一般人格权这一框架性权利范畴、《瑞士民法典》第 28 条等。折中模式的特点是在列举具体人格权之不同类型的同时又规定人格权的一般条款，以实现抽象与具体的结合，保持高度的灵活性。① 我国《民法典》采取的"一般＋具体"模式即属此类。人格权编一方面列举了丰富的具体人格权类型，形成了较为完整和丰富的人格权清单；另一方面，又于第 990 条第 2 款特别规定了一般人格权条款，规定除具体人格权之外，自然人还享有"基于人身自由、人格尊严产生的其他人格权益"。这既保证了法律规则的清晰性，又为法律在未来的发展预留了广阔的空间，兼顾了法的稳定性与开放性。② 恰如有德国学者指出的，中国《民法典》的一般人格权模式"适用范围的开放性凸显了对人格权领域的立法性保护，以使其能够适应未来的新发展，例如互联网对隐私的威胁等新的危险。总之，通过这种方法可以避免人格权保护的规则漏洞"③。

在司法适用中，第 990 条第 2 款的一般人格权规范可以囊括诸多《民法典》未明文规定的新型人格权益，包括：人格自由发展（如高考冒名顶替行

① 参见瓦齐莱克：《比较报告》，载考茨欧、瓦齐莱克主编：《针对大众媒体侵害人格权的保护：各种制度与实践》，中国法制出版社 2012 年版，第 683 页。

② 参见温世扬：《〈民法典〉视域下的一般人格权》，载《中国法学》2022 年第 4 期，第 238 页。

③ 本尼克、黄麟啸：《德国人格权保护规定的基本原则——与新编纂的〈中华人民共和国民法典〉相比较》，载《中德法学论坛》2021 年第 2 期，第 59 页。

为侵害了受害人的人格自由发展）、性自主权（如基于婚姻状态的欺诈性陈述骗取女方信任致使其怀孕堕胎的行为侵害了女方的性自主权①）、无罪推定权（如新闻报道侵害未经有效判决认定为有罪的当事人的无罪推定权）以及人有知晓其身世的权利、祭奠权等。② 但值得注意的是，第 990 条第 2 款的措辞过于宽泛，也可能带来法律确定性方面的风险：尊严这一概念在许多不同的法律框架中被加以使用，可能损害法律的确定性，因为若找不到具体的论证理由，尊严就可能成为其论证的基础。③

3. 私法规范与公法规范协同治理

习近平总书记指出："民法典是全面依法治国的重要制度载体，很多规定同有关国家机关直接相关，直接涉及公民和法人的权利义务关系。"④ 从历史看，《民法典》从来都不是一个纯粹的私法文本。例如，《法国民法典》近 1/3 的民事条款都有公法属性；作为国家的基础性立法，民法典的大部分条款实际上来源于公法，以建立新的政治和社会秩序为特征，因此具有深远的政治影响。同样，我国《民法典》也不能被偏狭地理解为是只能约束私法主体的纯粹私法规范。一方面，《民法典》全面规定了私权，为公权力划定了范围和界限；另一方面，《民法典》也大量纳入了行政法等公法规范。

《民法典》强调私法规范与公法规范协同治理的理念尤为典型地体现于人格权编。首先，人格权编为国家公权力机关赋加了人格权保护义务，譬如不得侵害生命权（第 1002 条）、身体权（第 1003 条）、健康权（第 1004 条）、人体医学试验审批（第 1008 条），基因编辑规制（第 1009 条），隐私与个人信息的保密义务（第 1039 条），等等。这些条文在确认个体具体人格权的同时，都直接或间接地为国家相关机关设立了相应的义务，其实施将进一步规范相关机构的行为，助益《民法典》充分发挥作为全面依法治国的重

---

① 参见"姬雯龙、李品品一般人格权纠纷案"，陕西省西安市碑林区人民法院（2022）陕 0103 民初 20495 号民事判决书。

② 作为一般人格权的具体内容，是近亲属之间对于已故亲属的祭祀权，包含权利人对逝者的哀思、怀念等精神利益。参见"于俭、于夯等一般人格权纠纷案"，天津市第一中级人民法院（2022）津 01 民终 3984 号民事判决书。

③ See Christopher McCrudden, Human Dignity and Judicial Interpretation of Human Rights, European Journal of International Law, Vol. 19, p. 720 (2008).

④ 参见习近平：《充分认识颁布实施民法典重大意义 依法更好保障人民合法权益》，载《求是》2020 年第 12 期，第 6 页。

要制度载体的功效。例如，第 1039 条关于对自然人隐私和个人信息保密义务的规定约束的对象是国家机关、承担行政职能的法定机构及其工作人员，针对的是行政侵权行为，法律后果是由国家承担行政侵权赔偿责任，因此在性质上属于公法规范。其次，关于生命权、身体权和健康权的条款属于生命伦理法的范畴，具有强制性。晚近以来，各国普遍将这些内容纳入民法典，根本原因就在于生命权、身体权和健康权是最为重要的人格权类型。

4. 行为规范与裁判规范有机结合

人格权不存在确权的问题，其实现多表现为他人的消极不干预，但其亦有诸多积极权能。在传统的侵权法保护模式中，人格权制度更多地强调其裁判规范属性和救济功能；而在人格权独立成编的模式之下，应注重人格权本身的积极权能以及预防侵害行为的功能，因此，人格权法的行为规范属性同样应受重视。一方面，出于预防侵害和法律争议的目的，人格权编必然要设置相当部分的行为规范，这尤其体现于设权规范、权利行使方式的规范、权利侵害方式的规范等，这些条款在条文表述上比较明确，为法律主体设置了清晰的行为模式，如为他人设定消极不干预义务的诸多禁止性条款、基因编辑条款、禁止性骚扰条款、个人信息收集原则等；另一方面，鉴于人格权常与其他权利发生冲突，为便于法官准确作出裁判，人格权编也设置了众多的裁判规范，部分规范如合理使用制度、比例性原则、媒体的核实义务、侵害隐私权的认定等，设计得尤其细致、翔实，将法官裁判所应考虑的各种主观和具体的因素都进行了列举。

四、人格权编与中国式现代化的实现

习近平总书记指出，一个国家走向现代化，既要遵循现代化一般规律，更要符合本国实际，具有本国特色。中国式现代化既有各国现代化的共同特征，更有基于自己国情的鲜明特色。① 要实现全体人民共同富裕、物质文明和精神文明相协调，法律必须对民众精神层面需求的满足，特别是对人格尊严、人格自由发展、公平正义和平等保护等价值的追求，提供充分的保障。就此，人格权编必将发挥无可替代的重要作用。从这个角度而言，我国《民

---

① 参见《习近平在学习贯彻党的二十大精神研讨班开班式上发表重要讲话强调 正确理解和大力推进中国式现代化》，载《人民日报》2023 年 2 月 8 日，第 1 版。

法典》人格权编的设置和实施可为中国式现代化的实现提供坚实的保障和有力的支撑。

（一）人格权编与全面发展的中国式现代化

中国式现代化是中国共产党和中国人民长期实践探索的成果，是一项伟大而艰巨的事业。中国式现代化是全面的现代化，涵括经济、政治、文化、社会、生态等在内，是民富国强、政治民主、精神文明、社会和谐、生态美丽的全方位现代化。① 自改革开放以来，我国的经济建设取得了举世瞩目的巨大成就，实现了从生产力相对落后的状况到经济总量跃居世界第二的历史性突破，实现了人民生活从温饱不足到总体小康，再到全面小康的历史性跨越，为中国式现代化提供了充满新的活力的体制保证和快速发展的物质条件。但在经济发展取得巨大成就的同时，我国也面临"中等收入陷阱"、收入分配不公、贫富差距过大、社会阶层分化加剧等挑战。正因如此，党的二十大报告特别强调，中国式现代化是全体人民共同富裕的现代化。

需要注意的是，中国式现代化下的"全体人民共同富裕"，是包含物质和精神等方面的共同富裕。② 但在贫富差距加大等背景下，部分低收入人群面临社会排斥、社会歧视的风险，迫于经济压力，个别人甚至不惜出售自身器官、从事代孕等违法活动，严重影响了人格尊严、平等和自由发展。可见，保护低收入人群的人格尊严，促进其人格自由发展，提升社会平等、消除社会争议，尤其具有紧迫性。毋庸讳言，要实现共同富裕，就必须强调社会平等和公平、尊重所有人特别是弱势群体的人格尊严，对此，人格权编可以发挥重要的作用。具体而言，人格权编保障中国式现代化的全面实现主要体现在以下方面：

1. 保障人格尊严

"人民对美好生活的向往"必然包含对享有人格尊严这一基本价值的追求，这就要求法律对所有人的人格尊严给予尊重和保护，因为"美好生活"意味着精神上享有尊严、物质上体面富足的生活。我国《民法典》人格权编

① 参见张文显：《深刻把握中国式现代化的科学概念和丰富内涵》，载《经济日报》2022年10月23日，第7版。
② 参见张文显：《深刻把握中国式现代化的科学概念和丰富内涵》，载《经济日报》2022年10月23日，第7版。

自始至终以人格尊严为核心价值，以人格尊严为人格权制度的基石，各项具体的人格权制度最终也以人格尊严的保护作为其归依，在明确规定的各项具体人格权外，还明确肯认自然人享有基于人身自由、人格尊严产生的其他人格权益（第990条）。

2. 保障人格平等

人格权制度天然与平等原则相关。人格权在取得方式上是与生俱来，仅仅因为人之为人，而无需主体的特别行为或特定的法律事实；同时，所有人均无差异地取得和享有人格权，所享有的人格权的种类和内容亦无差异。我国《民法典》人格权编在人格权保护上实行平等原则——第991条规定："民事主体的人格权受法律保护，任何组织或者个人不得侵害。"换言之，强者不能利用其社会优势对弱者进行压制、剥削或排斥，不能限制或剥夺弱者的人格权，所有人的人格一律平等。此外，为保证人格权的平等享有，防止权利主体基于商业考虑随意处置其人格权益，第992条规定禁止放弃和转让人格权，这对于确保个人之间的平等、防止社会排斥、促进社会公平、提升社会正义，均有重要意义。

3. 优先保护人的生命、身体和健康

《民法典》人格权编的编纂始终坚持以人民为中心的发展思想，特别强调生命权、身体权、健康权等物质性人格权的优先保护。其原因显而易见：生命、身体和健康是人赖以生存的基础和前提。正基于此，人格权编多处规定都凸显了生命权、身体权、健康权等物质性人格权相对于其他人格权的优先性。[1] 例如，第998条比例性原则在其适用范围中明确排除了生命权、身体权和健康权，仅限定为其他类型的人格权，第1006条强调器官捐献的无偿性，第1007条禁止以任何形式买卖人体细胞、人体组织、人体器官、遗体，第1008条强调人体医学试验的伦理审查，第1009条强调基因编辑等医学和科研活动不得违背伦理道德等。这些规定在性质上属于生命伦理法规范，具有强制性，不允许当事人以约定方式规避适用。这就表明，我国《民法典》人格权编禁止人体的商业化处分，第993条人格要素的商业化利用显

---

[1]　相关司法判例参见"何馨春子与张校铭生命权、身体权、健康权纠纷案"，北京市第一中级人民法院（2022）京01民终7522号民事判决书；"周桂娥与滴滴出行科技有限公司等生命权、身体权、健康权纠纷案"，北京市第一中级人民法院（2022）京01民终7690号民事判决书。

然不能适用于人体及其组成部分（器官、组织、细胞等）。由此，人体干细胞的买卖合同应当无效。① 而结合身体权、健康权的规定以及《妇女权益保障法》的相关内容，我国女性享有生育自由。较之于 2022 年经由最高法院废除罗伊案判决、宣告堕胎权非为宪法权利的美国②，中国法律保护女性生育权利和生殖健康的立场显然更为进步——这也是中国对女性权益保护和人类进步事业的重要贡献。

4. 鼓励人格自由发展

基于人格自由发展，人格权编规定了权利人在许可使用后的任意撤销制度。根据第 1022 条，在签订肖像权许可使用合同后，如果权利人认为合同的继续履行会损害其人格，则可撤回同意，要求解除合同，即任意解除权。这显然难以用合同法的一般原理来解释，而属于人格权法的特殊制度。在德国法上，由于"信念改变"所导致的单方撤销权源自德国版权法，作为"契约应当严守"规则的例外，德国法院尤其在一些模特裸体照片的许可使用案件中适用这一规则。③ 在法国，这一权利被称为"后悔权"，也被称为另一种形式的"被遗忘权"，权利人可以撤回其对许可使用的同意，条件是必须具有正当理由并对被许可人支付赔偿。如不能证明有正当理由，法院则不允许其撤回同意。④《葡萄牙民法典》第 81 条第 1 款规定，权利人可基于自愿对其人格权作出限制，但不得违反公共政策（譬如损害人的尊严）；第 2 款规定，权利人可随时撤销其对自己人格权所设定的限制；如此种撤销影响了合同另一方的合理信赖并造成损失，则权利人应进行赔偿。⑤ 2015 年《阿根

---

① 参见何健：《全国首例干细胞买卖合同效力认定及法律适用——吴海澜诉上海聚仁生物科技有限公司买卖合同纠纷案》，载《法律适用》2022 年第 2 期，第 127 页。

② See Mariana Lenharo, After Roe v. Wade: US Researchers Warn of What's to Come, Nature, Vol. 607, p. 15 (2022).

③ See Higher Regional Court Munich, Case No. 21 U 4729/88, NJW-RR 999 (1990) (March 17, 1989).

④ 在一起涉及一位女模特裸体照片使用的诉讼中，巴黎上诉法院认为，一位女性艺术家有权阻止几年前她同意拍摄的照片的传播，因为她已经表达了改变其风格、从事不同取向的新职业的意愿；在此情况下，被许可人继续使用其之前的照片可能损害肖像权人新职业的发展。See Théo Hassler, Le droit à l'image des personnes: entre droit de la personnalité et propriété intellectuelle, LexisNexis, 2014, p. 31.

⑤ See Elsa Dias Oliveir, Agreements on Personality Rights in the Portuguese Legal System, in Luca Siliquini-Cinelli & Andrew Hutchison eds., The Constitutional Dimension of Contract Law: A Comparative Perspective, Springer, 2017, p. 258.

廷民商法典》第55条也就人格权的处分作出了类似规定。任意撤销制度充分体现了对权利人人格自由发展的充分保障，在权利人许可他人使用其人格要素之后，如认为继续履行合同可能妨碍其人格自由发展，允许其可以反悔撤销。

5. 防止主体客体化

人格权编在鼓励人格自由发展、允许人格要素商业化利用的同时，也充分意识到人格商品化的风险。市场主义和资本逻辑的不断扩张，使得一些弱势群体越来越难以抵挡其人格的商品化诱惑和压力。在实践中，个人可能为了经济目的过度放弃自身权利、损害自身的尊严和人格自由发展，如进行商业化代孕、器官交易等。此外，在"拿隐私换便利"成为很多网络平台公开的商业模式之背景下，很多消费者为了一些微小的折扣或返利而随意提供个人信息；个别直播平台甚至推出了允许实时全景式观看主播隐私生活的"真人秀"来吸引流量。可见，作为法律关系主体的人如今面临着前所未有的"主体客体化"的危机，越来越有沦为客体的风险。由此，全体社会成员需要整体反思的根本性问题是："在今天，我们是否愿意接受市场扩展到社会生活的每一个部门，甚至是个人身份的要素也可以作为可转让的商品来加以设计或者对待？为避免由商品化所导致的经济压力，造成对人的尊严价值的侵害，需要设计何种类型的法律制度？"① 面对此种主体客体化的风险，人格权编坚持立足于尊严价值这一基石，始终捍卫人的主体地位，特别强调人格权的不得放弃和转让原则（第992条）。②

6. 促进对基本权利的保护

中国法治现代化坚持以保障人民权利为法治的根本目的，让人民成为人权法治保障的最广受益者。③《民法典》设置独立的人格权编有助于妥当协调人格权与宪法基本权利的关系，实现贯通保护，进而更加完善人权的法治保障。鉴于人格权与基本权利之间存在内在的密切联系，人格权制度必然关

----

① Giorgio Resta, The New Frontiers of Personality Rights and the Problem of Commodification: European and Comparative Perspectives, Tulane European & Civil Law Forum, Vol. 26: 33, p. 47 (2011).

② 就此，其他国家立法的一些规定也可供借鉴。例如，《瑞士民法典》第27条设置了禁止过度承诺的规定。在实践中，该条被用来防止当事人做出过度的承诺及第三人的权利滥用，损害权利人人格的发展，禁止成为第三人的奴隶。

③ 参见黄文艺：《推进中国式法治现代化 构建人类法治文明新形态——对党的二十大报告的法治要义阐释》，载《中国法学》2022年第6期，第9页。

乎法治秩序。"在某种意义上，民法加强人格权的保护是宪法基本权利的价值辐射作用的结果。"① 人格权与基本权利的内在联系体现在：一方面，人格权的诸多权利内容本身就是基本权利，譬如尊严、生命权、身体权、健康权等，在比较法上隐私权与个人信息保护也同样被视为基本权利（如《欧盟基本权利宪章》第 7、8 条）。因此，完善对人格权的保护必将促进对基本权利的保护。另一方面，在权利行使过程中，人格权与基本权利可能经常发生冲突，譬如，行使言论自由就有可能侵害他人的名誉权、隐私权以及个人信息权益。因此，对人格权的保护必然牵涉到与基本权利的平衡协调，人格权法必须对人格权与基本权利的冲突作出妥当协调，例如适用比例性原则（第998 条）。② 从这个意义上来说，人格权编的实施有利于规范宪法基本权利的行使与保护，这也是人格权编重要的范式意义所在。

（二）人格权编与科技驱动的中国式现代化

中国式现代化是科技创新赋能的现代化③，中国法治现代化是现代科技驱动的法治现代化。在当下的科技时代，《民法典》人格权编立足于人格尊严这一基本价值，积极防范科技应用可能导致的人的物化，捍卫人的主体地位，强调人格平等及人格自由发展，强化对弱势群体的人格保护，"以法律的理性和德性守住科技的伦理底线"。④

法律史研究表明，民法典的体系编排在相当程度上受制于其在特定历史时期所要实现的社会功能。正所谓"问题先于体系"⑤，民法典的体系编排必须坚持问题导向，必须服务于法典的社会功能。"历史性原则意味着，在法典化的发展中没有任何模式可以被称为是绝对性的方案。"⑥ 因此，体系

---

① 张翔：《民法人格权规范的宪法意涵》，载《法制与社会发展》2020 年第 4 期，第 119 页。

② 参见王利明：《民法典人格权编中动态系统论的采纳与运用》，载《法学家》2020 年第 4 期，第 1 页。

③ 参见张文显：《深刻把握中国式现代化的科学概念和丰富内涵》，载《经济日报》2022 年 10 月 23 日，第 7 版。

④ 参见黄文艺：《推进中国式法治现代化 构建人类法治文明新形态——对党的二十大报告的法治要义阐释》，载《中国法学》2022 年第 6 期，第 9 页。

⑤ 石佳友：《解码法典化：基于比较法的全景式观察》，载《比较法研究》2020 年第 4 期，第 16 页。

⑥ Csaba Varga, Codification as a Socio-historical Phenomenon, Akadémiai Kiadó, 2011, pp. 247 - 248.

性并非民法典结构编排的决定性标准，更非其唯一的标准，满足特定的社会功能才是民法法典化的合法性来源。"如果说《德国民法典》是面向20世纪初工业社会民法典的代表，那么，我国《民法典》则堪称面向21世纪互联网、高科技时代民法典的代表。在这样的背景下，迫切需要实现研究范式的转变。"① 为了实现对人的全面保护，民法典有必要对人格权制度进行重构，对其概念内涵、要件、侵权方式、责任形式等作出系统完备的规定。人格权规范在民法典中的独立成编正是民法学"范式转换"的典型表征，是基于回应时代挑战所作出的、富有前瞻性的立法选择。

有欧洲学者细致地分析了科技发展与人格权制度演变的内在关联："科技和产业的发展深刻改变了人的属性……人格权是人类对媒体、医学、互联网等新科技所带来的风险的一种法律应对。"② 因此，人格权领域的立法介入与其说是人类针对社会变迁所采取的一种行动，还不如说是人类由于自身的精神和身体面对科技革命带来的威胁所作出的一种被动性反应。正是基于此，20世纪末曾有法国人格权学者这样总结："20世纪始于所谓'进步'的神话，却终于对其的恐惧。"③ 如今，这一富有预见性的论断绝非危言耸听，恰恰相反，它已为今天科学技术日新月异的发展所验证。世界经济论坛的创始人施瓦布指出：当下的第四次工业革命带来了大量令人难以置信的科技革新，从生物技术到人工智能，这些科技创新都在重新定义人的含义。这些技术革命不断颠覆我们对生命、健康、认知和能力的认识，将此前只在科幻电影中出现的场景变为今天的现实。但我们必须意识到的是，这些令人难以想象的科技变革也可以被用来服务于特殊的利益，而非必然用于增进公共利益。譬如，基因编辑是一种可以改变细胞内生命密码的技术，通过该技术，科学家们可以对个人的基因或者控制基因的开关进行操作，在现有技术水平

---

① 王利明：《构建〈民法典〉时代的民法学体系——从"照着讲"到"接着讲"》，载《法学》2022年第7期，第101页。

② Jean-Michel Bruguière, Droit patrimoniaux de la personnalité, Plaidoyer en faveur de leur intégration dans une catégorie des droits de la notoriété, Revue trimestrielle de Droit civil, n°1, 2016, p. 2.

③ Bernard Beignier, Le droit de la pesonnalité, PUF, 1992, p. 121.

下，甚至可以对任何生物体进行精确操作。① 但是，基因编辑技术除了用于治疗疾病之外，还可能被用来制造基因编辑婴儿。由此带来的风险是："我们将父母资格作为消费社会的延伸，在这里，我们的孩子变成了可以根据我们的意愿订单来生产的商品。"② 又如，神经科学能够让我们更好地理解人类大脑的原理和工作机制，更充分地解释意识、情绪和行为之间的内在关系；但是，这些技术的应用也会给人的隐私、信息安全和精神健康等带来挑战。③ 而就人工智能的预测能力和机器学习能力而言，如果我们在任何情形下的行为都可以被预测，我们到底还能拥有或感觉到多大的偏离预测模式的自由？此种发展是否会导致人类自身像机器人一样行事？此外，这还会引发更为复杂的哲学问题——在数字时代，我们还能否以及如何保持我们的个性？而个体的个性恰是我们当代社会的多元性和民主的源泉。④

当前，信息网络技术、大数据、人工智能的飞速发展给人格权带来的挑战尤其严峻。首先，网络侵害人格权的情况愈发普遍，可以说，今天的每一个普通人的名誉都可能被网络媒体所侵害，网络谣言和网络暴力已泛滥成灾。根据有关统计，我国网络侵害人格权的案件数量近年来出现急剧攀升的趋势；网络侵犯人格权案件占全部人格权案件的比重不断攀升，互联网空间越来越成为人格权侵权的重灾区，值得特别警惕的是，网络侵害未成年人人格权的案件数量增长迅速。"这是几十年前所完全无法想象的图景，个人的人格需要在心理、身体、情感和经济等各个层面得到更为周密的保护。"⑤其次，互联网科技应用、智能手机等新产品的发展对低收入人群和老年人群体产生了社会排斥效应，使得他们无法平等地享受社会公共服务，对其人格的自由发展形成了障碍。最后，侵害个人信息的情况尤其令人忧心。个人信息

---

　① See Klaus Schwab & Thierry Malleret, The Great Narrative: For a Better Future, World Economic Forum, 2022, p. 152.

　② Klaus Schwab & Nicholas Davis, Shaping the Future of the Fourth Industrial Revolution, World Economic Forum, 2018, p. 220.

　③ See Klaus Schwab & Nicholas Davis, Shaping the Future of the Fourth Industrial Revolution, World Economic Forum, 2018, p. 235.

　④ See Klaus Schwab, The Fourth Industrial Revolution, World Economic Forum, 2016, pp. 93 - 94.

　⑤ Margareta Baddeley, Bénédict Foex, Audrey Leuba, Marie-Laure • Papanx Van Delden (éd.), Facettes du droit de la personnalité, Schulthess, 2014, p. 1.

遭遇大规模泄露的恶性事件时有发生，个人信息买卖、电信诈骗活动十分猖
獗，各类 App 随意和过度收集用户个人信息，人脸识别技术泛滥，商家擅自
对用户进行网络画像，严重威胁到广大民众的财产甚至人身安全。此外，算法
和自动化决策系统会"反射、加剧和创造结构性的不平等"，带来不公平、伤
害和偏见等伦理问题①；这些都使得个人越来越难以对其个人信息进行控制
和决定。概言之，大数据时代给个人信息保护带来了严峻的挑战②。

有效应对上述现实问题，回应"时代之问"，实现"推动科技向善、造
福人类"③，正是人格权编的"时代特色"所在。《民法典》人格权编对生物
医学和信息网络等新科技对人的主体地位所形成的挑战，以及胚胎保护、人
体器官移植、人体医学实验、基因编辑、性骚扰、利用信息技术手段伪造肖
像、网络暴力、个人信息过度收集及大规模泄露、自动化决策滥用等现实生
活中极为突出的问题作出了明确回应。可以说，人格权编是科技时代保护人
格权的法律，是"人法"＋"科技法"，其目的在于抵御传统民法时代所不
存在的一切形式的物化风险。从这个意义而言，人格权编的设立是中国《民
法典》区别于传统民法典的主要特征之一。还需要看到的是，人格权编的很
多重要规定为随后诸多特别法（如《生物安全法》《个人信息保护法》《妇女
权益保障法》等）的出台或修订奠定了重要基础。未来，《民法典》关于生
命权、身体权和健康权的相关规定还可为人类辅助生殖技术、人体器官捐
献、人体医学试验等生命伦理立法提供坚实的立法依据。④

五、结语

习近平总书记指出，中国式现代化展现了不同于西方现代化模式的新图

---

① See Alan Rubel & Clinton Castro, Adam Pham, Algorithms and Autonomy, The Ethics of Auto-
mated Decision Systems, Cambridge University Press, 2021, p. 13.

② "个人信息的处理原则是目的合法、最小必要以及有期限存储；而大数据就其本质而言，则与
这些原则相冲突，因为它是一种自动化和最大量的收集，以及对信息以数字化形式的无期限保存，以利
于所谓数据挖掘和机器学习。"(Jean-Gabriel Ganascia, Le mythe de la singularité, Faut-il craindre l'intel-
ligence artificielle?, Seuil, 2017, pp. 23 – 24)

③ 《中共中央办公厅 国务院办公厅印发〈关于加强科技伦理治理的意见〉》，载中国政府网，ht-
tp：//www. gov. cn/zhengce/2022 – 03/20/content_5680105. htm，2023 年 4 月 12 日访问。

④ 例如，国家卫健委等四部委印发的《涉及人的生命科学和医学研究伦理审查办法》第 1 条即明
确将《民法典》列为首要的立法依据。

景，是一种全新的人类文明形态，为人类对更好社会制度的探索提供了中国方案。① 中国《民法典》设置独立的人格权编，是立足于中国特色社会主义新时代新征程的实际、借鉴和扬弃比较法的已有经验、应对科技时代下主体客体化风险的原创性立法贡献，是对人格权保护的中国之问、世界之问、人民之问、时代之问的充分回应，是中国法治现代化的重要体现，对中国民法学自主知识体系的发展完善具有里程碑意义。从形式意义来看，《民法典》人格权编的设置能够有效克服立法碎片化的局限，以更加系统和现代的方式去保护人格权。以"编"这一民法典基本组成单位来规定人格权，为其发展提供了具有最大包容度的制度框架，预留了充分的立法空间，以高度开放性的立法技术来包容人格权制度的高度演进性。从实质意义来说，《民法典》设置独立的人格权编是对人的尊严价值和主体地位旗帜鲜明的坚决弘扬，抵制一切将人物化的企图，确保社会每一成员可以自主和有尊严地参与共同体的社会生活，从而在更大程度上决定其命运，实现其个性的充分彰显和人格的自由发展。从法律文明的发展来看，《民法典》设置人格权编充分展现了新时代中国在坚持全面推进依法治国、在法治轨道上全面建设社会主义现代化国家这一伟大历史进程中的全新探索，它必将成为我国对世界法律文明发展所贡献的中国方案与中国范式。②

---

① 参见《习近平在学习贯彻党的二十大精神研讨班开班式上发表重要讲话强调 正确理解和大力推进中国式现代化》，载《人民日报》2023年2月8日，第1版。

② 参见王轶：《编纂实施民法典是习近平法治思想的生动实践》，载《中国法学》2021年第3期，第49页。

图书在版编目（CIP）数据

中国式现代化的法治理论前沿/冯玉军主编 .

北京：中国人民大学出版社，2025.3. -- ISBN 978-7
-300-33492-9

Ⅰ. D920.0

中国国家版本馆 CIP 数据核字第 2025QN8297 号

中国式现代化的法治理论前沿

主 编 冯玉军

Zhongguoshi Xiandaihua de Fazhi Lilun Qianyan

出版发行	中国人民大学出版社			
社 址	北京中关村大街 31 号		**邮政编码**	100080
电 话	010 - 62511242（总编室）		010 - 62511770（质管部）	
	010 - 82501766（邮购部）		010 - 62514148（门市部）	
	010 - 62515195（发行公司）		010 - 62515275（盗版举报）	
网 址	http://www.crup.com.cn			
经 销	新华书店			
印 刷	唐山玺诚印务有限公司			
开 本	720 mm×1000 mm 1/16		**版 次**	2025 年 3 月第 1 版
印 张	23.25 插页 1		**印 次**	2025 年 3 月第 1 次印刷
字 数	365 000		**定 价**	98.00 元